제3판

경영학원론

이규헌

이민수

강원석

임현명

김범수

박영사

머리말

현대 사회의 모든 조직은 체계적인 관리를 필요로 한다. 기업, 공공기관, 비영리 단체, 학교, 군대 등 다양한 조직은 목표를 달성하기 위해 자원을 효율적으로 활용하고, 구성원들의 활동을 조정하며, 변화하는 환경에 적절히 대응해야 한다. 조직이 효과적으로 운영되기 위해서는 전략적 사고와 과학적 접근이 필수적이며, 이를 연구하는 학문이 바로 경영학이다.

경영학은 조직이 직면하는 다양한 문제를 해결하고 목표를 달성하는 과정에서 발생하는 여러 현상을 체계적으로 분석하며, 효과적인 관리 방안을 제시한다. 단순한 운영 기술이 아니라 전략적 사고, 문제 해결 능력, 리더십, 협업 역량 등 현대 조직 운영에 필수적인 능력을 개발하는 데 기여하는 실천적 학문이다.

오늘날 조직 환경은 빠르게 변화하고 있다. 기술 혁신과 글로벌 경쟁, ESG(환경·사회·지배구조) 경영, 디지털 전환이 조직 운영 방식에 큰 영향을 미치고 있으며, 특히 인공지능과 빅데이터 분석의 발전은 경영 의사결정과 전략 수립의 방식까지 변화시키고 있다. 이러한 흐름 속에서 경영학 역시 시대적 요구에 맞춰 진화해야 하며, 실무 적용 가능성을 높이는 방향으로 발전해야 한다.

본 교재는 경영학을 처음 접하는 학습자를 대상으로 하며, 핵심 개념과 원리를 명확하게 이해할 수 있도록 구성하였다. 전통적 관리 이론부터 현대적 접근법까지 경영학의 발전 과정을 정리하고, 계획, 조직화, 지휘, 통제 등 경영의 핵심 기능을 탐구하며, 최근 조직이 직면한 글로벌 경영, ESG와 지속가능 경영, 디지털 전환 등의 새로운 경영 트렌드를 반영하여 현대 조직이 당면한 도전 과제를 분석한다.

경영학은 변화하는 현실을 반영해야 하지만, 그럼에도 불구하고 변하지 않는 핵심 원리와 개념이 존재한다. 경영 전략, 조직 이론, 리더십, 의사결정 등은 시대가 변해도 여전히 유효하며, 이는 본 교재에서도 기본적으로 다루고 있다. 또한, 경영학이 특정 산업이나 분야에 국한되지 않고 다양한 조직 형태에 적용될 수 있도록 보편적인 원리를 탐구하였다. 이를 통해 독자들은 경영학이 단순한 운영 기술이 아니라 조직의 본질을 이해하고 실무에 적용하는 데 필수적인 학문임을 인식할 수 있을 것이다.

경영학은 이론과 실천이 결합된 학문이다. 따라서 본서는 학문적 논의를 넘어 실무에서 활용할 수 있는 사례와 연구 결과를 포함하여 학습자가 경영학의 개념을 쉽게 이해하고 응용할 수 있도록 하였다. 앞으로도 본 교재는 변화하는 환경을 반영하여, 인공지능과 빅데이터 분석을 활용한 경영 기법, 최신 경영 사례 등을 지속적으로 포함할 예정이다.

경영은 단순한 조직 운영 기술이 아니라, 조직의 목표를 효과적으로 달성하고 사회적 가치를 창출하는 과정이다. 오늘날의 경영자는 단순한 관리자가 아니라, 조직을 혁신하고 구성원의 역량을 극대화하며, 급변하는 환경 속에서 지속 가능한 성장을 이끌어가는 리더로서의 역할을 수행해야 한다. 본 교재가 독자들에게 경영학에 대한 깊은 이해를 제공하고, 조직을 관리하고 변화시키는 데 필요한 통찰을 얻는 데 기여하기를 바란다.

끝으로 본 교재를 위해 노력해 주신 박영사 안종만 회장님과 편집부 여러분께 깊은 감사를 드린다.

2025년 2월 저자 일동

경영학원론

차례

제1편 경영학의 개관

경영학원론

조직화

경영학원론

제4편 지휘 및 통제

경영학원론

대부분의 사람은 하나 또는 그 이상의 조직의 구성원으로 활동하며, 조직과 다양한 방식으로 깊은 관련을 맺으며 살아가고 있다. 우리가 속한 조직이 대학, 기업, 군대, 혹은 다른 형태의 조직이든 관계없이, 현대사회에서 사람과 조직과의 관계는 불가피하다. 조직은 우리의 삶을 보장해주고, 우리가 목표를 달성하고 가치를 실현하는 데 핵심적인 역할을 한다.

조직이란 공통의 목표를 향해 협력하며 활동하는 둘 이상의 사람들로 구성된 집단을 의미한다. 이러한 조직은 목표를 달성하기 위해 구체적인 계획을 수립하고, 이를 실행하는 데 필요한 자원을 확보하고 적절히 할당한다. 따라서 모든 조직은 체계적인 관리가 필요하며, 이를 책임지고 실행하는 관리자가 존재한다. 이 책은 이러한 조직을 효과적으로 관리하는 방법에 대해 다루고 있다.

본 편에서는 먼저 관리와 관리자의 본질, 그리고 관리 과정의 주요 개념을 살펴본다. 이어서 관리자의 유형, 관리자가 필요로 하는 기술, 그리고 관리자가 수행하는 다양한 역할을 체계적으로 검토한다. 이를 통해 조직 관리의 기본 틀과 핵심 요소를 이해할 수 있을 것이다.

또한, 조직 관리를 바라보는 관점의 변천과 그 내용에 대해 논의하며, 조직 관리의 이론적 발전과 실무적 적용의 연관성을 탐구한다. 아울러 조직 외부의 다양한 환경적 요인이 조직 관리에 미치는 영향을 분석하고, 관리자가 직면할 수 있는 사회적 책임과 윤리적 문제에 대해서도 논의한다. 이는 조직이 단순한 내부 운영체계를 넘어 외부 환경과도 상호작용하며 지속 가능한 방식으로 운영될 수 있도록 하는 데 중요한 관점을 제공할 것이다.

제1장 **관리와 관리자**

이 장의 목적은 관리와 관리자에 대한 기본 개념을 이해하는 데 있다. 이는 경영학의 본질을 이해하는 데 초점을 맞추며, 조직과 관리의 필요성, 관리의 정의, 관리의 성과와 조직의 성과, 관리과정, 그리고 관리자의 유형, 관리기술, 역할에 대하여 살펴볼 것이다.

제1절   조직과 관리

1 조직과 관리의 필요성

현대 사회에서 대부분의 사람들은 하나 이상의 조직에 속하거나 조직과 관련된 활동을 하며 살아간다. 우리가 속한 조직은 대학, 스포츠 팀, 악단, 종교 단체, 시민 단체, 동호회, 기업 등 다양하다. 예를 들어, "나는 ○○대학교 학생이다", "나는 졸업 후 ○○회사의 사원이 되고 싶다", "나는 ○○동아리에서 활동한 경험이 있다"는 표현은 모두 조직 활동을 나타낸다. 심지어 "나는 누구인가"라는 질문에 대한 답변조차도 조직과 연관되어 있는 경우가 많다. 이는 개인의 존재와 역할이 조직과 긴밀히 연결되어 있음을 보여준다.

이러한 조직들 중 일부는 군대나 대기업처럼 매우 공식적이고 구조화된 형태를 띠는 반면, 축구 동호회처럼 덜 구조화된 조직도 있다. 그러나 조직이 얼마나 구조화되어 있는지와 관계없이 모든 조직은 공통의 목표를 향해 협력하는 두 명 이상의 사람들로 구성된 집단이라는 공통점을 갖는다. 조직의 기본 요소 중 하나는 바로 목표(goal) 혹은 목적(purpose)이다. 예컨대, 챔피언십 리그 우승, 관중의 즐거움 제공, 제품 판매 증대, 전투 승리 등 조직의 목표는 매우 다양하다. 하지만 목표 없이 조직이 존재할 이유는 없으며, 목표는 조직의 존재 이유를 규정하는 핵심이다.

모든 조직은 또한 목표를 달성하기 위한 방법인 프로그램(program) 또는 계획(plan)을 가지고 있다. 예를 들어, 스포츠 팀은 실제 경기 전에 다양한 훈련을 하며 제조업체는 제품을 생산하고 이를 효과적으로 광고하기 위한 계획을 수립한다. 어떤 계획이든 조직이 해야 할 일을 구체화하지 않으면 그 조직은 효과적으로 운영될 수 없다.

또한 조직은 목표 달성을 위해 필요한 자원(resources)을 확보하고 이를 적절히 할당해야 한다. 예를 들어, 스포츠 팀은 훈련을 위한 운동장이 필요하며, 연극단은 예행연습을 위한 공연장을 필요로 한다. 기업은 종업원들에게 임금을 지급하기 위해 예산을 편성해야 한다. 모든 조직은 이러한 자원을 확보하기 위해 다른 조직과 상호 의존 관계를 맺는다. 예를 들어, 스포츠 팀은 경기 장비를 생산하는 업체에 의존하고, 제조업체는 원자재를 제공받기 위해 공급업체와 계약을 체결한다.

조직 관리(managing organizations)는 조직의 지속 가능성을 유지하고 목표를 달성하기 위한 의도적이고 체계적인 실행이다. 모든 조직에는 목표 달성을 위해 조직의 구성원과 자원을 관리하고 책임을 지는 사람들이 있으며, 이들을 관리자(managers)라 부른다. 축구팀 감독, 악단 지휘자, 기업의 부서장, 회사 사장, 공공기관의 관리자 등은 각기 다른 유형의 관리자이다. 이러한 관리자들은 조직에 따라 다양한 역할을 수행하지만, 그들이 조직 관리의 중심 역할을 수행한다는 점은 변함이 없다. 관리가 제대로 이루어지지 않으면 조직은 결국 실패하거나 무너지게 된다.

이 책은 조직을 어떻게 효과적으로 관리할 것인가에 관한 내용을 다룬다. 더 구체적으로는 관리자가 조직의 목표를 설정하고 이를 성공적으로 달성하도록 돕는 방법에 초점을 맞춘다. 고객에게 재화(products)와 용역(services)을 제공하며 구성원들에게 경력 기회를 제공하는 기업, 정부기관, 병원, 종교단체 등 공식 조직을 중심으로 논의가 이루어진다. 하지만 공식 조직이든 비공식 조직이든 상관없이, 모든 조직에서 관리자는 조직 구성원들이 목표를 설정하고 성취할 수 있도록 돕는 책임을 진다. 이 과정에서 관리자는 구성원들의 업무 태도에 긍정적인 영향을 미치며, 조직 내 조화를 이루는 역할을 수행한다.

관리자는 조직의 목표 달성과 지속 가능성을 보장하는 핵심 역할을 하며, 그들의 관리 방식은 조직의 성패를 좌우하는 중요한 요소이다. 이 장은 조직 관리의 필요성과 관리자의 역할을 체계적으로 이해하는 데 초점을 맞추고 있다.

② 관리의 정의

현대 사회에서 관리는 인간 활동의 중심적 분야 중 하나로, 그 중요성은 점점 더 커지고 있다. 우리는 일상적으로 "관리를 잘한다" 또는 "못한다"는 표현을 사용하며 관리(management)라는 개념을 다룬다. 이는 국가 조직의 효율적 운영부터 소규모 가게의 운영, 가정의 일상 관리에 이르기까지 다양한 맥락에서 적용된다. 또한, 우리 모두는 크든 작든 관리 경험을 가지고 있으며, 이는 삶의 필수적 부분으로 자리 잡고 있다.

관리에 대한 개념은 인간 생활이 시작된 이래 존재해 왔으며, 모든 분야에서 필수불가결한 요소로 자리 잡았다. 역사적으로 소크라테스, 데카르트, 손자와 같은 사상가들도 관리의 중요성을 논의했지만, 관리가 체계적이고 실천적인 학문으로 발전한 것은 산업사회의 발달과 함께 이루어졌다. 20세기에 들어서 미국의 산업사회는 기업조직을 중심으로 관리지식을 연구하고 실천하며 경영학(business administration)이라는 학문 분야를 형성했다. 이를 기반으로 경영대학원에서는 경영학석사(MBA) 과정을 통해 대규모 조직의 전문 관리자를 양성하며 관리의 질적 향상을 도모했다.

초기의 경영학은 주로 기업조직을 연구 대상으로 삼았으나, 관리지식은 기업에만 국한되지 않고 정부조직, 군조직, 비영리단체 등 모든 조직에 적용 가능하다는 점이 발견되었다. 이에 따라 경영학은 보다 폭넓은 방향으로 발전하며 현대 관리의 기초를 다졌다.

관리란 무엇인가에 대한 보편적이고 단일한 정의를 내리기는 어렵다. 이는 관리와 관리자를 바라보는 사람들의 지각과 태도가 다르고, 정의하는 목적에 따라 다양한 관점이 존재하기 때문이다. 따라서 이 책에서는 널리 수용되고 일관성이 있으며 이 책의 집필 목적에 부합하는 정의를 채택한다.

관리(management)는 조직의 설정된 목표를 달성하기 위해 조직 자원을 효과적으로 활용하고, 구성원의 노력을 계획, 조직화, 지휘, 그리고 통제하는 과정으로 정의할 수 있다.

이 정의에는 몇 가지 핵심 개념이 포함된다.

첫째, 관리는 조직의 설정된 목표 달성을 중심으로 이루어진다. 이는 모든 관리자가 조직의 특정 목표를 실현하려고 노력함을 의미한다. 목표는 조직마다 다를 수 있다. 예를 들어, 대학의 목표는 학생들에게 사회적응 능력을 교육하는 것일 수 있으며, 야구팀의 목표는 특정 시즌에서 모든 경기에 승리하는 것일 수 있다. 조직의 목표가 무엇이든 관리의 본질은 이를 달성하는 과정이다.

둘째, 관리는 목표 달성을 위해 조직의 다양한 자원을 활용한다. 이러한 자원에는 인적 자원, 물적 자원, 재무적 자원, 정보적 자원이 포함된다. 특히, 인적 자원은 조직에서 가장 중요한 자원이지만, 관리자는 목표를 달성하기 위해 다른 자원에도 의존해야 한다. 예를 들어, 판매량 증가를 목표로 하는 관리자는 판매원의 동기를 부여함과 동시에 광고 예산을 늘려 재무적 자원을 활용할 수 있다. 이러한 방식으로 인적 자원과 재무적 자원을 통합적으로 활용하여 목표를 달성한다.

셋째, 관리는 하나의 과정(process)으로 정의된다. 과정이란 체계적인 방법으로 업무를 수행하는 것을 의미한다. 이는 관리자가 개인의 적성이나 재능과 관계없이 목표 달성을 위해 상호 관련된 활동에 종사해야 함을 뜻한다. 관리과정의 구체적 내용은 다음 절에서 자세히 다룰 예정이다.

관리는 조직 자원을 효율적으로 활용하여 설정된 목표를 달성하는 체계적이고 지속적인 활동이다. 관리자는 이 과정에서 조직 구성원의 행동과 업무 태도에 영향을 미치며, 조직의 목표 달성을 위한 중심적인 역할을 수행한다.

3 관리의 성과와 조직의 성과

조직이 목표를 달성하고 사회의 요구를 충족시키는 데 성공할 수 있는지 여부는 관리자가 얼마나 효과적으로 자신의 직무를 수행하는가에 달려 있다. 관리자가 직무를 제대로 수행하지 못한다면, 조직은 목표를 달성하는 데 실패할 가능성이 높다. 관리자는 조직 내에서 핵심적인 역할을 수행하며, 조직은 더 큰 사회 시스템 안에서 기능하기 때문에 조직의 성과는 곧 사회 또는 국가 전체 성과에 중요한 영향을 미친다.

관리자의 직무 수행 능력, 즉 관리의 성과(managerial performance)와 조직 자체의 성과(organizational performance)는 오랫동안 논쟁과 분석의 주제가 되어 왔다. 이 두 가지 성과를 평가하는 과정은 조직이 설정한 목표를 얼마나 성공적으로 달성했는지를 측정하는 데 필수적이다. 예를 들어, 제조업체의 시간당 생산량, 시장 점유율, 순이익과 같은 지표는 조직 성과를 명확하게 보여주는 사례다. 그러나 조직이 설정한 목표는 단순히 수치로 나타낼 수 없는 경우도 많다. 예컨대 고객 만족도, 구성원의 관리 기술 향상, 조직의 생존 가능성과 같은 목표는 정량적으로 측정하기 어렵다. 따라서 조직의 성과는 여러 측면에서 평가되어야 하며, 이를 통해 조직의 다양한 목표를 종합적으로 이해할 수 있다.[1]

관리 이론의 대가로 알려진 피터 드러커(P. F. Drucker)는 관리 성과를 측정하는 두 가지 중요한 기준으로 효율성(efficiency)과 효과성(effectiveness)을 제시했다.[2] 효율성(efficiency)은 "일을 옳게 하는 것(doing things right)"을 의미하며, 일반적으로 산출(output)을 달성하기 위해 투입(input)을 얼마나 적게 사용하는지로 평가된다. 이는 자원의 활용도를 나타내며, 예를 들어 더 적은 자원(노동력이나 물자)을 사용해 더 많은 산출을 이루는 경우 효율적이라고 한다. 효율성은 업무를 수행하는 방법에 초점을 맞추고 있으며, 해당 업무가 적절한 목표를 지향하는지는 별개의 문제다. 예

1 Richard M. Steers, "When is an Organization Effective?" *Organization Dynamics*, Autumn 1976, pp. 50-63.

2 Peter F. Drucker, *The Effective Executive*(New York Harper & Row, 1964).

 제 1 편 경영학의 개관

를 들어, 공공기관이 서류 처리를 자동화 시스템으로 전환하여 처리 시간을 절반으로 단축하는 경우, 이는 효율성이 높아진 사례로 볼 수 있다.

효과성(effectiveness)은 "옳은 일을 하는 것(doing the right things)"을 의미하며, 조직이 적절한 목표를 선택하고 이를 달성하는 능력과 관련이 있다. 예를 들어, 소형 전기차의 수요가 급증하는 시장에서 대형 내연기관 차량의 생산을 고집한다면, 해당 관리자는 비효과적이라고 평가될 수 있다. 실제 사례로, 1970년대 미국의 GM은 저연비 소형 자동차의 수요가 증가하는 시장 상황을 간과하고 대형 자동차 생산에 집중했다. 당시 GM 경영진은 미국 소비자들이 외제차를 구매하지 않을 것이라는 잘못된 가정에 의존하며 일본과 독일 자동차 제조업체와의 경쟁을 무시했다. 그 결과, GM은 시장에서 주요 경쟁 기반을 잃게 되었고, 이는 조직의 장기적인 손실로 이어졌다.[3]

효과성은 암묵적으로 조직의 목표 달성과 연결되어 있다. 이는 주요 결과 영역(key result areas)에서 목표를 얼마나 달성했는지를 나타낸다.[4] 예를 들어, 병원이 환자의 치료 성공률을 목표로 설정했다면, 해당 성공률이 효과성을 평가하는 기준이 될 수 있다. 효율성과 효과성은 항상 동시에 달성되지 않을 수 있다. 예를 들어 효과성, 즉 목표 달성에만 초점을 맞추면 인적·물적 자원의 낭비로 인해 효율성이 저하될 수 있다. 반대로, 효율성은 높더라도 적절한 목표를 설정하지 못했다면 비효과적인 결과를 초래할 수 있다.

관리자에게는 관리 성과를 달성하기 위해 효율성과 효과성 모두가 요구되지만, 두 가지 중 효과성이 더 강조된다. 이는 효율성이 아무리 높아도 효과성의 부족을 보완할 수 없기 때문이다. 드러커는 효과성을 조직 성공의 열쇠로 지목하며, "효율적으로 일을 하고 있다는 사실에 초점을 맞추기 전에, 우리가 해야 할 옳은 일을 하고 있는지 확인해야 한다"고 강조했다.[5] 이러한 관점은 관리자가 조직의 목표를

---

3   Maryann Keller, *Rude Awakening: The Rise, Fall, and Struggle for Recovery of General Motors*(New York William Morrow and Company, Inc., 1989).

4   Fremont E. Kast and James E. Rosenzeweig, *Organization and Management A Systems and Contingency Approach*, 3rd ed., McGraw-Hill Kogakusha, Ltd., 1979, p. 21.

5   Peter F. Drucker, *Managing for Results*(New YorkHarper & Row, 1964), p. 5.

설정하고 이를 실행하는 과정에서 올바른 방향성과 실행 능력을 동시에 고려해야
함을 잘 보여준다.

제 2 절 관리과정

19세기 말 이후, 관리를 계획(planning), 조직화(organizing), 지휘(directing), 통제
(controlling)의 네 가지 관리기능(management functions)으로 정의하는 것이 일반적인 관
행으로 자리 잡았다. 이러한 접근 방식은 오늘날까지도 널리 수용되고 있으며, 앞
절에서 제시된 관리의 정의 또한 이 네 가지 기능의 수행 과정을 기반으로 하고 있다.

1 계획기능(Planning)

계획기능은 조직이 목표를 설정하고, 이를 달성하기 위한 최선의 행동 절차를
마련하는 것을 의미한다. 계획은 목표 달성에 필요한 자원을 확보하고 이를 효과
적으로 투입할 수 있도록 하며, 조직 구성원들이 목표와 행동 절차에 일관성을 유
지하도록 돕는다. 또한, 목표를 향한 진행 상황을 측정하고 평가하여, 불만족스러
운 경우 시정 조치를 취할 수 있는 기반을 제공한다.

계획 수립의 첫 단계는 조직이 추구해야 할 기본 목표를 설정하는 것이다. 이후,
부서나 팀 등 조직 내 하위 단위의 목표가 설정된다. 일단 목표가 결정되면, 이를
체계적으로 달성하기 위한 프로그램(programs)을 개발하며, 이 과정에서 관리자는
목표의 달성 가능성과 조직 구성원들의 수용 여부를 충분히 고려해야 한다.

특히, 최고 관리자는 복잡한 환경 속에서 미래를 예측하고 장기적인 전략적 계
획을 수립해야 한다. 이는 조직의 성장, 발전, 그리고 생존과 직결되기 때문에, 현
대 조직에서 계획기능은 매우 중요한 핵심 요소로 간주된다. 예를 들어, 다국적 기
업의 최고경영자는 새로운 시장 진출 계획을 수립하며, 이를 위해 시장조사, 재무
자원 확보, 팀 구성 등을 장기적으로 고려해야 한다.

② 조직화기능(Organizing)

조직의 목표가 설정되고 이를 달성하기 위한 계획이나 프로그램이 마련되면, 관리자는 이를 성공적으로 실행할 수 있는 조직을 설계하고 개발해야 한다. 조직화기능은 목표를 달성하기 위해 작업(work), 권한(authority), 자원(resources)을 조직 구성원들 사이에 적절히 배분하고 할당하는 과정이다.

다양한 목표는 각각의 고유한 조직구조를 필요로 한다. 예를 들어, 소프트웨어 개발 조직은 전문 기술자들로 구성된 유연한 팀 구조가 필요하며, 표준화된 제품을 생산하는 제조업체는 조립공정(assembly line)에 기반한 효율적인 구조가 요구된다. 청바지 제조업체는 일관된 품질 관리를 위해 조립공정 중심의 조직 구조를 채택할 수 있지만, IT 기업은 체계분석가와 프로그래머로 구성된 프로젝트 팀 기반의 구조가 적합할 것이다. 관리자는 조직 설계 과정에서 조직의 목표와 자원을 조화시켜 적합한 구조를 개발해야 한다.

③ 지휘기능(Directing)

지휘기능은 관리자와 피관리자 간의 상호작용에 초점을 맞춘 기능으로, 구성원들에게 동기를 부여하고 영향력을 행사하며 과업 수행을 지도하는 활동을 포함한다. 관리자는 조직 구성원들이 계획과 조직화 단계에서 정립된 목표를 이해하고 실행할 수 있도록 동기부여하고 적절한 분위기를 조성해야 한다.

예를 들어, 공공부문의 프로젝트 관리자는 팀 구성원들이 각자의 역할을 이해하고 최선을 다하도록 지원하며, 문제상황 발생 시 실질적인 해결책을 제시하는 리더십을 발휘한다. 이는 조직 구성원들이 목표를 달성하기 위해 능력을 발휘하고 협력하도록 돕는 데 필수적이다.

④ 통제기능(Controlling)

통제기능은 조직 구성원이 계획된 방향으로 목표를 향해 움직이고 있는지를 확인하고, 필요시 시정 조치를 취하는 과정을 의미한다. 통제 과정의 주요 요소로는 실행 표준을 설정하고 현재의 성과를 측정하며, 이를 설정된 표준과 비교하고 편차가 발견되면 이를 수정하는 조치가 포함된다.

예를 들어, 대형 소매 기업의 매장 관리자는 매출 목표와 실제 매출 성과를 비교하여 미달 성과의 원인을 분석하고, 이를 해결하기 위한 프로모션이나 인력 배치 조정을 시행할 수 있다. 관리자는 통제기능을 통해 조직이 정상적인 궤도를 유지하도록 하는 역할을 수행한다.

5 관리기능의 상호 연계성

지금까지 살펴본 네 가지 기본 관리 기능은 개별적이거나 느슨하게 연결된 활동이 아니라, 서로 밀접하게 연관된 활동들의 집합으로 이루어져 있다. 예컨대, 계획 단계에서 설정된 표준은 구성원의 행동을 평가하고 통제하는 데 사용되며, 부하를 지휘하고 동기를 부여하는 과정에서도 중요한 역할을 한다. 또한, 통제과정에서 이루어지는 시정 조치는 종종 계획의 조정을 포함하기도 한다.

따라서 관리과정은 단순히 독립적인 네 단계의 집합이 아니라, 상호 의존적이고 유기적으로 연결된 활동의 집합으로 이해해야 한다. 이러한 통합적 관점은 관리자가 조직의 목표를 효과적으로 달성하기 위한 중요한 통찰을 제공한다. 이러한 관리활동들 간의 관계가 <그림 1-1>에 나타나 있다.

 제 1 편 경영학의 개관

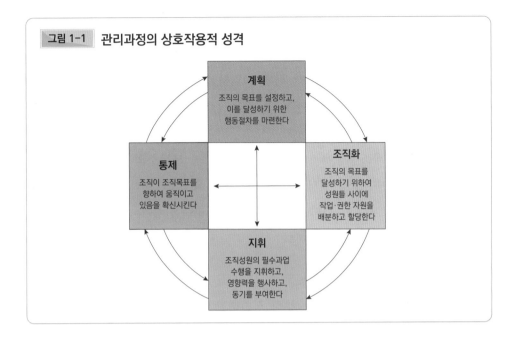

그림 1-1 관리과정의 상호작용적 성격

계획
조직의 목표를 설정하고,
이를 달성하기 위한
행동절차를 마련한다

통제
조직이 조직목표를
향하여 움직이고
있음을 확신시킨다

조직화
조직의 목표를
달성하기 위하여
성원들 사이에
작업·권한 자원을
배분하고 할당한다

지휘
조직성원의 필수과업
수행을 지휘하고,
영향력을 행사하고,
동기를 부여한다

---

1 관리자의 유형

관리자(manager)란 부하 직원과 조직의 모든 자원에 대해 책임을 지는 사람을 의미한다. 관리자는 조직 내에서 맡은 과업과 책임의 다양성에 따라 여러 유형으로 나뉘며, 이를 분류하는 기준은 크게 두 가지로 나뉜다. 첫째는 관리수준(management level)에 따른 분류이며, 둘째는 활동범위(scope of activities)에 따른 분류다.

1) 관리수준에 따른 구분

관리수준에 따라 관리자는 일선관리자, 중간관리자, 최고관리자로 나눌 수 있다.

(1) 일선관리자(First-line Manager)

일선관리자는 조직의 계층에서 가장 낮은 수준의 관리자를 의미한다. 이들은 조직 운영의 최전선에서 주로 부하 직원의 업무를 감독하고 통제하며, 그들과 함께 실제 업무를 수행하고 결과에 책임을 진다. 그러나 다른 관리자를 감독하지는 않는다.

대표적인 예로 제조공장에서의 생산감독자, 대형 사무소의 사무감독자(clerical supervisor), 그리고 연구개발 부서의 기술감독자 등이 있다. 현대적인 사례로는 물류센터의 현장 주임이나 IT 서비스 센터에서의 팀 리더를 들 수 있다. 이들은 주로 '감독자'(supervisor)라고 불리기도 한다.

(2) 중간관리자(Middle Manager)

중간관리자는 자신이 담당하는 부하 직원뿐만 아니라 조직 내 다른 관리자들의 활동을 감독하고 통솔한다. 이들은 조직의 정책(policies)을 실행하며, 상급 관리자와 직원들 간의 균형을 유지하는 역할을 맡는다.

예를 들어, 전자제품 제조 회사의 공장장은 중간관리자의 대표적인 사례다. 공장장은 상부의 전략적 목표를 생산라인에서 실행 가능하도록 조율하며, 생산 목표를 달성하기 위해 노동자와 상급 관리자 간의 조화를 이룬다.

(3) 최고관리자(Top Manager)

최고관리자는 조직 전체의 전반적인 관리에 책임을 지는 소수의 집행부를 의미한다. 이들은 조직의 운영 정책을 수립하고, 외부 환경과 조직 간의 상호작용을 고려하여 조직의 장기적인 방향을 제시한다.

최고관리자의 명칭은 조직에 따라 다양하게 나타나는데, 대표적으로 사장, 대표이사, 수석부사장 등이 있다. 예를 들어, 글로벌 IT 기업의 CEO(chief executive officer)는 최고관리자로서 회사의 비전을 설정하고, 조직 전체가 이를 실행하도록 방향을 제시하는 역할을 한다.

2) 활동범위에 따른 구분

활동범위에 따라 관리자는 기능관리자와 일반관리자로 나눌 수 있다.

(1) 기능관리자(Functional Manager)

기능관리자는 생산, 판매, 재무 등 특정 조직 기능 분야에 대해 책임을 지는 관리자를 말한다. 이들은 특정 업무 영역에서 전문성을 발휘하며, 해당 분야의 업무 수행을 감독하고 조율한다.

예를 들어, 대형 제조업체의 생산부장은 생산 라인의 효율성을 높이는 데 초점을 맞추며, 판매부장은 고객과의 계약 체결과 시장 점유율 확대를 관리한다. 여기서 '생산'과 '판매'는 각각 조직의 특정 기능분야를 나타내며, 관리자는 이러한 전문적인 활동군을 책임진다. 기능관리자는 조직의 계획, 조직화, 지휘, 통제라는 관리 기능을 실행하면서도 특정 분야에 대한 책임을 집중적으로 수행한다.

(2) 일반관리자(General Manager)

일반관리자는 특정 조직 단위 전체, 즉 독립적으로 운영되는 사업부나 부서의 모든 활동에 책임을 지는 관리자를 의미한다. 이들은 조직의 여러 기능을 종합적으로 관리하며, 해당 단위의 목표 달성과 성과 창출을 책임진다.

예를 들어, 대규모 식료품 회사의 경우, 일반식료품부, 냉장제품부, 냉동음식제품부 각각에 일반관리자가 있을 수 있다. 각 사업부의 일반관리자는 해당 부서의 모든 운영 활동에 대해 책임을 지며, 소규모 회사의 사장과 유사한 역할을 수행한다.

관리자는 조직 내 다양한 계층과 활동범위에서 중추적인 역할을 맡고 있으며, 조직의 목표 달성을 위해 각각의 수준과 범위에 맞는 책임을 수행한다. 관리수준과 활동범위라는 두 가지 기준을 통해 관리자의 역할을 명확히 구분할 수 있으며, 이를 통해 조직 내에서 효율적이고 체계적인 관리 체계를 구축할 수 있다.

② 관리자의 관리기술

조직의 모든 계층에서 관리자의 기본적인 기능은 계획, 조직화, 지휘, 그리고 통제라는 네 가지 관리 기능으로 요약된다. 그러나 조직 계층에 따라 각 수준의 관리자들에게 요구되는 관리기술(managerial skills)의 유형과 상대적 중요성은 차이를 보인다. 카츠(Robert L. Katz)는 모든 관리자에게 필요한 관리기술을 실무적 기술(technical skill), 대인적 기술(human skill), 그리고 개념적 기술(conceptual skill)의 세 가지 기본 유형으로 구분하였다.[6]

1) 실무적 기술(Technical Skill)

실무적 기술은 도구, 절차 또는 특정 분야의 기법을 활용하는 능력을 의미한다. 예를 들어, 의사는 환자 치료를 위해 의학적 지식을 활용하며, 엔지니어는 설계와 문제 해결을 위해 기술을 사용하고, 회계사는 재무 데이터를 분석하고 보고서를 작성한다. 이처럼 특정 분야에서 실무적 기술은 필수적이며, 관리자는 자신이 맡고 있는 업무의 기술적 성취를 위해 충분한 실무적 기술을 보유해야 한다.

관리자의 실무적 기술은 특히 조직의 낮은 관리 계층에서 가장 중요하다. 예컨대, 제조공장의 생산감독자는 매일 발생하는 생산 문제를 직접 해결하고, 제품 품질을 유지하며, 생산 효율성을 극대화하기 위해 기술적 전문성을 발휘해야 한다. 이는 일선관리자에게 실무적 기술이 필수적인 이유를 설명해 준다.

2) 대인적 기술(Human Skill)

대인적 기술은 조직 구성원들과 효과적으로 소통하고 이해하며, 동기를 부여하고 협력하는 능력을 의미한다. 이는 관리자가 구성원들을 조직 활동에 참여시키

---

6   Robert L. Katz, "Skills of an Effective Administrator," *Harvard Business Review*, vol. 52, No. 5, September-October 1974, pp. 90-102.

고, 팀을 효과적으로 지휘하기 위해 필요한 인간관계 기술이다. 이 기술은 타인의 의견을 경청하고 존중하며, 구성원 개개인의 권익을 배려하는 태도를 포함한다.

예를 들어, 중간관리자는 부하 직원의 문제를 해결하거나 의견을 조율하며, 팀 워크를 강화하는 역할을 수행한다. 프로젝트 팀을 관리하는 중간관리자는 팀 구성원 간의 갈등을 조정하고, 각자의 역할을 명확히 하며, 목표를 공유하도록 이끄는 능력을 발휘해야 한다.

대인적 기술은 모든 계층의 관리자들에게 중요한 기술이지만, 특히 중간관리자에게 가장 필요하다. 이는 중간관리자가 상급 관리자와 하급 구성원 사이에서 의사소통과 조정을 책임지는 역할을 수행하기 때문이다.

3) 개념적 기술(Conceptual Skill)

개념적 기술은 조직을 전체적인 관점에서 이해하고, 조직 내 각 부분이 어떻게 상호작용하며 의존하는지를 분석하는 능력을 의미한다. 관리자는 개념적 기술을 통해 조직의 각 부문 간 상호 관계를 이해하고, 특정 부분에서의 변화가 전체 조직에 미치는 영향을 예측할 수 있다. 이는 관리자가 조직의 장기적인 성공과 발전을 위해 전략적인 결정을 내리는 데 중요한 역할을 한다.

예를 들어, 대형 글로벌 기업의 최고경영자(CEO)는 회사의 전체적인 방향성을 설정하며, 새로운 시장 진출이나 제품 개발과 같은 전략적 결정을 내린다. 이 과정에서 CEO는 조직 내 여러 부서가 상호 의존적인 방식으로 작동하고 있음을 이해하고, 회사의 최종 목표를 달성하기 위한 결정을 내린다.

개념적 기술은 조직 계층이 높아질수록 중요성이 증가한다. 최고관리자는 조직 전체를 책임지며, 조직의 장기적인 생존과 발전을 위한 광범위한 결정을 내려야 하기 때문에 개념적 기술이 가장 필수적인 관리 기술로 요구된다.

4) 카츠의 관리기술 중요성 모델

　카츠는 실무적 기술, 대인적 기술, 개념적 기술 모두가 효과적인 관리를 위해 필수적이지만, <그림 1-2>에서 보는 바와 같이 조직 내 관리자 계층에 따라 이 기술들의 상대적 중요성이 달라진다고 주장했다. 실무적 기술은 관리 계층이 낮을수록 중요성이 높다. 예를 들어, 생산라인에서 작업을 감독하는 일선관리자는 기술적 문제를 직접 해결해야 하므로 실무적 기술이 가장 필요하다. 대인적 기술은 모든 계층에서 중요하지만, 중간관리자에게 특히 중요하다. 중간관리자는 상위 관리층과 하위 구성원 간의 조정 역할을 수행하며, 효과적인 팀워크와 협력을 이끌어내야 한다. 개념적 기술은 관리 계층이 높을수록 중요성이 증가한다. 최고관리자는 조직 전체의 방향성과 전략적 목표를 설정하는 데 개념적 기술을 활용해야 한다.

　이러한 관리 기술의 상대적 중요성은 관리자 역할에 따른 요구사항을 이해하는 데 중요한 지침을 제공하며, 각 계층의 관리자가 효과적으로 역할을 수행하기 위한 기술적 역량의 차이를 명확히 보여준다.

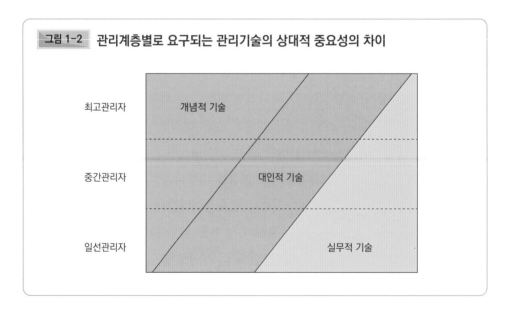

그림 1-2 **관리계층별로 요구되는 관리기술의 상대적 중요성의 차이**

제 1 편 경영학의 개관

③ 관리자의 역할

2절에서 우리는 관리의 네 가지 관리기능(계획, 조직화, 지휘, 통제)에 대해 학습하였다. 관리자는 이러한 기능을 수행하는 과정에서 다양한 중요한 역할을 맡으며, 이 역할들은 조직 운영의 핵심적인 요소로 작용한다. 이들 역할은 관리자가 시간을 사용하는 방식에 따라 구체화되며, 이는 조직의 효과적인 운영과 목표 달성을 위한 중요한 활동이다.

민츠버그(Henry Mintzberg)는 관리자들의 역할에 대한 체계적인 연구를 통해 관리자가 수행하는 10개의 활동을 정의했으며, 이를 대인적(interpersonal), 정보적(informational), 의사결정적(decisional) 역할로 분류했다.[7] 이러한 역할은 오늘날의 민간 및 공공조직에서도 여전히 유효하며 다양한 상황에서 적용될 수 있다.

1) 대인적 역할(Interpersonal Roles)

대인적 역할은 관리자가 조직 내외의 사람들과 상호작용을 통해 수행하는 역할로 대표자, 지휘자, 섭외자로서의 활동이 포함된다.

(1) 대표자 역할(Figurehead Role)

대표자 역할은 관리자가 조직의 상징적 대표로서 수행하는 활동을 의미한다. 이는 중요한 방문객과의 면담, 중요한 문서의 결재, 회의 주재, 조직의 공식 행사 참여 등을 포함한다. 예를 들어, 대기업의 최고경영자(CEO)가 신제품 발표회에 참석해 회사의 이미지를 대표하거나, 공공기관의 장이 지역 커뮤니티와의 협력 행사를 주재하는 경우가 이에 해당한다.

(2) 리더 역할(Leader Role)

리더 역할은 조직 구성원을 충원하고 훈련하며, 동기를 부여하고 격려하는 활

---

7   Henry Mintzberg, *The Nature of Managerial Work*(Englewood Cliffs, N. J. Prentice-Hall, Inc., 1973), pp. 54-94.

동을 포함한다. 이는 구성원들이 조직 목표를 달성하기 위해 최선을 다할 수 있도록 이끄는 역할이다. 예컨대, 팀장이 신입 직원의 온보딩(적응 지원) 프로그램을 설계하고, 팀의 사기를 높이기 위해 격려의 메시지를 전달하는 활동이 이에 해당한다.

(3) 섭외자 역할(Liaison Role)

섭외자 역할은 관리자가 조직 외부의 사람들과 관계를 형성하고 유지하는 활동을 의미한다. 이는 공급자, 고객, 정부 기관 등 외부 이해관계자와의 협력과 소통을 포함한다. 예를 들어, 대형 병원의 관리자가 의료 장비 공급업체와 계약을 논의하거나, 비영리단체의 관리자가 후원 기관과 협력 방안을 모색하는 경우가 이에 해당한다.

2) 정보적 역할(Informational Roles)

정보적 역할은 관리자가 정보를 수집하고 전달하며 이를 외부와 공유하는 활동을 포함한다.

(1) 정보수집자 역할(Monitor Role)

정보수집자 역할은 관리자가 다양한 출처에서 조직과 환경에 관한 정보를 수집하는 활동이다. 이는 부하 직원, 동료, 상급자 및 외부 접촉자와의 교류를 통해 이루어진다. 예를 들어, 공공기관의 관리자가 정책 변화에 관한 정보를 수집하거나, 기업의 관리자들이 시장 동향 보고서를 통해 산업 동향을 파악하는 활동이 이에 해당한다.

(2) 정보전파자 역할(Disseminator Role)

정보전파자 역할은 관리자가 수집한 정보를 조직 구성원들에게 전달하는 활동을 의미한다. 관리자는 단순히 정보를 전달하는 것뿐 아니라, 해당 정보의 해석과 조직에 미칠 영향을 함께 설명해야 할 때도 있다. 예를 들어, 중간 관리자가 새로운 규정을 팀원들에게 설명하고, 그 영향에 대해 논의하는 경우가 이에 해당한다.

(3) 대변인 역할(Spokesman Role)

대변인 역할은 관리자가 조직 외부의 이해관계자들에게 정책, 계획, 성과 등을 전달하는 활동이다. 예컨대, 기업의 최고마케팅책임자(CMO)가 언론 인터뷰를 통해 회사의 새로운 전략을 설명하거나, 공공기관의 관리자가 정부 정책에 대해 발표하는 경우가 이에 해당한다.

3) 의사결정적 역할(Decisional Roles)

의사결정적 역할은 관리자가 자원 배분, 문제 해결, 협상 등 조직의 중요한 의사결정을 내리는 활동을 포함한다.

(1) 모험기업가 역할(Entrepreneur Role)

모험기업가 역할은 관리자가 조직이 직면한 기회와 위협을 판단하고 변화를 주도하는 활동이다. 예를 들어, IT 스타트업의 관리자가 새로운 애플리케이션을 개발하기 위한 프로젝트를 기획하거나, 제조업체 관리자가 생산 공정을 자동화하는 방안을 도입하는 경우가 이에 해당한다.

(2) 방해처리자 역할(Disturbance Handler Role)

방해처리자 역할은 갈등이나 위기와 같은 비일상적인 문제를 해결하기 위한 활동을 포함한다. 예를 들어, 대형 소매업체의 관리자가 고객 불만 문제를 해결하거나, 프로젝트 팀 내 갈등을 중재하는 경우가 이에 해당한다.

(3) 자원할당자 역할(Resource Allocator Role)

자원할당자 역할은 관리자가 시간, 자금, 인력 등 조직의 자원을 효율적으로 배분하는 활동을 의미한다. 예컨대, 프로젝트 매니저가 팀의 예산과 일정을 계획하거나, 병원 관리자가 의료 장비의 우선순위를 결정하는 경우가 이에 해당한다.

(4) 협상자 역할(Negotiator Role)

협상자 역할은 관리자가 외부 이해관계자와 협상하거나, 조직 내부의 갈등을 해결하는 활동을 포함한다. 예를 들어, 생산부장이 공급업체와 계약 조건을 협상하거나, 인사 관리자가 노동조합과의 임금 협상을 주도하는 경우가 이에 해당한다.

오늘날의 관리자는 위에 나열된 역할 외에도 더욱 다각화된 역할을 수행해야 한다. 조직 환경이 점차 경쟁적으로 변화하면서, 관리자는 품질 향상, 혁신적 사고, 지속 가능성 등과 같은 새로운 요구를 충족시켜야 한다. 이는 관리자의 역할이 단순히 기존의 제한된 범위에 머물러 있지 않고, 조직 목표를 달성하기 위해 활동 범위를 지속적으로 확장해야 함을 의미한다.

현대인의 삶은 하나 이상의 조직의 구성원으로 활동하며, 조직과 밀접하게 연결되어 있다. 조직은 공통의 목표를 달성하기 위해 협력하며 이익을 창출하는 둘 이상의 사람들로 이루어진 집단이다. 조직이 존속하고 성장하며 발전하기 위해서는 효과적으로 관리되어야 한다.

관리란 조직이 설정한 목표를 달성하기 위해 모든 조직 자원을 활용하고, 조직 구성원의 노력을 계획, 조직화, 지휘, 통제하는 과정을 의미한다. 이 정의는 관리가 목표 달성, 자원의 효율적 이용, 과정이라는 주요 개념을 포함하고 있음을 보여준다.

조직이 목표를 달성하고 사회의 요구를 충족시키는 성공 여부는 관리자가 직무를 얼마나 잘 수행하는가에 달려 있다. 관리자의 직무수행 결과를 평가하는 데 있어 피터 드러커(Peter Drucker)는 효율성(efficiency)과 효과성(effectiveness)을 중요한 기준으로 제시했다. 효율성은 "일을 옳게 하는 것(doing things right)"을 의미하며, 자원을 적게 투입하여 높은 산출을 이루는 능력을 강조한다. 반면, 효과성은 "옳은 일을 하는 것(doing the right things)"으로, 적절한 목표를 설정하고 이를 성공적으로 달성하는 능력을 의미한다.

관리자란 부하 직원과 조직의 모든 자원에 대해 책임을 지는 사람을 의미한다. 관리자는 관리수준에 따라 일선관리자(first-line manager), 중간관리자(middle manager), 최고관리자(top manager)로 나뉘며, 활동범위에 따라 기능관리자(functional manager)와 일반관리자(general manager)로 구분된다.

카츠(Robert L. Katz)는 관리자가 효과적으로 역할을 수행하기 위해 필요한 관리기술을 실무적 기술(technical skill), 대인적 기술(human skill), 개념적 기술(conceptual skill)의 세 가지 유형으로 분류하였다. 실무적 기술은 특정 업무의 전문 지식과 도구 사용 능력을 말하며, 주로 일선관리자에게 중요하다. 대인적 기술은 사람들과의 소통과 협력 능력을 의미하며, 중간관리자에게 특히 중요한 기술이다. 개념적 기술은 조직을 전체적으로 이해하고 전략적 결정을 내릴 수 있는 능력으로, 최고관리자에게 가장 중요한 기술로 간주된다.

관리자는 조직의 목표를 달성하기 위해 시간과 자원을 활용하는 과정에서 다양한 역할을 수행한다. 헨리 민츠버그(Henry Mintzberg)는 관리자의 역할을 열 가지 활동으로 나누고 이를 대인적 역할(interpersonal roles), 정보적 역할(informational roles), 의사결정적 역할(decisional roles)로 분류했다. 대인적 역할은 대표자, 리더, 섭외자로서의 활동을 포함하며, 정보적 역할은 정보 수집자, 정보 전파자, 대변인으로서의 활동을 포함한다. 의사결정적 역할은 모험기업가, 방해처리자, 자원할당자, 협상자로서의 활동을 포함하며, 조직의 의사결정과 문제 해결에 중요한 역할을 한다.

결론적으로, 관리자는 조직의 목표 달성과 지속 가능한 발전을 위해 다양한 기술과 역할을 수행하며, 조직 내외부의 환경 변화에 적응하면서 효과적인 관리 활동을 이어가야 한다.

제 2 장

관리에 대한 관점

관리자와 관리학자들은 계획, 조직화, 지휘, 통제와 같은 관리의 기본 기능에 대해 다양한 관점을 가지고 있다. 이러한 다양한 관점은 관리 활동을 이해하고 실행하는 방식에 영향을 미치며, 새로운 관리 이론과 접근 방식을 지속적으로 발전시키는 데 기여한다. 특히, 관리자가 업무활동을 조정하고 의사결정을 내리며, 조직 내에서 의사소통을 수행하는 과정에서 보여주는 행동 유형은 조직의 분위기를 형성하고, 조직 구성원의 동기와 성과에 중요한 영향을 미친다.

이 장에서는 관리자들이 업무 수행에서 채택하는 행동 지침이 되는 주요 관리 관점, 관리사상, 관리이론 또는 학파를 살펴보고, 이러한 관점들이 현대 조직에서 어떻게 적용되고 있는지 논의한다.

제 1 절 관리이론의 필요성

이론이란 두 가지 이상의 관찰 가능한 사실이나 현상 간의 관계를 설명하는 원칙 또는 원칙들의 집합을 의미한다. 물리학에서 상대성이론은 원자의 제어를 가능하게 하며, 유체역학 법칙은 비행기의 설계 변경이 어떤 영향을 미칠지 예측할 수 있도록 도와준다. 이와 마찬가지로, 관리이론과 관리원칙은 관리과정을 더 쉽게 이해하고 효과적인 관리자가 되기 위해 무엇을 해야 하는지 명확히 알려준다. 관리 이론이 없다면 관리자들은 직관, 육감, 또는 단순한 희망에 의존하게 될 수밖에 없다. 그러나 이러한 방식은 현대 조직의 복잡성을 다루는 데 있어 충분한 근거를 제공하지 못한다.

관리이론은 검증 가능해야 하며, 그 타당성과 신뢰성은 연구와 조사 결과를 기반으로 측정되어야 한다. 또한, 동일한 문제에 대해서도 여러 가지 이론적 접근법을 적용할 수 있다. 많은 사람들은 자신이 익숙하거나 친숙하게 느끼는 이론에 의존하는 경향이 있으며, 이는 새로운 문제에 직면했을 때도 마찬가지이다. 예를 들어, 어떤 관리자는 효율성 극대화를 중시하는 과학적 관리 이론을 선호할 수 있고, 다른 관리는 인간관계를 중시하는 인간관계 학파를 더 선호할 수 있다. 하지만 사회과학의 다른 연구 분야와 마찬가지로, 경영학 연구에서도 모든 문제를 통합적으로 설명할 수 있는 일반이론은 아직 등장하지 않았다.

관리자로서 우리는 조직, 조직 내 업무활동, 성과, 종업원 만족도 등을 점검하기 위해 여러 방법을 활용할 수 있다. 특정 문제를 다룰 때 어떤 방법은 다른 방법보다 더 적합하고 효과적일 수 있다. 예를 들어, 업무 환경의 중요성을 강조하는 관리이론은 종업원의 높은 이직률 문제를 해결하는 데 더 유용할 수 있지만, 생산 지연 문제를 다루는 데는 적합하지 않을 수 있다.

보편적으로 모든 문제에 적용 가능한 관리이론은 아직 존재하지 않기 때문에, 관리자는 현재 존재하는 주요 관리이론이나 관점들을 폭넓게 이해할 필요가 있다. 이는 다양한 이론적 접근법을 활용해 상황에 맞는 최적의 해결책을 모색할 수 있도록 돕는다. 예컨대, 민간 기업에서 인공지능 도입으로 인한 직원들의 불안감을 관리할 때는 인간관계 학파의 이론을 적용해 심리적 만족을 높이는 접근법이 유효할 수 있다. 반면, 생산성 향상을 목표로 할 때는 과학적 관리이론이 더 적합할 것이다.

결론적으로, 관리이론은 관리자가 조직의 목표를 달성하고 문제를 해결하는 데 필수적인 도구다. 다양한 이론을 학습하고 이를 적재적소에 적용함으로써, 관리자는 조직 내에서 발생하는 복잡한 문제를 효과적으로 다룰 수 있다. 따라서 관리자는 이론에 대한 깊은 이해와 함께 유연한 사고방식을 가져야 한다. 이는 조직의 성공과 발전을 이끄는 중요한 기반이 될 것이다.

조직과 관리의 개념은 고대 사회에서도 그 중요성이 인식되었으며, 이를 통해 현대 관리 이론의 뿌리를 찾을 수 있다. 기원전 1300년경의 고대 이집트 파피루스 문서를 해독하면, 당시에도 조직과 관리가 체계적으로 이루어졌음을 알 수 있다. 이는 고대 국가에서도 조직과 관리가 중요한 역할을 했음을 보여준다.

고대 중국에서는 공자의 가르침에서 정직하고 비이기적이며 유능한 공복(公僕)을 선발하고, 공공행정을 효과적으로 운영하기 위한 실제적인 제안들이 나타난다. 이는 공자가 조직과 관리의 윤리적 및 실천적 측면을 강조했음을 보여주는 사례이다.

고대 그리스 아테네 공화국에서는 평의원, 국민재판소, 행정관리, 장군회의와 같은 다양한 조직이 존재했으며, 이는 관리 기능에 대한 이해와 적용이 이미 이루어졌음을 시사한다. 이들 조직은 공공의 의사결정과 업무 수행을 체계적으로 이루기 위한 기반이었다.

고대 로마는 계층적 원리와 권한 위임을 통해 대제국을 건설할 수 있었다. 로마인의 뛰어난 조직화 능력은 이들 제국의 성장과 지속 가능성을 가능하게 했다. 예를 들어, 로마는 군사, 행정, 법률 등 다양한 분야에서 체계적인 조직화를 통해 효율적인 관리를 구현했다.

역사적으로 가장 효율적인 공식 조직 중 하나는 로마 카톨릭교회 조직이다. 이 교회 조직은 장기간 존속하며 강력한 영향을 미쳤다. 이는 조직 목표의 중요성뿐만 아니라 효율적인 조직화와 관리 기법 덕분이었다. 로마 카톨릭교회의 관리 기법으로는 위계적인 지역 조직, 단계적인 권한 위임, 기능별 업무 전문화, 그리고 초기 도입된 참모 제도 등이 있다. 이러한 기법은 현대 관리의 원칙에도 영향을 미쳤다.

오늘날 조직 관리의 이론과 실제는 군대 조직에서 그 기원을 찾을 수 있는 경우가 많다. 군대는 권한 관계와 지휘 방법의 개선뿐만 아니라 참모(staff) 제도를 통해 조직 관리를 발전시켰다. '일반참모'(general staff)라는 용어는 1790년 프랑스 군대에서 처음 사용되었으나, 현대적 개념의 일반참모는 19세기 프러시아 군대에서 발전되었다. 이는 조직 내 의사결정과 업무 조율을 전문적으로 지원하는 체계를 확립한 사례로 볼 수 있다.

16세기에서 18세기 사이, 독일과 오스트리아의 관방학파(Cameralists)는 조직 관리의 제도적 측면에 주목했다. 관방학파는 영국의 중상주의 학파나 프랑스의 중농주의 학파와 마찬가지로 국부 증대의 중요성을 강조했으나, 관방학파만이 국력의 원천이 제도적 관리에 있다고 주장했다. 이들은 조직과 관리가 국가의 물질적 부와 국력을 증진하는 데 핵심적인 역할을 한다고 보았으며, 이를 최초로 체계적으로 제시한 학파였다.

결론적으로, 1900년대 이전에도 다양한 시대와 문화에서 조직과 관리의 중요성이 강조되었으며, 이는 현대 관리 이론의 토대를 형성했다. 이러한 역사적 사례들은 관리의 기본 원칙이 시간과 공간을 초월하여 중요한 역할을 해왔음을 보여준다.

제 3 절 전통적 관점

관리자는 오래전부터 효율적이고 효과적인 계획, 조직화, 지휘, 의사결정 및 통제 체계를 필요로 했다. 그러나 과거에는 관리 문제를 해결하기 위해 시행착오 외에는 별다른 방법이 없었으며, 이를 도울 학자나 전문가도 존재하지 않았다. 과거의 역사와 경험을 통해 관리 실무에 유용한 지식을 얻을 수는 있었지만, 조직 관리를 체계적으로 이해하려는 노력은 산업혁명 이후에 본격적으로 시작되었다.

산업혁명의 결과로 조직은 점차 대규모화되고 복잡해졌으며, 사용하는 기술도 정밀해졌다. 이에 따라 관리자들은 재고 관리, 생산 통제, 업무 일정 조정, 업무 체계 통합, 인적자원관리와 같은 복잡한 문제에 직면했다. 그러나 이러한 문제를 해결하기 위한 체계적 지식과 방법론은 1800년대 말까지도 부족했다.

이러한 상황에서 1800년대 말과 1900년대 초에 새로운 산업 관리자들이 등장했다. 이들 대부분은 엔지니어 출신으로, 조직 관리의 원칙을 의식적으로 개발하기 시작했으며, 관리자가 직면한 문제들에 대한 실질적인 해답을 찾기 위해 노력했다. 이는 관리학의 전통적 관점의 출발점이 되었다.

산업혁명이 가져온 조직의 복잡성은 관리사상과 실무를 변화시키는 계기가 되었다. 기업의 규모가 커지고 공장이 체계적인 생산 공정을 요구하면서, 관리자들은 단순한 경험과 직관만으로는 문제를 해결할 수 없었다. 새로운 관리 접근법은 이러한 필요를 충족하기 위해 등장했으며, 이를 통해 관리에 관한 저서, 학회, 경영대학 등이 설립되어 관리 지식을 체계화하고 전파하기 시작했다.

전통적 관리학자들은 복잡한 산업조직을 관리하기 위한 '유일최선의 방법'(one best way)이 존재한다고 주장했다. 그들은 사람들이 논리적이며, 업무 경험을 통해 개인적 이득을 최대화하려고 노력한다고 가정했다. 이러한 경제적 및 기계적 합리성 공리는 전통적 관리학의 중심이 되었으며, 이를 바탕으로 미국의 과학적 관리, 프랑스의 일반관리이론, 독일의 관료제 등의 이론적 접근이 발전했다.

1 과학적 관리

과학적 관리(scientific management)는 체계적인 관찰, 실험, 판단을 통해 확보한 사실과 원칙을 기반으로 조직의 사업이나 업무를 수행하는 관리를 의미한다. 이러한 접근은 업무 효율성을 극대화하고 노동 생산성을 향상시키는 데 초점을 맞춘다. 과학적 관리운동은 특히 19세기와 20세기 초에 산업화로 인해 복잡해진 업무 환경에서 종업원의 업무를 체계적으로 관리하고 생산성을 높이기 위해 발전했다.

1) 과학적 관리의 선구자

과학적 관리의 초기 개념은 산업혁명 시기에 등장했으며, 여러 선구자들이 이를 실무에 적용해 관리의 기초를 형성했다.

(1) 로버트 오웬(Robert Owen, 1771-1858)

로버트 오웬은 19세기 초 스코틀랜드 뉴 라나크(New Lanark)에 위치한 면직 공장에서 관리자 역할을 수행하며, 종업원의 작업 및 생활 조건을 개선하는 데 중점을 두었다. 당시 근로자들은 열악한 환경에서 일했으며, 주거 여건 또한 비참했다.

오웬은 관리자의 역할이 단순히 생산성을 요구하는 것이 아니라, 근로자의 복지를 개선하고 개혁(reform)을 통해 조직의 지속 가능성을 높이는 데 있다고 믿었다. 그는 근로자를 위해 더 나은 주택을 제공하고, 상품을 저렴하게 구매할 수 있는 회사 상점을 운영했으며, 하루 근무시간을 10시간 30분으로 줄였다. 또한, 10세 이하의 어린이를 고용하지 않는 정책을 도입했다.

그는 근로 조건을 개선하면 종업원의 생산성이 향상되고, 결과적으로 조직의 이윤도 증가할 것이라고 주장했다. 오웬은 "관리자의 최선의 투자는 근로자에 대한 투자"라고 강조하며, 기술 발전보다는 사람에 초점을 맞춘 관리 방식을 제안했다. 또한, 종업원의 업무를 매일 공개적으로 평가하여 성과를 시각적으로 보여주었다. 그는 이러한 평가가 문제를 파악하고, 종업원의 자존심과 경쟁심을 고취한다고 믿었다.

(2) 찰스 바베지(Charles Babbage, 1792-1871)

찰스 바베지는 고전경제학자 아담 스미스의 분업(division of labor) 이론을 기반으로 업무의 전문화를 강조했다. 그는 종업원이 특정 업무를 전문적으로 수행하면 조직의 이윤이 증가할 뿐만 아니라 훈련 비용도 절감할 수 있다고 주장했다. 또한, 반복적인 작업을 통해 근로자의 숙련도를 높이고 업무 효율성을 극대화할 수 있다고 보았다.

바베지는 관리자들이 시간연구(time study)를 수행해 각 과업을 완료하는 데 필요한 시간을 측정해야 한다고 주장했다. 이를 통해 기대되는 성과에 대한 표준을 마련하고, 이러한 표준을 초과 달성한 종업원에게 보너스를 지급하는 방식으로 인센티브를 부여할 것을 제안했다. 이 접근법은 현대 기업에서 사용되는 성과 평가와 보상 시스템의 기초를 제공한 사례라 할 수 있다.

2) 테일러의 과학적 관리[1]

과학적 관리는 1900~1910년대 프레더릭 테일러(Frederick Taylor)에 의해 체계적

---

[1]   F. Taylor, *The Principles of Scientific Management*(New York Harper & Row, 1911).

으로 정리되며, 현대 관리학의 첫 과학적 이론으로 자리 잡았다. 테일러는 엔지니어로서의 실무 경험과 연구를 바탕으로 '주먹구구식 관리 방식'을 과학적 관리 시스템으로 대체할 것을 주장했다. 그의 저서 「과학적 관리의 원칙(The Principles of Scientific Management)」은 과학적 관리의 철학과 방법론을 체계화한 대표적인 저작이다.

테일러는 그의 저서 서문에서 과학적 관리의 필요성을 다음과 같이 설명했다.

"이 글은 다음과 같은 목적으로 쓰였다. 첫째, 우리의 거의 모든 일상생활에서 발생하는 비능률에 의하여 나라 전체가 입는 크나큰 손실을 간단한 일례를 통하여 지적하고자 한다. 둘째, 이같은 비능률을 치유하는 방법은 어떤 보기 드문 비상한 인재를 찾는 것보다 체계적 관리시스템을 수립하는 데 있다는 것을 독자들에게 납득시키고자 한다. 셋째, 최선의 경영은 명백히 정의된 법칙·규칙·원칙을 기반으로 하는 전정한 과학이라는 것을 입증하고자 한다."

이러한 과학적 관리의 원칙의 주요 내용은 아래와 같다.

(1) 과업관리(Task Management)

과업관리란 관리자와 작업자의 과업을 명확히 분업화하는 것을 의미한다. 관리자들은 작업자에게 직무 수행과 방법을 맡기기보다, 직무를 설계하고 작업 방법을 구체적으로 설정하는 기획 업무에 집중해야 한다. 반면, 작업자들은 관리자가 설정한 직무와 작업 방식을 준수하며 이를 실행하는 역할을 맡는다.

이 원칙은 20세기 초 공장 운영 방식에 혁신을 가져왔다. 당시 대부분의 공장에서는 작업자들이 주먹구구식으로 직무를 수행했으나, 테일러는 시간 및 동작연구(time & motion study)를 통해 직무의 내용을 표준화하고 최적의 직무 수행 방법을 선정해야 한다고 주장했다. 이를 바탕으로 표준 생산량을 설정하고 작업 환경을 체계화함으로써 관리자의 기획 기능을 강화했다.

예를 들어, 자동차 제조업체에서 이루어지는 컨베이어 벨트(conveyor belt) 작업은 각 작업자의 역할과 작업 방식이 표준화되어 있어 효율성을 극대화하고 작업자 간의 혼란을 최소화한다. 이러한 관리 방식은 작업자의 임의적인 판단을 방지하고, 효율적인 생산 관리를 가능하게 한다.

(2) 과학적 선발과 훈련

테일러는 동작연구를 통해 설계된 직무와 최적의 작업 방식에 기반하여, 해당 직무를 만족스럽게 수행할 수 있는 자격 요건을 명확히 규정해야 한다고 주장했다. 그는 이러한 기준에 따라 작업자를 선발하고 훈련해야 한다고 강조했다.

이 원칙은 단순히 작업자를 고용하는 것을 넘어, 직무 요구 사항에 부합하는 육체적·지능적 자격을 갖춘 작업자를 선발하고, 그들이 표준 생산량을 달성할 수 있도록 훈련시키는 것을 포함한다. 과거에는 작업자가 스스로 직무를 선택하고 훈련했다면, 과학적 관리는 관리자가 체계적으로 이 과정을 설계하고 주도해야 한다고 보았다.

예컨대, 현대의 대형 물류센터에서는 작업자의 체력과 공간 인지 능력을 평가한 후, 해당 직무에 적합한 인재를 선발하고, 작업 효율성을 높이기 위해 자동화 시스템 사용법과 안전 교육을 제공한다. 이는 조직의 생산성과 작업자의 직무 만족도를 동시에 높이는 데 기여한다.

(3) 기능적 감독자 제도

테일러는 관리에서 전문지식의 중요성을 강조하며, 한 명의 감독자가 모든 업무를 수행하는 것은 비효율적이라고 지적했다. 감독자가 업무 과중과 전문성 부족으로 효과적인 감독을 할 수 없기 때문에, 그는 기능적 감독자 제도를 제안했다.

기능적 감독자 제도는 감독 업무를 세분화하고, 각각의 업무에 전문 지식을 가진 감독자를 임명하는 방식이다. 예를 들어, 생산 계획, 품질 검사, 작업자 훈련 등은 각 분야의 선문가가 남낭하고, 일선 감독사는 부하 직원의 생산 활동을 직접 김독하는 데 집중한다.

현대 조직에서 이러한 원리는 품질 관리 전문가, 안전 감독관, 팀 리더 등으로 역할을 분화하여 적용된다. 예컨대, 대형 건설 프로젝트에서는 안전 관리자가 작업 현장의 안전을 감독하고, 품질 관리자는 건축 자재와 공정의 품질을 확인하며, 현장 감독자는 작업자의 생산성을 관리한다.

(4) 성과에 의한 보상

테일러는 금전적 인센티브가 작업자의 근로 의욕을 높이는 주요 요인이라고 보았다. 그는 작업자가 합리적이며 관리자의 지시에 따라 행동하고, 더 많은 소득을 얻기 위해 금전적 보상에 반응한다고 가정했다. 그는 또한 생산성 향상을 통해 조직은 작업자에게 높은 임금을 지급하면서도 단위당 생산 비용을 줄일 수 있다고 주장했다.

테일러는 이를 위해 차별성과급제도를 도입했다. 이 제도에서는 작업자가 설정된 표준 생산량을 달성하면 표준 임금률에 따라 보상을 받는다. 그러나 표준 생산량을 초과한 작업자는 초과분뿐만 아니라 전체 생산량에 대해 더 높은 임금률을 적용받는다.

예를 들어, 오늘날 서비스 기업에서 상담원이 표준 고객 응대 건수를 초과할 경우, 추가 실적에 대해 인센티브를 지급하는 제도 또한 이러한 원칙에 해당한다. 이러한 보상 체계는 작업자의 동기를 강화하고 조직의 생산성을 높이는 데 기여한다.

이러한 과학적 관리 원칙은 작업 환경의 표준화, 작업자의 체계적 선발과 훈련, 전문성에 기반한 감독 체계, 성과 중심의 보상 체계를 통해 조직의 효율성을 극대화하는 데 기여했다. 테일러의 원칙은 현대 민간 및 공공조직에서도 여전히 유효하며, 특히 대규모 조직의 생산성과 작업자 동기를 높이는 데 중요한 역할을 하고 있다.

3) 과학적 관리의 기타 공헌자들

과학적 관리운동은 프레더릭 테일러 외에도 여러 학자와 실무자의 기여로 발전했다. 이들 공헌자는 테일러의 원칙을 확장하고 심화하여 현대 조직관리의 기틀을 다지는 데 중요한 역할을 했다.

(1) 길브레드 부부(The Gilbreths)

프랭크 길브레드(Frank Gilbreth, 1868-1924)와 릴리언 길브레드(Lillian Gilbreth, 1878-1972)는 부부로서 과학적 관리운동에 큰 공헌을 했다. 프랭크는 작업 방법을 개선하여 생산성과 효율성을 높이는 데 주력했으며, 릴리언은 과학적 관리를 작업자의 잠재력을 발휘할 수 있는 도구로 보았다.

길브레드 부부는 작업 동작을 분석하고 표준화하기 위해 동작 단위를 분류하는 기호 체계를 개발했다. 이들은 동작 단위를 써블릭(therblig)이라 불렀는데, 이는 '길브레드(Gilbreth)'의 철자를 거꾸로 배열한 것이다. 써블릭은 작업 수행 중 발생하는 동작, 예를 들어 쥐기(grasping), 잡기(holding), 옮기기(moving) 등과 같은 동작을 분석하는 데 사용되었다.

써블릭 분석을 통해 길브레드 부부는 불필요한 동작을 제거하고, 작업자가 보다 효율적으로 힘을 사용할 수 있도록 동작을 표준화했다. 이로 인해 작업자의 피로가 줄어들고 생산성이 향상되었다. 예컨대, 길브레드의 벽돌쌓기 연구에서 그는 벽돌공의 작업 방식을 개선해 작업자가 시간당 쌓는 벽돌의 평균을 120개에서 250개로 증가시켰다.

릴리언 길브레드는 현대 인적자원관리(HRM)의 선구자로, 특히 과학적 선발, 배치, 훈련과 관련된 연구에 주력했다. 그녀는 작업 환경이 근로자의 심리와 생산성에 미치는 영향을 분석하며, 과학적 관리가 조직 구성원의 잠재력을 극대화할 수 있는 도구임을 강조했다.

(2) 헨리 간트(Henry Gantt)

헨리 간트(Henry Gantt, 1861-1919)는 프레더릭 테일러와 함께 과학적 관리운동을 이끌며 두 가지 주요 기여를 했다.

① 간트 차트(Gantt Chart)

간트는 업무 활동의 계획과 진행 상황을 시각적으로 요약하기 위한 도구인 간트 차트를 개발했다. 간트 차트는 프로젝트 관리에서 작업 간의 관계를 명확히 보여주며, 동시에 수행해야 할 작업과 순차적으로 수행해야 할 작업을 구별하는 데 유용하다.

예를 들어, 건설 프로젝트에서 간트 차트는 각 작업 단계의 시작과 종료 시점을 나타내고, 자원 배치와 일정 관리에 중요한 역할을 한다. 이를 통해 프로젝트 관리자는 전체 일정과 자원의 활용 상태를 한눈에 파악할 수 있다.

② 최소임금제와 보너스 제도

간트는 작업자가 설정된 목표량을 달성하지 못하더라도 최소한의 일급을 보장하는 최소임금제를 제안했다. 이는 작업자들이 일정 수준의 경제적 안정을 유지할 수 있도록 했다.

또한, 간트는 작업자가 표준을 초과하여 생산할 경우 보너스를 지급하자고 제안했다. 그는 금전적 보상이 작업자의 동기부여에 효과적이라는 점을 강조했다. 간트는 더 나아가, 부하가 목표를 초과 달성하면 해당 관리자에게도 보너스를 지급해야 한다고 주장했다. 이를 통해 관리자가 부하를 보다 효과적으로 지원하고 관리하게 될 것이라고 보았다.

이러한 제안은 오늘날의 성과 기반 보상 시스템에 영향을 미쳤다. 예컨대, IT 기업에서 프로젝트 매니저가 팀 목표를 초과 달성했을 경우, 팀 구성원뿐 아니라 프로젝트 매니저에게도 성과급을 제공하는 방식이 이에 해당한다.

4) 과학적 관리에 대한 평가

프레더릭 테일러(Frederick Taylor)가 과학적 관리의 원칙을 발표한 이후, 과학적 관리 방법은 실무에서 큰 영향을 미쳤으며, 오늘날까지도 공장과 산업 활동에서 중요한 역할을 하고 있다. 또한, 길브레드 부부와 헨리 간트와 같은 이들은 논문, 연설, 저서를 통해 과학적 관리를 발전시키고 이를 널리 알리는 데 기여했다. 그러나 과학적 관리는 몇 가지 중요한 문제점으로 인해 비판을 피할 수 없었다.

(1) 인간을 기계적 존재로 간주

과학적 관리는 인간을 단순히 기계적 존재로 간주한다는 비판을 받았다. 테일러의 접근법은 작업자의 행위를 과학적으로 분석하고 표준화된 작업 방식을 제안하는 방식이기에, 인간 행위의 내면적 측면, 즉 감정, 창의성, 개인적 욕구 등을 고려하지 않았다. 이러한 방식은 인간의 존엄성을 무시한다는 지적을 받았으며, 일부 비평가들은 과학적 관리가 인간을 조직 내에서 '기계 부품'처럼 취급했다고 평가했다.

현대 조직에서 이러한 비판은 반복적이고 단순한 작업을 자동화나 로봇 공학으로 대체하는 방향으로 이어졌다. 예컨대, 물류 창고에서 단순 포장 작업은 로봇이 수행하게 함으로써 인간 작업자의 가치를 더 창의적이고 전략적인 업무로 전환하려는 노력이 이루어지고 있다.

(2) 경제적 유인에 대한 지나친 의존

과학적 관리는 인간이 경제적 유인에 의해 동기부여된다고 가정했으나, 이는 인간의 동기를 지나치게 단순화한 점에서 한계를 드러냈다. 인간은 단순히 경제적 보상만으로 동기부여되는 존재가 아니라, 안정, 소속감, 사회적 인정, 자아실현과 같은 다양한 욕구를 가진 복합적인 존재이다.

이러한 단순화된 가정은 현대 심리학과 동기부여 이론의 발전에 따라 비판받았다. 예를 들어, 매슬로우(Maslow)의 욕구 단계 이론은 경제적 보상이 중요한 동기부여 요인 중 하나일 수 있지만, 인간의 전반적인 행동을 설명하기에는 부족하다는 점을 강조했다. 오늘날 많은 조직에서는 성과 기반 보상 외에도 인정 프로그램, 경력 개발 기회, 유연 근무제와 같은 다양한 비금전적 동기부여 방식을 도입하고 있다.

(3) 폐쇄체계적 조직관

과학적 관리는 주로 작업 능률과 생산성 향상에 초점을 맞춤으로써 조직을 폐쇄체계로 간주했다. 즉, 조직이 외부 환경과의 상호작용 없이 내부의 효율성만을 최적화 하는 데 초점을 맞추었다. 그러나 현실에서 조직은 환경 변화에 적응해야 하며, 외부 이해관계자, 시장 요구, 기술 변화 등과 지속적으로 상호작용해야 한다.

오늘날 대부분의 조직 이론은 조직을 개방체계(open system)로 간주한다. 예컨대, 글로벌 기업은 외부 시장 동향, 규제 변화, 고객 요구 사항을 반영하여 제품을 설계하고, 내부 프로세스를 조정한다. 폐쇄적인 조직관은 현대의 복잡하고 빠르게 변화하는 환경에서 경쟁력을 유지하기 어렵다.

과학적 관리는 인간의 기계화, 동기부여에 대한 단순화된 가정, 폐쇄적 조직관 등 여러 문제점을 안고 있었지만, 여전히 조직 관리 연구와 실무에서 중요한 공헌을 하고 있다. 특히, 과학적 관리는 다음과 같은 의의를 가진다.

(4) 생산성과 효율성의 극대화

작업 현장에서 생산성과 효율성을 높이는 구체적인 방법론을 제시했다. 이는 작업 동작 분석, 시간 연구, 표준화된 작업 방식 등으로 체계화되었으며, 현대 제조업과 서비스업에서도 여전히 적용되고 있다.

(5) 체계적인 관리 연구의 토대 제공

관리 활동을 과학적으로 분석하고 체계적으로 연구하려는 초기 시도로, 현대 관리학의 기초를 마련했다. 과학적 관리는 이후 등장한 인간관계 학파, 행동과학적 접근법 등 새로운 관리 이론들의 출발점이 되었다.

(6) 일선 작업 현장에서의 혁신

작업자의 생산성을 높이고 조직의 운영 효율성을 강화하기 위해 도입된 과학적 관리 방법은 특히 대규모 공장 및 생산 라인에서 효과적으로 적용되었다. 예컨대, 자동차 조립라인에서 테일러의 원칙은 작업 공정을 단순화하고, 생산량을 크게 증가시키는 데 기여했다.

이처럼 과학적 관리는 인간적, 사회적 요인을 간과하고 환경 변화에 대한 적응력을 제한했다는 점에서 한계를 지니지만, 효율성과 생산성을 극대화하려는 노력으로 관리 이론과 실무에 중요한 기여를 했다. 이는 오늘날에도 조직 관리의 기본 틀로 남아 있으며, 현대 관리 이론과 융합하여 발전하고 있다.

2 일반관리론

일반관리론은 프랑스의 사업가 앙리 페이욜(Henri Fayol)이 1916년 「산업의 일반관리론(Administration Industrielle et Générale)」에서 처음 제시한 관리 이론으로, 현대 관리학의 중요한 기초를 형성했다. 페이욜은 최고 관리자가 조직을 효과적으로 관리하기 위한 원칙과 방법에 초점을 맞췄다. 그의 이론은 시간이 지나면서 관리과정 학파의 시초가 되었고, 오늘날에도 다양한 조직에서 활용되고 있다.

1) 페이욜의 이론[2]

페이욜은 관리자의 역할과 관리 기능을 명확히 규정하려고 노력했다. 그는 모든 기업조직이 다음과 같은 다섯 가지 하위 시스템으로 구성된다고 보았다.

① 기술적·상업적 활동: 구매, 생산, 판매와 같은 기본적인 운영 활동

② 재무 활동: 자본의 획득과 통제

③ 보호 활동: 인명과 재산의 안전을 관리

④ 회계 기능: 재정 관리 및 정보 보고

⑤ 관리 기능: 계획, 조직, 지휘, 조정, 통제와 같은 전반적인 관리 활동

페이욜은 관리자가 갖추어야 할 자질로 신체적 자질(건강, 활력 등), 정신적 자질(이해력, 판단력 등), **도덕적 자질**(책임감, 충성심 등), **교육적 자질**(일반적 지식), 기술적 자질(직무 관련 지식), 그리고 경험을 제시했다.

그는 관리 원칙이 절대적이지 않고 융통성이 있어야 하며, 변화하는 상황이나 특수한 여건에 적응할 수 있어야 한다고 강조했다. 페이욜이 제시한 주요 관리 원칙은 다음과 같다.

① 전문화의 원칙: 각 구성원이 자신의 전문 분야에 집중하도록 한다.

② 지휘통일의 원칙: 한 구성원은 한 명의 상사로부터만 명령을 받는다.

③ 권한과 책임의 원칙: 권한과 책임은 항상 균형을 이루어야 한다.

④ 통제범위의 원칙: 한 명의 관리자가 효과적으로 감독할 수 있는 부하 직원의 수를 제한해야 한다.

⑤ 권한위임의 원칙: 책임을 명확히 하면서도 하위 조직에 권한을 위임한다.

페이욜은 관리 기능을 계획, 조직, 지휘, 조정, 통제라는 다섯 가지 활동으로 나누고, 이를 모든 조직에 적용할 수 있는 보편적 과정으로 정의했다. 그는 이 관리

---

2   H. Fayol, *General and Industrial Management*, trans. by Constance Storrs. (London: Sir Isaac Pitman & Sons Ltd., 1949)

제 1 편 경영학의 개관

과정이 기업뿐만 아니라 정부, 군대, 종교 단체와 같은 다양한 조직에서도 활용될 수 있음을 강조했다.

2) 페이욜 이론의 확장

페이욜의 연구는 이후 여러 학자들에 의해 확장되었다. 대표적으로 영국의 어윅(L. Urwick)과 굴릭(L. Gulick), 그리고 미국의 무니(J. D. Mooney)와 라일리(A. C. Reiley)가 있다. 특히, 중령 출신 학자인 어윅은 군 경험을 바탕으로 페이욜의 이론을 체계화했다. 그는 조직을 구조화하기 위해 합리적인 접근 방식을 제시하며 다음과 같은 원칙들을 강조했다.

① 지휘의 통일: 조직 내 명령 체계를 명확히 한다.

② 특별 및 일반 참모의 활용: 참모를 통해 조직의 효율성을 증대한다.

③ 부문화(departmentalization): 목적, 과정, 사람, 장소 등을 기준으로 조직을 분할한다.

④ 권한위임의 원칙: 책임에 따른 권한을 위임한다.

⑤ 권한과 책임의 균형: 권한과 책임이 일치하도록 관리한다.

⑥ 통제범위: 관리자가 효과적으로 감독할 수 있는 범위를 설정한다.

이러한 확장은 관리과정학파(management process school)의 출발점이 되었으며, 관리의 과정을 보편적이고 유기적인 순환 과정으로 보는 관리순환론(management cycle)의 발전으로 이어졌다.

3) 일반관리론의 평가

일반관리론은 관리의 원칙과 보편성을 강조했지만, 몇 가지 비판을 받았다.

(1) 중복성과 상충되는 원칙

사이먼(H. A. Simon)은 일반관리론의 원칙들이 서로 중복되거나 상충된다고 지적했다.[3] 예를 들어, 지휘통일의 원칙과 권한위임의 원칙이 동시에 적용될 때 상반되는 결과를 초래할 수 있다. 이는 원칙 간의 상호 모순으로 인해 실질적으로 활용하기 어려운 경우가 있음을 의미한다.

(2) 경험적 근거 부족

일반관리론은 과학적 접근이나 엄격한 경험적 연구에 기반하지 않았으며, 주로 개인의 경험과 제한된 관찰에 의존했다는 비판을 받았다.

(3) 친관리자적 편향

이 이론은 관리자의 관점을 중심으로 조직을 설명하고 있으며, 구성원들의 행동과 조직 내 인간 관계에 대한 일반적 이해를 간과했다는 점에서 한계가 있다.

오늘날에도 페이욜의 원칙은 여전히 많은 조직에서 활용된다. 그러나 조직의 상황이 다양하기 때문에 동일한 원칙이 모든 조직에 적용되지는 않는다. 예컨대, 한 제조 공장에서 생산 라인의 작업자가 공장장, 기술 부장, 생산 부장의 명령을 동시에 받는다면 이는 페이욜의 지휘통일의 원칙에 어긋난다. 반면, 다른 조직에서는 하위 리더가 우선순위를 설정할 수 있는 권한을 가지는 경우도 있으며, 이는 권한위임의 원칙을 반영한 것이다.

3 관료제

관료제(bureaucracy)는 조직 관리의 한 형태로, 행정 조직뿐만 아니라 기업 조직에도 적용될 수 있는 이상형(ideal type)으로 정의되었다. 오늘날 관료제는 종종 비효율적이고 경직된 조직을 상징하지만, 이 개념의 본래 의도는 합리적이고 체계적인 조직 관리를 구현하는 데 있었다.

---

3   H. A. Simon, *Administrative Behavior*, 3rd ed.(New York: The Free Press, 1976), p. 20.

제 1 편 경영학의 개관

1) 관료제의 발생

막스 베버(Max Weber)가 관료제 모형을 발표하던 당시, 대부분의 사회 조직은 전통적 권위(traditional authority)나 카리스마적 권위(charismatic authority)에 의존하고 있었다. 베버는 이러한 전근대적 조직 형태에서 벗어나 지배와 복종 관계를 합리화할 필요성을 느꼈고, 이에 따라 합법적 권위(legitimacy authority)에 기반한 관료제 모형을 제시했다.

베버는 관료제를 근대 국가와 자본주의 기업의 성립을 위한 필수 요소로 보았다. 그는 관료제가 환경의 요구로부터 자연스럽게 도출된 결과물이며, 대규모의 복잡한 조직을 효율적으로 관리하기 위한 가장 유용한 도구라고 주장했다.

2) 관료제의 특성

관료제는 다음과 같은 특성들로 인해 다른 형태의 조직과 구별된다.[4]

(1) 기능적 전문화에 의한 분업

관료제 조직에서는 공식적으로 규정된 의무와 과업이 조직 구성원 간에 분업과 기능적 전문화를 통해 배분된다. 각 구성원은 적재적소에 배치되며, 이는 전문성을 높이고 업무 효율성을 극대화한다. 예컨대, 현대 병원에서는 의사, 간호사, 행정 직원이 각자의 전문 분야에서 역할을 수행하며, 환자 치료를 최적화한다.

(2) 권한의 계층적 구조

관료제는 계층(hierarchy)의 원리에 따라 조직된다. 상위 직위는 하위 직위를 감독하고 통제하며, 이는 조직 내 권력 구조를 명확히 하고 효율적인 명령 체계를 보장한

---

4   R.H. Hall, "The Concept of Bureaucracy, An Empirical Assessment," *American Journal of Sociology*, July 1963, p. 33; H. G. Hicks and C.R. Gullet, *Organizations Theory and Behavior*(New York McGraw-Hill Book Co., Inc., 1975), pp. 129-131; M. Weber, *The Theory of Social and Economic Organization*, trans. by A. M. Henderson and T. Parsons(New York: The Free Press, 1947).

다. 예를 들어, 대기업에서는 사원, 팀 리더, 부서장, 임원이 계층적으로 구성되어 있다.

(3) 합법적 권한과 권력

관료제에서 권한은 공식적인 규칙과 규범에 근거한다. 상위 직위의 명령은 제정된 규칙에 의해 정당성을 가지며, 하위자는 상위자의 개인적 특성보다 제도적 권위에 따라 복종한다. 이러한 체계는 정부기관의 정책 집행에서 명확히 나타난다.

(4) 공식적 규칙 체계

관료제 조직은 공식적 규칙과 절차를 통해 일관성을 유지하며, 이를 통해 의사결정의 통일성과 조정을 보장한다. 모든 업무는 문서화되며, 객관적인 기록이 남는다. 예컨대, 은행은 대출 절차를 표준화하여 고객에게 일관된 서비스를 제공한다.

(5) 대인관계의 공식성

관료제에서는 개인적 감정을 배제하고 비개인적(impersonal) 태도로 업무를 수행해야 한다. 이는 조직 내 합리적이고 객관적인 의사결정을 가능하게 한다.

(6) 기술적 능력에 따른 선발과 승진

관료제에서는 구성원의 기술적 능력을 기준으로 선발과 승진이 이루어진다. 객관적인 시험이나 평가를 통해 능력을 측정하며, 경력과 연공서열이 승진에 중요한 요소로 작용한다. 현대 공무원 조직에서 이러한 특성을 쉽게 찾아볼 수 있다.

3) 관료제의 순기능과 역기능

관료제는 다음과 같은 순기능을 가진다.
① 전문화에 의한 효율성 증가: 기능적 분업은 업무의 전문성을 높이고 생산성을 향상시킨다.
② 구조화에 의한 합리성 보장: 명확한 명령 체계와 직무 기술은 조직 내 행위의 합리적 관계를 제공한다.
③ 예측 가능성과 안정성: 규칙과 절차는 조직 내 불확실성을 제거하며, 신뢰성을

보장한다.

④ 객관적 의사결정: 합리적이고 객관적인 기준에 따라 의사결정이 이루어진다.

⑤ 공정한 평가: 기술적 능력에 기반한 평가와 선발은 조직 내 공정성을 보장한다.

베버는 관료제가 대규모 조직 문제를 해결할 수 있는 최적의 도구라고 주장했으나,[5] 여러 역기능적 측면이 드러남에 따라 비판을 받게 되었다.[6] 관료제의 주요 역기능은 다음과 같다.

① 형식주의와 절차주의: 규칙과 절차에 지나치게 집착하여 실질적인 효율성을 저해하고, 업무의 지연 현상이 발생할 수 있다.

② 책임 회피와 전가: 책임을 회피하거나 타인에게 전가하려는 경향이 생기며, 이는 조직 성과를 저하시킨다.

③ 창의성과 자발성 부족: 경직된 체계는 개인의 창의적 사고와 자율성을 억제한다.

④ 중앙집권적 통제: 과도한 권위주의와 중앙집권적 통제는 민주적 의사결정을 방해하고 조직 내 불만을 초래한다.

⑤ 낭비와 비효율성: 관료제는 조직을 대형화함으로써 관리 비용 증가와 자원의 낭비를 초래할 수 있다.

4) 관료제의 평가

관료제가 여러 역기능적 요소를 가지고 있다고 해서 모든 관료제 조직이 비효율적이라고 단정할 수는 없다. 특정한 상황에서는 관료제적 관리가 매우 효과적일 수 있다. 관료제적 관리가 가장 효과적인 경우는 다음의 예가 있다.

---

5   M. Weber, *The Protestant Ethic and the Spirit of Capitalism*, 1st ed., Allen and Unwin, London, 1930.

6   H. G. Hicks, *The Management of Organizations*(New York: McGraw-Hill Book Co., Inc., 1972), pp. 423-438; R. K. Merton, *Social Theory and Social Structure*(New York: The Free Press, 1957) P. Selznick, *TVA and the Grass Roots*(Berkeley: The University of California Press, 1949).

(1) 대량 정보 처리

관료제는 대규모 정보를 체계적으로 처리해야 하는 조직에 적합하다. 예를 들어, 은행, 보험회사, 국세청과 같은 조직은 관료적 체계를 통해 효율적으로 운영된다.

(2) 고정된 고객 욕구

고객의 요구가 명확하고 변하지 않는 상황에서는 관료제가 효과적이다. 예컨대, 대학의 신입생 등록 절차는 표준화된 방식으로 진행된다.

(3) 반복적이고 안정된 기술

기술이 안정적이고 반복적인 경우, 관료제적 관리는 종업원이 작업을 배우고 수행하는 데 효율적이다. 맥도날드, 도미노 피자와 같은 기업이 이에 해당한다.

(4) 대규모 고용 조직

대규모 인력을 표준화된 방식으로 관리해야 하는 조직에서도 관료제는 유효하다. 예를 들어, 우체국과 국세청은 표준화된 서비스와 제품을 제공하기 위해 관료제적 관리 방식을 사용한다.

4 전통적 관점에 대한 평가

전통적 관리이론은 과학적 관리, 일반관리론, 관료제 이론이라는 세 가지 주요 이론으로 구성되며, 각각 고유한 접근 방법과 관점을 제시한다. 비록 이들 이론이 완전히 통일된 관리 원칙을 제공하지는 못했지만, 여러 측면에서 공통점을 발견할 수 있다. 전통적 관리이론은 주로 처방적(prescriptive) 성격을 띠며, 조직 관리에서 따라야 할 원칙과 방법을 제시했다. 이러한 관점에서 관리자는 조직을 구성하고 운영할 때 합리적이고 체계적인 접근법을 따라야 하며, 명확한 원칙을 준수해야 한다고 주장했다.

1) 전통적 관리이론의 공통점과 차이점

전통적 관리이론은 여러 공통된 견해를 공유한다. 예를 들어, 분업의 중요성, 질서, 내규, 권한의 집중과 같은 원칙들은 이들 이론에서 일관되게 강조된다. 이는 조직 내 효율성과 생산성을 높이는 데 중점을 둔 전통적 관점의 핵심 요소들이다.

그러나 전통적 관리이론 간에는 상충되는 의견도 존재한다. 대표적인 예로 페이욜의 지휘통일의 원칙과 테일러의 기능적 감독제를 들 수 있다. 페이욜은 지휘통일을 강조하며 한 명의 상사가 부하 직원에게 명령을 내리는 명확한 명령 체계를 주장한 반면, 테일러는 전문성을 갖춘 여러 감독자가 각기 다른 업무를 감독하도록 제안했다. 이는 지휘 체계를 복잡하게 만들고 혼란을 초래할 수 있다는 비판을 받는다.

또한, 전통적 관리이론에서 처방과 현실 간의 불일치도 문제로 지적되었다. 예를 들어, 페이욜은 그의 14개 원칙을 융통성 있게 적용할 것을 주장했지만, 실제로 많은 관리자들은 이를 지나치게 경직적으로 적용하여 조직 운영에 문제를 일으켰다. 테일러 역시 우호적인 노사 관계를 강조했으나, 실제로 과학적 관리가 노동자를 비인격적이고 소모품처럼 다루는 결과를 초래하기도 했다.

2) 전통적 관점에 대한 비판

(1) 인간의 비합리적 요소 간과

전통적 관점은 조직 구성원이 합리적으로 행동하며, 경제적 동기에 의해 동기부여된다는 가정을 기반으로 한다. 그러나 이는 인간의 복잡한 심리적, 사회적 동기를 간과한 지나치게 단순화된 접근이다. 현대 관리학자들은 구성원의 사회적 욕구, 정서적 요소, 자기실현 욕구를 무시할 경우 근로 의욕을 북돋우고 바람직한 업무 행동을 강화하기 어렵다고 주장한다.

예를 들어, 단순히 높은 임금만으로 직원의 동기부여를 기대할 수 없는 경우가 많다. 조직 내에서 인정받거나, 협력적인 팀 환경을 경험하는 것이 더 중요한 동기부여 요인이 될 수 있다.

(2) 협력보다는 대결을 초래

전통적 관점은 종종 관리자와 노동자 간의 관계를 대립적으로 설정하는 결과를 초래했다. 이는 생산적인 협력 대신 적대적인 대결 관계를 만들어 조직의 목표 달성에 방해가 되었다. 특히, 노동자의 사회적 욕구와 인간적 측면을 간과한 관리는 종종 파업이나 생산성 저하로 이어지기도 했다.

(3) 일반원칙의 한계

전통적 관점은 관리의 일반원칙을 발견하려는 시도를 기반으로 한다. 그러나 현대의 역동적이고 변화무쌍한 환경에서는 이러한 원칙들이 항상 적합하지 않다. 전통적 관점의 원칙은 단순하고 안정적인 환경에서 운영되는 조직에는 유용하지만, 변화가 잦고 복잡한 환경에서는 실질적인 적용에 한계를 보인다.

예를 들어, 빠르게 변화하는 IT 산업에서는 엄격한 계층 구조나 권한의 집중보다 유연한 조직 구조와 자율성이 더 효과적이다. 이는 페이욜이나 베버가 제시한 권한과 규칙 중심의 관료제가 현대 환경에서는 적합하지 않을 수 있음을 보여준다.

3) 전통적 관점의 의의

전통적 관리이론은 관리의 기본 틀을 제시하고 체계적인 접근 방법을 도입하는 데 중요한 역할을 했다. 특히, 작업의 표준화, 계층적 조직 구조, 명확한 규칙과 절차의 설정은 여전히 조직 운영에서 핵심적인 원칙으로 활용되고 있다.

그러나 전통적 관점은 인간적 요소와 조직 외부 환경의 변화를 충분히 반영하지 못했다. 이는 현대 조직 관리 이론에서 인간관계 학파, 시스템 이론, 상황적 접근법과 같은 새로운 관점이 등장하는 계기가 되었다.

1920년대와 1930년대는 미국과 선진국들이 대규모 사회적·문화적 변화를 겪은 시기로, 이는 조직 관리의 새로운 관점을 촉진시켰다. 미국에서는 대량생산이 제2차 산업혁명을 이끌었고, 조립 라인을 통해 자동차, 기계, 의복 등 저가 상품들이 대량 생산되면서 사회는 점차 소비지향적으로 변모했다. 그러나 1929년 대공황은 이러한 경제적 성장에 큰 타격을 주었고, 많은 비숙련 노동자들이 노동조합을 결성하는 계기가 되었다.

1930년대 미국 의회는 노동조합 활동을 보호하고 단체협상을 합법화하는 법안을 통과시켰으며, 관리자들에게 노동조합과 협상할 의무를 부여했다. 이로 인해 관리자들은 조직에서 인간관계(human relations)의 중요성을 인식하기 시작했다. 그러나 전통적 관점에서 기대했던 합리적인 근로자 행동은 실제와 달랐다. 근로자들은 신체적 한계까지 일하지 않았고, 효과적인 관리자들도 페이욜의 14개 원칙을 항상 일관되게 적용하지 않았다. 이러한 불일치는 조직 내 인간 요소의 중요성을 강조하는 행동과학적 관점의 대두를 이끌었다.

행동과학적 관점은 조직을 기술적·기계적 측면으로만 바라보던 전통적 접근법의 빈틈을 메우며, 사회적 및 심리적 관점에서 조직을 재해석했다. 행동과학적 관점을 가진 학자들은 구성원의 복지와 심리적 욕구를 강조하며, 근로자를 산업 구조의 단순한 톱니바퀴로 취급하지 않기를 원했다. 이는 조직의 인적 요소를 보다 효과적으로 다룰 수 있는 새로운 길을 제시했다.

이 관점의 기초는 1927년부터 1932년까지 시카고 서부전기회사(Western Electric Company)의 호손(Hawthorne) 공장에서 시행된 연구에서 비롯되었다. 연구는 작업 환경이 생산성에 미치는 영향을 분석하려 했으나, 사회적 및 심리적 요인이 더 큰 영향을 미친다는 사실을 발견했다. 특히 근로자가 자신이 중요한 존재로 인정받는다고 느낄 때 생산성이 향상된다는 점이 강조되었다. 행동과학적 관점은 인간 중심의 조직 관리에 기초를 제공하며, 현대 조직에서도 여전히 중요한 역할을 하고 있다.

1 호손연구

1) 호손공장 실험(Hawthorne experiment)

호손공장 실험은 1927년부터 1932년까지 시카고 외곽의 서부전기회사(Western Electric Company)에서 수행된 연구로, 인간관계(human relations)에 대한 관리자의 관심을 불러일으킨 계기가 되었다. 이 실험은 종업원의 작업환경 개선이 생산성에 미치는 영향을 조사하기 위한 과학적 관리의 전통적 접근법에서 출발했다.

초기 연구는 조명도의 변화가 생산성에 미치는 영향을 조사하는 데 초점을 맞췄다. 연구진은 작업자를 실험집단과 통제집단으로 나누고, 실험집단의 조명도를 변화시키는 방식으로 연구를 진행했다. 조명도를 높였을 때 실험집단의 산출량이 증가한 것은 예상대로였으나, 통제집단에서도 조명도의 변화 없이 산출량이 증가하는 현상이 관찰되었다. 더욱 놀라운 점은 조명도를 낮췄음에도 실험집단의 생산성이 감소하지 않고 오히려 증가했다는 점이었다.

이에 당황한 연구진은 하버드대학교 경영대학원 연구진을 초청해 연구를 확대했다. 하버드 연구진은 전화계전기라고 하는 신호 제어 장치를 조립하는 여성근로자들을 대상으로 1년 반 동안 연구를 진행하며, 휴가 제공, 점심 지원, 주당 노동시간 감소 등 다양한 조건 변화를 도입했다. 그러나 조건의 변화와 관계없이 생산성은 꾸준히 상승했다. 심지어 기존 조건으로 복귀한 후에도 생산성은 오히려 더 높아졌다. 연구진은 작업 조건 자체보다 종업원의 심리적 태도, 사회적 관계, 감독 방식 등이 생산성에 더 큰 영향을 미친다는 사실을 발견했다. 연구진의 관심과 배려로 참여자들은 응집력 있는 집단으로 발전하며 소속감, 성취감, 확신감을 가지게 된 것이다.

추가적으로 연구진은 작업자들이 직무, 작업환경, 감독자, 회사 정책, 그리고 불만 요소에 대해 어떻게 생각하는지를 알아보기 위해 광범위한 면접 조사와 관찰을 진행했다. 이 과정에서 근로자 감정과 생산성의 상관관계가 보다 명확히 드러났다.

제 1 편 경영학의 개관

2) 호손실험의 연구결과와 영향

호손실험은 다음과 같은 주요 발견을 제시했다. 첫째, 경제적 요인뿐만 아니라 조직 구성원 간의 인간관계, 지휘방식, 사기, 감정과 같은 심리적·사회적 요인이 생산성에 직접적인 영향을 미친다. 둘째, 비공식집단(informal group)의 존재와 역할이 매우 중요하며, 이 집단 내의 독특한 규범(norm)이 구성원의 행동에 큰 영향을 미친다. 셋째, 개인은 집단에 소속됨으로써 공식 조직의 구조에서 오는 소외감을 극복하고, 심리적·사회적 욕구를 충족시키며, 더 친밀한 행동 기준을 발견하게 된다.

이 연구 결과는 인간관계운동(human relations movement)을 촉발하며, 전 산업계에 영향을 미쳤다. 호손연구는 조직이 단순히 경제적·기술적 체계가 아닌 사회적 체계(social system)라는 인식을 널리 확산시켰다. 더불어 개인과 집단의 심리적·사회적 요소가 조직 성과에 중요한 영향을 미친다는 점이 강조되었다.

이 연구를 통해 관리자들은 경제적 동기 외에도 비경제적 동기가 존재함을 인정하고, 비공식집단의 규범과 행동을 이해하게 되었다. 또한 민주적 리더십과 구성원의 참여가 조직 관리에서 중요한 가치를 가진다는 점이 인식되었다. 이는 현대 조직 관리에 있어 인간 중심적 접근을 강화하는 데 큰 영향을 미친 연구로 평가된다.

2 인간관계운동

과학적 관리와 관료제적 관리가 지나치게 공식적이고 비인간적인 관계를 강조하면서 부정적인 반응이 증가하자, 호손연구에서 얻어진 결과가 결합되어 인간관계운동(human relations movement)이 시작되었다. 이 운동은 과업지향적 관리 스타일에서 벗어나 근로자의 심리적·사회적 욕구를 중시하는 접근 방식을 채택했다. 인간관계운동의 주창자들은 "만족스러운 근로자가 생산적인 근로자"라는 믿음을 기반으로, 근로자가 심리적 안정감을 느낄 수 있는 환경을 제공하고, 조직 내 소속감과 인정받는 경험을 강화하려 했다.

이 운동의 사회적 모형은 생산성이 단순히 작업 환경의 물리적 조건이 아니라, 근로자가 조직에서 자신의 존재가치와 소속감을 얼마나 느끼는지에 달려 있다는 사실을 강조한다. 근로자가 인정받고 집단 내에서 수용받는 경험을 할수록 더 높은 헌신과 생산성을 보인다는 점에서, 인간관계운동은 조직 관리의 인간 중심적 접근의 기반을 마련했다.

3 행동과학운동

행동과학운동(behavioral science movement)은 조직 내 인간적 측면에 대한 체계적이고 통제된 연구의 필요성을 강조하며 등장했다. 이 운동의 주장자들은 고전학파의 합리적·경제적 모형과 인간관계운동이 제시한 모형이 근로자를 완전하게 설명하지 못한다고 믿었다. 애브라함 매슬로우(Abraham Maslow), 더글라스 맥그리거(Douglas McGregor) 등 행동과학자들은 근로자가 단순히 생존을 위해 일하는 존재가 아니라, 성장과 발전, 그리고 높은 수준의 자존감을 충족시키려는 욕구를 가진 존재라고 주장했다. 이들은 근로자가 자신의 잠재력을 발휘하고자 하는 본질적 동기를 가지고 있음을 강조하며, 이러한 본질적 욕구를 충족시킬 수 있는 조직 설계와 관리가 필요함을 주장했다.

1) 애브라함 매슬로우(Abraham Maslow)

1943년, 심리학자 애브라함 매슬로우(1908-1970)는 이후 많은 관리자들이 동기부여 이론으로 채택한 욕구단계설(hierarchy of needs)을 발표했다. 매슬로우는 인간의 욕구를 다섯 단계로 구분하고 이를 중요성 순서에 따라 배열했다. 가장 하위 단계는 음식과 물과 같은 기본적인 생리적 욕구이며, 욕구가 충족됨에 따라 안전욕구, 사회적 욕구, 자존감 욕구, 그리고 자아실현 욕구로 점진적으로 이동한다고 보았다. 매슬로우의 이론은 관리자들에게 조직 구성원이 가진 욕구를 이해하고 이를 충족시키기 위한 체계적 접근을 제공했다. 예를 들어, 조직은 기본급을 통해 생리적 욕구를 충족시키고, 연금과 같은 복지제도를 통해 안전욕구를 충족할 수 있다. 또한, 긍정적인 조직 문화와 팀워크를 통해 사회적 욕구를, 성과 인정과 승진 기회를 통해 자존감 욕구를 충족시킬 수 있다.

매슬로우는 기본 욕구가 충족된 후에는 자아실현(self-actualization)과 자존감(self-esteem)과 같은 성장욕구가 중요한 동기 요인이 된다고 강조했다. 그는 근로자가 업무를 통해 성장의 경험을 얻고, 자신의 잠재력을 실현할 수 있는 기회를 제공하는 것이 관리자의 중요한 역할이라고 보았다. 따라서 매슬로우의 욕구단계설은 근로자의 다양한 욕구를 이해하고, 이를 충족시킬 수 있는 조직 설계와 관리 방법을 제시함으로써 현대 관리 이론에 큰 영향을 미쳤다.

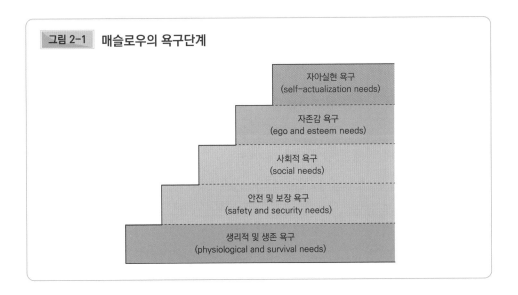

그림 2-1   매슬로우의 욕구단계

자아실현 욕구
(self-actualization needs)

자존감 욕구
(ego and esteem needs)

사회적 욕구
(social needs)

안전 및 보장 욕구
(safety and security needs)

생리적 및 생존 욕구
(physiological and survival needs)

2) 더글라스 맥그리거(Douglas McGregor)

더글라스 맥그리거(1906-1964)는 그의 X이론(Theory X)과 Y이론(Theory Y)을 통해 행동과학운동에 중요한 기여를 했다. 맥그리거는 관리에 대한 전통적 접근법을 X이론으로 정의했으며, 이 이론은 근로자들을 본질적으로 일을 싫어하고, 야망이 없으며, 변화에 저항하고, 조직의 욕구에 무관심하며, 지능적으로도 낮은 존재로 간주했다. 이러한 관점에서, 관리자는 근로자들을 엄격하게 통제하고 지시해야 한다고 보았다. 그러나 맥그리거는 이러한 X이론적 관점이 근로자들의 실제 모습을 지나치게 단순화하고 부정적으로 묘사하고 있다고 비판했다.

반면, Y이론은 근로자들이 본질적으로 일을 좋아하고, 목표를 달성하고자 하는 의욕을 지니며, 자율성과 자기통제가 가능한 존재로 본다. Y이론에 따르면, 근로자들이 조직 내에서 수동적이거나 저항적으로 보이는 이유는 본성이 아니라 조직 내 경험과 구조 때문이라고 본다. 따라서 Y이론적 접근은 관리자의 주요 역할을 근로자들이 조직의 목표를 달성하는 과정에서 자신의 개인적 목표와 잠재력을 최대한 실현할 수 있도록 조직을 설계하고 운영하는 데 둔다. 이를 위해 분권화, 권한위임, 직무확대, 목표설정에의 참여 등 근로자의 자율성과 자기통제를 촉진하는 관리 방법이 제안된다.

맥그리거의 Y이론은 매슬로우의 욕구단계 이론과 유사하게, 단순히 합리적·경제적 모형이나 사회적 모형을 넘어 보다 복잡한 인간 동기를 설명한다. Y이론은 근로자들이 자신의 인간적 잠재력을 실현하고자 하는 강한 욕구를 가진 복합적이고 동기화된 존재로 묘사하며, 이는 관리자들에게 근로자들을 보다 깊이 이해하고 적합한 관리 방식을 설계할 필요성을 제기한다.

3) 행동과학운동의 평가

행동과학운동은 집단역학의 중요성과 관리자의 리더십 스타일이 조직성과에 미치는 영향을 강조하며, 종업원의 인간적 및 사회적 욕구와 조직 내 사회적 환경이 산출품의 양과 질에 어떤 영향을 미치는지를 중점적으로 다룬다. 이를 통해 조직성원들이 기본적으로 사회적 욕구에 의해 동기가 부여되고, 다른 사람들과의 상호작용을 통해 자신의 존재를 확인한다는 점을 부각시켰다. 또한, 조직성원들은 관리자의 금전적 인센티브나 규칙보다는 동료들의 사회적 영향력에 더 큰 반응을 보이며, 자신의 욕구 충족에 도움을 주는 관리자에게 긍정적으로 반응한다고 보았다. 이러한 관점은 인간관계와 사회적 상호작용이 근로 의욕과 조직성과를 증진시킬 수 있다는 점에서 중요한 의미를 지닌다.

그러나 이러한 가정이 실제로 모든 상황에서 항상 타당한 것은 아니다. 작업조건의 개선이나 관리자의 인간관계기술이 언제나 생산성을 높이는 결과로 이어지지는 않는다. 테일러의 주장처럼 업무의 경제적 측면은 여전히 종업원들에게 중요한 요소이다. 현대의 노동조합이 체결하는 협약의 주요 내용이 직업보장과 임금인상에 초점을 맞추고 있다는 사실은 이를 뒷받침한다. 종업원들이 우호적인 동료들과 일하는 것을 선호하더라도, 낮은 임금은 결근율과 이직률을 증가시킬 가능성이 크다. 또한, 조직구조, 의사소통 방식, 업무 절차 및 지루한 과업은 동료들과의 관계가 아무리 좋아도 근무 의욕을 높이는 데 한계를 가질 수 있다. 따라서 업무의 인간적 측면은 1930년대 행동과학적 관점의 주창자들이 예상했던 것보다 훨씬 더 복잡하고 다차원적인 문제임을 알 수 있다.

제 5 절 　 개방시스템 관점

개방시스템 관점은 관리나 조직을 이해하는 데 있어 중요한 이론적 틀을 제공한다. 이 관점은 제2차 세계대전 이후 독일 생물학자인 루드비히 폰 베르탈란피(Ludwig von Bertalanffy)가 학문 간 통합을 위한 공통적인 사고와 연구 틀을 찾으려는 노력의 결과로 탄생한 시스템이론에서 출발하였다. 베르탈란피는 과학과 문화가 발전할수록 학문 간 교류가 증진되어야 함에도 불구하고, 각 학문 분야가 점차 독자적인 사고방식과 연구 초점, 방법을 가지게 됨으로써 학문 간 대화와 상호이해가 점점 더 어려워지는 현실을 직시했다. 이에 따라 그는 생물학, 물리학, 화학과 같은 자연과학뿐만 아니라 사회과학까지 포함한 모든 학문분야를 통합할 수 있는 공통적인 사고의 틀로서 시스템이론을 제안하였다.[7]

1950년대 들어 시스템이론은 다양한 학문분야로 빠르게 확산되었다. 특히 경제학자인 케네스 보울딩(Kenneth Boulding)은 시스템이론의 목적과 기본적인 골격을

7　Ludwig von Bertalanffy, *General Systems Theory*(New York: George Braziller, 1968), p. 15 "General Systems Theory A Critical Review," in Walter Buckley, *Modern Systems Research for the Behavioral Scientist*(Chicago, Illinois: Aldine Publishing Company, 1998), p. 11.

명확히 하여 일반시스템이론(general system theory)을 정립하였다.[8] 이러한 이론은 경영학으로도 적용되었는데, 존슨(Richard Johnson), 카스트(Fremont Kast), 로젠즈웨이그(James Rosenzweig)와 같은 학자들이 이를 경영과 조직의 맥락에서 활용하기 시작했다.[9] 이들은 조직을 단순히 내부적으로 고립된 구조물이 아닌 외부 환경과 상호작용하는 개방시스템으로 간주하였다. 개방시스템 관점은 조직이 외부 환경과 끊임없이 자원과 정보를 교환하며 변화와 적응을 통해 성장하고 발전한다는 점을 강조하며, 현대 경영학과 조직론의 중요한 기반으로 자리 잡았다.

1 시스템의 개념

시스템이라는 용어는 라틴어 systema에서 유래한 것으로, 상호 연관된 구성 요소들이 모여 하나의 통합된 개체를 이루는 것을 의미한다. 이러한 시스템의 개념은 우리 주변에서 쉽게 찾아볼 수 있다. 우주시스템, 교통시스템, 무기시스템 등은 물론, 우리가 살아가는 사회나 인간 자체도 하나의 시스템으로 간주할 수 있다. 시스템의 중요한 속성은 자체적으로 완전한 기능을 수행할 수 있는 독립적인 개체라는 점이다. 시스템은 여러 구성 요소로 이루어져 있지만, 이러한 구성 요소들이 긴밀히 상호 연관되어야 비로소 전체적인 기능을 발휘할 수 있다. 예컨대, 단과대학은 여러 학과로 구성되어 있고, 이러한 학과들은 단과대학이라는 큰 틀 안에서 상호작용하며 전체 대학의 기능을 수행한다. 마찬가지로 하나의 시스템은 상위체계의 일부로서 기능함과 동시에 여러 하위체계로 구성되며, 각각의 하위체계는 유기적으로 연결되어 있다.

시스템은 외부환경과의 상호작용 여부에 따라 폐쇄시스템과 개방시스템으로 구분된다. 폐쇄시스템은 외부환경과의 상호작용이 없는 상태로, 주로 자연과학적 사고에서 비롯된 개념이다. 전통적인 관리 이론은 대체로 조직을 폐쇄시스템으로

---

8   Kenneth E. Boulding, "General Systems Theory The Skeleton of Science," in P. Schoderbek(ed.), *Management Systems*, 2nd ed.(New York: John Wiley and Sons, 1971), p. 22.

9   Richard A. Johnson, Fremont E. Kast and James E. Rosenzweig, *The Theory and Management of System*, 3rd ed.(New York: McGraw-Hill Book Company, 1973).

간주하며, 시스템을 자체적으로 완결된 구조로 보았다. 반면, 개방시스템은 외부 환경과 상호작용하며, 인적·물적 자원을 외부에서 받아들여 이를 조직 내에서 변환한 뒤 산출물을 외부로 배출하는 구조를 가진다. 예를 들어, 대학은 외부에서 학생, 교수, 예산 등의 자원을 투입받고, 이를 교육이라는 변환 과정을 통해 졸업생이라는 산출물로 사회에 기여한다. 따라서 조직의 문제를 분석할 때는 <그림 2-2>에서 보는 바와 같이 외부환경과의 상호작용 정도를 고려해야 하며, 개방성과 폐쇄성의 스펙트럼을 통해 조직을 평가하는 것이 더 적합하다. 군대나 정부 조직은 폐쇄적 속성을 가지는 반면, 연구소나 반도체 산업 같은 첨단산업 조직은 개방적인 속성을 더 많이 가진다. 과거에는 외부환경과의 상호작용이 적었던 조직이 많았지만, 현대에는 외부환경과의 상호작용이 필수적이 되어 대부분의 조직이 개방적 속성을 강화하고 있다.

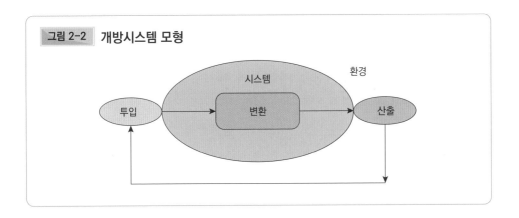

그림 2-2 개방시스템 모형

2 개방시스템의 속성[10]

개방시스템은 모든 조직의 근본적인 특징을 이해하는 데 중요한 개념적 틀이다. 모든 개방시스템은 투입(input), 변환(transformation), 산출(output)의 순환적 과정을 포함하며, 몇 가지 중요한 속성을 지닌다. 이 속성들은 조직을 효과적으로 관리하

---

10 Stephen P. Robbins, *Organization Theory*(Prentice-Hall, New York 1983), pp. 12-15.

기 위한 이론적 기반을 제공한다.

개방시스템의 대표적인 속성 중 하나는 환경과의 상호작용이다. 개방시스템은 외부환경과의 상호작용을 통해 경계를 형성하며, 이 경계(boundary)는 시스템과 환경을 구분하는 동시에 상호작용의 매개체 역할을 한다. 이러한 경계는 물리적일 수도 있고, 심리적일 수도 있다. 물리적인 경계는 공장 울타리나 보안 게이트처럼 명확히 구분되는 형태를 띠며, 심리적인 경계는 유니폼, 직위 체계, 혹은 조직 내 상징적 의식을 통해 구성원들에게 경계의식을 심어준다. 예를 들어, 글로벌 IT기업의 보안 게이트와 직원용 출입증은 물리적 경계로, 이 기업의 독특한 기업문화와 사내 이벤트는 심리적 경계로 작용한다. 폐쇄시스템은 고정된 경계를 갖지만, 조직과 같은 사회적 시스템은 경계가 유연하며 환경 변화에 따라 점차 개방적이고 적응적인 성격을 보인다.

두 번째 속성은 상호연관성(interrelatedness)이다. 시스템은 이를 구성하는 부분들이 상호 연관되고 의존하는 특징을 갖고 있다. 조직은 상위시스템(super-system)과 하위시스템(sub-system)으로 이루어진 계층 구조를 가지고 있으며, 각 구성요소 간에는 밀접한 상호작용이 이루어진다. 예를 들어, 대기업의 경우, 연구개발 부서, 생산 부서, 마케팅 부서 등 하위시스템 간의 협력이 제품의 성공적인 출시와 직결된다. 이러한 상호연관성과 의존성은 모든 조직적, 생물학적, 기계적 시스템에서 공통적으로 발견된다. 따라서 하위시스템은 전체 시스템을 위한 최적화를 위해 상위시스템의 목표와 조화를 이루어야 하며, 하위시스템 간의 갈등은 전체 조직의 효율성을 저하시킬 수 있다.

세 번째 속성은 전체성(wholism or synergism)이다. 시스템은 단순히 독립된 부분들의 집합체가 아니라, 그 이상으로 상호작용을 통해 새로운 가치를 창출하는 하나의 통합된 개체이다. 조직을 분석할 때 개별 부서를 따로 떼어놓고 이해하려는 시도는 전체 시스템의 역학을 파악하지 못하게 할 수 있다. 예를 들어, 스타트업 기업에서 팀워크가 중요한 이유는 각각의 직원들이 가진 역량이 상호 보완적이기 때문이다. 개별 직원의 능력만으로는 달성할 수 없는 결과를 팀의 협력을 통해 이루어내는 것이 바로 전체성이 갖는 본질적 의미이다.

네 번째 속성은 피드백(feedback)이다. 개방시스템은 순환적인 활동 특성을 지니며, 투입, 변환, 산출의 과정이 반복된다. 예를 들어, 한 대학의 경우 졸업생들의 사회적 성공 여부나 명성이 신입생 모집과 발전기금 모금 활동에 직접적인 영향을 미친다. 이처럼 투입과 산출 간의 순환적 상호작용은 조직이 지속적으로 성장하고 유지될 수 있도록 만든다. 반면 폐쇄시스템은 초기 입력만으로 운영되며 외부 요인에 영향을 받지 않는다. 현대 기업에서는 고객 피드백 시스템을 통해 이 속성을 잘 활용하고 있다. 예를 들어, 전자상거래 플랫폼은 고객 리뷰와 평점을 바탕으로 상품 및 서비스 품질을 개선하며, 이는 다시 고객 유입과 매출 증대로 이어진다.

다섯 번째 속성은 부(負)의 엔트로피이다. 엔트로피(entropy)는 무질서와 혼돈을 의미하는 개념으로, 모든 시스템이 시간이 지남에 따라 점차 붕괴하거나 소멸하려는 경향을 설명한다. 폐쇄시스템은 외부로부터 에너지나 자원을 받아들이지 않기 때문에, 내부에서 사용 가능한 자원이 점점 고갈되면서 엔트로피가 증가하여 활동이 소멸하거나 시스템 자체가 붕괴하는 과정을 겪는다. 예를 들어, 외부 환경과 단절된 조직이 자체적인 자원만으로 운영을 계속한다면, 결국 자원이 고갈되어 조직의 운영이 중단되는 결과를 초래할 가능성이 높다. 반면, 개방시스템은 부(負)의 엔트로피(negative entropy)라는 속성을 가지고 있다. 이는 개방시스템이 외부 환경으로부터 산출물 생산에 소비된 것보다 더 많은 에너지와 자원을 받아들여 엔트로피 증가를 상쇄하고, 스스로를 유지하며, 더 나아가 성장과 발전을 이룰 수 있는 능력을 의미한다. 현대 기업이 외부 투자나 기술 협력을 통해 내부 자원의 한계를 극복하고 시장 점유율을 확대하는 사례는 이러한 부의 엔트로피의 대표적인 예라고 할 수 있다.

여섯 번째 속성은 동태적 균형유지이다. 폐쇄시스템은 엔트로피가 최대치에 도달하면 결국 소멸에 이르게 된다. 그러나 개방시스템은 외부 환경으로부터 지속적으로 에너지, 자원, 정보를 받아들이면서 동태적 균형(dynamic equilibrium)을 유지할 수 있다. 예를 들어, 우리 인체는 사멸한 세포를 새로운 세포로 교체하면서도 신체의 기본적인 형태와 기능을 유지한다. 이와 유사하게, 개방시스템은 외부로부터 지속적인 투입을 받아들이고 이를 산출로 변환하는 과정을 반복하면서도 본질적인 구조와 기능을 유지한다. 이를 항상성(恒常性, homeostasis)이라고도 한다. 이러한 동태적 균형은 단순히 정적 상태를 유지하는 것이 아니라, 변화와 적응을 포함한 역동적인 상태를 의미한다. 예컨대, 글로벌 물류 기업은 시장의 급변하는 요구에 맞춰 공급망을 재조정하면서도 전체 물류 시스템의 안정성을 유지하는 데 성공한다. 이는 변화하는 환경에서도 시스템의 내부 구조와 목적을 효과적으로 보전하는 능력을 보여준다.

일곱 번째 속성은 성장과 확장의 경향성이다. 초기의 단순한 개방시스템에서는 동태적 균형 또는 항상성이라는 속성이 강하게 나타난다. 그러나 시간이 지남에 따라 개방시스템은 점점 더 복잡한 구조를 가지게 되며 엔트로피 증가에 대처하기 위한 부의 엔트로피 과정을 거듭하면서 성장과 확장을 지향한다. 이는 항상성과 상충되는 개념이 아니며, 오히려 시스템이 장기적인 생존과 존속을 위해 필수적으로 가져야 할 속성이다. 예를 들어, 대규모 조직은 현재 상태에 안주하지 않고 끊임없이 새로운 시장 기회를 발굴하고, 내부 자원을 확충하며, 외부로부터 더 많은 에너지를 유입하려고 노력한다. 이를 통해 추가적인 안정성을 확보하고, 외부 충격에도 견딜 수 있는 내구력을 키운다. 인체가 필요 이상의 에너지를 저장하기 위해 지방을 축적하는 것은 이러한 현상의 생물학적 예시로 볼 수 있다. 조직 역시 동일한 활동을 더 많이 수행하면서 존속과 발전을 위한 여력을 확보하는 방향으로 나아간다. 예컨대, 대학교가 성장하거나 확장될 때, 기존의 교육과 연구 활동을 더욱 확대하는 경향을 보이는 것도 이러한 특성을 잘 보여준다.

개방시스템의 마지막 속성은 이인동과성(equifinality)이다. 기계적 또는 폐쇄시스템에서는 최초조건과 최종결과 사이에 명확한 인과관계가 존재한다. 그러나 개방시스템에서는 동일한 목표 상태에 도달하기 위해 여러 가지 다양한 투입과 내부 활동을 사용할 수 있다. 다시 말해, 개방시스템은 목표를 향해 출발하는 최초 조건이 달라도, 다양한 경로를 통해 동일한 최종 결과에 도달할 수 있는 유연성을 가진다. 예를 들어, 민간 기업이 시장 점유율을 확대하려는 목표를 달성하기 위해 직접적인 광고, 제품 혁신, 고객 경험 개선 등 다양한 전략을 활용할 수 있는 것이 이에 해당한다. 이는 조직의 문제 해결 과정에서 단일하고 경직된 최적 해법만을 고집하기보다, 다양한 대안과 경로를 모색해야 한다는 교훈을 제공한다. 이 속성은 현대 조직이 복잡하고 빠르게 변화하는 환경에서 성공적으로 적응하고 성장할 수 있는 유연한 전략적 사고를 가능하게 한다.

따라서 개방시스템의 이러한 속성들은 현대 조직이 생존과 발전을 이루기 위해 반드시 이해하고 활용해야 할 중요한 개념이다. 부의 엔트로피를 통해 시스템의 붕괴를 방지하고, 동태적 균형을 통해 환경 변화에 유연하게 대처하며, 성장과 확장을 통해 미래의 불확실성에 대비할 수 있다. 또한, 이인동과성을 통해 다양한 문제 해결 방안을 모색함으로써 조직은 더욱 창의적이고 유연한 방식으로 목표를 달성할 수 있다. 이러한 속성들은 민간과 공공조직 모두에서 조직 관리의 필수적인 원리로 작용하며, 복잡하고 역동적인 현대 사회에서 조직의 경쟁력을 유지하는 데 중요한 역할을 한다.

3 개방시스템으로서의 조직

카스트와 로젠즈웨이그(Kast and Rosenzweig)는 조직을 개방시스템으로 바라보며, 조직이 환경과 끊임없이 상호작용하고 상호의존적인 다섯 개의 하위시스템으로 구성되어 있다고 설명했다. 이들 하위시스템은 목표·가치 하위시스템(goal-value subsystem), 기술 하위시스템(technological subsystem), 구조 하위시스템(structural subsystem), 사회심리 하위시스템(psycho-social subsystem), 그리고 이들을 조정하고 통합하며 외부 환경과의 연결을 담당하는 관리 하위시스템(managerial subsystem)으로 구성된다. 이러한 관점은 조직이 단일한 고정 구조가 아니라, 끊임없이 변화하고 조정되는 동적 시스템임을 강조한다.

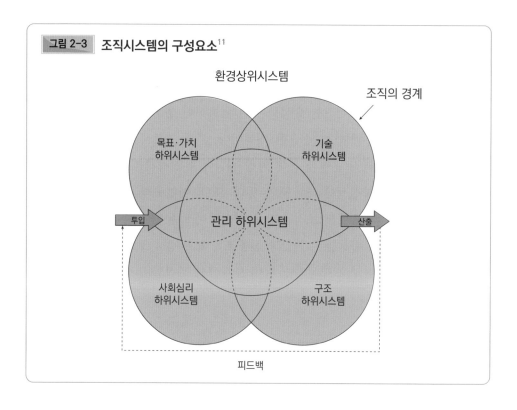

그림 2-3 조직시스템의 구성요소[11]

환경상위시스템

조직의 경계

목표·가치
하위시스템

기술
하위시스템

관리 하위시스템

투입

산출

사회심리
하위시스템

구조
하위시스템

피드백

목표·가치 하위시스템은 조직의 중심적인 역할을 한다. 조직은 사회적·문화적 환경으로부터 많은 가치를 수용하며, 이를 바탕으로 목표와 가치체계를 구축한다. 예를 들어, 지속 가능성을 중요시하는 현대 기업은 환경보호와 같은 사회적 가치를 조직 목표에 반영하여 ESG(Environmental, Social, Governance) 경영을 실천한다. 이러한 방식으로 조직은 단순히 목표를 달성하는 데 그치지 않고, 전체 사회의 목표와 가치에도 영향을 미친다.

기술 하위시스템은 조직의 과업을 수행하기 위해 필요한 지식과 기술, 장비, 설비 등을 포함한다. 이는 투입(input)을 산출(output)로 전환시키는 데 중요한 역할을 하며, 조직의 성격과 과업에 따라 다양한 형태를 띤다. 예를 들어, 첨단 제조기업에서는 로봇 공정이나 인공지능 기반 생산 시스템이 기술 하위시스템의 중심을 이

---

11 F. E. Kast and E. Rosenzweig, *Organization and Management A Systems and Contingency Approach*, 3rd ed.(New York: McGraw-Hill, 1979), p. 19를 수정 및 보완.

루며, 이러한 기술적 기반은 조직의 구조와 사회심리 하위시스템에도 영향을 미친다. 기술이 복잡할수록 조직의 구조는 더 정교해지고, 구성원의 역할과 관계 역시 기술 변화에 따라 달라질 수 있다.

구조 하위시스템은 조직 내 활동의 분화와 통합을 다룬다. 이는 권한의 분배, 의사소통 경로, 작업 흐름 등 조직의 공식적인 요소들을 포함하며, 조직도(organization chart), 직무기술서(job description), 규정 및 절차 등을 통해 구체화된다. 현대적인 예로, 대규모 IT 기업에서는 매트릭스 조직 구조를 도입하여 프로젝트 중심의 수평적 협력과 전통적인 계층적 구조를 융합하는 경우가 많다. 이는 기술 하위시스템과 사회심리 하위시스템 간의 관계를 공식화하여 조직의 효율성을 높인다.

사회심리 하위시스템은 개인의 행동, 동기부여, 신분과 역할, 집단역학 등 심리적·사회적 요소로 구성된다. 이 하위시스템은 조직 내부의 기술적 요인과 구조적 요인뿐만 아니라 외부 환경의 영향을 받는다. 예를 들어, 글로벌 팀으로 구성된 조직에서는 다양한 문화적 배경과 가치관이 집단역학과 의사소통 방식에 영향을 미친다. 또한, 조직 내에서 심리적 안전감이나 상호 신뢰를 형성하는 것이 집단의 성과를 결정짓는 중요한 요인이 될 수 있다.

마지막으로, 관리 하위시스템은 조직의 목표를 설정하고 이를 달성하기 위한 계획, 조직화, 지휘, 통제 등의 활동을 포함한다. 이는 조직의 다른 모든 하위시스템의 활동을 조정하고 통합하는 데 핵심적인 역할을 한다. 예를 들어, 글로벌 공급망을 운영하는 기업에서는 관리 하위시스템이 생산, 물류, 판매 등 각 하위시스템의 활동을 효과적으로 통합하여 전체 조직의 목표를 달성하도록 조정한다. 관리 하위시스템은 조직을 외부 환경과 연결시키는 역할도 수행하며, 이를 통해 조직은 환경 변화에 신속히 대응할 수 있다.

카스트와 로젠즈웨이그의 이러한 관점은 조직 관리 이론에 중요한 시사점을 제공한다. 전통적 관리이론, 예를 들어 과학적 관리법, 관료제 이론, 일반관리이론 등은 구조 하위시스템과 관리 하위시스템을 강조해왔다. 반면, 행동과학적 접근은 사회심리 하위시스템에 중점을 두었다. 이러한 이론들은 각각의 강점을 가지고 있지만, 특정 하위시스템에 치우쳐 다른 하위시스템과의 통합적 관점을 간과했다는 한계를 가진다. 개방시스템 이론은 이러한 단점을 보완하며, 조직을 하나의 동적이고 상호작용적인 시스템으로 이해한다.

④ 개방시스템 관점의 중요성[12]

개방시스템 관점은 조직의 복잡한 문제를 이해하고 해결하는 데 중요한 개념적 틀을 제공한다. 이 관점은 조직을 단순히 사람이나 부서들의 집합체로 보지 않고, 상호의존적인 구성요소 또는 하위시스템들로 구성된 하나의 통합된 시스템으로 바라보게 한다. 이러한 시각은 관리자들에게 조직을 더 넓고 체계적인 관점에서 이해하도록 요구하며, 조직 내의 문제를 다각적으로 접근하는 기반을 마련한다.

개방시스템 관점은 특히 하위계층의 관리자들에게 조직에서 자신의 역할과 중요성을 재인식하게 한다. 이를 통해 관리자들은 자신이 관리하는 부서나 업무가 다른 부서와 격리된 독립적인 활동이 아니라, 조직 전체의 성과에 직·간접적으로 영향을 미치는 중요한 활동임을 깨닫게 된다. 다시 말해, 개방시스템 관점은 관리자들로 하여금 자신이 수행하는 업무가 조직 내 다른 부서들과 밀접하게 연관되어 있으며, 조직 전체의 성공과 실패에 영향을 미친다는 사실을 인식하게 만든다. 예를 들어, 현대 대규모 병원에서 재무부서의 관리자는 자신의 부서가 단순히 예산을 관리하는 데 그치는 것이 아니라, 적절한 예산 분배가 의료서비스의 질과 환자만족도에 직접적인 영향을 미친다는 점을 이해해야 한다.

또한, 개방시스템 관점은 관리자들이 업무를 수행할 때 자신의 부서뿐 아니라 다른 부서와 조직 전체에 미치는 영향을 고려하도록 요구한다. 예를 들어, 대형 제조기업의 생산관리자는 생산 일정이 마케팅 부서의 광고 캠페인 일정과 어떻게 연계되어 있는지 이해하고, 이를 조율하는 데 신경써야 한다. 이러한 사고방식은 조직 내의 다양한 부서 간 협력을 촉진하며, 조직의 성과를 극대화할 수 있는 기반을 마련한다.

12　Stephen P. Robbins, *Organization Theory*(New York: Prentice-Hall, 1983), pp. 14-15.

개방시스템 관점의 또 다른 중요한 점은 관리자들로 하여금 조직이 처한 외부 환경에 대한 이해와 인식을 높이는 데 도움을 준다는 것이다. 조직은 외부 환경의 변화에 영향을 받고, 이에 적응해야 지속 가능한 성장을 이룰 수 있다. 예를 들어, 전자상거래 기업의 관리자들은 기술 발전, 소비자 행동 변화, 규제 환경 등을 주기적으로 분석하여 조직이 변화하는 시장 상황에 유연하게 대응할 수 있도록 해야 한다. 개방시스템 관점은 관리자가 조직을 외부 환경과 끊임없이 상호작용하는 하나의 활동 패턴으로 이해하게 하고, 이를 통해 조직이 변화에 저항하는 이유를 직관적으로 이해할 수 있는 통찰을 제공한다.

마지막으로, 개방시스템 관점은 관리자들로 하여금 목표 달성을 위해 다양한 대안적 투입과 과정을 개발하도록 독려한다. 이는 조직이 특정 문제를 해결하거나 목표를 달성하기 위해 유연하고 창의적인 접근 방식을 채택하도록 이끈다. 예를 들어, 공공기관의 경우 제한된 예산 안에서 최대의 효율성을 달성하기 위해 다양한 협력 모델이나 기술 혁신을 도입하는 노력이 개방시스템 관점에서 비롯될 수 있다.

그러나 이러한 개방시스템 관점만으로 모든 문제를 해결할 수 있는 것은 아니다. 개방시스템 관점은 관리자들에게 조직의 문제를 이해하는 데 유용한 틀을 제공하지만, 구체적인 해결책을 직접적으로 제시하지는 않는다. 예를 들어, 개방시스템 관점은 무엇이 얼마나 어떻게 변화해야 하는지에 대한 명확한 답을 제공하지는 않는다. 이는 개방시스템 관점이 가지는 한계로 볼 수 있다. 따라서 개방시스템 관점의 가치는 구체적인 응용 방안보다는 조직의 문제를 체계적으로 이해하고 분석하는 개념적 틀로서의 중요성에 있다.

결론적으로, 개방시스템 관점은 조직 관리에서 필수적인 도구로 작용한다. 이는 관리자들에게 조직의 복잡성을 체계적으로 이해하게 하고, 조직의 각 구성요소가 어떻게 상호작용하며 외부 환경과 연결되는지를 파악할 수 있도록 돕는다. 동시에 이 관점은 조직의 문제를 해결하기 위한 다양한 대안을 모색하게 하며, 이를 통해 조직이 더 나은 성과를 달성할 수 있도록 기여한다. 그러나 이 관점은 구체적인 실행 계획을 제시하기보다는 분석적 틀로서 사용되어야 하며, 다른 관리 도구와의 보완적 활용을 통해 더 큰 효과를 거둘 수 있다.

제 6 절 　상황적합론적 관점

1 상황적합론의 의의

상황적합론은 조직의 활동과 성과가 환경에 따라 다르게 나타날 수 있음을 이해하는 데 중요한 틀을 제공하는 이론적 접근법이다. 이 이론은 특정 상황에서 어떤 조직 설계나 관리 방식이 적합한지를 밝히고자 한다. 유명한 국제경제학자 킨들버거(C. Kindleberger)는 강의 중 "의존한다(It depends...)"는 말을 자주 사용하며, 경제학이란 무엇이 어디에서 어떤 방식으로 의존되어 있는지를 밝히는 학문이라고 주장했다. 상황적합이론은 이와 유사하게 조직이 환경 및 내부 요소들과 어떻게 상호의존적인지에 대한 문제를 탐구한다.

예를 들어, 특정 조직에서 도입된 발전 프로그램이 어떤 상황에서는 성공적으로 작동하지만, 다른 상황에서는 실패하는 경우가 있다. 이는 상황적합론의 핵심적인 통찰로, 각 상황이 다르기 때문에 결과도 달라진다는 점을 강조한다. 스토너(James A. F. Stoner)는 관리자의 역할을 "어떤 방법이 어떤 환경, 시간, 상황에서 관리 목표를 달성하는 데 가장 적합한지를 찾아내는 것"으로 정의하며, 상황적합론의 실천적 중요성을 시사했다.[13]

카스트(Kast) 등은 상황적합이론적 접근방식을 통해 조직을 하나의 시스템으로 보고, 조직과 환경 간의 상호작용뿐만 아니라 조직 내부 하위시스템 간의 상호연관성을 동시에 이해해야 한다고 주장했다. 이 접근법은 상호관계의 형태와 변수들의 구성을 탐구하며, 조직들이 다양한 속성을 가지고 있음을 인정한다. 또한, 변화하는 환경 속에서 조직 내부의 움직임을 분석하고, 특정 환경에서 가장 적합한 조직 설계와 관리 행동을 찾아내는 데 중점을 둔다.

이 이론은 사회, 문화, 기술, 경제 등 외부 환경이 조직의 구조나 하위시스템(예: 사회심리 시스템, 기술 시스템)에 미치는 영향을 전제로 한다. 예를 들어, 기술 중심의 스

13　James A. F. Stoner, *Management*, 2nd ed.(Englewood Cliffs, N.J.: Prentice Hall, Inc., 1982), p. 54.

타트업 조직은 급격히 변화하는 기술 환경에 의해 조직 구조와 업무 수행 방식이 영향을 받을 수 있다. 이러한 맥락에서 상황적합론은 조직 외부 환경이 조직의 성과에 어떤 영향을 미치고, 조직의 하위시스템 간 관계가 어떻게 형성될 때 조직의 성과가 극대화될 수 있는지를 설명하고자 한다.

시스템이론과 상황적합이론을 비교해 보면, 시스템이론은 조직을 이해하는 데 있어 더 넓고 기본적인 구조를 제공한다. 시스템이론은 조직 설계나 경영에서 일반화된 원칙을 설명하는 데 중점을 두며, 보편적인 원리를 제시하는 경향이 있다. 반면, 상황적합이론은 변수 간의 상호관계, 하위시스템 간의 적합성, 상황에 따른 인과관계 등 구체적인 요소를 연구 대상으로 삼는다. 예를 들어, 시스템이론은 제조업, 서비스업, 공공조직 등 모든 조직에 적용 가능한 광범위한 모형을 제시하지만, 상황적합이론은 개별 조직의 특수성을 고려하여 특정 상황에서의 적합한 관리 방식을 제안한다.

시스템이론은 조직 연구에서 거시적이고 일반화된 접근을 지향하지만, 상황적합이론은 보다 구체적이고 미시적인 접근을 통해 하위시스템 간의 특성과 상호작용을 중시한다. 예를 들어, 시스템이론은 대기업의 전체적인 조직 구조를 이해하는 데 유용하지만, 상황적합이론은 특정 부서 간 협력 방식을 분석하거나 부서 내부의 동태를 이해하는 데 더 적합하다.

상황적합이론은 조직 관리 및 설계에서 두 극단적인 접근 사이의 중간지점에 위치한다. 즉, 모든 조직에 동일하게 적용되는 일반적 원리를 강조하는 이론과, 모든 조직과 상황이 독립적으로 분석되어야 한다는 이론 사이에서 균형을 잡는다. 이를 통해 상황적합이론은 특정 조직과 환경에 적합한 관리 방식을 설계하고 실행하는 데 필요한 이론적 기반을 제공한다. 예컨대, 글로벌 기업의 경우, 상황적합이론은 각 지역 시장의 문화적, 경제적, 규제적 차이에 따라 맞춤형 전략을 개발할 수 있도록 돕는다. 따라서 이 이론은 조직이 변화하는 환경에 효과적으로 대응하고, 지속 가능한 성과를 달성하는 데 기여할 수 있다.

2 상황적합론의 기본모형

상황적합론을 보다 잘 이해하기 위해, 상황적합이론의 기본모형을 구성하는 세 가지 주요 변수를 중심으로 상황적합론을 설명할 수 있다. 첫 번째는 상황 변수로, 이는 조직을 둘러싼 외부 환경의 특성을 나타내는 요소들로 구성된다. 여기에는 일반적 환경, 기술, 조직의 규모 등이 포함된다. 예를 들어, 기술 혁신이 빠르게 진행되는 IT 업계에서는 기술 변화가 상황 변수로 작용하며, 이러한 변화는 조직의 구조와 운영 방식에 직접적인 영향을 미친다.

두 번째는 조직특성 변수로, 이는 조직 내부의 특성을 나타내며 조직구조, 관리체계, 관리과정 등을 포함한다. 예를 들어, 스타트업과 같은 소규모 조직은 유연하고 비공식적인 구조를 가지는 경우가 많지만, 대규모 제조업체는 명확한 계층 구조와 공식화된 관리 체계를 가지고 운영된다. 이러한 조직특성 변수는 상황변수와의 상호작용을 통해 조직의 적합성과 성과를 결정하는 데 중요한 역할을 한다.

세 번째는 조직성과 변수로, 이는 조직의 성과를 나타내는 결과 변수이다. 조직유효성은 다양한 방식으로 측정될 수 있는데, 예를 들어 민간기업에서는 매출, 시장 점유율, 고객 만족도가 조직성과 지표가 될 수 있으며, 공공기관에서는 정책 실행의 효과성, 국민의 신뢰도, 효율적인 자원 배분 등이 성과를 평가하는 기준이 될 수 있다.

이 세 가지 변수는 상황적합론의 기본모형에서 중요한 역할을 하며, 변수 간의 관계는 두 가지 관점에서 살펴볼 수 있다. 첫 번째는 상황 변수와 조직특성변수 간의 관계를 탐구하는 것이다. 여기서 상황 변수는 독립변수로, 조직특성 변수는 종속변수로 간주된다. 예를 들어, 조직이 불안정한 외부 환경에 직면할 경우, 조직은 보다 유기적인 형태를 취하여 환경 변화에 유연하게 대응하려는 경향이 있다. 이와 같이 상황 변수는 조직특성 변수에 직접적인 영향을 미친다.

두 번째는 세 변수를 모두 고려하여 상황과 조직특성 간의 적합성이 조직유효성에 미치는 영향을 분석하는 것이다. 이는 상황 변수와 조직특성 변수 간의 적합성을 독립변수로 보고, 조직유효성을 종속변수로 설정하는 접근 방식이다. 예를 들어, 환경이 불안정한 경우, 조직이 유기적인 구조를 채택하여 상황변수와의 적합성을 높인다면, 그 결과 조직의 성과도 높아질 가능성이 크다. 반대로, 환경과 조직특성 간의 적합성이 낮다면 조직의 성과도 저조할 수 있다.

따라서 상황적합이론은 상황과 조직특성 간의 적합성이 조직 성과를 결정하는 중요한 요인이라는 기본적인 사고를 바탕으로 한다. 이를 통해 상황적합이론은 모든 상황에서 모든 조직에 적용될 수 있는 유일한 관리 이론은 존재하지 않는다는 사실을 명확히 한다. 다시 말해, 조직의 성공적인 운영은 특정 상황에 적합한 조직 설계와 관리 방식에 달려 있다는 것이다.

예를 들어, 글로벌 제조기업은 안정적인 환경에서는 계층적이고 공식화된 구조를 통해 운영 효율성을 극대화할 수 있지만, 변화가 빠른 시장에서는 보다 유연하고 혁신적인 팀 구조를 도입하여 환경 변화에 적응할 필요가 있다. 이러한 사례는 상황변수와 조직특성변수 간의 적합성이 조직 성과에 미치는 영향을 잘 보여준다.

결론적으로, 상황적합이론은 상황 변수, 조직특성 변수, 조직성과 변수 간의 관계를 체계적으로 이해하고, 조직의 성과를 극대화하기 위해 환경과 조직 특성 간의 적합성을 강조한다. 이 이론은 조직 관리와 설계에서 유연성과 적응력을 강조하며, 모든 상황에 동일하게 적용되는 단일 이론의 한계를 극복할 수 있는 중요한 틀을 제공한다.

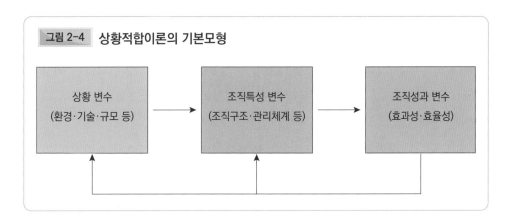

그림 2-4 **상황적합이론의 기본모형**

| 상황 변수 (환경·기술·규모 등) | 조직특성 변수 (조직구조·관리체계 등) | 조직성과 변수 (효과성·효율성) |

③ 상황적합론적 관점의 평가

상황적합론적 관점은 관리자들에게 매우 유용한 처방적 접근법을 제공한다. 이 접근법은 전통적인 관리 이론의 "유일최선의 방법(one best way)"을 추구하는 방식과는 명확히 구별된다. 상황적합론적 관점은 관리자들이 각기 다른 상황의 차이를 이해하고, 특정 상황에 가장 적합한 방법을 선택하도록 권장한다. 이를 통해 조직은 변화하는 환경에 효과적으로 대응하고, 개별적인 문제에 맞춘 해결책을 모색할 수 있다.

상황적합론적 관점에 대한 비판도 존재한다. 일부 비판자들은 이 관점이 완전히 새로운 것이 아니며, 기존의 관리 관점에서 제시된 기법들을 단순히 혼합한 것에 불과하다고 주장한다. 예를 들어, 상황적합론은 전통적 관리 이론에서 강조한 계층적 구조나 행동과학적 접근에서 중시하는 인간관계 관리 기법을 필요에 따라 조합하는 경향이 있다. 이러한 비판에도 불구하고 상황적합론적 관점의 강점은 융통성에 있다. 이 접근법은 특정 상황에 맞는 원칙이나 도구를 선택적으로 적용함으로써 관리자들에게 실질적인 유연성을 제공한다.

관리자는 상황적합론적 관점을 적용하기 위해 우선 자신이 직면한 상황을 현실적으로 진단해야 한다. 이를 통해 특정 상황의 특성과 요구를 명확히 파악할 수 있다. 진단 결과를 바탕으로 관리자는 전통적 관점, 행동과학적 접근, 개방시스템 이론 등 다양한 이론에서 제공하는 관리 원칙들을 상황에 적합하게 활용할 수 있다. 예를 들어, 안정적인 시장 환경에서는 전통적인 관리 원칙에 따라 계층적이고 명확한 조직 구조를 유지하는 것이 효과적일 수 있다. 반면, 빠르게 변화하는 기술 환경에서는 행동과학적 접근을 적용해 팀의 창의성과 협력을 강조하는 방식이 더 적합할 수 있다.

결론적으로, 상황적합론적 관점은 관리자들에게 상황의 다양성을 인식하고, 이를 기반으로 최적의 관리 전략을 선택하는 데 유용한 도구를 제공한다. 이 관점은 다른 이론에서 제공하는 원칙과 도구를 단순히 혼합하는 것을 넘어, 각 상황에 맞는 해결책을 제시하기 위한 유연한 접근 방식을 제안한다. 이를 통해 관리자는 복잡한 환경 속에서도 조직의 효율성과 효과성을 극대화할 수 있는 실질적인 방법을 모색할 수 있다.

관리 이론의 체계는 비교적 최근에야 확립되었으며, 이는 산업혁명과 조직의 규모 확대, 특히 기업의 대규모화가 새로운 관리 방식과 조직 형태를 요구했기 때문이다. 이러한 필요성에 따라 관리에 대한 이론적 관점들이 발전했으며, 그중 전통적 관점으로는 테일러(Taylor)의 과학적 관리론, 페이욜(Fayol)의 일반관리론, 베버(Weber)의 관료제론이 대표적이다.

과학적 관리론은 작업의 표준화와 능률 향상을 강조한 이론으로, 주먹구구식 관리 방식을 배격하고 과학적 방법에 기반한 과업 관리(task management)의 도입을 주장했다. 예를 들어, 현대 제조업에서 작업 단계를 세분화하고 표준화된 절차를 적용하는 것은 이 이론의 영향을 보여주는 사례다. 테일러의 이론은 생산성을 극대화하기 위해 작업 과정을 체계적으로 분석하고 설계하는 데 중점을 두었다.

일반관리론은 조직 운영에서 활용할 수 있는 다양한 관리 원칙을 제시했다. 전문화의 원칙, 지휘 통일의 원칙, 권한과 책임의 원칙, 통제 범위의 원칙, 권한 위임의 원칙 등은 모두 조직의 효율성을 높이는 데 기여했다. 예컨대, 대규모 병원에서 부서를 전문화하고, 명확한 지휘 체계를 유지하며, 권한과 책임을 명확히 하는 방식은 페이욜의 일반관리론이 여전히 실질적으로 응용되고 있음을 보여준다.

관료제론은 베버에 의해 제안되었으며, 복잡한 조직에 가장 효율적인 구조를 제공하는 것으로 평가된다. 관료제는 분업과 전문화를 통해 높은 효율성을 달성하며, 권한과 책임이 명확히 정의된 계층 구조를 특징으로 한다. 또한, 합법적 권위와 규칙 기반의 관리가 조직의 안정성과 예측 가능성을 높인다. 현대 공공기관에서 정책 집행의 일관성을 유지하기 위해 권한 계층과 절차를 명확히 설정하는 방식은 이 이론의 대표적인 적용 사례다.

그러나 전통적 관점은 몇 가지 한계를 가진다. 인간을 단순히 경제적 유인에 의해 동기 부여되는 경제인으로 가정하고, 조직을 폐쇄 시스템으로 보았으며, 환경 및 내부 요인들을 충분히 고려하지 않았다. 또한, 인간 행동에 대해 비현실적인 가정을 했다는 비판을 받는다. 그럼에도 불구하고, 전통적 관점의 이론들은 관리 이론의 중요한 부분으로 자리 잡고 있으며, 많은 개념이 현대 조직에서도 여전히 유용하게 사용되고 있다. 예를 들어, 명확한 직무 기술서나 권한 계층의 설정 등은 전통적 이론에서 유래된 개념으로, 현대적인 조직 관리에도 큰 영향을 미친다.

행동과학적 관점은 조직을 사회 시스템으로 보고, 전통적 관점이 간과했던 인간적 요소를 강조했다. 이 관점은 비공식 집단의 중요성과 구성원의 참여를 통한 관리의 필요성을 주장했다. 예컨대, 현대 IT 기업에서 팀 구성원의 자율성과 협력을 강조하며, 비공식적인 아이디어 공유를 통해 창의적인 문제 해결을 추구하는 방식은 행동과학적 접근의 대표적인 사례다. 그러나 행동과학적 관점은 사회심리적 요소를 지나치게 강조하고, 여전히 폐쇄 시스템 내에서 인간관계를 다뤘다는 한계를 지적받고 있다.

전통적 관점과 행동과학적 관점 모두 폐쇄 시스템적 사고에 기반을 두고 있다. 반면, 개방시스템 관점과 상황적합론적 관점은 조직을 외부 환경과 끊임없이 상호작용하는 개방 시스템으로 본다. 이러한 관점은 조직이 환경 변화에 적응하고, 내부와 외부 요인 간의 상호작용을 통해 지속 가능성을 추구하는 데 초점을 맞춘다. 예를 들어, 글로벌 기업이 현지 시장의 문화적 특성을 반영하여 맞춤형 전략을 수립하는 방식은 개방시스템 관점의 대표적인 응용 사례다.

결론적으로, 관리 이론은 전통적 관점에서 시작하여 행동과학적 접근, 개방시스템 관점, 상황적합론으로 발전해왔다. 이러한 이론들은 각각의 강점과 약점을 가지고 있으며, 현대 조직에서는 이들을 종합적으로 활용하여 복잡한 환경 속에서 효율적이고 효과적인 관리를 실현하고 있다.

다음 페이지의 <그림 2-5>는 관리에 대한 관점의 변화과정을 쉽게 알아볼 수 있도록 도표화한 것이다.

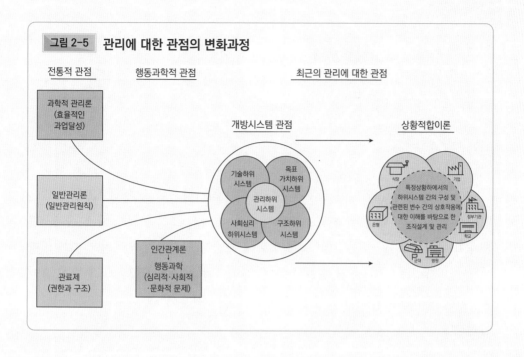

그림 2-5 관리에 대한 관점의 변화과정

전통적 관점

행동과학적 관점

최근의 관리에 대한 관점

과학적 관리론
(효율적인
과업달성)

일반관리론
(일반관리원칙)

관료제
(권한과 구조)

인간관계론
행동과학
(심리적·사회적
·문화적 문제)

개방시스템 관점

기술하위
시스템

목표
가치하위
시스템

관리하위
시스템

사회심리
하위시스템

구조하위
시스템

상황적합이론

특정상황하에서의
하위시스템 간의 구성 및
관련된 변수 간의 상호작용에
대한 이해를 바탕으로 한
조직설계 및 관리

식당 기업 정부기관 학교 군대 병원 은행

제 3 장 조직환경

조직은 환경과 끊임없이 상호작용하는 개방시스템으로서, 환경으로부터 많은 영향을 받을 뿐 아니라 환경에 영향을 미친다. 따라서 조직은 외부 환경 속에서만 존재의 의미를 가질 수 있으며, 환경 변화에 적절히 적응하지 못하면 생존과 번영이 불가능하다. 이 장에서는 조직이 환경과 어떤 관계를 맺고 있는지, 환경의 유형이 무엇인지, 그리고 조직이 환경 변화에 어떻게 적응해 나가는지를 체계적으로 살펴본다.

제 1 절　환경의 중요성

조직은 진공 상태에서 존재할 수 없다. 조직의 생존과 번영은 환경 속에서 이루어지며, 다양한 환경 요인과의 접촉을 통해 그 존재 가치를 실현한다. 예를 들어, 기술 스타트업은 빠르게 변화하는 기술적 환경과 시장 요구를 이해하고 이에 대응함으로써 경쟁력을 확보할 수 있다. 만약 조직이 이러한 환경 변화에 적절히 적응하지 못한다면, 경쟁에서 도태되고 결국 실패에 이를 가능성이 크다.

조직과 환경은 상호의존적인 관계에 있다. <그림 3-1>에 나타난 것처럼, 조직은 환경에 의존하여 필요한 자원과 기회를 얻는다. 동시에 환경은 조직의 활동을 제한하는 제약 조건으로 작용하며, 조직의 행동과 전략에 영향을 미친다. 예컨대, 글로벌 시장에 진출한 기업은 각국의 규제와 문화적 차이를 고려해야 하며, 이러한 환경적 제약은 기업의 의사결정과 전략 설계에 중요한 영향을 미친다.

조직이 환경에 적응하는 과정은 단순히 생존을 위한 것이 아니라, 조직과 환경 간의 지속적인 상호작용을 통해 사회적으로 가치를 창조하는 데도 기여한다. 예를 들어, 공공기관이 환경 변화에 맞춰 디지털 전환을 성공적으로 수행한다면, 이는 국민들에게 더 나은 서비스를 제공하고 사회적 효율성을 높이는 결과를 가져온다. 이처럼 조직의 활동이 환경에 적응할 때 조직과 환경 간의 상호작용은 강화되고, 궁극적으로 조직은 사회적 기여를 통해 존재의 의미를 더욱 확고히 할 수 있다.

조직은 환경과의 상호작용 속에서만 생존과 번영이 가능하며, 환경 변화에 유연하게 적응하는 것이 조직의 성공 여부를 결정짓는 핵심 요인이다. 이러한 관점에서 조직은 환경의 요구와 제약을 면밀히 분석하고, 그에 맞는 전략적 선택을 통해 지속 가능성을 확보해야 한다.

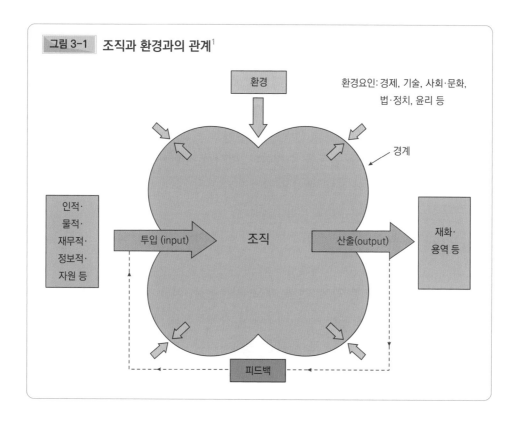

그림 3-1 조직과 환경과의 관계[1]

---

1 Fremont E. Kast and James E. Rosenzweig, *Organizations and Management: A Systems and Contingency Approach*(New York: McGraw-Hill Book Co., 1979), p. 19 수정.

　　조직은 그 생존과 성장을 위해 경제적, 기술적, 사회·문화적, 법적·정치적, 윤리적 환경을 포함한 다양한 환경 요인과 끊임없이 상호작용해야 한다. 이러한 환경 요인들은 조직의 단기적 성과뿐 아니라 장기적 생명력에도 영향을 미친다. 따라서 관리자는 조직을 둘러싼 전체 환경 시스템을 명확히 파악하고, 이를 기반으로 전략과 의사결정을 수립해야 한다.

1 경제적 환경(economic environment)

　　경제적 환경은 조직에 영향을 미치는 경제적 요인으로 구성된다. 경제적 환경은 흔히 재화와 용역을 생산하고 분배하는 기업에만 중요한 것으로 간주되지만, 이는 모든 유형의 조직에 중요한 환경 요인이다. 예를 들어, 정부 기관은 납세자로부터 세금을 받아 공공서비스를 제공하며, 대학은 학생 등록금, 정부 지원금, 기부금 등을 통해 교육과 연구 활동을 수행한다. 이러한 경제적 환경은 모든 조직에 걸쳐 필수적인 자원 확보와 운영 방식을 결정짓는다.

1) 자본

　　조직은 운영에 필요한 기계, 건물, 재고, 사무용품, 현금 등 다양한 형태의 자본을 필요로 한다. 일부 자본은 조직 내부에서 자체적으로 생산할 수 있다. 예컨대, 교회가 행사를 위해 자체적으로 음식을 준비하거나, 기업이 내부 시설을 활용해 일부 장비를 제작하는 경우다. 그러나 대부분의 경우, 조직은 외부 공급자에 의존하여 필요한 자본을 조달한다. 예를 들어, 병원이 새로운 의료 장비를 구입하거나, 대학이 주차 건물을 건설하기 위해 주차비를 조성하는 경우를 들 수 있다. 이러한 자본 조달 활동은 조직의 안정적 운영과 성장을 위해 필수적이다.

2) 노동

경제적 환경에서 또 다른 중요한 투입 요소는 노동력이다. 노동력의 가용성, 품질, 그리고 가격은 조직 운영에 큰 영향을 미친다. 일부 지역에서는 비숙련 노동력이 풍부한 반면, 고급 기술을 요구하는 숙련 노동력은 부족할 수 있다. 예를 들어, IT 산업이나 방위산업과 같은 첨단 산업은 고급 인재 확보에 어려움을 겪을 수 있으며, 이러한 노동력 부족은 조직의 생산성과 경쟁력에 영향을 미칠 수 있다. 반대로, 특정 시점에는 특정 기술을 가진 인재가 과잉 공급되기도 한다.

3) 가격 수준

가격 수준의 변화는 조직의 투입과 산출에 직접적인 영향을 미친다. 예를 들어, 1970년대와 1980년대 초의 전 세계적인 인플레이션은 기업뿐만 아니라 비영리 조직에도 혼란을 야기했다. 급격한 가격 상승은 임금, 원자재, 기타 투입 비용을 증가시키며 조직의 재무적 부담을 가중시킨다. 현대 경제에서도 원유 가격이나 반도체 부품의 가격 변화는 제조업체의 비용 구조와 제품 가격에 직접적인 영향을 미친다.

4) 정부의 재정과 조세 정책

정부의 재정 및 조세 정책은 조직 활동에 중요한 영향을 미친다. 재정 정책을 통해 신용의 가용성을 조절하거나, 조세 정책을 통해 기업과 국민의 경제 활동을 제어할 수 있다. 예컨대, 기업이윤에 대한 세금이 과도하면 기업 활동이 위축되고, 투자자는 자본을 다른 곳에 투자하려 할 것이다. 또한, 판매세가 증가하면 소비자는 구매를 줄이는 경향을 보일 수 있다. 부동산 중과세는 사람들이 주택 보유 비용을 부담하기 어렵게 만들어, 값이 더 싼 주택으로 이동하게 할 수도 있다.

5) 고객

고객은 조직, 특히 기업의 성공에 가장 중요한 요소 중 하나다. 고객 없이 기업은 존재할 수 없다. 따라서 기업은 고객의 요구를 이해하고, 고객이 구매하고자 하는 것을 제공해야 한다. 비영리 조직 역시 고객을 가진다. 예를 들어, 대학의 고객은 학생과 졸업생이며, 경찰서나 소방서는 지역 주민들에게 서비스를 제공하는 것을 목적으로 한다. 이러한 고객을 만족시키는 것은 모든 조직의 중요한 과업이다.

조직이 이러한 경제적 환경 요인을 이해하고 이에 적응할 때, 조직의 생존 가능성은 높아지고 지속 가능한 성장이 가능해진다. 관리자는 이러한 환경 요인들을 면밀히 분석하고, 전략적 의사결정을 통해 조직의 성과를 극대화해야 한다.

2 기술적 환경(technological environment)

기술적 환경은 과학적 지식(knowledge)에서 비롯된 기술적 요인으로 형성된 환경을 의미한다. 과학은 지식을 제공하고, 기술은 그 지식을 활용하여 실제 문제를 해결하거나 작업을 수행하는 방식이다. 기술은 유체역학에서 동물학에 이르기까지 모든 분야의 조직화된 지식의 누적을 포함하며, 이는 제품이나 서비스의 설계, 제조, 분배 및 판매 방법에 중요한 영향을 미친다. 예를 들어, 첨단 의료 기술은 병원의 진료 프로세스뿐만 아니라 환자 서비스의 질에도 직접적인 변화를 가져온다.

기술의 영향은 신제품, 새로운 기계, 혁신적인 원료 및 서비스 형태에서 뚜렷하게 나타난다. 기술 발전은 높은 생산성과 삶의 질 향상을 가능하게 하며, 더 많은 여가 시간을 제공하고 제품의 다양성을 증가시킨다. 그러나 이러한 이점은 교통 혼잡, 공기 및 수질 오염, 에너지 부족 등 기술 진보와 관련된 부정적 문제들과 함께 검토되어야 한다. 특히, 기술이 복잡해질수록 조직이 직면하는 환경은 더욱 동적이고 불확실해지며, 이에 따라 조직의 기술 의존도가 증가한다. 예컨대, 전자상거래 플랫폼은 기술 변화와 소비자 행동 데이터를 기반으로 즉각적인 전략 수정이 가능해야 한다. 조직은 목표를 효율적으로 달성하기 위해 이러한 기술 환경 변화에 적합한 전략과 전술을 마련해야 한다.

❸ 사회·문화적 환경(sociocultural environment)

사회적 환경은 개인의 행위에 영향을 미치는 집단, 가치관, 전통, 관습 등과 같은 사회 제도와 태도를 포함한다. 이러한 사회적 요인은 조직 구성원의 행동뿐만 아니라 조직에 영향을 미치는 여론이나 조직 이미지를 형성하는 데 중요한 역할을 한다. 예를 들어, 지속 가능성을 중시하는 사회적 가치관은 기업이 환경 친화적 제품을 개발하거나 탄소 배출을 줄이기 위한 노력을 강화하도록 만든다.

문화적 환경 역시 조직에 중대한 영향을 미친다. 문화는 한 사회의 신념, 태도, 가치관 등을 포함하며, 이는 조직 활동에 중요한 기준을 제공한다. 사람들은 자신이 속한 사회에서 습득한 생활양식을 조직 내에서도 유지하려는 경향이 있다. 예컨대, 다국적 기업에서 다양한 문화적 배경을 가진 직원들이 함께 일할 때, 문화적 차이를 이해하고 조정하지 않으면 문화 충격(culture shock)이 발생할 수 있다. 이러한 상황에서 조직은 다양한 문화를 포용하고 조화를 이루기 위한 노력이 필요하다.

❹ 법적·정치적 환경(legal-political environment)

법적·정치적 환경은 조직에 중대한 영향을 미치는 또 다른 중요한 요인이다. 법은 조직 활동에 대한 규칙과 기준을 제공하며, 조직은 법의 테두리 내에서만 활동할 수 있다. 예컨대, 기업은 노동법, 세법, 환경 규제 등 다양한 법적 요구를 준수해야 한다. 법은 조직 활동의 한계를 설정함과 동시에 조직의 운영 안정성을 보장하는 역할을 한다.

정치적 요인 또한 조직 환경의 중요한 부분이다. 사회의 정치적 안정성, 정치 조직의 성격, 정책 방향 등은 조직의 운영과 전략에 직접적인 영향을 미친다. 예를 들어, 정치적 안정은 기업이 장기적인 계획을 세우고 운영할 수 있는 기반을 제공한다. 반면, 정치적 불안정은 조직의 운영에 불확실성을 초래할 수 있다. 조직은 이러한 법적·정치적 환경 요인을 철저히 분석하고, 적응 방안을 마련해야 한다.

5 윤리적 환경(ethical environment)

윤리적 환경은 사회·문화적 환경의 일부이지만, 독립적인 중요성을 지닌다. 윤리는 선과 악, 도덕적 의무와 책임에 관한 기준을 다루며, 이는 조직 구성원과 조직 전체의 행동에 지침을 제공한다. 윤리적 행동은 법률을 준수하는 것을 넘어 공정성과 정당성을 기반으로 한다. 예를 들어, 기업이 법적으로 허용되는 수준을 넘어 사회적 책임을 다하려는 노력을 기울이는 것은 윤리적 행동의 한 예이다.

윤리적 기준을 제정하는 일은 어려운 과제지만, 명확한 윤리 규정은 조직 구성원들이 올바른 행동을 할 수 있도록 돕는다. 특히, 최고관리자의 윤리적 리더십과 지지는 윤리적 기준을 조직 내에서 정착시키는 데 핵심적이다. 또한, 윤리적 기준은 사회와 문화에 따라 다를 수 있으므로, 관리자는 이러한 차이를 인식하고 적절히 대응해야 한다.

6 기타 환경

이외에도 조직 환경에 영향을 미치는 요인은 다양하다. 환경 보호와 관련된 공해 문제, 자원 고갈로 인한 천연자원 및 에너지 부족 문제는 조직이 자원 관리와 지속 가능성에 주의를 기울이게 한다. 다국적 기업의 등장으로 국가 간 사회·문화적, 법적·정치적 제약 요인도 중요한 요소로 부각되고 있다. 또한, 조직 구성원의 평균 교육 수준 향상과 사무직 노동자의 증가, 인구 구성의 변화, 도시화 등은 조직이 해결해야 할 새로운 과제를 제기한다.

조직은 이와 같은 환경 요인을 명확히 이해하고, 환경과 협력적이고 우호적인 관계를 형성해야 한다. 환경은 조직의 활동을 제약하기도 하지만, 동시에 기회를 제공하기도 한다. 환경 변화에 능동적으로 적응하고, 이를 기반으로 전략적 목표를 달성하는 것은 조직의 생존과 성장에 필수적이다.

　　조직이 환경 내의 특정 요소에 의존하고 있다는 사실을 관리자들이 인식하면, 그 의존성을 줄이기 위한 전략을 개발할 수 있는 기초가 마련된다. 그러나 의존성이 존재한다는 사실이 곧 관리자가 그 의존성의 모든 내용을 완전히 이해하고 있다는 것을 의미하지는 않는다. 예를 들어, 우리는 일상생활에서 다양한 사람들과 접촉하지만, 그들 모두가 우리의 행동에 실질적인 영향을 미치지는 않는다. 이와 마찬가지로, 조직 환경 내의 모든 요소가 조직의 성공과 실패에 직접적으로 관여하는 특수환경(specific environment)을 구성하지는 않는다. 그렇다면, 조직은 어떻게 하면 환경의 다양한 요소 중에서 조직 성과에 실질적으로 영향을 미치는 요소를 식별할 수 있을까? 이러한 필요성 때문에 경계역할(boundary role)의 개념이 등장하게 되었다.

　　경계역할(boundary roles)은 조직과 환경 간의 연결 활동 또는 연결 메커니즘을 말한다. 이는 환경 의존성(dependence)으로 인해 발생하는 불확실성과 위협을 감소시키기 위해 조직이 도입한 전략적 활동이다.[2] 예를 들어, 판매대리인(sales representative), 로비스트(lobbyist), 연락장교(liaison officer), 제품관리자(product manager) 등은 모두 조직의 경계역할을 수행하는 주요 직무에 해당한다. 이들은 환경에 대해 조직을 대표하며, 외부로부터의 충격을 완화하고 조직을 보호하는 완충 역할을 수행한다.[3]

　　조직 내 다른 구성원들은 이러한 경계역할 담당자들을 통해 환경에 대한 정보를 얻고, 이를 기반으로 환경을 인지하고 평가하게 된다. 경계역할 담당자들은 외부에서 수집한 정보를 조직 내부로 전달하며, 이 정보가 조직의 의존성을 나타내는 중요한 내용을 포함할 때 관리자는 이를 바탕으로 의존성을 줄이기 위한 조치

2　J. Stacy Adams, "Interorganization Processes and Organization Boundary Activities," in Barry M. Staw and Larry L. Cumins(eds.), *Research in Organizational Behavior*, Vol. 2, Greenwich, JAI Press, 1980, pp. 328－332.

3　Dennis W. Organ, "Linking Pins Between Organizations and Environments," *Business Horizons*, December 1971, p. 74.

를 강구하게 된다.

관리자가 취할 수 있는 대응 조치는 크게 대내적 전략(Intraorganizational strategies), 대외적 전략(Interorganizational strategies), 활동영역 선택 전략(Domain choice strategies)으로 구분될 수 있다.

관리자는 경계역할 담당자들의 정보 수집과 분석을 통해 의존성을 줄이고 환경적 위협에 대응할 수 있는 전략을 수립할 수 있다. 궁극적으로, 조직은 환경과의 상호작용을 통해 불확실성을 줄이고, 안정성을 확보하며, 지속 가능한 성과를 달성할 수 있는 기반을 마련해야 한다.

1 조직의 대내적 전략

대내적 전략은 조직이 환경 내에서 발생하는 사건들을 직접적으로 변화시키기보다는, 이러한 환경 영향으로부터 조직을 보호하는 데 중점을 둔다. 이는 조직의 기술적 핵(technical core)을 보호하여 외부 환경의 불확실성을 최소화하려는 시도이다. 널리 활용되는 네 가지 대내적 전략으로는 완충(buffering), 평등화(smoothing), 예측(forecasting), 할당(rationing)이 있다.

1) 완충전략(buffering)

완충전략은 조직이 환경의 영향을 완화하기 위해 투입과 산출 측면에서 작업 활동을 보호하려는 접근이다. 투입 측면에서의 완충전략은 원료와 공급 자재를 비축하거나, 예방적 유지 보수를 실행하거나, 새로운 직원들을 모집 및 훈련하는 활동을 포함한다. 이러한 활동은 예기치 못한 상황에서 작업 기능의 중단을 방지하도록 설계된다. 산출 측면에서는 완충전략의 선택지가 제한적이지만, 가장 일반적인 방법은 재고 유지이다. 예를 들어, 소비재 제조업체가 재고를 보관할 수 있는 상품을 생산할 경우, 창고에 충분한 재고를 확보해두면 판매 수요의 변동과 관계없이 꾸준히 생산과 판매를 유지할 수 있다. 완충전략은 환경의 불확실성을 줄이는

제 1 편 경영학의 개관

데 도움을 주지만, 동시에 비용이 수반된다. 재고 유지 비용과 자원의 진부화 위험은 완충전략의 대표적인 한계이다. 예를 들어, IT 회사가 하드웨어 재고를 오래 보관할 경우, 기술이 빠르게 진보하면서 제품이 시장성을 잃을 위험이 있다.

2) 평등화전략(smoothing)

평등화전략은 환경 요인의 진폭을 줄이고 안정적으로 유지하려는 시도이다. 이를 통해 조직은 자원의 활용도를 높이고, 불필요한 낭비를 줄일 수 있다. 예를 들어, 통신사는 주중 낮 시간대에 높은 통화 수요를 경험하지만, 밤이나 주말에는 사용량이 감소하는 경향이 있다. 이를 해결하기 위해 통신사는 낮 시간에는 높은 요금을 부과하고, 밤과 주말에는 낮은 요금을 제공함으로써 사용 시간을 분산시킨다. 또 다른 예로, 잡지 발행업체는 정기구독 할인 정책을 통해 수요의 변동성을 줄인다. 이러한 전략은 고객이 정기적으로 구매하도록 유도하여 수익을 안정화하는데 기여한다. 스포츠 팀도 시즌 전체 입장권을 할인가로 제공하여, 관중의 경기별 수요 변동을 완화하고, 경기 성과와 상관없이 안정적인 수익을 확보하는 전략을 활용한다.

3) 예측전략(forecasting)

예측전략은 환경 변화의 진폭과 방향을 예측하여 조직이 사전에 대응할 수 있도록 한다. 이를 통해 불확실성을 줄이고, 핵심 기술과 자원을 효율적으로 활용할 수 있다. 예를 들어, 제조업체가 시장 수요를 정확히 예측할 수 있다면, 이에 따라 생산 일정을 조정하여 과잉 생산이나 생산 부족을 방지할 수 있다. 또한, 컨설팅 회사가 향후 6개월간의 용역 계약을 정확히 예측할 수 있다면, 필요한 인력을 미리 준비하고, 고객 요구를 충족시키기 위해 적절한 자원을 할당할 수 있다. 예측전략은 데이터 분석과 시장 연구를 기반으로 하며, 이를 통해 관리자는 환경 변화에 능동적으로 대처할 수 있다.

4) 할당전략(rationing)

할당전략은 제품이나 서비스를 우선순위에 따라 분배하는 방식으로, 보통 마지막 수단으로 사용된다. 이는 초과 수요를 통제하고 환경의 불확실성을 줄이는 데 기여하지만, 제한된 상황에서만 효과적이다. 예를 들어, 병원은 응급 상황에서 병상 부족 문제를 해결하기 위해 병상을 응급 환자에게 우선 할당할 수 있다. 이처럼 할당전략은 제한된 자원을 가장 시급한 필요에 따라 분배하는 데 초점을 맞춘다. 우체국은 크리스마스 시즌과 같은 연말에 우편물 처리량이 급증할 경우, 우선순위를 기준으로 우편물을 분류하여 처리 효율을 높인다. 주택건설업체는 신축 아파트 분양 시 추첨 제도를 도입하여 특정 고객에게 우선권을 제공함으로써 자원 배분의 공정성을 확보한다. 할당전략은 안정성을 제공할 수 있지만, 수익 극대화에는 기여하지 못하며, 임시적인 해결책으로 사용되는 경우가 많다.

이러한 대내적 전략은 조직이 환경 불확실성을 관리하고, 내부 작업의 안정성을 유지하는 데 필수적인 도구이다. 관리자는 조직의 상황과 환경적 요구에 맞는 적합한 전략을 선택하여 효율성과 효과성을 동시에 추구해야 한다.

2 조직의 대외적 전략

조직이 환경을 관리하기 위해 취할 수 있는 또 하나의 접근 방식은 환경 내 요소들을 통제하는 대외적 전략이다. 이 전략은 조직이 외부 의존도를 줄이고, 환경 변화에 더 잘 대처할 수 있도록 한다. 대외적 전략에는 계약체결(contracting), 호선(coopting), 로비활동(lobbying), 광고(advertising) 등이 포함된다.

1) 계약체결(contracting)

조직은 투입 측면과 산출 측면 모두에서 장기적인 계약을 체결함으로써 환경의 불확실성을 줄일 수 있다. 예를 들어, 제조업체는 원자재 공급의 안정성을 확보하기 위해 공급업체와 장기 고정 계약을 체결할 수 있다. 이러한 계약은 공급망의 혼란이나 가격 변동의 위험을 줄이는 데 기여한다. 항공사는 연료 비용과 공급 안정성을 위해 석유 회사와 장기 고정 연료 공급 계약을 체결하는 경우가 많다. 이를 통해 항공사는 연료 비용의 변동에 따른 재무적 위험을 줄이고 안정적인 운영을 보장할 수 있다.

2) 호선(coopting)

호선전략은 조직이 환경의 불확실성을 줄이기 위해 환경 내에서 조직의 안정이나 생존을 위협하는 개인이나 조직을 흡수하는 방식이다. 예를 들어, 자금 조달이 어려운 기업이 금융 시장 접근성을 강화하기 위해 은행 임원을 이사회 구성원으로 임명하는 경우가 이에 해당한다. 또한, 운수 회사가 교통사고 문제 해결 및 규제 준수를 위해 경찰 간부 출신 인사를 채용하는 사례도 호선전략의 대표적인 예이다. 이 전략은 환경에서 발생할 수 있는 잠재적 위험을 줄이고, 조직의 안정성을 강화하는 데 중요한 역할을 한다.

3) 로비활동(lobbying)

로비활동은 조직이 정부의 권력을 활용하여 산업 내 관계를 안정화하려는 전략이다. 이는 특정 법률이나 정책이 조직에 유리하게 작용하도록 영향력을 행사하는 방식으로 이루어진다. 예를 들어, 의사, 변호사와 같은 전문직 종사자들이 정부 규제를 통해 새로운 경쟁자의 진입을 제한하고, 자격 요건을 강화함으로써 산업의 안정성을 유지하려는 사례가 이에 해당한다. 기업은 전문 로비스트를 고용하거나 협회나 단체를 통해 정부와의 관계를 강화하고, 자신들에게 유리한 정책을 도입하도록 노력한다. 이 전략은 경쟁을 줄이고, 조직의 지속 가능성을 높이는 데 중요한 역할을 한다.

4) 광고(advertising)

광고는 고객에게 조직의 제품이나 서비스를 긍정적으로 인식시키는 전략으로, 환경의 불확실성을 줄이는 데 효과적이다. 예를 들어, 자동차 제조업체가 자사의 차량이 경쟁사의 차량보다 안전하고 연비가 좋다는 점을 강조하는 광고 캠페인을 진행한다면, 이는 소비자들이 해당 제품에 대해 더 호의적으로 인식하도록 유도하는 사례에 해당한다. 광고는 잠재 고객의 태도를 바꾸어, 조직 제품에 대한 선호를 강화하고 시장에서의 경쟁 우위를 확보하도록 돕는다. 공공기관 역시 광고를 통해 서비스의 접근성을 알리고, 대중의 신뢰를 높이는 데 활용할 수 있다. 이러한 대외적 전략은 조직이 환경 의존성을 줄이고, 외부 요인의 영향을 효과적으로 관리하기 위한 중요한 도구이다. 관리자는 환경 내의 주요 요소를 분석하고, 계약, 호선, 로비, 광고와 같은 전략을 적절히 활용하여 조직의 안정성과 성과를 극대화해야 한다.

③ 활동영역 선택 전략

조직이 환경을 관리하기 위해 활용할 수 있는 또 다른 접근법은 활동영역(domain)을 변경하거나 새로운 환경을 선택하는 전략이다.[4] 이 전략은 조직이 더 호의적이고 안정적인 환경으로 전환하거나, 기존 활동영역에서의 위험과 불확실성을 줄이는 데 중점을 둔다. 조직의 활동영역은 고정되어 있지 않으며, 관리자는 환경의 변화와 조직의 필요에 따라 활동영역을 조정할 수 있다. 이를 통해 불확실성이 높은 환경에서 벗어나거나 새로운 기회를 모색할 수 있다. 활동영역 선택 전략은 크게 공격형 전략과 수비형 전략으로 나뉜다.

---

4 James D. Thompson and William J. McEwen, "Organizational Goals and Environment Goal-setting as an Interaction Process," *American Sociological Review*, February 1958, pp. 23-31.

 제 1 편 경영학의 개관

1) 공격형 전략

공격형 전략은 조직이 활동영역을 확장하거나 새로운 기회를 창출하기 위해 적극적으로 시도하는 전략이다. 여기에는 다음과 같은 방법이 포함된다.

① 수직적 통합: 조직이 공급망의 상류나 하류로 확장하여 의존성을 줄이는 방식이다. 예를 들어, 자동차 제조업체가 주요 부품을 직접 생산하기 위해 부품회사를 인수하거나, 제품 판매를 강화하기 위해 소매 네트워크를 직접 운영하는 경우가 이에 해당한다.

② 다각화(Diversification): 기존의 활동영역에서 벗어나 새로운 산업이나 시장에 진출하는 전략이다. 예컨대, 전통적인 음료 제조사가 건강식품 시장으로 진출하거나, IT 기업이 의료 기술 분야로 사업을 확장하는 사례가 다각화 전략의 예다.

③ 합작 투자: 다른 기업과 협력하여 새로운 시장이나 기술에 진출하는 방식이다. 예를 들어, 글로벌 자동차 제조사가 전기차 기술 개발을 위해 스타트업과 합작 회사를 설립하는 경우, 양측의 자원과 기술을 결합하여 시너지를 창출할 수 있다.

④ 기술혁신: 새로운 기술을 개발하거나 적용하여 시장에서 경쟁 우위를 확보하는 전략이다. 예를 들어, 전통 제조업체가 스마트 공장 기술을 도입해 생산성을 혁신하거나, AI를 활용해 고객 서비스를 개선하는 사례가 이에 해당한다.

2) 수비형 전략

수비형 전략은 환경의 불확실성을 줄이고 자원을 보다 효율적으로 활용하기 위해 기존 활동영역을 축소하거나 조정하는 방식을 포함한다. 주요 전략은 다음과 같다.

① 긴축 전략: 비용을 절감하고 자산을 축소하여 재무 건전성을 강화하는 방식이다. 예를 들어, 대기업이 비핵심 부문에서 인력을 감축하거나 운영 비용을 줄이는 것은 긴축 전략의 일환이다.

② 환수 또는 회수(divestment): 기존 사업의 일부를 매각하여 조직의 초점을 핵심 사업으로 재조정하는 방식이다. 예컨대, 다각화된 대기업이 낮은 수익성을 가진 비핵심 사업부를 매각하고, 더 높은 성장 가능성이 있는 사업에 집중하는 경우다.

③ 청산(liquidation): 사업의 일부 또는 전체를 처분하여 시장에서 철수하는 전략이다. 이는 주로 더 이상 수익성이 없는 사업을 종료하거나, 지나치게 위험한 환경에서 벗어나기 위한 극단적인 선택으로 사용된다. 예를 들어, 과도한 규제나 시장 축소로 인해 특정 지역에서 사업을 철수하는 경우가 여기에 해당한다.

결론적으로, 활동영역 선택 전략은 조직이 환경 변화에 적응하고 지속 가능한 성과를 달성하기 위한 핵심 도구이다. 공격형 전략은 성장과 혁신을 통해 기회를 모색하는 데 초점을 맞추며, 수비형 전략은 자원의 효율적 활용과 안정성 확보에 중점을 둔다. 관리자는 조직의 상황과 환경 요인을 면밀히 분석하여, 두 전략을 적절히 결합하고 실행함으로써 조직의 생존 가능성을 극대화할 수 있다.

조직은 개방체계로 이해되며, 환경과 끊임없이 상호작용한다. 조직은 환경으로 부터 많은 영향을 받으며, 동시에 환경에도 영향을 미친다. 이러한 상호작용의 결과로 조직은 지속 가능한 생존과 성장을 도모할 수 있다.

조직의 주변에는 다양한 이해관계자 집단이 존재하며, 이들은 조직 환경의 핵심 구성 요소로 작용한다. 예를 들어, 기업의 고객, 공급업체, 투자자, 정부 기관, 지역 사회 등이 모두 조직의 환경을 형성하는 주요 이해관계자들이다. 관리자는 이러한 이해관계자 집단과의 상호작용을 통해 조직의 목표를 효과적으로 달성해야 한다.

조직 환경은 경제적, 기술적, 사회·문화적, 법적·정치적, 윤리적 요인으로 구성된다. 경제적 환경은 자본, 노동, 가격 수준, 정부의 재정 및 조세 정책과 같은 요소로 조직에 영향을 미치며, 기술적 환경은 혁신과 기술 발전을 통해 조직의 생산성과 경쟁력을 좌우한다. 사회·문화적 환경은 가치관, 전통, 관습과 같은 사회적 태도를 포함하며, 법적·정치적 환경은 법률과 규제, 정치적 안정성이 조직 활동의 한계를 설정한다. 또한, 윤리적 환경은 조직이 준수해야 할 도덕적 기준과 책임을 제시한다. 관리자의 역할은 이러한 다양한 환경 요인을 면밀히 분석하고, 환경 변화에 적응할 수 있는 전략을 수립하여 조직의 안정성과 성과를 극대화하는 것이다.

조직은 환경 변화를 효과적으로 관리하기 위해 경계역할(boundary role)을 수행하는 구조와 시스템을 마련한다. 경계역할은 조직과 외부 환경 간의 연결 메커니즘으로 작용하며, 조직이 외부 정보를 수집하고, 이를 바탕으로 환경의 불확실성을 줄이는 데 기여한다. 예를 들어, 판매 대리인, 로비스트, 연락 장교 등은 조직의 경계역할을 수행하며, 조직이 외부 환경에 보다 유연하게 대응할 수 있도록 돕는다.

환경 의존성을 줄이고, 조직의 안정성을 높이기 위해 조직은 다양한 전략을 수립하여 실행한다. 이는 크게 대내적 전략, 대외적 전략, 활동영역 선택 전략으로 나뉜다. 대내적 전략은 조직 내부의 안정성을 확보하기 위한 완충, 평등화, 예측, 할당 전략을 포함하며, 대외적 전략은 계약 체결, 호선, 로비 활동, 광고 등을 통해 환경 요인을 직접 통제하는 방식을 포함한다. 활동영역 선택 전략은 조직이 새로운 환경을 선택하거나 기존 환경을 조정하여 불확실성을 줄이고 성과를 극대화하는 데 초점을 맞춘다.

조직은 환경과의 상호작용을 통해 지속 가능한 발전을 추구한다. 관리자는 환경 변화를 예측하고, 이에 대응하는 전략을 효과적으로 설계하고 실행함으로써 조직의 생존과 성장을 보장할 수 있다.

계획

제1편에서는 관리란 무엇이며, 관리자가 수행하는 역할은 무엇인지에 대해 논의하였다. 더불어 조직관리에 대한 관점이 어떻게 변화해왔는지와 그 주요 내용, 그리고 관리의 대상이 되는 조직의 본질에 대해 설명하였다. 또한, 조직의 성과에 중요한 영향을 미치는 조직 환경과 조직을 둘러싼 이해관계자들에 대해 살펴보았으며, 관리자가 조직과 환경의 상호작용을 어떻게 조정할 수 있는지에 대해서도 다루었다.

제2편에서는 관리 기능 중 첫 번째 주요 기능인 계획에 대해 다룬다. 관리 기능은 계획, 조직, 지휘, 통제의 네 가지 핵심 요소로 구성되며, 이는 조직 목표를 효과적으로 달성하기 위해 필요한 체계적인 프로세스를 제공한다. 이 중에서도 계획은 모든 관리 활동의 기초가 되는 중요한 기능으로, 향후 행동의 방향을 설정하고 목표 달성을 위한 구체적인 전략과 실행 방안을 설계하는 과정을 포함한다.

제2편에서는 제4장과 제5장으로 이루어지는데, 제4장에서는 일반적인 계획 기능, 계획 수립 과정, 목표 설정, 그리고 전략적 계획의 개념과 실행에 대해 논의할 것이다. 여기서 다룰 내용은 조직이 환경의 불확실성 속에서 적절한 목표를 설정하고, 이를 달성하기 위한 전략을 수립하는 데 있어 필수적인 지침을 제공한다. 예를 들어, 기업이 신제품 개발을 위한 계획을 세울 때, 환경 분석, 자원 평가, 목표 설정, 그리고 실행 전략이 어떻게 연계되는지를 체계적으로 살펴볼 것이다.

제5장에서는 관리자가 조직의 문제를 인식하고 해결 방안을 찾는 과정으로서의 의사결정에 대해 다룬다. 의사결정은 모든 관리 활동의 핵심 과정으로, 다양한 대안을 비교하고 평가하여 최적의 결정을 내리는 과정을 포함한다. 이는 단순히 일상적인 문제 해결에 그치지 않고, 장기적인 조직 성과와 전략적 목표 달성에도 직접적으로 기여한다. 예를 들어, 공공기관이 자원 배분 우선순위를 결정하거나, 기업이 투자 계획을 수립할 때 필요한 의사결정 프로세스를 구체적으로 살펴볼 것이다.

결론적으로, 제2편에서는 계획이라는 관리 기능의 중요성과 세부적 실행 방안을 다루며, 관리자가 조직의 성과를 극대화하기 위해 어떻게 계획을 수립하고, 이를 실행에 옮길 수 있는지에 대한 실질적이고 체계적인 지침을 제공할 것이다.

제 4 장 계획

조직 활동을 효과적으로 관리하려면 가장 먼저 조직이 나아가야 할 방향과 각 활동이 수행되어야 할 방법을 명확히 결정해야 한다. 조직이 미래에 수행하게 될 활동에는 여러 가지 대안(alternatives)이 존재할 수 있다. 이러한 대안 중에서 가장 적합한 것을 선택하고 실행할 때, 조직의 성과와 효율성은 극대화될 수 있다. 따라서 관리자는 다양한 대안을 비교·분석하고, 조직 목표를 달성하는 데 가장 적합한 방안을 선택해야 한다.

계획기능은 조직의 생산성을 향상시키고, 조직 구성원이 달성해야 할 목표와 이를 이루기 위한 방법을 명확히 제시하는 과정이다. 이 과정은 단순히 방향성을 제시하는 데 그치지 않고, 조직이 환경 변화에 적응하고 자원을 효율적으로 활용하며, 장기적인 지속 가능성을 확보할 수 있도록 돕는다. 예를 들어, 제조업체가 신제품 출시를 계획할 때, 시장 분석, 자원 배분, 실행 일정 등을 포함하는 계획을 세우면 목표 달성 가능성이 높아진다.

계획기능은 관리 활동의 출발점으로, 조직이 설정한 목표를 실현하기 위한 기반을 제공한다. 이를 통해 조직 구성원은 명확한 방향성을 가지고 업무를 수행할 수 있으며, 조직 전체의 노력이 조화를 이루게 된다. 특히, 계획은 불확실성을 줄이고 조직의 대응력을 강화하는 데 중요한 역할을 한다. 예컨대, 공공기관이 비상사태에 대비하기 위한 재난 관리 계획을 수립하면 실제 상황에서 신속하고 체계적으로 대응할 수 있다.

본 장에서는 계획기능의 의의, 중요성 및 특성을 비롯하여, 계획이 관리 과정에서 어떤 역할을 하는지, 계획을 수립하는 단계와 과정은 무엇인지, 그리고 계획의 유형과 목표 설정에 대해 구체적으로 살펴볼 것이다. 이를 통해 관리자는 조직의

92   제 2 편 계획

목표를 효과적으로 달성할 수 있는 체계적이고 전략적인 계획을 수립할 수 있을 것이다.

1 계획(planning)의 의의

계획이란 조직의 행동에 앞서 조직내부의 강점과 약점, 그리고 외부 환경 요인에서 발생하는 기회와 위협을 판단하여 무엇을, 언제, 어디서, 누가, 어떻게 수행할지 결정하는 과정이다. 이는 관리자가 목표(goals)를 설정하고, 이러한 목표를 달성하기 위한 구체적인 방법을 설계하는 일련의 활동을 포함한다. 계획은 현재의 조직 상태와 미래 목표를 연결해 주는 역할을 하며, 조직의 생산성과 효율성을 극대화하는 데 핵심적인 관리 기능이다.

계획은 본질적으로 미래지향적이지만, 미래는 항상 불확실하기 때문에 계획을 정확히 세운다고 하더라도, 통제 불가능한 요소들로 인해 의도한 대로 실행되기 어려울 수 있다. 따라서 계획은 조직이 목표를 효율적으로 달성하기 위한 관리 활동의 출발점으로서 반드시 필요하다. 이는 조직, 지휘, 통제와 같은 다른 관리 기능에 앞서 목표와 방향성을 제시하는 기초 작업이다.[1]

계획은 예측(forecasting)과 밀접하게 관련되어 있지만 동일한 개념은 아니다. 예측은 미래에 발생할 사건이나 상태를 가능한 한 객관적으로 추정하고 측정하는 활동인 반면, 계획은 이러한 예측을 토대로 구체적인 행동과 실행 방안을 설계하는 과정이다. 즉, 계획은 관리자의 적극적인 의사결정을 통해 수립되며, 이를 통해 실행될 행동이 보다 체계적이고 효과적으로 이루어질 수 있도록 한다. 이와 같은 점에서 계획은 단순히 정보를 분석하는 예측보다 행동적 요소를 더 많이 포함한다.

계획은 조직의 계층별로 다르게 수립된다. 상급 관리자는 조직 전체의 장기적

---

1   George A. Steiner, *Top Management Planning* (New York: Macmillan, 1969), p. 7.

이고 전략적인 계획을 수립하는 반면, 하급 관리자(일선 관리자)는 주로 단기 계획 및 일상적인 업무와 관련된 계획을 담당한다. 이처럼 계획은 조직 전체의 목표를 각 부문과 연결하여 통합적인 성과를 도출하는 역할을 한다. 예를 들어, 상부 계층의 목표를 달성하기 위한 수단은 하부 계층의 구체적인 목표가 된다. 이는 조직의 모든 계층이 일관된 방향성을 가지고 움직이도록 돕는다.

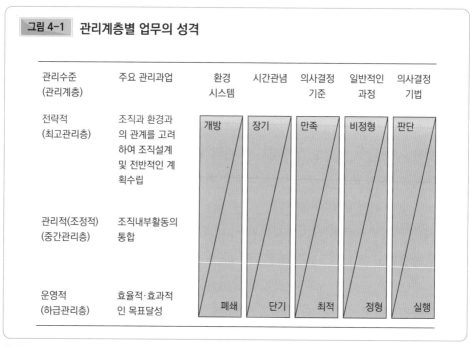

그림 4-1 관리계층별 업무의 성격

관리수준 (관리계층)	주요 관리과업	환경 시스템	시간관념	의사결정 기준	일반적인 과정	의사결정 기법
전략적 (최고관리층)	조직과 환경과의 관계를 고려하여 조직설계 및 전반적인 계획수립	개방	장기	만족	비정형	판단
관리적(조정적) (중간관리층)	조직내부활동의 통합					
운영적 (하급관리층)	효율적·효과적인 목표달성	폐쇄	단기	최적	정형	실행

출처: Kast and Rosenzweig, *Organization and Management*, 2nd ed., p. 113.

1) 계획의 유형과 조직 규모에 따른 차이

계획은 조직의 규모, 목적, 특성 및 기능에 따라 다양하게 나타난다.[2] 대규모 조직은 일반적으로 장기 계획에 중점을 둔다. 예를 들어, 유전 및 정유 회사, 항공사,

---

2   James A. F. Stoner, *Management*, 2nd ed. (Englewood Cliffs, N. J. : Prentice-Hall, Inc., 1980), p. 130.

국방부와 같은 조직은 특수한 목적과 운영 특성상 장기적인 전략이 필수적이다. 반면, 식품점이나 서점과 같은 소규모 조직은 주로 계절적이거나 1년 내 목표 달성에 중점을 둔다.

또한, 동일한 조직 내에서도 부문별로 계획의 유형이 달라질 수 있다. 예컨대, 의류 제조업체에서는 디자인과 원료 구매는 단기 계획의 범주에 포함된다. 이는 유행 변화에 민감하기 때문이다. 반면, 기능공 선발, 생산 기술 향상, 생산 능력 확장 등은 장기 계획으로 다루어진다.

2) 계획과 환경의 상호작용

계획은 조직이 처한 내부 및 외부 환경을 반영해야 한다. 특히, 계획과 환경 사이의 관계는 복잡하며, 성공적인 계획은 조직의 외부 환경과 내부 역량을 함께 고려하는 개방시스템적 접근법(open systems approach)을 통해 수립된다. 예를 들어, 기술 혁신이 빠르게 진행되는 시장에서 활동하는 IT 기업은 지속적인 시장 분석과 미래 기술 예측을 기반으로 계획을 수립해야 한다.

3) 계획기능의 중요성 부각

계획 기능이 관리 활동에서 중요한 역할로 자리 잡은 것은 비교적 최근의 일이다. 제2차 세계대전 이전에는 대부분 단기적인 관점에서 계획이 이루어졌고, 계획의 중요성도 크게 주목받지 못했다. 그러나 제2차 세계대전 이후 급변하는 환경 속에서 계획의 중요성이 부각되었고, 조직 내 공식적인 계획 부서가 설립되며 많은 인력이 계획 활동에 투입되었다. 또한, 계획을 지원하기 위한 자료 수집 기능이 강화되었고 다양한 기법이 개발되었다.

4) 계획의 공식화와 관리자의 주요 직능화 배경

계획이 관리자의 주요 직능으로 자리 잡게 된 이유는 다음과 같다:

(1) 컴퓨터 기술의 발전

컴퓨터의 등장으로 자료 수집, 의사결정 기법, 관리 방법이 크게 발전하였고, 이로 인해 미래의 불확실성을 상당 부분 해소할 수 있었다. 이는 관리자가 보다 체계적이고 정밀한 계획을 수립할 수 있는 기반을 제공하였다.

(2) 환경 변화와 경쟁 격화

급격한 기술 개발, 경쟁 심화, 조직의 거대화 및 복잡화, 외부 환경의 변화 등은 조직의 지속 가능성을 위협하게 되었다. 이에 따라 보다 과학적이고 체계적인 장기 계획의 필요성이 대두되었다.

이와 같이, 계획은 조직의 성과를 극대화하고 환경 변화에 능동적으로 대처하기 위한 관리 활동의 출발점으로, 관리자의 핵심 역할 중 하나로 자리 잡았다.

② 계획의 중요성 및 특성

1) 계획의 중요성

계획은 조직이 미래에 수행해야 할 행동 과정을 제시함으로써 관리자가 의도한 목적을 달성하도록 돕는다. 이를 통해 조식은 명확한 목표를 설정하고 이를 이루기 위한 최적의 경로를 탐색할 수 있다. 계획은 항해 시 목적지에 도달하기 위해 설정한 항로에 비유될 수 있다. 배가 정해진 항로를 따라 항해하듯, 관리자는 계획을 실행하여 조직이 목표에 도달하도록 이끈다. 계획의 중요성은 다음과 같이 네 가지로 요약할 수 있다.[3]

---

3   H. Koontz, C. O'Donnel, and H. Weihrich, *Management*, 7th ed., McGraw-Hill, Inc., 1980, pp. 170-171.

제 2 편 계획

(1) 미래의 불확실성과 변화에 대비

계획은 미래의 불확실성과 변화에 대비할 수 있는 틀을 제공한다. 미래는 항상 예측하기 어려운 요인으로 가득하지만, 효과적인 계획은 이러한 불확실성을 어느 정도 감소시켜 준다. 계획을 통해 조직은 내적·외적 환경에서 발생하는 위협 요소에 대응할 준비를 할 수 있으며, 미래의 활동을 보다 확신을 가지고 수행할 수 있다. 예를 들어, 글로벌 제조업체가 시장 변화에 대비해 신제품 개발 계획을 수립하여 새로운 소비자 요구에 효과적으로 대응할 수 있다.

(2) 목표 지향성과 활동 통합

계획은 조직 내 다양한 활동을 공통된 목표로 통합한다. 이를 통해 관리자들은 단기적인 이익에 급급하기보다 장기적인 관점에서 조직의 최종 목표를 달성할 수 있도록 현재의 계획을 검토하고 필요한 경우 수정할 수 있다. 예를 들어, 공공기관이 장기적인 도시 개발 계획을 수립하면, 개별 부서의 활동이 통합적으로 작동하여 목표 달성 가능성을 높일 수 있다.

(3) 경제적 운영 지원

계획은 조직의 자원을 효율적으로 활용하고, 비용을 최소화하는 데 기여한다. 이는 조직 운영의 경제성을 높이며, 일관되고 효율적인 관리를 가능하게 한다. 예컨대, 유통업체가 물류 계획을 수립하면 불필요한 운송 비용을 줄이고, 재고 관리 효율성을 높일 수 있다.

(4) 통제 기능의 기초 제공

효과적인 통제는 효과적인 계획에서 시작된다. 계획은 통제를 위한 기준을 제공하며, 이를 통해 관리자는 성과를 측정하고 평가할 수 있다. 예를 들어, 기업의 매출 목표가 설정되면 이를 기준으로 각 부서의 성과를 평가하고 필요한 조정을 할 수 있다.

2) 계획의 특성

계획은 다른 관리 활동과 비교할 때 몇 가지 독특한 특성을 가진다. 이는 다음 네 가지로 설명된다.[4]

(1) 목표 달성에 대한 기여(contribution to objective)

모든 계획은 조직 목표를 달성하는 데 기여해야 한다. 조직 목표와 상충되거나 일관성이 없는 계획은 적절하지 않다. 관리자는 계획 수립 과정에서 목표 지향적이고 통합된 활동을 유도하도록 해야 한다. 예컨대, 비영리단체가 지역사회 지원 프로그램을 계획할 때, 목표는 지원 대상자와 단체의 미션을 동시에 충족해야 한다.

(2) 계획의 우선성(primacy of planning)

계획은 모든 관리 활동에 선행하는 기본 기능이다. 조직, 지휘, 통제 등 다른 관리 기능은 계획에서 설정된 목표를 지원하는 활동이다. 특히 계획과 통제는 상호 의존적이다. 계획이 없다면 통제는 불가능하며, 통제의 결과는 다음 계획 수립의 지침이 된다. 예를 들어, 프로젝트 관리에서 초기 계획이 없으면 프로젝트 일정과 비용 통제가 불가능하다.

(3) 계획의 일반성(pervasiveness of planning)

계획은 특정 관리 계층에만 국한되지 않고 모든 관리 계층에서 수행된다. 최고 관리자는 장기적인 전략을 수립하고, 중간관리자는 이를 구체적인 부서별 목표로 분해하며, 일선관리자는 단기적인 실행 계획을 수립한다. 이를 계획 수립의 일반성 이라 하며, 모든 관리자는 이 기능을 수행해야 한다. 예를 들어, 최고경영자가 회사의 글로벌 확장 전략을 수립하면, 중간관리자는 시장별 실행 계획을 세우고, 일선 관리자는 해당 시장에서 구체적인 판매 활동 계획을 수립한다.

(4) 계획의 효율성(efficiency of plans)

계획은 유효성과 효율성을 동시에 갖추어야 한다. 즉, 주어진 자원으로 최대의

---

4 *Ibid.*, pp. 157-160.

 제 2 편 **계획**

결과를 달성할 수 있는 계획이어야 한다. 계획의 효율성은 계획 실행에 투입된 비용과 목표 달성 기여도를 비교하여 평가된다. 비용이 과도하게 발생하거나 조직 구성원의 만족도가 낮아지는 계획은 바람직하지 않다. 예를 들어, 고객 서비스 개선 계획이 고객 만족도는 높이지만 과도한 인력 비용을 초래한다면, 이는 재조정이 필요하다.

결론적으로, 계획은 조직의 미래 방향을 제시하고, 목표를 달성하기 위한 구체적인 행동 경로를 제공하는 핵심 관리 기능이다. 관리자는 계획의 중요성과 특성을 이해하고, 조직의 목표 달성에 기여하는 실질적이고 효과적인 계획을 수립해야 한다.

제 2 절 계획과 관리과정

1 계획과 의사결정

계획수립은 그 자체가 목적이 아니라, 조직의 목표를 달성하기 위한 실행의 기초로 작용해야 한다. 수립된 계획은 실행되는 과정에서 필요에 따라 수정되거나 새롭게 수립될 수도 있다. 이러한 과정에서 의사결정이 핵심적인 역할을 한다. 의사결정은 계획수립의 중요한 구성 요소로, 이를 통해 조직은 목표를 달성하기 위한 행동 방향을 구체화한다.

의사결정이란 특정 문제를 해결하기 위해 가능한 여러 행동과정을 개발하고, 이 중 최적의 것을 선택하는 과정을 의미한다. 계획수립 과정에서 관리자는 다양한 의사결정을 내려야 한다. 예를 들어, 가용 자원을 분석하고, 목표 달성을 위해 자원을 어떻게 배분할 것인지를 결정해야 한다. 또한, 시장의 경제 동향과 경쟁사의 전략을 예측하여 이에 기반한 결정을 내려야 한다. 예컨대, 제조업체가 신제품 출시를 계획할 때, 경쟁사의 시장 점유율과 소비자 선호도를 분석한 뒤 출시 시기를 결정하는 과정이 의사결정의 전형적인 예이다.

결국, 계획수립은 의사결정 과정의 특정한 적용이라고 볼 수 있다. 의사결정은 단순히 계획의 일부가 아니라, 계획 전반에 걸쳐 모든 단계에서 중요한 역할을 한다. 의사결정의 중요성과 관련된 자세한 논의는 제7장 의사결정에서 다루어질 것이다.

2 계획과 통제

계획과 통제는 밀접한 상호작용을 통해 조직의 성과를 보장하는 관리 기능이다. 통제란 단순히 실제 성과가 계획과 일치하도록 유도하는 과정이다. 따라서 계획 없는 통제는 의미를 가질 수 없으며, 계획은 통제의 기준을 제공하는 필수적인 요소이다.[5]

구체적으로, 통제는 계획 수행 과정에서 나타난 실제 결과(actual data)와 계획 단계에서 설정된 목표치(planned data)를 비교하여, 이들 간의 차이가 허용 범위를 벗어날 때 필요한 조치를 취하는 것을 의미한다.[6] 이러한 조정은 계획과 통제의 상호작용을 통해 이루어진다.

조정의 방법은 크게 세 가지로 구분할 수 있다.

1) 계획된 목표를 달성할 수 있는 새로운 행동 방향 모색

기존의 행동 방식이 예상대로 작동하지 않을 경우, 목표 달성을 위해 새로운 접근 방식을 찾아 실행한다. 예를 들어, 판매 목표를 달성하지 못한 유통업체가 마케팅 전략을 변경하거나 할인 프로모션을 도입하는 사례가 이에 해당한다.

---

5 통제에 관한 내용은 제15장 통제과정에서 자세히 설명될 것임.

6 Robert N. Anthony and John Dearder, *Management Control Systems*, 4th ed. (Hammond, Ill.: Richard D., Irwin, 1980), p. 9.

2) 계획 자체의 재검토와 재수립

계획이 비현실적이거나 환경 변화에 부합하지 않을 경우, 계획 자체를 수정하거나 새롭게 수립해야 한다. 예컨대, 예기치 못한 경제 위기로 인해 원재료 가격이 급등할 경우, 기업은 생산 계획을 재조정하고 새로운 예산안을 수립할 수 있다.

3) 새로운 계획과 목표에 알맞는 통제 수단 강구

기존 통제 방식이 효과적이지 않을 경우, 새로운 계획에 부합하는 통제 수단을 개발하여 적용한다. 예를 들어, 프로젝트 일정 관리에서 기존 통제 방법이 효과를 발휘하지 못하면, 보다 정밀한 일정 관리 도구를 도입하거나 보고 체계를 강화하는 방식을 택할 수 있다.

계획은 통제의 기반을 제공하며, 통제는 계획의 실행을 보장하는 역할을 한다. 이 두 기능은 상호 의존적이며, 효과적인 관리 과정을 통해 조직의 목표를 달성하는 데 기여한다.

제 3 절　계획수립과정

1 계획수립절차

계획의 수립과정에서 가장 중요한 것은 계획 자체보다는 계획을 수립하는 절차의 합리성이다. 계획은 조직의 목표 달성을 위한 자원의 투입과 그로 인한 결과를 예측하며, 미래의 자원 활용을 보다 효과적으로 준비하기 위한 사전 작업이다. 따라서 계획은 단순히 목적을 달성하기 위한 도구일 뿐이며, 진정한 가치는 최적의 대안을 탐색하고 이를 체계적으로 실행하는 절차에 있다.

다음은 계획을 합리적으로 수립하기 위한 기본적인 다섯 단계이다.

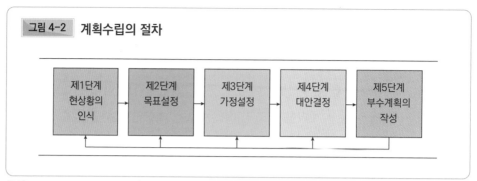

그림 4-2 계획수립의 절차

| 제1단계 현상황의 인식 | 제2단계 목표설정 | 제3단계 가정설정 | 제4단계 대안결정 | 제5단계 부수계획의 작성 |

출처: H. Koontz and C. O'Donnell, *Principles of Management: An Analysis of Managerial Functions* (New York: McGraw-Hill, 1972), p. 113.

1) 제1단계: 현 상황의 인식

계획수립의 첫 번째 단계는 현 상황을 명확히 인식하는 것이다. 이 단계에서는 관리자가 계획 수립을 위한 기초를 세운다. 예를 들어, 대학에서 한 학생이 경영학 과목을 수강하려 할 경우, 그는 수강 신청 이전에 필요한 선수 과목을 이수했는지, 해당 과목이 자신의 학업 계획과 조화를 이루는지 확인해야 한다. 이처럼 조직의 계획에서도 관리자는 조직내부의 강점과 약점, 외부 환경에서 발생할 수 있는 기회와 위협 요소를 명확히 파악해야 한다.

이 단계에서 과거의 경험은 중요한 역할을 한다. 과거의 경험은 조직이 향후 도달하고자 하는 목표를 설정하는 데 중요한 기준이 된다. 예를 들어, 공공기관이 과거의 정책 시행 결과를 바탕으로 새로운 정책을 계획하는 경우, 해당 경험은 실행 가능성을 높이는 데 기여한다.

2) 제2단계: 목표 설정

계획수립은 목표를 설정하는 것으로 본격적으로 시작된다. 관리자는 현 상황에서 파악한 기회를 활용할 수 있도록 조직이 달성해야 할 구체적이고 명확한 목표를 설정해야 한다. 목표는 현재 상태와 비교해 명확하게 구별되도록 설정되어야 한다. 예를 들어, 대학생이 경영학 과목에서 A 학점을 받는 것이 목표라면, 조직에

제 2 편 계획

서는 새로운 시장 점유율 확대나 운영 비용 절감을 구체적인 목표로 설정할 수 있다.

목표 설정은 각 계층의 관리자가 자신이 맡은 범위 내에서 이루어진다. 상급 관리자는 조직 전체의 목표를 설정하고, 중간 및 하급 관리자는 이를 세분화하여 각자의 영역에서 실행 가능한 목표를 세운다.

3) 제3단계: 가정 설정(계획 전제)

계획수립의 세 번째 단계에서는 실행 방안이 세워질 가정을 설정한다. 관리자는 조직이 목표를 달성하기 위해 어떤 상황에서 계획을 실행하게 될지 미리 예측해야 한다. 이는 바람직한 미래 상태(목표)를 기준으로 현재 상태를 평가하고, 조직의 강점과 약점을 파악한 후, 미래 환경 변화에 대한 가정을 세우는 것이다.

이 단계에서 계획의 성공 여부는 가정을 얼마나 정확히 설정했는지에 달려 있다. 예를 들어, 제조업체가 공장 규모 확장을 계획하면서 은행 대출 이자율이 상승할 것으로 예측한다면, 계획은 이자율 상승 전에 자금을 확보하도록 설계되어야 한다.

가정 설정은 조직 내부와 외부 환경을 분석하고 예측된 자료를 바탕으로 대안을 설정하는 기초를 제공한다. 이는 단순한 직관이나 경험을 넘어 체계적이고 구체적인 자료에 기반해야 한다.

4) 제4단계: 대안 결정

계획수립의 네 번째 단계는 계획 과정의 중심이며, 목표 달성을 위한 실행 대안을 결정하는 것이다. 관리자는 연구와 경험을 통해 여러 대안을 설정하고, 각 대안을 평가하여 최적의 대안을 선택해야 한다.

예를 들어, 한 기업이 신제품 출시를 계획할 때 다양한 마케팅 전략을 고려한 후, 목표 달성 가능성이 가장 높은 전략을 선택하는 것이 이 단계에 해당한다. 대안 선택 과정에서는 목표와의 적합성을 평가하고, 자원의 효율적 활용 가능성을 분석하여 최적의 대안을 도출해야 한다.

5) 제5단계: 부수계획의 작성

최적의 대안을 선택한 후, 계획수립은 부수계획을 작성하는 단계로 마무리된다. 부수계획은 주요 계획을 지원하거나 예비 계획으로써 기능한다. 경우에 따라 예산계획과 같은 보완적인 계획도 필요하며, 가정이 변동될 경우를 대비한 우발계획(contingency plan)도 포함되어야 한다.

예를 들어, 신제품 출시 계획을 수립하는 과정에서 생산 지연에 대비한 대체 공급망 계획을 마련하는 것이 부수계획 작성의 예이다. 이 단계가 완료되어야만 계획 수립 과정이 비로소 마무리되었다고 할 수 있다.

2 계획수립의 합리적 접근방법

계획수립은 본질적으로 조직의 목표를 달성하기 위한 합리적인 행동 과정을 선택하는 것이다. 이를 효과적으로 이해하기 위해 계획이 수립되는 과정을 <그림 4-3>을 통해 설명한다.

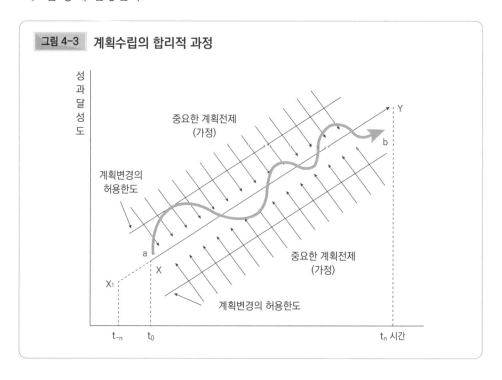

그림 4-3 계획수립의 합리적 과정

그림에서 종(세로)축은 계획 실행으로 인해 얻을 수 있는 성과를 나타낸다. 예를 들어, 기업의 경우 매출 증가, 이익 증대, 비용 절감, 조직 운영 효율성 향상 등의 성과를 포함할 수 있다. 횡(가로)축은 시간의 흐름을 나타낸다.

X는 현재 시점(t)에서의 조직 상태를 나타내며, Y는 미래 시점(t)에서 조직이 달성하고자 하는 목표를 의미한다. 일반적으로 조직은 시점 t 이후의 문제에 대비하기 위해 사전에 대책을 수립하려 하지만, 이와 관련된 통계적 자료나 회계 자료를 얻기 어려운 경우가 많다. 따라서 조직은 미래 목표 달성과 관련된 문제를 다루기 위해 현재 상태 X에서 출발하여 계획을 수립해야 한다.

직선 XY는 현재 상태(X)에서 목표(Y)에 이르기 위한 조직의 행동 과정을 나타낸다. 이 선은 목표(Y)가 설정된 이후, 목표를 달성하기 위해 필요한 행동 과정을 선택하는 의사결정 단계를 나타내는 것이다. 예를 들어, 정부기관이 특정 정책의 실행 계획을 세울 때, 현재 상태(X)에서 목표(Y)인 국민 삶의 질 향상을 위해 필요한 과정을 결정하는 것이 이에 해당한다.

만약 미래가 확실성 아래 놓여 있다면, 직선 XY는 비교적 쉽게 그려질 수 있다. 그러나 현실에서는 계획 실행 과정에서 수많은 환경적 요인의 변화가 발생하므로 이 선을 정확히 그리기가 어렵다. 실제로 조직은 환경 변화로 인해 목표 달성을 위한 행동 과정에서 이탈하는 경우가 자주 발생한다. 이러한 환경적 요인은 계획 전제(planning premises)로 정의된다.

관리자가 계획 수립 단계에서 모든 계획 전제를 정확히 고려하여 예측을 실행하는 것은 현실적으로 불가능하다. 따라서 가장 중요한 계획 전제를 우선적으로 고려하여 계획을 수립하는 것이 필수적이다. 예를 들어, 글로벌 제조업체가 새로운 시장에 진출하려는 계획을 수립할 때, 가장 중요한 계획 전제는 해당 시장의 경제 안정성과 고객 수요 예측이 될 수 있다. 이러한 주요 전제를 바탕으로 계획을 수립하면, 환경 변화에도 유연하게 대처할 수 있는 기반을 마련할 수 있다.

결론적으로, 계획 수립은 현재 상태에서 출발해 미래 목표를 달성하기 위한 행동 과정을 체계적으로 설계하는 것이다. 이를 위해 관리자는 중요한 계획 전제를 우선적으로 고려하여 불확실성을 최소화하고, 조직의 목표 달성을 위한 최적의 행동 과정을 선택해야 한다.

③ 계획과 유연성

계획은 수립 후 실행을 통해 마무리될 때까지 변경되지 않는 것이 가장 이상적이다. 그러나 현실에서는 환경적 요인의 변화로 인해 계획이 수정될 필요가 생기며, 경우에 따라 조직의 목표 자체를 변경해야 하는 상황이 발생하기도 한다. 예를 들어, 특정 시장에서의 급격한 규제 변화나 예상치 못한 경제적 위기가 발생하면, 기존 계획을 유지하기 어려울 수 있다.

만약 이러한 변화를 계획 수립 단계에서 예측할 수 있다면, 추가적인 계획 수정의 필요성은 줄어들 것이다. 그러나 미래의 불확실한 환경 변화를 모두 반영하는 것은 현실적으로 어렵다. 따라서 관리자는 계획 수립 및 실행 과정에서 반드시 유연성(flexibility)을 갖추어야 한다.[7]

유연성 있는 계획이란 새로운 환경 변화에 적절히 대처할 수 있도록 모든 변수를 지속적으로 조정하고, 일정 범위 내에서 계획을 수정할 수 있는 여유를 포함하는 것이다. 앞서 설명한 <그림 4-3>의 직선 XY는 현재 조직 상태(X)에서 미래 목표(Y)에 이르는 가장 합리적이고 효과적인 행동 과정을 나타낸다. 그러나 실제 실행에서는 환경 변화와 이에 따른 전제 조건의 변화로 인해, 계획이 이와 동일하게 실현되기 어려운 경우가 많다.

예를 들어, IT 기업이 새로운 소프트웨어 개발 계획을 세울 때, 예상치 못한 기술적 문제나 시장의 요구 변화로 인해 원래 계획이 수정되어야 할 수도 있다. 이런 경우 관리자는 새로운 상황 변화에 대응하기 위해 계획을 일부 변경하고 조정해 나가야 한다. 이처럼 실제 행동 과정은 원래 직선 XY 대신 곡선 ab 형태로 나타나는 경우가 일반적이다.

그러나 최초 수립된 목표로부터 지나치게 벗어나는 것을 방지하기 위해서는 계획 변경의 허용 한도를 계획 수립 시점에서 명확히 정해 두는 것이 중요하다. 이러한 허용 한도 내에서 계획 변경이 이루어지도록 하면, 계획의 일관성을 유지하면

---

7   Michael Kami, "Planning and Planners in the Age of Discontinuity," in Jerome E. Schnee, H. Lazarus, and E. Warren (ed.), *The Progress of Management*, 3rd ed. (Englewood Cliffs, N.J.: Prentice-Hall, Inc., 1977), pp. 268–285.

서도 새로운 환경 변화에 대응할 수 있다. 만약 계획 변경이 허용 한도를 벗어나는 상황이 발생한다면, 단순히 계획을 수정하는 것이 아니라 목표 자체를 재검토하고 변경해야 할 필요가 있다.

예를 들어, 공공부문에서 대규모 인프라 프로젝트를 계획했으나 예상보다 더 큰 비용 상승이나 기술적 어려움이 발생한 경우, 단순히 세부 계획을 조정하는 것으로는 충분하지 않을 수 있다. 이때는 프로젝트의 범위나 목표 자체를 변경하는 것이 더 현실적이고 합리적인 선택이 될 수 있다.

결론적으로, 계획은 유연성을 바탕으로 환경 변화에 따라 지속적으로 조정되어야 한다. 동시에, 최초 목표로부터 지나친 이탈을 방지하기 위해 명확한 허용 범위를 설정하고 이를 준수하는 것이 중요하다. 이러한 접근은 조직이 변화하는 환경 속에서도 목표를 효과적으로 달성하고, 장기적으로 성공적인 결과를 이루는 데 기여할 것이다.

제 4 절 계획의 유형(Types of Plans)

관리자는 조직을 효율적으로 운영하고, 조직 활동을 통제하며 감독하기 위해 다양한 유형의 계획을 수립한다. 이러한 계획은 조직의 계층, 이용 빈도, 적용 기간, 범위, 우발계획이라는 다섯 가지 차원에서 설명될 수 있다.

1 조직 계층

조직 계층에 따른 계획의 유형은 조직의 제도적, 관리적, 그리고 기술적 영역이라는 세 가지 주요 계층과 관련이 있다. 각 계층별 계획은 상호 의존적이며, 전략적 계획, 관리계획, 운영계획으로 구분된다.

1) 전략적 계획(Strategic Plans)

전략적 계획은 조직의 장기적인 방향성을 제시하며, 조직의 존재 이유와 전략적 목표, 이를 달성하기 위한 실행 전략을 구체적으로 명시한다. 이러한 계획은 외부 환경과의 관계를 정의하며, 최고 관리층(제도적 영역)에서 수립된다. 예를 들어, 비영리 단체는 지역사회의 복지를 증진시키기 위해 특정 정책을 수립하고 이를 실현하기 위한 재정 확보 및 파트너십 전략을 세울 수 있다. 이와 같이 전략적 계획은 조직의 존재 이유를 정당화하기 위한 목표 설정, 정책 수립, 그리고 제도적 장치 마련을 포함한다. 이러한 내용은 제6장 조직화과정과 직무설계에서 더 자세히 다룰 것이다.

2) 관리계획(Administrative Plans)

관리계획은 조직 자원의 배분과 조직 내 부서 간의 조정을 목표로 하는 계획으로, 중간 관리층(관리적 영역)에서 이루어진다. 예를 들어, 제조업체에서 생산, 물류, 마케팅 부서 간 자원 배분을 조정하는 계획은 관리계획에 해당한다. 이 계획은 전략적 계획을 실행 가능하도록 구체화하며, 각 부서가 협력하여 조직의 목표를 효과적으로 달성할 수 있도록 지원한다.

3) 운영계획(Operating Plans)

운영계획은 하급 관리층(기술적 영역)에서 수립되며, 조직의 일상적 운영과 관련된다. 이는 구체적인 작업 활동의 일정과 세부 실행 사항을 다루는 계획이다. 예를 들어, 소매업체에서 직원 근무표를 작성하고, 특정 상품의 재고를 관리하거나, 고객 응대 절차를 구체화하는 것은 운영계획의 일부이다. 이러한 계획은 실질적인 작업 활동을 위한 실행 단계를 명확히 한다.

계층별 계획의 구분은 조직 내에서 목표 설정에서부터 실질적인 실행까지 체계적인 관리가 이루어질 수 있도록 돕는다. 전략적 계획은 조직 전체의 방향성을 설정하고, 관리계획은 이를 실행하기 위한 자원 배분과 부서 간 협력을 조율하며, 운영계획은 일상적인 활동을 구체화한다. 이 세 가지 계획이 조화를 이루어야 조직이 지속적으로 성장하고 목표를 달성할 수 있다.

2 이용 빈도(Frequency-of-Use)

계획은 이용 빈도와 반복성에 따라 크게 상설 계획(standing plans)과 단용 계획(single-use plans)으로 구분된다.

1) 상설 계획

상설 계획은 조직 활동 중 반복적으로 발생하는 사안에 대해 표준화된 의사결정 지침을 제공하는 계획이다. 이러한 계획은 조직이 일관된 기준에 따라 반복적인 문제를 처리하도록 도와준다. 예를 들어, 은행은 대출 요청이 반복적으로 발생하기 때문에 대출 심사 기준, 절차, 요구 서류 등의 기본 방침을 미리 설정한다. 이러한 표준화된 지침이 없으면 매번 기준을 새로 설정해야 하므로 시간과 자원이 낭비된다.

상설 계획은 효율적인 관리 도구로서 의사결정 시간을 단축시키고, 유사한 사례에서도 유추하여 활용할 수 있어 오류를 줄인다. 그러나 지나치게 기존 의사결정에 얽매이면 변화된 환경에 적절히 대응하지 못할 수 있다는 비판이 있다. 이러한 문제는 신축성을 유지함으로써 어느 정도 해결할 수 있다. 상설 계획에는 방침(policies), 절차(procedures), 규칙(rules)이 포함된다.

(1) 방침(Policies)

방침은 의사결정을 위한 일반적인 지침으로, 조직의 목표와 부합하는 사고 방식을 제공한다. 이는 의사결정의 범위를 제한하며 조직 성원의 행동이 조직 목표와 일치하도록 돕는다. 방침은 최고관리층에서 수립되는 공식적 방침과, 하위 부서나 계층에서 나타나는 비공식적 방침으로 나눌 수 있다. 예를 들어, 최고관리층에서 "권한 위임을 통한 조직 활성화"라는 방침을 세운다면, 이는 조직 전체의 효과성을 높이는 역할을 한다. 반면, 인사부서에서는 "내부 승진을 원칙으로 하고 외부 채용 시 특별 승진을 제한한다"는 방침을 세워 운영할 수 있다. 방침과 규칙은 구별된다. 방침은 의사결정에 있어 재량권을 허용하며, 사고의 방향을 제시한다. 그러나 규칙은 특정 행동을 반드시 따르도록 강제하며, 재량의 여지가 없다.

(2) 절차(Procedures)

절차는 방침을 실행하기 위한 세부 계획으로, 행동에 필요한 표준적인 처리 순서나 방법을 정의한다. 이는 방침이 사고의 지침이라면, 절차는 행동의 지침이다. 예를 들어, "2주 연가 제공"이라는 방침이 있다면, 절차는 이를 실행하기 위한 구체적인 단계를 포함한다. 이는 연가 일정 계획 수립, 연가 수당 지급 방법 결정, 기록 관리 등의 과정을 포함할 수 있다. 절차는 일반적으로 문서화되어 조직 내 표준 업무로 자리 잡는다.

(3) 규칙(Rules)

규칙은 특정 상황에서 반드시 따라야 하는 행동을 규정하는 계획의 가장 단순한 형태다. 규칙은 절차와 관련될 수 있지만, 행동의 순서를 나타내지는 않는다. 예를 들어, 흡연 금지는 규칙으로 특정 행동(흡연)을 금지한다. 이는 절차와 관계없지만, 행동 지침으로 조직 내에서 반드시 지켜져야 한다. 규칙은 방침과 달리 자유재량의 여지가 없으며, 반드시 준수해야 하는 구체적 기준을 제시한다. 이는 조직의 규율을 유지하고 표준화된 행동을 유도하는 중요한 역할을 한다.

상설 계획의 가치는 조직의 반복적인 문제를 효율적으로 처리하고, 관리 활동의 일관성을 보장하며, 의사결정의 오류를 줄이는 데 있다. 하지만 상설 계획이 환경 변화에 대한 신속한 대응을 저해하지 않도록 유연성을 유지해야 한다.

2) 단용계획

단용계획(single-use plans)이란 특정 상황에서 한 번만 사용되는 계획으로, 반복적으로 발생하지 않는 사건이나 과업을 해결하기 위해 설계된 행동 과정을 의미한다. 이 계획은 특정한 목적을 달성하기 위해 수립되며, 과거의 유사한 경험을 참고하더라도 새로운 상황에 적합한 맞춤형 접근 방식이 필요하다.

예를 들어, 한 기업이 급격히 성장하면서 새로운 물류 창고를 건설해야 하는 경우를 생각해볼 수 있다. 과거에 여러 창고를 건설한 경험이 있더라도 현재의 요구사항, 예산, 가용 자원, 지역적 제한 등은 이전 상황과 다를 수 있다. 따라서 새로운 계획이 필요하며, 단용계획은 이러한 상황에 적합한 해결책을 제공한다. 단용계획은 보통 다음과 같은 세 가지 주요 형태로 구성된다: 프로그램(programs), 프로젝트(projects), 예산(budgets).

(1) 프로그램(programs)

프로그램은 목표를 달성하기 위해 설계된 일련의 행동 과정을 포괄적으로 포함하는 계획이다. 여기에는 주요 행동 단계, 각 단계별 책임자와 담당 부서, 그리고 단계별 수행 시기와 순서가 구체적으로 명시된다. 프로그램은 방침, 절차, 규칙, 과업 배분, 자원 할당 등과 같은 요소를 복합적으로 포함하며, 실행 이전에 모든 세부사항이 준비되어야 한다.

프로그램의 실행 여부는 목표 달성에 있어 매우 중요하다. 예를 들어, 항공사가 새로운 제트 여객기를 도입하기로 결정했다면, 이 계획 자체가 주프로그램(primary program)에 해당한다. 그러나 이 주프로그램이 성공적으로 실행되기 위해서는 여러 파생적 프로그램(derivative programs)이 필요하다. 구체적으로는 정비 시설 확충 계획, 조종사 및 정비 요원의 훈련과 개발, 새로운 항로 개설에 대한 홍보, 자금 조달 계획 등이 포함된다. 이러한 파생 프로그램은 상호 연계되고 조정되어야 주프로그램이 효과적으로 실행될 수 있다. 어느 한 부분이라도 실패하면 전체 프로그램의 실행이 지연되거나 추가 비용이 발생할 수 있다.

(2) 프로젝트(projects)

프로젝트는 프로그램을 구성하는 하위 실행계획으로, 특정 문제를 해결하거나 목표를 달성하기 위한 개별 과업을 구체적으로 정의한 것이다. 프로젝트는 보통 명확히 정의된 범위와 일정 내에서 수행되며, 과업의 책임자와 실행 방법, 자원 배분 등이 명시된다. 예를 들어, 앞서 언급한 창고 건설 사례에서 창고 건설이 완료된 후 기존 창고에서 비품이나 재고를 새 창고로 운반해야 하는 상황을 프로젝트로 볼 수 있다. 이 프로젝트는 가장 효율적인 운송 방법을 선택하고, 이에 필요한 자원과 일정을 명확히 규정하며, 책임자의 역할을 상세히 정의해야 한다.

(3) 예산(budgets)

예산은 특정 기간 동안의 재무 자원 배분을 구체적으로 나타내는 계획이다. 예산은 기대되는 수익, 비용, 자본 지출, 현금 흐름, 노동 시간, 기계 사용 시간 등을 미리 계획하여 조직의 자원을 최적으로 활용할 수 있도록 돕는다.

예산은 단용계획의 중요한 구성 요소로, 프로그램과 프로젝트의 실행을 지원하며 모든 조직 활동을 통제하는 데 필수적인 도구로 활용된다. 예를 들어, 새롭게 계획되지 않은 특정 사업에 자원을 배분해야 한다면, 기존 예산을 재조정하거나 새로운 자금을 마련해야 할 것이다. 이 경우 예산은 새로운 행동 대안을 선택할 것인지 여부를 결정하는 데 중요한 역할을 한다. 또한 예산은 조직 내 부문별 목표를 설정하고, 각 부문의 활동을 통합하여 전반적인 목표 달성을 지원한다.

단용계획은 특정한 사건이나 목표를 해결하기 위한 체계적이고 독창적인 접근 방식을 제공한다. 이 계획은 조직이 목표 달성을 위해 필요한 자원을 효율적으로 배분하고, 각종 실행 단계를 구체적으로 설정함으로써 계획된 활동이 효과적으로 이루어지도록 보장한다. 적절하게 설계된 단용계획은 불확실성을 줄이고 목표를 성공적으로 달성하는 데 기여하며, 조직의 전략적 성공을 뒷받침하는 필수적인 도구가 된다.

③ 적용기간

계획은 적용되는 기간에 따라 단기, 중기, 장기로 구분된다. 일반적으로 단기계획은 1년 또는 그 이하의 기간을 대상으로 하고, 중기계획은 1년에서 5년 사이를, 장기계획은 5년 이상을 대상으로 한다. 그러나 이러한 기간 구분은 상황과 필요에 따라 유연하게 적용될 수 있으며, 모든 계획이 반드시 이 기준을 엄격히 따르는 것은 아니다.

계획기간은 당면한 문제의 특성이나 조직의 환경적 조건에 따라 다르게 설정될 수 있다. 예를 들어, 기술의 발전 속도가 매우 빠른 IT 기업의 경우, 단기계획은 몇 개월 단위로 설정되기도 하며, 반대로 건설 프로젝트와 같은 경우에는 수년 이상 을 고려한 장기계획이 필요하다. 또한 조직이 직면한 외부 환경이 급격히 변화하 는 상황에서는 계획기간이 상대적으로 짧게 설정될 수 있다.

장기계획은 주로 조직의 장기적 방향성과 비전을 설정하는 데 초점을 맞춘다. 이와 같은 장기계획은 단기 및 중기계획보다 높은 유연성을 가지며, 단기적인 환 경 변화에 영향을 덜 받는다. 반면, 단기계획은 일상적인 운영과 과업 실행에 초점 을 맞추며, 중기계획은 이 둘을 연결하는 역할을 한다. 따라서 조직은 각 계획기간 의 특성을 고려하여 상황에 적합한 기간별 계획을 수립해야 한다.

4 범위

계획은 적용되는 범위에 따라 크게 세 가지로 구분할 수 있다. 이는 조직 전반 적 계획, 사업 및 부서 수준 계획, 단위 부서 및 기능 수준 계획이다. 각 계획은 적 용 범위와 내용에 따라 서로 다른 기능을 수행하며 조직 내에서 상호 연계된다.

조직 전반적 계획은 조직 전체를 대상으로 하는 포괄적인 계획으로, 장기적인 방침과 전략적 방향성을 설정하는 데 초점을 맞춘다. 이 계획은 조직의 비전과 목 표를 구체화하며, 조직의 전략적 계획에 해당한다. 예를 들어, 한 자동차 제조사가 10년 내에 전기차 시장 점유율을 50%로 확대하겠다는 목표를 설정하는 것이 조직 전반적 계획의 예라 할 수 있다.

사업 및 부서 수준 계획은 특정 사업 영역이나 부서를 대상으로 하며, 조직 전 반적 계획을 실행하기 위한 중간 관리자의 전략과 전술을 포함한다. 이는 조직의 중기 또는 단기 목표를 달성하기 위한 구체적인 실행 방안을 제시한다. 예를 들어, 생산 부서에서 새로운 생산 라인을 도입하고 효율성을 높이는 계획은 사업 및 부 서 수준 계획에 해당한다.

단위 부서 및 기능 수준 계획은 일선관리자와 실무자들이 수행하는 계획으로, 일상적인 운영을 지원하고 부서 간 조정을 강화한다. 예를 들어, 고객 서비스 부서가 고객 응대 프로세스를 표준화하고, 직원 교육 일정을 수립하는 계획은 기능 수준 계획에 해당한다.

5 우발계획

우발계획(contingency plans)은 미래에 발생할 수 있는 예기치 않은 상황에 대비하여 수립되는 계획이다. 일반적으로 조직의 계획은 내외부 환경 요인에 대한 가정을 바탕으로 수립되지만, 실제 상황이 계획과 다르게 전개될 가능성이 있다. 우발계획은 이러한 차이에 대응하기 위한 행동 대안을 마련하는 것이다.

우발계획은 예기치 않은 사건이나 상황으로 인해 기존 계획이 실행되지 못하거나 부적절해질 경우, 관리자가 즉각적으로 대응할 수 있도록 돕는다. 예를 들어, 항공사는 테러, 항공 사고, 기상 악화 등의 돌발 상황에 대비하기 위해 우발계획을 수립한다. 이러한 계획에는 긴급 상황 발생 시 대체 항공편 제공, 승객 보호 조치, 언론 대응 방안 등이 포함된다.

대부분의 우발계획은 실제로 실행되지 않지만, 우발 상황이 발생할 경우에는 매우 중요한 역할을 한다. 특히, 대규모 자연재해, 경제적 위기, 공공 위기 상황에서 우발계획은 조직의 신속한 대응과 안정적인 운영을 보장하는 데 핵심적인 도구로 작용한다. 우발계획을 통해 조직은 예측 불가능한 상황에서도 유연성과 신뢰성을 유지할 수 있다.

제 5 절 　 계획의 효과, 한계, 성공 요건

지금까지 계획활동이 조직의 목표달성을 위해 수행되는 첫 번째 관리 기능으로서 갖는 중요성을 살펴보았다. 그러나 이러한 계획활동이 실제로 조직의 목표 달성에 얼마나 효과적인지, 그리고 그 효과를 어떻게 측정할 수 있는지에 대해서는 여전히 논의가 진행 중이다. 본 절에서는 계획의 효과에 대한 연구 결과를 소개하고, 계획의 한계와 성공적인 계획수립을 위한 요건에 대해 다루고자 한다.

1 계획의 효과

계획활동의 중요성은 오랜 기간에 걸쳐 학자들에 의해 강조되어 왔으며, 많은 시간과 비용을 계획활동에 투입해야 한다는 주장이 제기되어 왔다. 이로 인해 계획활동은 점차 확장되고 중요성이 부각되었다. 그러나 초기 계획활동의 발전은 체계적인 연구보다는 계획이 조직의 성공에 필수적이라는 믿음에 크게 의존한 측면이 있었다. 오늘날에도 많은 조직이 계획의 효과에 대한 구체적인 이해 없이 공식적인 계획활동에 많은 자원을 투자하고 있다. 이에 대한 실증적 연구는 제한적으로 이루어졌지만, 그 결과는 계획활동이 조직의 성공에 중요한 역할을 한다는 점을 보여주고 있다.

1) 최고관리층의 계획활동 효과에 대한 연구

미국 대기업의 최고관리자를 대상으로 한 설문조사에서는, 공식적인 계획부서를 운영하며 계획기능에 적극적으로 참여하는 최고관리자가 그렇지 않은 관리자보다 더 높은 성공률을 보인다는 결과가 나타났다. 공식적인 계획활동을 수행하는 최고관리층은 조직 목표의 효과적인 달성에 크게 기여하는 것으로 밝혀졌다.[8]
또한 공식적인 계획활동과 비공식적인 계획활동을 비교한 연구에서도, 공식적인 계획활동을 수행하는 조직이 더 높은 목표달성도를 보였다. 이러한 결과는 계획활동이 조직의 성과와 효율성에 긍정적인 영향을 미친다는 점을 뒷받침한다. 특히 비공식적인 계획수립에서 공식적인 계획활동으로 전환할 때 조직의 성과가 개선된다는 점이 확인되었다.

8　J. B. Meiner, *The Management Process*, Publishing Co., 1977, p. 123.

2) 하급관리자의 계획활동 효과에 대한 연구

미시간대학교 관리연구소에서 실시한 연구에서는 생산성이 높은 철도 노무원이 그렇지 않은 노무원보다 계획활동에 더 많은 시간을 할애한다는 결과가 도출되었으며, 일선감독자들 역시 계획활동의 수준이 높은 작업 집단일수록 더 높은 생산성을 나타냈다.[9]

이 연구는 계획활동이 조직 내 조정능력을 강화하고, 보다 높은 수준의 노력을 이끌어 내며, 결과적으로 생산성을 증가시킨다는 점을 보여준다. 또한 계획활동은 하급관리자에게 더 큰 만족감을 제공함으로써 동기부여를 촉진하고, 이는 조직 전체의 성과 향상으로 이어진다.

한 설문조사에 따르면, 미국 주요 대기업의 최고관리자 중 65%가 계획활동을 자신의 가장 중요한 업무로 간주하며, 많은 시간을 계획활동에 투입하고 있는 것으로 나타났다. 이는 계획활동이 조직 전반에 걸쳐 관리 효율성을 높이는 데 있어 핵심적인 역할을 한다는 것을 의미한다.[10]

계획활동은 최고관리자에서 일선감독자에 이르기까지 모든 계층의 관리자들에게 조직의 목표달성과 성과 향상에 긍정적인 영향을 미친다. 계획활동을 강화함으로써 조직은 목표를 체계적으로 달성할 수 있는 기반을 마련하며, 이는 조직의 지속 가능한 성공에 중요한 요소로 작용한다.

2 계획의 한계

계획활동은 조직의 목표 달성에 중요한 역할을 하지만, 다음과 같은 한계로 인해 그 효과가 제한될 수 있다. 이러한 한계를 이해하고 관리하는 것은 계획을 성공적으로 실행하는 데 필수적이다.

첫째, 예측의 한계이다. 계획은 미래에 대한 예측을 기반으로 수립되는데, 예측

---

9   *Ibid.*, p. 124.
10   *Ibid.*, p. 125.

이 부정확하거나 비현실적인 경우, 해당 계획은 실질적인 가치를 상실하게 된다. 예를 들어, 경제 상황의 급격한 변동이나 예상치 못한 기술 혁신은 기존 예측의 정확성을 떨어뜨릴 수 있다. 따라서 미래 상황에 대한 예측이 불가능하거나 불확실성이 큰 경우, 이를 기반으로 한 계획은 오히려 조직에 부정적인 영향을 미칠 수 있다.

둘째, 외부 환경의 급격한 변화이다. 환경 변화는 가장 철저히 준비된 계획조차도 무력화시킬 수 있다. 예를 들어, 글로벌 팬데믹이나 공급망의 갑작스러운 붕괴와 같은 외부 요인은 장기계획의 유효성을 감소시킬 수 있다. 이처럼 계획은 외부 환경의 변화에 의해 영향을 받으며, 예상치 못한 상황에서는 즉각적인 적응계획이 더 효과적일 수 있다.

셋째, 계획 실행의 제약이다. 계획은 수립만으로 그치는 것이 아니라 실행을 통해 현실적인 가치를 가지게 된다. 그러나 계획 실행 과정에서 조직 내의 저항, 갈등, 비협조적인 태도 등이 발생하면 계획의 효과는 감소한다. 예컨대, 새로운 인사정책을 도입하는 계획이 직원들의 저항을 받을 경우, 그 계획의 성공 가능성은 낮아진다. 따라서 계획 실행 과정에서의 저항을 극복하고 조화를 이루기 위한 조정활동이 필수적이다.

넷째, 시간과 비용 및 자원의 제약이다. 계획 수립과 실행에는 상당한 시간과 비용, 그리고 인적·물적 자원이 필요하다. 그러나 이러한 자원은 한정되어 있어 모든 계획을 최적화하기란 쉽지 않다. 예를 들어, 공공기관이 새로운 디지털 플랫폼을 도입하려고 할 때, 예산 제약과 기술적 자원의 부족으로 인해 초기 계획보다 축소되거나 지연될 수 있다. 이러한 현실적인 제한은 계획의 범위와 효과를 감소시킬 수 있다.

계획활동은 조직의 성공을 위한 중요한 도구이지만, 위와 같은 한계를 고려하여 신중히 접근해야 한다. 특히, 예측의 신뢰성을 높이고, 환경 변화에 유연하게 대응하며, 실행 과정에서의 저항을 최소화하고, 제한된 자원을 효율적으로 활용하는 전략이 필요하다. 이러한 점을 염두에 두고 계획을 수립한다면, 조직의 목표 달성 가능성을 높일 수 있을 것이다.

3 성공적인 계획수립 요건

환경 변화가 점점 더 빠르게 일어나고 그 영향이 심각해짐에 따라 조직의 생존과 성공을 위해 계획수립의 중요성은 날로 커지고 있다. 계획을 효과적으로 수립하고 실행하기 위해서는 다음과 같은 요건들을 충족해야 한다.

첫째, 상급관리자의 지원과 분위기 조성이 필요하다. 상급관리자는 하급관리자가 계획을 수립하는 데 있어 장애가 되는 요소들을 제거하고, 효과적으로 계획을 수립할 수 있는 환경을 만들어야 한다. 예를 들어, 조직 내 불필요한 관료주의나 의사결정 지연 요인을 해결하는 것이 해당된다.

둘째, 기본계획의 수립은 최고관리층의 책임이어야 한다. 조직의 전반적인 방향을 설정하는 기본계획은 최고관리층에서 수립해야 하며, 이는 조직 전체의 목표와 연계되어야 한다. 예를 들어, 대기업의 경우 지속 가능한 성장을 목표로 설정하고, 이에 따라 각 부서별 세부계획이 수립되도록 하는 것이다.

셋째, 조직구조의 체계화가 중요하다. 계획수립을 효과적으로 뒷받침하기 위해 조직구조는 명확하고 체계적이어야 한다. 직무와 권한이 적절히 분산되고 권한위임이 명확히 이루어질 때, 각 관리자는 자신의 권한과 책임 범위 내에서 효율적으로 계획을 수립할 수 있다. 예를 들어, 프로젝트 관리 조직에서는 각 프로젝트 매니저가 자신의 프로젝트 목표에 맞는 계획을 수립하도록 명확한 권한을 부여받아야 한다.

넷째, 계획의 명확한 기술이 필요하다. 수립된 계획은 조직 내 모든 구성원이 이해할 수 있도록 명확하고 구체적으로 표현되어야 한다. 애매모호한 계획은 실행 과정에서 혼란을 초래할 수 있다. 예컨대, 공공기관의 연간 목표는 구체적인 수치나 기준을 포함해 명확히 기술되어야 한다.

다섯째, 목표, 전략 및 방침의 명확한 전달이 요구된다. 조직의 목표와 이를 달성하기 위한 전략과 방침은 모든 관리자들에게 명확히 전달되어야 한다. 이를 통해 일관성 있는 계획수립이 가능하며, 모든 관리자가 조직의 방향성에 맞춰 계획을 조정할 수 있다.

여섯째, 계획수립 과정에서 조직 구성원의 참여를 보장해야 한다. 관련된 조직 구성

제 2 편 **계획**

원을 계획수립 과정에 참여시키면 계획의 수용 가능성을 높이고 실행에 대한 적극적인 동의를 얻을 수 있다. 예를 들어, 신제품 개발 계획 시 마케팅, 생산, 연구개발 부서의 의견을 통합하는 것이 효과적이다.

일곱째, 장기계획과 단기계획의 통합이 이루어져야 한다. 단기계획은 장기계획과 일치해야 하며, 장기계획을 지원하는 방향으로 설계되어야 한다. 장기계획과 단기계획 간의 불일치는 전체적인 조직 목표 달성을 저해할 수 있다. 예컨대, 한 제조업체가 5년 내 친환경 제품군을 확대하려는 장기계획을 세웠다면, 단기계획에서도 지속적으로 관련 기술 개발과 제품 출시가 반영되어야 한다.

이처럼 성공적인 계획수립은 조직의 목표를 명확히 하고, 구성원들의 참여와 이해를 바탕으로 하며, 단기와 장기의 계획을 효과적으로 통합하는 데 달려 있다. 계획수립의 이러한 요건들이 충족될 때, 조직은 변화하는 환경 속에서도 효율적으로 대응하며 목표를 달성할 수 있을 것이다.

제 6 절　목표(goals)

조직목표(organizational objectives)는 조직활동의 지향점을 나타내는 이상적인 상태를 의미하며, 이는 조직이 궁극적으로 달성하고자 하는 목적과 방향을 구체적으로 표현한 것이다. 조직은 다양한 성원의 개인 목표를 기반으로 설정되지만, 모든 개인 목표를 충족할 수는 없다. 따라서 관리자는 개인 목표를 적절히 반영하고 이를 통해 조직목표를 설정함으로써 조직과 개인 간의 조화를 이루어야 한다. 이는 계획활동의 출발점이자 중요한 지침 역할을 하며, 조직 관리에서 핵심적인 기능으로 작용한다. 본 절에서는 조직목표의 유형, 목표의 순기능과 역기능, 목표의 특성, 효과적인 목표 설정 및 관리에 대해 논의하고자 한다.

1 조직목표의 유형

조직목표는 추상성의 정도에 따라 목적(purpose), 사명(mission), 목표(objectives)로 나눌 수 있다. 목적은 사회적 맥락에서 설정되는 목표로, 예를 들어 주주들에게 이익을 제공하거나 사회적 가치를 창출하는 것과 같은 포괄적인 목표를 포함한다. 사명은 목적보다 구체화된 개념으로, 특정 활동에 중점을 둔다. 예를 들어, "친환경 전기자동차 생산 및 보급"과 같은 구체적 활동이 이에 해당한다. 목표는 측정 가능하고 구체적인 기준으로 명시되며, 예를 들어 "연간 판매량 50,000대"나 "신기술 특허 10건 확보"와 같은 명확한 수치와 성과 지표를 포함한다.

시간적 차원에서는 단기, 중기, 장기 목표로 구분되며, 조직의 성격과 환경 변화에 따라 기간의 개념은 유동적일 수 있다.

공개 여부에 따라 공식적 목표(official goals)와 운영적 목표(operational goals)로 나뉜다.[11]

공식적 목표는 연례보고서나 정관 등 공문서에 명시된 조직의 목적과 사명으로, 대외적으로 조직의 이미지를 표현하고 이해관계자에게 지지를 얻기 위해 사용된다. 예를 들어, "지속 가능한 성장과 사회적 책임 실현"과 같은 목표가 포함된다. 운영적 목표는 조직의 실제 자원 배분과 일상적 활동에서 추구하는 구체적인 목표로, 외부에 공표되지는 않는다. 예를 들어, "연간 시장점유율 10% 증가"나 "제품 불량률 2% 미만 유지" 등이 이에 해당한다.

2 목표의 순기능과 역기능

목표는 조직 운영에서 다음과 같은 긍정적 기능을 제공한다.
① 업무수행 지침 제공: 각 개인과 집단의 활동 방향을 명확히 한다.
② 동기부여: 개인과 집단의 업무 의욕을 고취하여 조직목표 달성에 기여한다.
③ 조직 방향성 제시: 계획 과정을 지원하여 조직이 나아가야 할 방향을 명확히

---

11 Charles Perrow, "The Analysis of Goals in Complex Organizations," *American Sociological Review*, December 1961, pp. 846-847.

한다.

④ 성과 평가 기준 제공: 조직의 성과를 판단하고 통제할 기준을 마련한다.

그러나 목표 설정과 관련하여 다음과 같은 부정적 현상도 나타날 수 있다.

① 수단과 방법의 목표화: 목표 달성을 위한 수단이 그 자체로 목표가 되는 상황이 발생할 수 있다.

② 목표 간의 상충: 조직목표가 개인 목표나 사회적 목표와 충돌할 가능성이 있다.

③ 목표의 모호성: 애매모호한 목표는 구성원들에게 적절한 방향을 제시하지 못한다.

④ 창의성과 혁신 저해: 지나치게 구체적인 목표는 새로운 아이디어나 혁신을 제한할 수 있다.

⑤ 보상체계와의 불일치: 목표와 보상체계 간의 불일치로 인해 조직 구성원들에게 혼란을 줄 수 있다. 예를 들어, 대학이 교수에게 교육의 질을 강조하면서도 실제로 연구 실적에 따라 보상을 제공하는 사례가 이에 해당한다.[12]

목표는 조직의 핵심적 활동을 이끄는 중요한 요소인 동시에, 잘못된 설정은 조직의 효율성과 창의성을 저해할 수 있으므로 신중한 접근이 필요하다.

3 조직목표의 특성

조직목표는 조직이 지향하는 최종적인 성과나 결과를 의미하며, 이는 질적·양적으로 측정 가능하고 구체적인 형태로 나타난다. 이러한 목표는 조직활동의 관리기준 역할을 하며, 조직의 성과를 평가하고 방향성을 제시하는 데 중요한 기능을 한다. 조직목표는 다음과 같은 특성을 가지고 있다.

---

12 R. M. Steers, *Organizational Effectiveness: A Behavioral View* (Santa Monica, C. A.: Good year, 1977), pp. 20-23.

1) 목표계층(hierarchy of goals)

조직목표는 계층 구조를 가지고 있으며, 이는 <그림 4-4>에 나타난 바와 같이 상위목표와 하위목표 간의 연계를 통해 구성된다. 상위목표는 조직 전체의 방향성을 나타내며, 하위목표는 이를 구체적으로 실행하기 위한 세부적인 목표로 설정된다.

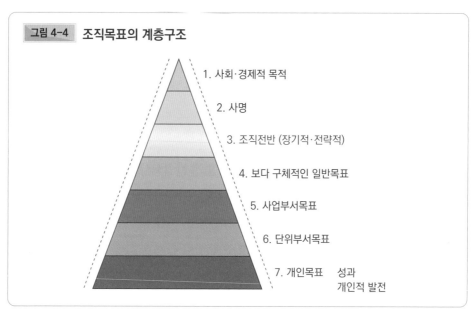

그림 4-4 조직목표의 계층구조

1. 사회·경제적 목적
2. 사명
3. 조직전반 (장기적·전략적)
4. 보다 구체적인 일반목표
5. 사업부서목표
6. 단위부서목표
7. 개인목표 성과 개인적 발전

출처: H. Koontz, C. O'Donnell, and H. Weihrich, *Management: An Analysis of Managerial Functions*, 7th ed., McGraw-Hill Inc., 1980, p. 189.

예를 들어, 한 자동차 제조기업의 목적(purpose)이 "대중에게 경제적이고 편리한 교통수단을 제공"하는 것이라면, 이 목적을 실현하기 위한 사명(mission)은 "고품질의 자동차를 설계·생산·판매"하는 것이 될 수 있다. 이 사명은 다시 "경제적인 연료 소비, 높은 안전성, 합리적인 가격의 차량 생산"과 같은 전략적 목표로 구체화된다.

이러한 전략은 주요성과영역(major result areas)으로 세분화되며, 여기에는 생산성, 수익성, 시장점유율, 혁신 등이 포함된다. 예를 들어, "연간 투자수익률 10% 달성"과 같은 수익성 목표는 이러한 주요성과영역의 목표로 나타날 수 있다.

결국 이러한 목표는 사업부서, 단위 부서, 개인별 목표로 하위 계층에서 구체화된다. 관리자는 각 부서 및 개인의 목표가 상위 계층의 목표 달성에 기여할 수 있도록 통합하고 조정해야 한다.

2) 목표의 다양성(복수목표, multiple goals)

조직목표는 단일하지 않으며, 여러 가지 목표가 복합적으로 설정된다. 기업의 경우, 전반적인 생존 및 성장 목표 외에도 수익성, 생산성, 혁신, 사회적 책임, 종업원 복지, 고객 서비스, 신제품 개발, 시장점유율 확대 등 다양한 목표를 가진다.

공공기관인 대학의 경우에도 연구와 교육뿐만 아니라 우수 학생 모집, 유능한 교수 확보, 학문적 기여 등 다양한 목표를 설정해야 한다.

이러한 다양한 목표는 상호 조화를 이루어야 하며, 목표 간의 갈등이 최소화되도록 조정되어야 한다. 예를 들어, 기업의 시장점유율 확대는 생산성과 수익성 목표와 밀접하게 연계될 수 있다. 시장점유율이 높아질수록 판매량이 증가하고, 이로 인해 고정비용 및 판매비용이 감소하며 수익성이 높아진다. 그러나 시장점유율 확대를 목표로 가격을 낮추고 생산량을 대폭 늘리는 전략을 선택하여, 대규모 할인 정책과 신공장을 설립할 경우, 단기적인 수익성이 감소하는 문제가 발생할 수 있다.

또한, 기업의 단기적 이윤 극대화와 종업원 복지, 사회적 책임 이행 간에도 갈등이 발생할 수 있다. 예를 들어, 공장에서 오염물질 배출을 줄이기 위한 설비를 설치하는 것은 사회적 책임을 이행하는 측면에서는 긍정적이지만, 단기적으로는 생산비 절감 목표와 상충될 수 있다.

관리자는 이러한 목표 간 갈등을 해결하고, 부서 간 목표를 통합하여 조직의 효율성과 조화를 이루도록 해야 한다.

조직목표의 이상적인 숫자를 정하기는 어렵다. 일반적으로 목표가 적을수록 환경이 안정적일 때 목표 달성은 용이해진다. 그러나 조직이 달성할 수 있는 목표의 최대치는 관리자들의 역할과 권한의 범위, 권한 위임 및 통제 수준에 따라 달라진다. 따라서 조직의 목표는 관리자의 역량과 조직 환경을 고려하여 적정한 수준에서 설정되어야 한다.

④ 목표의 설정(Goal Formulation)

조직의 목표 설정 과정은 두 가지 주요 측면에서 이해될 수 있다. 첫째, 관리자는 조직이 외부 환경(주주, 고객, 경쟁자, 동종업체, 관련 기관, 원료 공급자 등)과 내부 요구사항 간의 균형을 유지하면서 목표를 설정한다.[13] 둘째, 조직 내부의 역학 관계를 고려하여 목표가 형성된다. 조직은 각자의 이해와 요구를 충족시키기 위해 상호작용하는 개인, 연합체, 집단으로 구성된다.[14] 이러한 내부 이해관계자들은 협력과 협상 등의 과정을 통해 조직 목표를 설정한다.

관리자는 목표 설정 시 외부 환경과의 조화, 내부 구성원의 요구를 모두 반영하여야 한다. 외부 환경만 지나치게 중시하거나 내부 구성원의 요구에만 치중하면 조직의 장기적인 성공을 보장할 수 없다. 따라서 효과적인 목표는 외부 환경과 내부 요구의 조화를 이루면서도, 조직의 부서 간 목표 충돌을 최소화하고 유기적 협력을 이끌어내야 한다. 예를 들어, 인사부서가 고용 확대를 목표로 하고 재무부서가 비용 절감을 목표로 한다면, 관리자는 이러한 갈등을 해결하고 조직의 최종 목표를 달성할 수 있는 방안을 제시해야 한다.

⑤ 효과적인 목표(Effective Goals)

효과적인 목표는 다음과 같은 조건을 갖추어야 한다.

첫째, 목표는 구체적으로 명시되어야 한다. 명확한 목표는 실행 계획의 수립과 수단 선택을 용이하게 하며, 관리자의 활동 방향을 제시한다. 명확하지 않은 목표는 관리자의 의사결정과 실행을 방해하며, 관리성과를 평가하는 기준이 될 수 없다. 따라서 목표를 구체적으로 기술함으로써 조직 활동의 합리성을 높여야 한다.

둘째, 목표는 도전적이지만 달성 가능해야 한다. 지나치게 높은 목표는 좌절감을,

---

13 S. D. Thompson and W. J. McEwen, "Organizational Goals and Environment," *American Sociological Review*, 23, 1958, pp. 23-30.

14 R. M. Cyert and J. G. March, *A Behavioral Theory of the Firm* (Englewood Cliffs, N.J.: Prentice-Hall, 1963)

지나치게 낮은 목표는 성취감을 저하시킨다. 목표의 난이도는 구성원의 노력 수준에 영향을 미치며, 동기 부여와 직접적으로 연결된다. 연구에 따르면 목표가 구체적이고 수용 가능할 때, 목표의 난이도가 높아질수록 성과가 향상된다는 결과가 있다. 목표는 일정한 기간 내에 달성 가능하도록 설계되어야 하며, 이를 통해 구성원에게 동기와 자극을 제공한다.

셋째, 목표는 구성원들에 의해 수용 가능해야 한다. 목표가 수용되기 위해서는 설정 과정에 구성원들이 참여할 수 있도록 해야 한다. 참여는 구성원들이 목표를 자신의 것으로 인식하게 하고, 이를 통해 목표 달성에 대한 의욕과 동기를 고취할 수 있다. 목표 수용 가능성은 목표 설정 방식, 타당성 인식, 기대 보상 등 다양한 요인에 따라 달라질 수 있다.

넷째, 목표는 일관성을 가져야 한다. 목표 간 충돌은 조직 내 갈등을 유발할 수 있으며, 이는 목표 달성에 부정적인 영향을 미칠 수 있다. 예를 들어, 직원의 임금 인상 목표와 회사의 비용 절감 목표는 상충될 수 있다. 따라서 목표 설정 시 내부(개인, 집단, 조직)와 외부(타 부서) 간 일관성을 유지하는 것이 중요하다.

다섯째, 목표는 측정 가능해야 한다. 목표가 측정 가능해야 성과를 평가하고 목표 달성 여부를 판단할 수 있다. 예를 들어, 고객 서비스 향상을 목표로 한다면 서비스의 질, 양, 빈도, 비용 등을 구체적으로 정의해야 한다. 정확한 측정 기준은 목표 달성의 동기를 부여하고, 구체적인 실행 방안을 제시할 수 있다.

여섯째, 목표는 실행 과정에서 지속적으로 감독되고 평가되어야 한다. 목표 달성을 위해 관리자는 목표 실행 과정을 주기적으로 점검하고 조정해야 한다. 이를 통해 목표 달성 과정에서 발생할 수 있는 장애 요인을 식별하고 해결할 수 있다.

결론적으로, 효과적인 목표 설정은 명확성, 도전적 현실성, 수용 가능성, 일관성, 측정 가능성을 포함하며, 목표 실행의 감독과 조정을 통해 강화된다. 이는 조직 목표가 성공적으로 달성되기 위한 필수 조건이다.

6 목표에 의한 관리(MBO)

목표에 의한 관리(Management by Objectives, MBO)는 조직의 목표를 설정하고 이를 달성하기 위해 관리자가 하위 관리자의 참여를 유도하는 관리 철학이자 계획과 통제의 기법이다. 전통적인 관리 방식이 상위 관리자가 일방적으로 목표를 설정하고 이를 강요했다면, MBO는 하위 관리자와 조직 구성원의 자율성과 창의성을 존중하며 상호 협력적인 목표 설정 과정을 중시한다. 이는 종업원의 동기 부여와 성과 증대를 목표로 한다.

관리 철학으로서 MBO는 Y이론에 기반한 인간관을 가정한다. 이는 종업원이 자율적이고 자기 통제적이라는 믿음에 근거하며, 이를 통해 종업원의 참여를 촉진하고 업무 만족도를 높여 조직에 대한 헌신을 강화한다. 계획과 통제의 기법으로서 MBO는 종업원이 목표 설정, 실행 방안 작성, 성과 점검, 그리고 시정 조치에 이르는 모든 과정에 적극적으로 참여하도록 한다. 이러한 접근은 조직 목표와 개인 목표를 조화롭게 통합하는 데 기여한다.

MBO는 목표 설정부터 성과 평가에 이르는 일련의 과정을 통해 구성원들에게 명확한 목표를 부여하고, 그 목표에 대한 책임을 스스로 느끼게 한다. 이는 결과적으로 조직 전체의 성과 향상으로 이어진다.

1) MBO의 과정

MBO의 과정은 다음과 같이 요약될 수 있다.

① 상위 관리자의 방향 설정: 상위 관리자가 조직의 전반적인 목표와 방향을 설정한다.

② 하위 관리자 및 구성원의 참여: 하위 관리자는 자신의 구체적인 목표를 설정하고, 이를 상위 관리자와 협의하여 최종 목표를 확정한다.

③ 계획 수립 및 실행 방안 작성: 목표 달성을 위한 실행 계획과 세부 방안을 수립한다.

④ 성과 점검 및 통제: 구성원은 스스로 성과를 점검하고, 목표와 다른 결과가 발

생했을 경우 필요한 조치를 제안한다.

⑤ 성과 평가 및 피드백: 설정된 목표에 따른 성과를 평가하고 피드백을 제공한다.

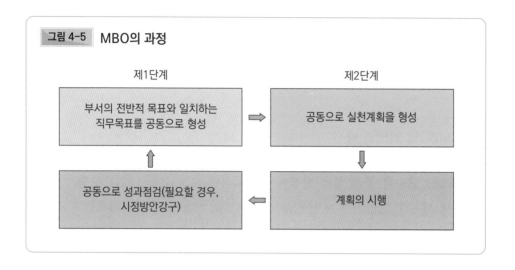

그림 4-5 MBO의 과정

제1단계

부서의 전반적 목표와 일치하는
직무목표를 공동으로 형성

제2단계

공동으로 실천계획을 형성

공동으로 성과점검(필요할 경우,
시정방안강구)

계획의 시행

2) MBO의 성공 요인

MBO의 성공은 여러 요소에 달려 있다. 이를 성공적으로 수행하기 위해 관리자는 다음 요소들을 반드시 고려해야 한다.

(1) 상위 관리자의 실천 의지

상위 관리자가 MBO의 철학을 충분히 이해하고, 이를 실천하려는 의지가 강해야 한다. MBO를 형식적으로 시행할 경우 실패할 가능성이 크다.

(2) 충분한 시간 제공

종업원이 MBO의 과정에 익숙해지고, 현실적이고 실행 가능한 목표를 설정하며, 효과적인 점검 체계를 개발할 수 있는 충분한 시간이 필요하다.

(3) MBO 체계의 정통성

MBO는 조직 관리 철학의 일환으로 운영되어야 하며, 단순히 종업원의 생산성을 높이기 위한 수단으로 이용되어서는 안 된다. 이를 통해 종업원이 MBO 체계를 신뢰하도록 해야 한다.

(4) 목표의 통합성

종업원의 목표와 조직의 목표가 일치하거나 적어도 상호 보완적이어야 한다. 구성원이 설정한 목표가 조직의 전략적 목표와 잘 연결되어야 조직 전체의 효과성을 높일 수 있다.

3) MBO의 의의와 발전

MBO는 단순한 목표 설정 방식에서 출발하여 오늘날에는 계획 수립, 성과 평가, 통제 시스템, 그리고 조직 목표와 개인 목표의 통합을 위한 체계적인 관리 도구로 발전해 왔다. 최근에는 시스템 개념이 MBO에 도입되어 조직 전체의 전략적 계획 수립과 통합 관리의 핵심 요소로 자리 잡고 있다.

MBO는 조직 구성원의 참여를 통해 성과를 극대화하고, 조직 내 협력을 증진하며, 목표와 관련된 명확한 방향성을 제공한다. 관리자는 이러한 MBO의 장점을 최대한 활용하여 조직과 구성원의 지속적인 성장을 도모해야 한다.

계획 기능은 조직 관리의 가장 기본적이면서도 중요한 첫 번째 기능으로, 모든 관리 계층에서 필수적으로 요구된다. 계획이란 조직이 달성해야 할 목표를 설정하고, 이를 이루기 위한 구체적인 방법을 강구하는 과정을 의미한다. 계획은 통제와 긴밀하게 연결되어 있어, 계획이 통제의 기준을 제공하며, 계획 없는 통제는 불가능하다. 반대로, 적절한 통제가 없는 계획 실행은 성공하기 어렵다.

계획 수립 과정은 다음 다섯 가지 단계로 구분할 수 있다.

- 현 상황의 인식: 계획 수립의 기초를 다지기 위해 조직의 현재 상태와 문제를 명확히 이해한다.
- 목표 설정: 조직이 달성해야 할 구체적이고 명확한 목표를 설정한다.
- 가정 설정: 목표 달성을 위한 환경적 전제를 수립하고, 이를 바탕으로 실행 방안을 준비한다.
- 대안 결정: 목표를 달성하기 위한 최적의 실행 방안을 평가하고 선택한다.
- 부수 계획 수립: 주 계획을 지원하거나 보완하기 위한 추가적 계획을 마련한다.

관리자는 다양한 유형의 계획을 수립하며, 이러한 계획은 조직 계층, 이용 빈도, 적용 기간, 적용 범위의 네 가지 차원에서 정의될 수 있다. 또한, 예상치 못한 상황에 대비하기 위한 우발 계획은 빠르게 변화하는 환경 속에서 조직을 효과적으로 관리할 수 있게 하는 중요한 도구로 작용한다.

조직 목표는 공개 여부에 따라 공식적 목표와 운영적 목표로 구분된다. 조직의 목표는 계층 구조를 가지며, 복수의 목표 체계를 포함한다. 따라서 관리자는 상위 부서와 하위 부서의 목표 간, 그리고 복수 목표들 간의 조화를 이루는 데 주력해야 한다. 목표는 조직 내부의 조화뿐 아니라 외부 환경과의 조화를 동시에 고려하여 설정되어야 한다.

목표에 의한 관리(MBO)는 Y이론에 기반한 관리 철학으로, 계획 및 통제의 기법이다. MBO는 하위 관리자의 참여를 통해 자율성과 창의성을 발휘하도록 유도하며, 조직 목표와 개인 목표를 조화롭게 통합하여 조직 성과를 극대화하는 데 기여한다.

◎ 전략의 개념

전략은 조직의 목표를 달성하고 사회적 사명을 수행하기 위한 장기적이고 포괄적인 계획을 의미한다. 이는 조직의 목표 설정, 자원 배분, 외부 환경 변화에 대한 대응책을 포함하며, 내부 효율성을 넘어 외부 환경의 도전과 위험에 적극적으로 적응하는 과정에서 중요성이 부각된다. 전략은 조직의 현재 위치를 이해하고 미래 방향을 설정하며, 이를 달성하기 위한 대안을 탐색하는 과정을 통해 형성된다.

전략은 또한 환경 변화와의 상호작용 속에서 조직이 적응해야 하는 행동 지침으로 작용한다. 과거 안정적인 환경에서는 관리 방침 유지와 내부 효율성 관리가 중요했으나, 급격한 환경 변화와 불확실성이 증가하는 현대에는 창의적이고 혁신적인 대응이 필요하다. 이는 조직이 지속 가능성을 확보하고 경쟁력을 유지하기 위해 전략이 필수적임을 보여준다.

◎ 전략과 전술의 차이

전략과 전술은 종종 혼동되지만, 이 둘은 본질적으로 다른 개념이다.

전략은 장기적인 방향성과 목적에 중점을 둔다. 이는 조직이 목표를 달성하기 위해 어떤 방향으로 나아갈 것인가를 결정하는 과정으로, 큰 그림을 그리는 데 초점이 맞춰져 있다. 전략은 미래의 불확실성을 고려하여 자원을 배분하고 주요 행위 방침을 설정하는 역할을 한다.

전술은 전략에 기반하여 설정된 구체적인 실행 방안이다. 이는 목적 달성을 위해 필요한 세부적인 수단과 행동 계획을 포함하며, 일상적인 실행 활동에서 효과와 효율성을 높이는 데 중점을 둔다.

예를 들어, 기업이 시장 점유율 확대를 전략으로 설정했다면, 이를 실현하기 위한 전술은 새로운 광고 캠페인, 가격 인하 프로모션, 지역별 판매 네트워크 강화 등이 될 수 있다. 즉, 전략은 '왜'와 '무엇'에 답을 제공하며, 전술은 '어떻게'에 대한 구체적인 실행 계획을 제공한다.

전략적 계획의 개념과 특징

전략적 계획은 조직의 장기 목표를 달성하기 위해 조직의 현재 상태를 분석하고, 미래 방향성을 설정하는 체계적인 과정이다. 이를 통해 조직은 경쟁 환경에서 생존하고 발전할 수 있는 기초를 마련하는 것으로 그 특징은 아래와 같다.

① 조직의 존속과 직결: 조직의 생존과 지속 가능성을 위한 출발점.

② 다른 계획의 기본 틀: 모든 의사결정과 행동을 지휘하는 중심.

③ 장기적 관점: 일반적인 실행계획보다 긴 시간적 범위.

④ 최고관리층에서 수립: 조직 전체를 조망하고 모든 자원을 통제할 수 있는 위치에서 이루어짐.

전략과 실행계획의 관계

전략적 계획은 조직의 장기적 목표와 방향성을 설정하며, 실행계획은 이를 실현하기 위한 세부적이고 단기적인 행동 계획이다. 전략적 계획이 비전과 큰 그림을 제공한다면, 실행계획은 이를 실제로 실행에 옮기는 실질적인 방법을 제시한다.

전략적 계획의 필요성과 수립 과정

기술 혁신, 복잡해진 환경, 장기적 의사결정의 중요성이 증가하면서 전략적 계획이 필수석이다. 이러한 전략적 계획을 수립하는 과정은 아래와 같다.

① 상황 인식: 조직의 사명과 목적 검토.

② 목표 설정: 구체적인 목표 정의(예: 시장 점유율, 이익률).

③ 환경 및 자원 분석: 외부 요인과 내부 자원의 강점 및 약점 파악.

④ 기회 탐색: 새로운 전략적 기회의 인식.

⑤ 차이 분석: 목표와 실제 성과 간의 격차 확인.

⑥ 전략 결정: 대안 평가 및 최적 전략 선택.

⑦ 실행 및 통제: 실행계획 수립과 정기적인 점검.

전략은 조직이 목표를 달성하고 환경 변화에 대응하며 장기적으로 지속 가능한 성장을 이루기 위한 포괄적 계획이다. 이는 전술과 구별되며 조직의 비전을 제시하고 실행계획으로 실현된다. 전략적 계획은 현대 조직의 복잡한 환경에서 필수적이며, 철저한 분석과 실행, 통제를 통해 성공적으로 구현된다.

제 5 장) 의사결정

관리자의 모든 활동은 의사결정을 통해 이루어진다. 다시 말해, 의사결정은 관리활동의 핵심이자 본질이라 할 수 있다. 관리자가 수행하는 의사결정 중 일부는 매우 일상적이어서 의사결정을 한 사실조차 인지하지 못할 때도 있지만, 다른 일부는 조직과 조직구성원의 미래를 결정짓거나, 혹은 의도치 못한 영향을 미칠 수 있다는 점에서 중요하다. 예컨대, 일상적인 의사결정은 새로운 사무용품 구매나 직원 근무 일정의 조정과 같은 사소한 사안에 해당될 수 있다. 반면에, 중요한 의사결정은 조직의 장기적인 전략 방향, 신규 사업 투자 여부, 또는 대규모 조직 개편과 같은 문제를 포함하며, 이를 위해 오랜 시간 동안 심층적인 분석과 검토가 요구된다.

따라서 조직관리는 단순히 일련의 독립된 행위들의 모음이 아니라, 의사결정과 정(decision-making process)의 지속적이고 유기적인 연속이라고 할 수 있다. 조직의 성과와 성공은 이러한 의사결정의 질에 달려 있으며, 관리자의 가장 중요한 역할 중 하나가 바로 효과적이고 합리적인 의사결정을 내리는 것이다.

본 장에서는 먼저 의사결정의 개념을 정의한 후, 합리적인 의사결정과정에 대해 살펴볼 것이다. 이어서 집단의사결정의 특성과 이를 활용하는 방법을 검토하며, 마지막으로 의사결정과 경영과학의 관계를 논의할 것이다.

이를 통해 독자들은 의사결정의 중요성과 이론적 배경을 이해하고, 이를 실제 조직 환경에서 효과적으로 적용할 수 있는 방법에 대해 통찰을 얻을 수 있을 것이다.

제 2 편 계획

1 의사결정의 성격

의사결정(decision making)이란 특정 문제를 해결하기 위해 여러 대안(alternatives) 중에서 상황에 비추어 가장 바람직한 대안을 선택하는 논리적 과정[1]이라고 정의할 수 있다. 이는 계획수립의 핵심을 이루는 활동으로, 조직의 모든 계층에서 이루어 진다. 최고관리층이 전략적 의사결정을 내리는 것뿐만 아니라 중간관리층과 하위 관리자들 역시 독립적인 의사결정을 수행한다. 따라서 의사결정은 조직의 동력을 제공하는 기초이자, 관리활동의 본질이라 할 수 있다.[2]

조직 활동을 분석해 보면, 일상적인 행동 하나하나에도 수많은 의사결정이 포 함되어 있다는 사실을 확인할 수 있다. 예컨대, 어떤 의사결정을 내리기로 하는 판 단 그 자체도 의사결정이며, 해당 의사결정에 필요한 정보를 선택하는 행위 역시 하나의 의사결정이다. 특히 중요한 의사결정에 이르기까지 수많은 작은 의사결정 들이 이루어지며, 이 중 다수는 별다른 심사숙고 없이 자동적으로 이루어지기도 한다.

의사결정의 결과는 성공적일 수도 있고 실패로 귀결될 수도 있다. 하지만 의사 결정자는 항상 자신의 의사결정에 따른 결과에 대해 책임을 져야 한다. 만약 그릇 된 판단으로 조직이 위태로운 상황에 처했을 경우, 그 책임을 상급자나 하급자에 게 전가해서는 안 된다. 따라서 의사결정자는 조직의 상황과 역량을 정확히 이해 하고, 미래 환경 변화에 대한 예측 및 분석 능력을 갖추어야 한다.

의사결정에 영향을 미치는 주요 요인은 다음과 같다.

---

1   James A. F. Stoner, *Management*, 2nd ed. (Englewood Cliffs, N. J.: Prentice-Hall, Inc., 1982), p. 159.

2   B. M. Bass, *Organizational Decision Making* (Homewood, IL: R. D. Irwin, 1983), p. 2.

1) 의사결정자의 특성

의사결정은 무엇보다도 의사결정의 주체가 누구인지에 따라 큰 영향을 받는다. 예를 들어, 의사결정자의 지적·기술적 능력, 경험, 가치관, 그리고 개인적 성향이 의사결정 결과를 좌우할 수 있다.

2) 조직구조의 특성

의사결정은 조직구조의 특성에 따라 달라질 수 있으며, 조직의 목표, 규범, 역할, 그리고 의사소통 경로 등 조직구조의 요소는 의사결정 과정과 결과에 중요한 영향을 미친다.

3) 조직 환경

의사결정은 조직이 처한 외부 환경에 의해 영향을 받는다. 이를테면, 정치적·경제적 상황, 사회적·문화적 요인, 그리고 미래 환경의 불확실성 정도에 따라 의사결정의 방향이 크게 달라질 수 있다.

4) 정보의 내용

의사결정은 제공되는 정보의 질과 내용에 따라서도 영향을 받는다. 정보가 정확하고 시의적절하며 신뢰할 수 있을수록, 의사결정은 더 합리적이고 효과적으로 이루어질 가능성이 높다.

결론적으로, 의사결정은 단순한 선택의 문제가 아니라 다각적인 요인을 고려해야 하는 복잡한 과정이다. 조직 내에서 각 계층의 관리자들은 이러한 다양한 요인을 이해하고, 상황에 적합한 결정을 내릴 수 있는 역량을 지속적으로 개발해야 한다.

2 선택, 의사결정, 문제해결

많은 관리자들이 선택(choice making), 의사결정(decision making), 문제해결(problem solving)의 세 가지 용어를 혼용하는 경우가 있지만, 이들은 구별되는 활동이다.[3] 각 개념은 의사결정 과정에서의 범위와 깊이에 따라 명확히 구분된다.

선택(choice making)은 이미 설정된 대안 중에서 하나를 선택하는 것을 의미한다. 이는 가장 단순한 형태의 결정으로, 예컨대 한 전자회사의 김 부장이 품질관리 업무를 맡길 직원을 고용하기 위해 다섯 명의 지원자 중 한 명을 선택했다면, 그는 선택을 했다고 할 수 있다.

의사결정(decision making)은 보다 포괄적인 개념으로, 문제를 인식하고 대안을 설정한 후, 최적의 대안을 선택하는 중간규모의 활동이다. 이는 단순 선택보다는 넓은 개념이지만 문제해결보다는 범위가 제한된다. 예를 들어, 김 부장이 회사 제품의 높은 반품율을 보고 문제의 원인을 세 가지로 규명한 후, 가장 효과적인 해결책으로 품질검수관을 두기로 결정하고 적합한 후보를 선택했다면, 그는 의사결정을 한 것이다.

문제해결(problem solving)은 가장 광범위한 개념으로, 불만족스러운 상황을 시정하거나 새로운 기회를 활용하기 위한 모든 과정을 포함한다. 여기에는 문제의 정의, 대안의 선택, 실행, 그리고 결과 점검 및 유지까지 포함된다. 예를 들어, 김 부장이 품질검수관의 고용과 같은 선택과 의사결정 단계를 거친 후, 검수관이 실제로 품질 문제를 해결했는지 확인하고, 지속적인 개선을 유지하는 과정까지 진행했다면, 이는 문제해결이라 할 수 있다.

이 가운데 의사결정의 필요성은 다양한 상황에서 제기된다.[4]

---

3   G. P. Huber, *Managerial Decision Making* (Glenview, IL: Scott, Foresman, 1980), pp. 8−9.

4   H. A. Simon, *The New Science of Management Decision* (Englewood Cliffs, N. J.: Prentice−Hall, 1960).

1) 목표 미달

조직의 현재 상태가 목표에 미달할 때 의사결정이 요구된다. 예를 들어, 전자회사의 영업부장이 올해의 판매 실적이 목표에 미달하고 있음을 발견한 경우다.

2) 문제 또는 위기의 발생

관리자는 위기 상황에서 의사결정을 해야 한다. 예컨대, 1991년 발생한 낙동강 페놀 오염 사건은 회사가 위기를 해결하기 위해 긴급한 의사결정을 요구했던 사례다.

3) 새로운 기회 포착

새로운 시장이나 기회를 발견했을 때 의사결정이 필요하다. 무공해 식품 시장을 개척한 어느 회사의 사례가 그 예가 될 수 있다.

4) 현 상태 유지

현재의 긍정적인 상태를 유지하기 위해서도 의사결정은 필수적이다. 높은 수익률, 고객 만족도, 판매고, 시장점유율을 유지하기 위해 필요한 전략을 수립해야 한다.

5) 새로운 가능성 탐색

진취적인 관리자는 조직의 새로운 가능성을 모색하며 이에 따른 의사결정을 수행해야 한다. 이는 혁신과 발전을 도모하는 과정에서 중요한 역할을 한다.

이와 같이 의사결정은 단순 선택에서부터 복잡한 문제해결에 이르기까지 다양한 수준과 형태로 이루어지며, 조직의 목표 달성과 지속 가능성을 위한 핵심적인 관리활동이라 할 수 있다.

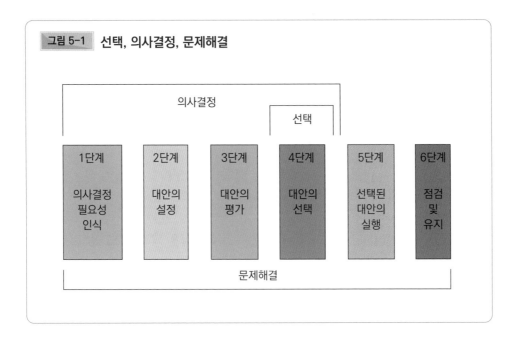

그림 5-1 선택, 의사결정, 문제해결

의사결정

선택

| 1단계 | 2단계 | 3단계 | 4단계 | 5단계 | 6단계 |
| 의사결정 필요성 인식 | 대안의 설정 | 대안의 평가 | 대안의 선택 | 선택된 대안의 실행 | 점검 및 유지 |

문제해결

3 의사결정의 유형

관리자는 조직의 일상 운영과 전략적 목표 달성을 위해 다양한 유형의 의사결정을 지속적으로 내려야 한다. 예를 들어, 새로운 건물을 신축할 시기를 결정하거나 경쟁사의 저가 전략에 대응할 방안을 모색하며, 새로운 제품을 시장에 내놓을 시기를 판단하는 등의 사례가 있다. 이러한 의사결정의 유형은 여러 기준에 따라 구분될 수 있으며, 관리자의 업무는 이와 같은 다양한 의사결정의 연속이라 할 수 있다.

의사결정을 분류하는 기준 중 하나는 대상에 따른 구분으로, 수단(방법) 의사결정과 목표 의사결정으로 나뉜다.[5] 사이먼(H. A. Simon)은 의사결정 대상의 성격에 따라 정형적 의사결정(programmed decisions)과 비정형적 의사결정(non-programmed

---

5   Jon L. Pierce and R. B. Dunham, *Managing* (Glenview, IL: Scott, Foresman, 1990), p. 125.

decisions)[6]으로 구분하며, 앤소프(H. I. Ansoff)는 이를 전략적 의사결정, 관리적 의사결정, 운영적 의사결정으로 세분화했다.[7] 또한, 의사결정은 상황에 따라 확실성하의 의사결정, 위험하의 의사결정, 불확실성하의 의사결정으로 나뉘며, 주체에 따라 개인적 의사결정과 집단적 의사결정으로 구분되기도 한다. 다음은 이러한 의사결정 유형에 대한 세부적인 설명이다.

1) 수단 및 목표에 대한 의사결정(Means vs. Ends Decision)

의사결정은 목표를 달성하기 위한 방법(수단)에 초점을 맞출 수도 있고, 목표 자체에 중점을 둘 수도 있다. 수단에 대한 의사결정은 특정 목표를 달성하기 위해 필요한 절차나 행동에 대한 결정인 반면, 목표에 대한 의사결정은 달성하고자 하는 목표 자체에 대한 결정이다. 목표에 대한 의사결정은 수단에 대한 의사결정과 긴밀히 통합되어야 효과적이며, 이러한 통합이 이루어질 때 비로소 성공적인 결과를 도출할 수 있다.

2) 정형적 의사결정과 비정형적 의사결정

(1) 정형적 의사결정(Programmed Decisions)

정형적 의사결정은 반복적이고 일상적인 문제를 다루는 의사결정으로, 구조화된 문제(structured problems)에 관한 것이다. 이러한 문제들은 이미 표준화된 절차나 방침이 마련되어 있으며, 주로 조직의 규정이나 문서에 의해 처리된다.

예를 들어, 직원의 휴가 기간 결정, 신입사원의 초봉 결정 등은 정형적 의사결정에 해당한다. 또한, 적정 재고를 유지하기 위한 재주문량 결정과 같은 복잡한 문

---

6 이 용어들은 전산용어이다. 프로그램은 컴퓨터로 하여금 자료의 처리순서를 지시해준다. H. A. Simon, *The Shape of Automation* (New York: Harper & Row, 1965), pp. 58-67 참조.

7 H. I. Anosff, *Corporate Strategy: An Analytic Approach to Business Policy for Growth and Expansion* (New York: McGraw-Hill Co., 1965), p. 165.

 제 2 편 계획

제도 정형적 의사결정의 영역에 포함된다.

이러한 문제들은 종종 수학적 모형, 전산 자료 처리 시스템 등 경영과학(management science)이나 오퍼레이션즈 리서치(operations research) 기법을 활용해 해결된다.

(2) 비정형적 의사결정(Non-Programmed Decisions)

비정형적 의사결정은 비반복적이고 비구조적인 문제(unstructured problems)에 대한 의사결정을 말한다. 이러한 문제는 프로그램화하기 어렵고, 관리자의 창의력, 직관, 판단력에 의존하는 경우가 많다.

예를 들어, 신제품 개발, 새로운 시장 진출, 생산라인 재편성, 해외 진출 등의 의사결정이 이에 해당한다. 이러한 문제는 목표가 단일하지 않거나 명확히 규명되기 어려우며, 계량화되지 않은 변수들로 인해 복잡성이 높다.

따라서 비정형적 의사결정은 발견적(heuristic) 문제 해결 기법이나 창의적인 접근이 요구된다. 최근에는 이러한 문제를 해결하기 위해 컴퓨터를 활용한 발견적 문제 해결 기법이 많이 개발되고 있다.

● 표 5-1 **의사결정기법의 발달**[8]

의사결정형태	의사결정기법	
	전통적인 방법	개량된 방법
정형적 의사결정: 일상적·반복적 프로그램화된 구체적인 절차	1. 습관적 결정 2. 표준업무절차 3. 동일한 결과를 가져올 수 있는 　의사결정 체계	1. 수학적 분석-모형화 2. 전산자료처리 시스템
비정형적 의사결정: 비반복적·비구조적인 정책결정	1. 판단력·직관·창의력 2. 주먹구구식 (rule of thumb) 3. 전문가의 채용 및 육성	발견적(heuristic) 문제해결 기법의 적용범위확대 • 의사결정자의 훈련 • Heuristic 컴퓨터 프로그램 　개발 • 인공지능

---

8   Herbert A. Simon, *The New Science of Management*, rev. ed. (Englewood Cliffs, N. J.: Prentice Hall, Inc., 1977), p. 48.

3) 전략적, 관리적, 운영적 의사결정

의사결정은 조직 내에서 이루어지는 모든 활동의 핵심이며, 관리자는 의사결정의 성격과 중요도에 따라 이를 전략적, 관리적, 운영적 의사결정으로 구분할 수 있다. 각각의 의사결정은 조직의 목표 달성을 위해 특정한 역할을 수행하며, 서로 유기적으로 연결되어 있다.

(1) 전략적 의사결정(Strategic Decisions)

전략적 의사결정은 조직의 내부적 문제보다는 외부 환경과의 관계에서 이루어지는 의사결정으로, 조직의 장기적 방향과 성격을 좌우한다. 이러한 의사결정은 조직의 제도적 수준에서, 주로 최고관리층에 의해 수행된다.

기업의 경우, 새로운 사업의 타당성을 판단하거나 신제품 시장에 진출 여부를 결정하는 것이 전략적 의사결정의 예라 할 수 있다. 전략적 의사결정의 주요 대상은 다음과 같다:

- 조직의 목적 및 목표 설정과 변경
- 조직의 성장 방식 결정(예: 합병, 인수, 내적 성장 등)
- 제품 및 서비스의 다양화 여부 및 범위 결정
- 시장 진출 전략, 글로벌화, 또는 철수에 대한 결정

예를 들어, 전기차 시장으로의 진출을 검토하는 자동차 제조업체는 시장의 성상 가능성과 경쟁사 분석을 통해 장기적인 사업 성공 가능성을 평가하고 전략적 결정을 내릴 것이다.

(2) 관리적 의사결정(Administrative Decisions)

관리적 의사결정은 전략적 의사결정을 구체화하고 실행 가능한 상태로 만들기 위해 조직의 자원을 구조화하는 과정과 관련된다. 이 의사결정은 중간관리층에서 이루어지며, 조직 내의 제도적 수준과 기술적 수준을 연결하고, 조직 내 다양한 부문 간의 협조 체계를 구축하는 데 중점을 둔다.

관리적 의사결정의 주요 대상은 다음과 같다.

- 인력 및 원재료의 확보와 개발
- 조직 구조 설계 및 편성
- 권한과 책임의 관계 설정
- 유통 경로와 시설 위치 선정

예를 들어, 한 식품 유통회사가 신규 창고를 설립하기 위해 물류 허브의 위치를 결정하거나, 인재를 유치하기 위한 채용 방안을 마련하는 것은 관리적 의사결정에 해당한다.

(3) 운영적 의사결정(Operational Decisions)

운영적 의사결정은 전략적 및 관리적 의사결정을 구체화하고 실행하기 위해 조직의 자원을 변환 과정에서 효율적으로 활용하는 데 초점을 맞춘다. 이는 주로 일상 업무와 관련된 의사결정으로, 중간관리층 이하에서 주로 이루어진다.

운영적 의사결정의 주요 대상은 다음과 같다.

- 생산 일정 계획
- 업무 수행의 감독 및 통제 활동
- 기능별 자원 배분(예: 인력, 장비, 예산 등)
- 생산량 및 작업 배치 결정

예를 들어, 한 제조 공장에서 일일 생산 일정 및 작업 할당을 계획하고, 생산량을 조정하는 활동은 운영적 의사결정의 좋은 예다. 또한 고객 주문 증가에 따라 작업 일정을 재조정하거나 추가 교대 근무를 배치하는 것도 이에 해당한다.

(4) 의사결정 유형의 상호 연계성

이 세 가지 의사결정은 각각 고유한 역할을 가지지만, 상호 밀접하게 연결되어 있다. 예를 들어, 최고관리층이 내린 전략적 의사결정이 중간관리층의 관리적 의사결정과 일치해야 하며, 이는 다시 운영적 의사결정을 통해 실행으로 옮겨져야 한다. 이러한 연계성은 조직 목표의 일관성을 유지하고, 효율적 실행을 보장하는 데 필수적이다.

이들 전략적·관리적·운영적 의사결정의 유형별 특징은 <표 5-2>와 같다.

● 표 5-2 **전략적·관리적·운영적 의사결정의 특성**

유형 특징	전략적 의사결정	관리적 의사결정	운영적 의사결정
문제	기업의 투자이익률을 최적화할 수 있는 제품·시장믹스를 선택하는 것	최적의 기업성과를 올리기 위한 기업의 자원을 조직화하는 것	잠재적 투자이익성의 최적화 실현
문제의 성격	제품·시장의 기회에 기업 전체의 자원을 배분하는 것	자원의 조직화·조달·개발	주로 기능별 분야에 대한 자원예산의 배분, 자원이용과 변환의 일정계획, 통제 등
주요결정사항	• 목적 및 목표 • 다각화전략 • 확대화전략 • 관리상의 전략 • 재정전략 • 성장방법 • 성장의 타이밍	• 조직기구: 정보·권한·책임의 조직화, 자원변환의 조직화 • 일의 흐름 • 유통시스템 • 제시설의 위치자원의 조달과 개발: 재무, 시설 및 설비, 인적 자원, 원재료	• 업무목적 및 목표 • 판매가격과 생산물의 수준 • 생산의 일정계획 • 재고량 • 마케팅방침과 전략 • 연구개발방침과 전략 • 통제일반
주요특징	• 의사결정의 집권화 • 필요한 정보의 제한적 상황하의 결정 • 비빈복적 결정 • 수정불능	• 전략적 결정과 운영적 결정의 갈등 • 개인 목표와 조직 목표 사이의 갈등 • 경제적 변수와 사회적 변수와의 강력한 결합 • 전략적 및 운영적 문제를 야기시키는 의사결정	• 의사결정의 분권화 • 위험과 불확실성의 수반 • 반복적 의사결정 • 의사결정의 다량성 • 복잡화에 의한 최적화의 희생, 즉 이차적 최적화 • 수정가능성이 있는 의사결정

자료: H. I. Ansoff, *Corporate Strategy: An Analytic Approach to Business Policy for Growth and Expansion*, McGraw-Hill Book Co., 1965, p. 165.

4) 확실한 상황, 위험한 상황, 불확실한 상황하에서의 의사결정

의사결정자는 항상 미래를 완벽히 예측하기 어려운 상황 속에서 문제를 해결해야 한다. 예를 들어, 경쟁자의 전략적 대응, 향후 몇 년간의 경제적 환경 변화, 또는 지속적인 원료 확보 가능성 등을 현재 시점에서 완벽히 판단하는 것은 거의 불가능하다. 따라서 모든 의사결정은 예측 가능성이 높은 경우부터 전혀 예측할 수 없는 경우까지 다양한 상황을 포함한다. 의사결정자는 이와 같은 상황의 특성을 이해하고, 각 상황에 적합한 방식으로 접근해야 한다.

의사결정자가 직면하는 상황은 크게 확실한 상황, 위험한 상황, 불확실한 상황의 세 가지로[9] 나눌 수 있다.

(1) 확실한 상황(The Certainty State)

확실한 상황은 의사결정자가 각 대안을 선택했을 때 그 결과가 무엇인지 정확히 알고 있는 상태를 의미한다. 즉, 모든 결과가 유일하며 확정적인 상황이다.

예를 들어, 공공조직에서 기존의 검증된 기술을 도입하여 새로운 시스템을 구축하는 경우, 예상되는 비용과 성과를 정확히 계산할 수 있다. 이처럼 모든 변수와 결과를 예측할 수 있는 확실한 상황에서는 가장 합리적인 선택을 비교적 쉽게 내릴 수 있다.

(2) 위험한 상황(The Risk State)

위험한 상황은 각 대안의 결과와 그 결과가 나타날 확률을 알고 있지만, 결과에 대한 예측 가능성이 낮은 상태를 의미한다. 이 경우 의사결정자는 완전한 정보를 얻을 수 없으므로, 특정 결과가 나타날 가능성을 확률로 추정하여 판단해야 한다.

예를 들어, 정유회사가 새로운 유전을 개발할 때, 특정 지역에서 원유를 발견할 확률을 정확히 알 수는 없다. 그러나 과거의 데이터와 시추 경험을 바탕으로 성공 확률을 추정할 수 있다. 이러한 경우, 의사결정자는 예상 성공 확률과 투자 비용을

---

9   Kenneth R. Maccrimmon, "Managerial Decision Making," in Joseph W. McGuire(ed.), *Contemporary Management: Issues and Viewpoints* (Englewood Cliffs, N. J.: Prentice-Hall, 1974), pp. 445-495.

바탕으로 대안을 평가하고 최적의 선택을 내릴 수 있다.

(3) 불확실한 상황(The Uncertainty State)

불확실한 상황은 각 대안의 결과를 정확히 예측할 수 없을 뿐만 아니라, 결과가 나타날 확률조차 알 수 없는 상태를 말한다. 이러한 경우 의사결정은 매우 어렵고, 결과에 대한 예측도 거의 불가능하다.

예를 들어, 스타트업 기업이 전혀 새로운 기술을 개발하여 시장에 진입하려고 할 때, 이 기술이 소비자에게 얼마나 수용될지에 대한 정보가 부족한 경우가 이에 해당한다. 이처럼 불확실한 상황에서는 의사결정자가 직관, 경험, 창의력을 바탕으로 결정을 내려야 하며, 적절한 가정을 세우거나 전문가의 의견을 참고하는 것도 필요하다.

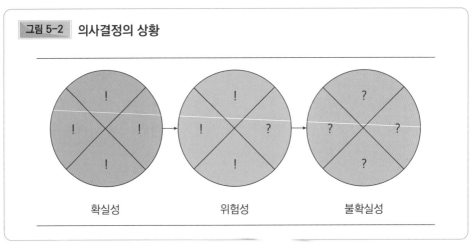

그림 5-2 의사결정의 상황

출처: James A. F. Stoner, *Management*, 2nd ed. (Englewood Cliffs, N.J.: Prentice-Hall, 1980), p. 163.

5) 개인적 의사결정과 집단적 의사결정

의사결정은 그 주체가 개인인지, 아니면 집단인지에 따라 개인적 의사결정과 집단적 의사결정으로 나눌 수 있다. 이는 의사결정을 수행하는 상황, 조직의 목표, 그리고 의사결정에 요구되는 자원의 성격 등에 따라 적절히 선택된다.

(1) 개인적 의사결정

개인적 의사결정은 의사결정자가 자신의 판단과 기준에 따라 독립적으로 내리는 결정을 의미한다. 이러한 결정은 주로 의사결정자의 경험, 전문성, 가치관, 그리고 직관에 의존한다.

예를 들어, 한 기업의 최고경영자가 시장 진입 전략을 결정할 때, 과거의 경험과 분석 자료를 바탕으로 독단적으로 결정을 내리는 경우가 이에 해당한다. 개인적 의사결정은 긴급하거나 비공개적으로 처리해야 할 문제가 있을 때 특히 유용하다. 또한, 책임의 명확성을 보장하고 신속한 결정을 요구하는 상황에서 효과적이다.

그러나 개인적 의사결정은 의사결정자의 주관적 판단에 의존하므로, 잘못된 정보나 편견에 의해 오류가 발생할 가능성도 존재한다. 따라서 중요한 개인적 의사결정을 내릴 때에는 충분한 정보를 수집하고 분석하는 것이 필수적이다.

(2) 집단적 의사결정

집단적 의사결정은 조직의 일원들이 서로의 의견을 모으고 토론하여 최종적인 결론을 내리는 방식이다. 이 방법은 다양한 관점과 전문성을 반영하여 보다 균형 잡힌 결정을 내릴 수 있는 장점이 있다.

예를 들어, 공공기관에서 대규모 예산안을 수립하기 위해 관련 부서의 책임자들이 모여 회의를 통해 최적의 방안을 도출하는 경우가 집단적 의사결정의 사례이다. 이러한 방식은 복잡한 문제를 해결하거나, 여러 이해관계자의 지지를 확보해야 하는 상황에서 특히 효과적이다.

집단적 의사결정은 다양한 아이디어를 모을 수 있고, 참여자들의 동기와 몰입을 높이는 데 기여한다. 그러나 의사결정 과정이 길어질 수 있으며, 의견 충돌이나 집단 사고(groupthink)와 같은 부작용이 발생할 가능성도 있다.

4 의사결정자의 유형과 의사결정의 특징

의사결정자는 크게 네 가지 유형으로 분류될 수 있다.[10] 첫 번째 유형은 비합리적인 사람으로, 이들은 공포와 불안, 충동에 따라 의사결정을 한다. 이러한 의사결정은 종종 감정적이고 즉흥적이며, 결과적으로 조직의 목표 달성에 부정적인 영향을 미칠 수 있다. 두 번째 유형은 창의적이고 자기실현적인 사람이다. 이들은 이윤과 같은 외적 가치를 희생하더라도 자신의 내면적 성장과 자기실현을 중요하게 여긴다. 예를 들어, 한 공공기관에서 관리자가 단기적인 예산 절감보다는 장기적인 공공 서비스 혁신에 중점을 둔 결정을 내리는 경우가 이에 해당한다. 세 번째 유형은 합리적이고 경제적인 사람으로, 고전적인 의사결정 이론을 따르는 사람들이다. 이들은 합리적이고 객관적인 사실에 근거하여 경제적 합리성을 추구하며, 가능한 최선의 대안을 선택하려 한다. 예컨대, 한 기업의 최고경영자가 시장 분석 데이터를 기반으로 신규 사업 진출 여부를 결정하는 경우가 이에 해당한다. 마지막으로 관리적인 사람은 제한된 합리성을 기반으로 의사결정을 하며, 주어진 조건에서 특정한 몇 가지 대안만을 고려하고 처음으로 만족스러운 대안을 선택한다. 예를 들어, 제한된 예산과 시간 내에서 프로젝트 일정 조정을 결정하는 중간관리자의 경우가 이에 해당한다.

● 표 5-3 **의사결정자의 유형과 의사결정의 관계**

비합리적 사람	창의적·자기실현적 사람
공포·불안·충동적, 공포·불안에 의한 무의식적 동기의 의사결정	내적 자기의 총합적 개발추구, 외적 가치를 희생하고서라도 내적 자기개발욕구에 의한 의사결정
합리적·경제적 사람	**관리적 사람**
합리적이며 객관적 사실에 근거, 경제적(효율적) 개념을 기초로 동기 유발, 객관적 합리성과 최선의 대안 추구의 의사결정	특정한 몇 개의 대안 고려, 제안된 인지능력의 한계 존재, 수용가능한 첫번째의 만족스러운 대안선택을 통한 의사결정

---

10 M. J. Driver, "Individual Decision Making and Creativity," in S. Kerr (ed.), *Organizational Behavior* (Columbus, OH: Grid Publishing, 1979), pp. 50-91.

의사결정자의 성격과 태도, 그리고 의사결정자가 직면한 환경적 요인은 의사결정 결과에 중대한 영향을 미친다. 합리적이고 경제적인 접근 방식이 일반적으로 이상적인 의사결정 방법으로 여겨지지만, 항상 바람직한 것은 아니다. 이유는 조직목표를 달성하기 위해 합리성을 추구하는 과정에서도 현실적 제약이 존재하기 때문이다. 예를 들어, 완전한 정보를 기반으로 최선의 대안을 도출하려는 시도는 시간과 비용의 측면에서 비효율적일 수 있다.

따라서 의사결정은 두 가지 측면에서 이해할 필요가 있다. 첫째, 완전한 합리성을 추구하는 이상적인 접근법이다. 이는 모든 대안을 분석하고 최적의 선택을 내리는 방식이다. 둘째, 현실적인 제약을 수용하는 제한된 합리성이다. 제한된 합리성에서는 최적의 해답보다는 충분히 만족할 만한 해답을 추구하며, 이를 통해 시간과 자원을 효율적으로 활용한다.

1) 의사결정의 합리성

관리는 기본적으로 합리성(rationality)을 바탕으로 이루어진다. 조직 내 의사결정 연구에서도 대부분 합리성을 출발점으로 삼는다. 의사결정이 합리적이라는 것은 다음 조건을 모두 충족할 때 가능하다.

첫째, 의사결정의 목적이 명확해야 한다. 의사결정자는 해결하고자 하는 문제를 명확히 정의하고 이를 달성하기 위해 필요한 목표를 명확히 인지하고 있어야 한다. 예를 들어, 한 기업의 최고경영자가 신제품 개발을 추진할 때, 시장점유율 확대와 매출 증가라는 목표가 분명해야 한다.

둘째, 목표에 도달할 수 있는 구체적이고 명확한 경로(course)가 존재해야 한다. 의사결정자는 문제와 관련된 모든 적절한 정보를 수집하고 이를 활용할 수 있어야 한다. 예를 들어, 정부 기관에서 공공 서비스의 개선을 위해 데이터를 기반으로 정책 대안을 설정하는 경우, 관련 정보는 정확하고 충분해야 한다.

셋째, 의사결정자는 가능한 모든 대안을 인식하고 분석하며 선택할 수 있는 능력을 보유해야 한다. 이는 의사결정자가 각 대안을 심층적으로 검토하고 적합한 것을 선택할 능력을 갖추어야 함을 의미한다.

넷째, 모든 대안은 명확하게 평가될 수 있어야 한다. 각 대안의 결과를 정확히 예측할 수 있으며, 대안들 간의 비교가 가능해야 한다. 예를 들어, 민간 기업이 새로운 시장에 진입할 때, 진입 전략의 비용과 예상 수익을 평가할 수 있어야 한다.

다섯째, 선택된 대안은 문제 해결을 최적화해야 한다. 즉, 의사결정자는 조직 목표(예: 이익, 효율성 등)를 최대화할 수 있는 대안을 선택해야 한다.

이와 같은 조건을 충족한다면, 완전한 합리성을 보장하는 의사결정이 가능하며 이는 최선의 해답을 제공하는 결정이라 할 수 있다.

2) 의사결정의 제한된 합리성

완전한 합리성의 조건을 모두 만족시키는 의사결정이 실제로 가능한가에 대한 질문은 오래전부터 논의되어 왔다. 사이먼(H. A. Simon)과 같은 학자들은 완전한 합리성이란 현실적으로 존재할 수 없다고 주장하며, 제한된 합리성(bounded rationality)을 제안했다.

제한된 합리성은 다음과 같은 이유로 완전한 합리성을 대체한다.

(1) 완전한 정보 부족

의사결정자는 의사결정 상황에 필요한 모든 정보를 보유하지 못하며, 모든 적절한 대안을 탐색할 능력도 부족하다. 예를 들어, 기업의 마케팅 담당자가 신제품 출시를 고려할 때, 경쟁사의 모든 전략을 정확히 알 수는 없다.

(2) 정보 처리 능력의 한계

인간은 많은 정보를 획득하더라도 이를 모두 적절히 처리할 수 있는 능력을 갖추고 있지 않다. 이는 의사결정자가 비록 컴퓨터와 같은 도구를 활용한다 하더라도 한계에 직면하게 되는 이유이다.

(3) 시간과 비용의 제한

의사결정은 적시에 이루어져야 한다. 예를 들어, 신속히 대응해야 하는 시장 변

제 2 편 계획

화 상황에서 지나치게 많은 시간을 투자하는 것은 의미가 없으며, 과도한 비용은 조직의 효율성을 저하시킬 수 있다.

(4) 고정편견의 영향

의사결정자는 주관적 판단으로 인해 특정 정보를 과대평가하거나 무시할 가능성이 있다. 예를 들어, 관리자들이 자신이 선호하는 대안을 우선적으로 고려하는 경우가 이에 해당한다.

(5) 정보의 도착 순서

정보가 도착하는 순서에 따라 중요도가 달라질 수 있다. 초기 정보가 지나치게 강조되거나, 마지막 순간의 정보가 의사결정에 과도한 영향을 미치는 경우가 있다.

(6) 정보 과잉의 문제

정보가 지나치게 많아지면 의사결정자는 이를 제대로 처리하지 못하거나 일부 정보를 고의적으로 제외하기도 한다.

(7) 과거 경험의 영향

성공이나 실패 경험은 의사결정자의 기대 수준에 영향을 미친다. 예를 들어, 과거 성공 경험이 있는 경우 기대 수준이 높아지고, 실패 경험이 있는 경우 기준이 낮아질 수 있다.

(8) 개인적 차이

가치관, 위험 감수 성향, 인지 능력, 정서 등은 의사결정에 큰 영향을 미친다. 예를 들어, 위험 회피 성향이 강한 관리자는 보수적인 결정을 선호할 가능성이 높다.

결론적으로, 제한된 합리성은 완전한 합리성을 대체하는 현실적 접근 방식이다. 의사결정자는 모든 대안을 탐색하기보다는 충분히 만족할 만한 대안을 찾았을 때 탐색을 멈춘다. 이를 통해 최적화 대신 만족화(satisficing)를 추구하며, 이는 시간과 자원을 효율적으로 활용하는 데 기여한다.

5 의사결정에서의 개인적 차이

의사결정 과정에서 관리자는 서로 다른 속도와 방식으로 결정을 내린다. 어떤 관리자는 빠르게 결론을 내리는 반면, 또 다른 관리자는 더 신중하게 정보를 검토한 후에 결정을 내린다. 일부는 많은 양의 정보를 바탕으로 철저한 분석을 진행하지만, 일부는 비교적 적은 정보를 활용하여 간결한 결정을 내리기도 한다. 이러한 개인적 차이는 완벽히 설명하기는 어렵지만, 인지능력의 차이와 인성(personality)의 차이가 의사결정에서 개인적 차이를 형성하는 주요 요인으로 간주된다.

1) 인지능력의 차이

개인의 인지능력은 의사결정 과정에서 판단력에 중요한 영향을 미친다. 판단력은 개인의 지능, 학습 능력, 기억력, 그리고 사고력에 기반을 둔다. 이러한 인지적 요인들은 문제를 인식하고 이해하며 진단하는 데 영향을 미친다. 또한 대안을 개발하기 위한 정보의 저장, 검색, 사용뿐 아니라 대안을 평가하고 선택하는 데 필요한 정보 처리 능력에도 관여한다.

예를 들어, 높은 지능을 가진 관리자는 비교적 적은 정보로도 문제를 파악하고 결정을 내릴 수 있는 능력을 발휘할 수 있다. 반면, 인지능력이 낮은 경우에는 더 많은 정보와 시간이 필요하며, 때로는 추가적인 분석 도구나 보조 자료를 활용해야 할 수도 있다.

2) 인성의 차이

인성(personality)은 의사결정 양식에 뚜렷한 차이를 가져올 수 있다. 각기 다른 성격 특성은 관리자가 의사결정을 접근하고 실행하는 방식에 직접적인 영향을 미친다.

(1) 모험적인 성향
모험을 즐기는 사람은 의사결정을 내릴 때 비교적 적은 정보를 바탕으로 짧은 시간 안에 결정을 내리는 경향이 있다. 이러한 사람들은 대체로 빠른 결정을 선호하며, 불확실성을 기꺼이 감수한다.

(2) 독단적인 성향

독단적인 사람은 고정된 관점과 편협한 시각을 가지기 쉬우며, 의사결정 과정에서 자신의 견해와 일치하는 소수의 대안만을 고려하려는 경향이 있다. 이는 대안의 폭을 제한할 수 있어 의사결정의 질에 영향을 미칠 수 있다.

(3) 안정적이고 심사숙고형의 성향

이들은 장기적인 안목에서 계획하고 의사결정을 내리는 경향이 있다. 이러한 성격을 가진 사람들은 의사결정 과정에서 더 많은 시간을 들여 정보를 수집하고 신중하게 분석한 후 결론을 내린다.

(4) 불확실성을 회피하는 성향

불확실한 상황을 꺼리는 사람들은 문제가 되는 상황을 적극적으로 해결하려 하기보다는 회피하려는 경향이 있다. 이들은 종종 결정을 내리는 것을 미루거나, 결정을 완전히 회피하려는 태도를 보이기도 한다.

(5) 위험에 중립적인 성향

이들은 문제를 예상하고 발생한 문제를 해결하기 위해 접근하는 경향이 있다. 위험에 대해 지나치게 회피하지 않으면서도, 지나친 모험을 감수하지 않는 균형 잡힌 태도를 유지한다.

(6) 문제추구 성향

반대로, 불확실성을 받아들이고 문제를 적극적으로 해결하려는 사람들은 문제추구자(problem seekers)가 된다. 이들은 잠재적인 기회를 찾아내고 이를 활용하기 위해 적극적으로 의사결정을 내린다. 예를 들어, 시장의 새로운 트렌드를 감지하고 이를 기반으로 신제품 개발을 결정하는 관리자는 문제추구자 성향을 가진 사례라고 할 수 있다.

제 2 절   의사결정과정과 관리실무

여러 명의 관리자들에게 그들이 어떻게 의사결정을 하고 문제를 해결하는가 한 번 물어 보라. 많은 사람은 아마도 이렇게 말할 것이다. "글쎄", "일정한 규칙이 없지 그냥 하는 거지", 그리고 "그냥 옳다고 느끼는 대로 하지." 실제로 훌륭한 의사결정자는 의식적으로 혹은 무의식적으로 행동하든 간에 아주 일관된 과정을 따라서 의사결정을 한다.

1 의사결정과정

관리자는 업무를 수행하며 다양한 문제에 직면하게 되고, 이러한 문제를 해결하기 위해 의사결정을 내려야 하는 상황에 자주 놓인다. 이때 관리자들은 종종 비공식적(informal) 방법에 의존하여 문제를 해결하려는 경향이 있다. 예를 들어, 과거에 유사한 문제를 해결했던 의사결정을 단순히 반복하거나, 해당 문제의 해결을 전문가나 상급 관리자에게 위임하여 결정을 대신 내려주길 기대하는 경우가 있다.[11]

비공식적인 의사결정 방법은 때로는 유용할 수 있지만, 대부분의 경우 관리자가 잘못된 결정을 내리게 하는 원인이 될 수 있다. 이러한 접근법은 상황을 제대로 분석하지 못하거나, 적절한 대안을 검토하지 못하게 되어 조직의 목표 달성에 부정적인 영향을 미칠 가능성이 크다.

모든 상황에서 관리자가 항상 올바른 의사결정을 보장받을 수 있는 단일한 방법은 존재하지 않는다. 그러나 의사결정 과정에서 특정 단계를 체계적으로 따를 경우, 문제를 보다 합리적이고 효과적으로 해결할 가능성을 높일 수 있다. 의사결정 과정은 다음과 같은 단계로 구성된다.

- 문제의 인식: 의사결정의 필요성을 인식하고, 문제를 명확히 정의한다.
- 정보 수집 및 분석: 문제를 이해하기 위해 필요한 정보를 수집하고 분석한다.

---

11 Francis J. Bridges, Kenneth W. Olm, and J. Allison Barnhill, *Management Decision and Organizational Policy* (Boston: Allyn and Bacon, 1971).

- 대안 개발: 문제 해결을 위한 가능한 대안을 도출한다.
- 대안의 선택: 각 대안을 평가하고, 가장 적합한 대안을 선택한다.
- 대안의 실행: 선택된 대안을 실행하여 문제를 해결한다.
- 결과 점검 및 유지: 실행된 대안의 결과를 점검하고 필요한 경우 수정하거나 보완한다.

이 절에서는 의사결정 과정 중 첫 네 단계, 즉 대안의 선택까지의 과정을 상세히 다루고자 한다. 이후의 단계인 선택된 대안의 실행과 결과 점검 및 유지 단계는 제15장 통제과정에서 자세히 다룰 예정이다.

1) 의사결정의 필요성 인식(문제의 인식)

의사결정의 첫 번째 단계는 문제의 존재를 인식하고, 이를 해결하기 위한 목표를 설정하는 것이다. 이 단계에서는 문제의 성격을 명확히 이해하고, 문제를 둘러싼 정보를 수집, 분석한 후 해결할 필요가 있는 문제와 그렇지 않은 문제를 구분한다. 의사결정의 필요성 인식은 세 가지 하위 단계로 나눌 수 있다.

(1) 문제의 정의(Define the Problem)

문제 정의는 단순히 표면적으로 드러난 징후(symptom)에 대해 조치를 취하는 것이 아니라, 문제의 근본 원인을 파악하는 것이다. 관리자는 조직 목표 달성을 방해하는 요소를 문제로 간주해야 한다.

예를 들어, 한 기업에서 직원 이직률이 높다고 가정하자. 표면적으로는 이직률 감소가 필요한 문제로 보일 수 있지만, 이직자 대부분이 성과가 낮은 직원이라면, 이는 새로운 인재를 채용할 기회가 될 수도 있다. 이처럼 조직 목표와 관련하여 문제를 정의하면 혼동을 피하고 올바른 방향으로 문제를 해결할 수 있다.

(2) 의사결정 목표의 확인(Identify the Decision Objectives)

문제 정의가 이루어진 후에는 문제 해결을 통해 달성하고자 하는 목표를 명확히 설정해야 한다. 문제 해결의 목적은 조직 목표 달성을 돕는 것이며, 이를 통해 의사결정의 성공 여부를 판단할 수 있다.

(3) 원인의 분석(Diagnose the Causes)

문제 해결의 방향이 설정되면, 문제의 원인을 분석하여 해결책을 제안해야 한다.
문제 해결을 위해 조직 내부 또는 외부에서 무엇이 바뀌어야 하는가?
문제 해결에 적합한 사람은 누구인가?
그들은 문제를 정확히 이해하고 해결할 수 있는 통찰력을 가지고 있는가?
이러한 질문들을 통해 원인을 명확히 분석하고, 조직 구성원들이 문제를 정확
히 인식하도록 도와야 한다.

2) 대안의 설정

문제가 정의되고 목표가 설정되면, 이를 해결하기 위한 다양한 대안을 제시하
는 단계가 이어진다. 이 단계에서 관리자가 흔히 범하는 오류는 첫 번째 발견된 대
안에 지나치게 의존하거나, 평가를 서두르는 것이다.
대안 설정 단계에서는 가능한 많은 대안을 개발하려는 노력이 중요하며, 대안
의 평가를 뒤로 미뤄야 한다. 대안을 평가하는 것은 창의적 사고를 제한하고 더 나
은 대안을 찾는 데 방해가 될 수 있기 때문이다.

3) 대안의 평가

대안의 설정이 완료되면, 각 대안이 조직의 목표와 자원 관점에서 적합한시 평
가하는 단계가 진행된다. 이 단계는 대안이 실행 가능한지, 실행 과정에서 문제가
발생할 가능성은 없는지를 분석하는 과정을 포함한다.
- 목표와의 부합성: 대안은 조직 목표와 일치해야 하며, 목표를 효과적으로 달성
  할 수 있어야 한다.
- 실행 가능성: 대안을 실행하기 위한 자원(시간, 비용, 인력)이 확보되어야 한다.
- 실행 과정의 문제점: 실행 도중 발생할 수 있는 잠재적 문제를 사전에 파악
  해야 한다.

예를 들어, 한 제조 기업이 수익성 감소 문제를 해결하기 위해 제조 비용 절감을 대안으로 고려한다고 가정하자. 제조 비용 절감이 제품 품질 저하로 이어질 가능성이 있다면, 이는 실행 가능한 대안으로 간주할 수 없다.

4) 대안의 선택

대안 평가가 완료되면, 가장 적절한 대안을 선택하는 단계로 넘어간다. 대안을 선택하기 위해서는 명확한 기준이 필요하며, 선택 자체가 의사결정 과정의 핵심을 이룬다.

관리자는 세 가지 기준 중 하나를 선택할 수 있다.

- 최적화(Optimization): 모든 가능한 대안을 탐색하고 분석하여 최선의 결정을 내린다.
- 극대화(Maximization): 특정 기준에서 최대 효과를 발휘하는 대안을 선택한다.
- 만족화(Satisficing): 만족할 만한 첫 번째 대안을 선택하여 신속히 의사결정을 마친다.

예를 들어, 최적화는 최상의 결과를 얻기 위해 많은 자원과 시간을 요구하지만, 극대화나 만족화는 상대적으로 더 적은 자원으로 신속한 의사결정을 가능하게 한다. 선택된 접근법에 따라 의사결정 과정은 실질적으로 달라질 수 있다.

2 관리실무(managerial practices)

의사결정 모형은 의사결정이 이상적으로 어떻게 이루어져야 하는지를 제시하지만, 실제 관리자들의 행동은 이와 같은 모형을 충실히 따르지 않는 경우가 많다. 많은 관리자의 의사결정은 체계적인 분석보다는 습관적이고 무의식적인 행동에 기반하는 경우가 흔하다. 이는 때로 상황에 따라 적합한 방식이 될 수도 있지만, 모든 상황에서 이상적인 결과를 보장하지는 않는다.

관리자들은 종종 체계적인 의사결정이 가져다주는 이점을 인식하지 못하거나,

이를 충분히 활용하지 않는 경향이 있다.[12] 그러나 습관적이고 직관적인 대응 방식이 항상 나쁜 것은 아니다. 예를 들어, 조직의 목표를 내면화하고 관리감각을 가진 경험 많은 관리자는 직관적으로 복잡하지 않은 문제를 신속히 해결할 수 있다. 여기서 중요한 것은 상황을 정확히 분석하고, 문제가 가지는 중요성을 판단하며, 체계적 방법과 직관적 방법 중 어떤 것을 사용할지를 선택할 수 있는 관리자의 능력이다.

1) 관리자의 비합리적 의사결정의 원인

체계적인 의사결정 방법이 효과적이라는 점은 많은 연구를 통해 입증되었음에도 불구하고, 실제 관리 실무에서는 합리적인 과정을 제대로 따르지 않는 사례가 빈번히 나타난다. 이를 방해하는 주요 요인은 다음과 같다.

① 빈번한 중지 및 연기
관리자는 종종 업무의 우선순위를 다루는 과정에서 의사결정 과정을 중단하거나 연기하게 된다. 예를 들어, 시간이 촉박한 상황에서는 중요성이 낮은 문제를 일단 보류하고 더 시급한 문제를 처리하는 것이 일반적이다. 그러나 이러한 연기와 중지가 반복되면 궁극적으로 의사결정의 질과 속도 모두에 부정적인 영향을 미칠 수 있다.

② 시간 압박
많은 경우 관리자들은 의사결정을 내릴 시간이 충분하지 않다. 제한된 시간 내에 신속히 결정을 내려야 하는 상황에서는 체계적이고 분석적인 방법을 따르기 어렵다. 이로 인해 관리자는 직관적이고 경험에 의존하는 방식으로 문제를 해결하는 경우가 많다. 예를 들어, 재난 관리 상황에서 즉각적인 대응이 요구되는 경우, 관리자는 직관적으로 결정을 내리게 된다.

---

12 H. Mintzbert, D. Raisinghani, and A. Theoret, "The Structure of 'Unstruc-tured' Decision Processes," *Administrative Science Quarterly*, 21, 1976, pp. 246-275.

③ 바람직하지 않은 성과와 실패

관리자가 처음 내린 의사결정이 바람직하지 않은 결과를 초래하거나, 빈약한 계획으로 실패한 경우, 동일한 문제에 대해 다시 의사결정을 해야 하는 상황이 발생한다. 이는 조직 자원의 낭비를 초래할 뿐만 아니라, 관리자의 의사결정에 대한 신뢰를 떨어뜨리는 결과를 가져올 수 있다. 예를 들어, 제품 출시가 시장 조사를 충분히 거치지 않은 상태에서 진행되었을 경우, 초기 의사결정을 번복하고 새로운 전략을 수립해야 할 수도 있다.

제 3 절   집단의사결정

조직의 규모가 커지고 업무가 점차 전문화됨에 따라, 한 사람의 지식과 능력만으로는 해결할 수 없는 문제들이 증가하고 있다. 이러한 환경 변화 속에서 집단의사결정(group decision making)의 중요성은 점점 커지고 있다. 이는 집단의사결정이 개인의사결정보다 우월하다는 기본 가정에 근거한다. 오늘날 대부분의 조직은 주요 전략, 대규모 프로젝트 계획 등 조직의 성공과 실패를 좌우할 수 있는 중요한 문제들을 집단의사결정을 통해 처리한다. 위원회, 팀 회의, 워크숍 등 다양한 형태로 집단의사결정이 이루어지고 있다.

하지만 집단의사결정이 항상 개인의사결정보다 우월하다고 할 수는 없다. 문제의 성격이나 집단의 구성과 형태에 따라 의사결정의 효과가 달라질 수 있기 때문이다. 본 절에서는 집단의사결정의 주요 특징과 다양한 의사결정 방법에 대해 논의한다.

1 집단의사결정의 특징

집단의사결정은 개인의사결정과 비교했을 때 몇 가지 뚜렷한 장점과 단점을 가지고 있다. 정확성, 판단력과 문제해결능력, 창의성, 위험부담의 측면에서 개인의사결정과 비교하여 살펴보면 다음과 같다.

1) 정확성

일반적으로 집단의사결정은 개인의사결정보다 더 많은 시간을 소요하지만, 다양한 경험과 정보를 가진 구성원들이 참여하기 때문에 오류를 범할 가능성이 적다고 할 수 있다. 연구 결과에 따르면, 논리적 판단이 필요한 문제에 있어 집단의 문제해결 능력이 개인보다 5~6배 우수하다는 결과가 나온 바 있다.[13]

그러나 집단의사결정이 항상 효과적인 것은 아니다. 구성원 간 자유로운 논의와 개방적인 분위기가 보장되지 않으면, 특정 인물이 의사결정을 주도하거나 전문가의 의견에 지나치게 의존하게 되어 집단의 아이디어가 제대로 반영되지 않을 수 있다. 또한 집단은 일반적으로 개인보다 정확한 결정을 내리지만, 집단 내 가장 우수한 개인의 판단력에는 미치지 못할 가능성도 있다.

2) 판단력과 문제해결

집단은 다양한 정보와 아이디어, 비판적 평가능력을 바탕으로 개인보다 더 나은 판단을 내릴 가능성이 있다. 특히 문제가 다면적이거나 비정형적(non-programmed decisions)일 경우, 집단의사결정은 개인의사결정보다 효과적이다. 예를 들어, 새로운 시장 진출과 같은 복잡한 문제는 집단의 다양한 견해와 아이디어를 통해 더 나은 해결책을 도출할 수 있다.

그러나 집단의사결정도 한계가 있다. 단계가 많은 의사결정이거나, 문제를 여러 부분으로 분해할 수 없는 경우, 또는 해결책의 적합성을 명확히 입증하기 어려운 경우에는 집단의 유효성이 떨어질 수 있다. 이러한 경우 집단의 집중력이 분산되거나 합의 도출이 어려워질 수 있다.

---

13 M. E. Shaw, "A Comparision of Individual and Small Groups in the Rational Solutions of Complex Problems," *American Journal of Psychology*, Vol. 44, 1932, pp. 491-504.

3) 창의성

집단은 개인보다 많은 아이디어와 상상력을 만들어낼 가능성이 높다고 생각되며, 많은 조직에서 창의력 개발을 위한 분임 토의나 워크숍을 활용하고 있다. 그러나 연구에 따르면, 특정 상황에서는 개인이 집단보다 더 창의적일 수 있다.[14] 집단 환경에서는 구성원들이 비판을 두려워해 의견을 자유롭게 표현하지 못하거나, 주제가 제한적으로 다루어지는 경우가 있기 때문이다.

하지만 개인이 충분한 능력을 갖추지 못한 경우, 집단의 창의적 활동이 필요하다. 또한 집단의 창의성을 극대화하기 위해서는 자유로운 분위기를 조성하고, 비판 없는 아이디어 제안을 장려해야 한다.

4) 위험부담

의사결정은 항상 결과에 대한 책임 문제를 수반한다. 전통적으로는 집단이 개인보다 위험을 회피하려 한다고 여겨졌지만, 최근 연구에 따르면, 집단은 개인보다 더 위험부담이 큰 결정을 내릴 가능성이 있다. 이는 집단의사결정에서 책임이 분산되기 때문이다. 개인의사결정에서는 의사결정자가 명확하므로 안정적이고 신중한 결정을 내리려는 경향이 있다. 반면, 집단에서는 책임의 소재가 분명하지 않아 과감한 결정을 내릴 가능성이 높다.

예를 들어, 공공기관에서 신기술 도입을 결정할 때, 개인은 기존 방식을 유지하려는 경향이 강하지만, 집단은 혁신적인 기술을 도입하는 결정을 내릴 가능성이 더 높다. 이는 책임이 분산되어 개개인의 위험에 대한 부담이 줄어들기 때문이다.[15]

---

14 D. W. Taylor, P. C. Berry, and C. H. Block, "Does Group Participation When Using Brainstorming Facilitate or Inhabit Creative Thinking?" *Administrative Science Quarterly*, Vol. 3, 1958, pp. 23–47.

15 James A. F. Stoner, "A Comparision of Individual and Group Decisions Involving Risk," *M. I. T. Sloan School of Management*, 1961.

② 집단의사결정의 효과 및 증상

집단의사결정은 개인의사결정과 비교하여 여러 장점과 단점을 가진다. 집단의사결정은 다수의 성원이 참여하기 때문에 결정 결과가 조직에 미치는 효과가 크며, 때로는 바람직하지 않은 증상(symptoms)이 나타날 수 있다. 본 절에서는 집단의사결정이 조직에 미치는 주요 효과와 함께 발생할 수 있는 부작용을 다룬다.

1) 집단의사결정의 효과

(1) 이해의 증진(Better Understanding)

집단의사결정 과정에 참여한 구성원들은 결정사항을 명확히 이해하게 된다. 이는 실행 과정에서 발생할 수 있는 오해를 줄이고, 결정을 일관되게 수행하는 데 도움을 준다. 예를 들어, 공공기관의 정책 결정에 여러 부서의 직원이 참여하면 각 부서의 요구와 관점을 반영할 수 있어 실행의 명확성과 효율성이 높아진다.

(2) 수용가능성의 증대(Commitment)

구성원들이 의사결정 과정에 참여하여 정보를 제공하거나 의견을 제시하고 논의에 기여할 기회를 얻는다면, 결과에 대한 저항이 감소하고 수용가능성이 높아진다. 특히, 참여 과정을 통해 자신이 기여했다고 느끼는 구성원들은 결과를 적극적으로 받아들이는 경향이 있다.[16]

(3) 목표의 변경(Changes in Goals)

집단의사결정은 합의 과정에서 원래 의도한 방향과 다른 목표로 변화할 가능성이 있다. 예를 들어, 집단 내에서 대립이 심할 경우 최선의 해결책보다는 상반된 입장을 절충한 대안이 채택될 수 있다. 이로 인해 조직 목표와 부합하지 않는 결정이 내려질 위험이 있다.

---

16 E. B. Bennett, "Discussion, Decision, Commitment in the Group Decision," *Human Relations*, Vol. 8, 1955, pp. 251–274.

(4) 패자에 대한 영향(Effects on Losers)

집단의사결정 과정에서 경쟁이 심화되면, 일부 구성원은 자신이 패자라고 느끼며 부정적인 감정을 갖게 된다. 이로 인해 구성원 간 갈등이 심화되고, 일부는 소외감을 느끼거나 향후 의사결정 과정에 참여하지 않으려는 태도를 보일 수 있다.

2) 집단의사결정의 부작용: 집단사고(Groupthink)[17]

집단사고란 집단의사결정 과정에서 외부나 상부의 압력으로 인해 비합리적인 결정이 내려지는 현상을 말한다. 이는 집단 내 응집력과 의사결정의 효율성을 높이려는 시도가 지나쳐 발생하는 폐단으로, 다음과 같은 증상이 나타난다.[18]

(1) 집단에의 책임전가(Illusion of Invulnerability)

집단의사결정에 참여한 개인은 집단이라는 이름 아래 자신들의 결정 결과에 대한 책임을 면할 수 있다는 환상을 갖는다. 예를 들어, 특정 프로젝트가 실패했을 때, "위원회에서 결정한 사항"이라고 집단에 책임을 전가하는 사례가 이에 해당한다.

(2) 집단적 합리화(Collective Rationalization)

집단은 외부의 반대 의견이나 상충되는 정보를 의도적으로 무시하며, 자신들의 결정이 옳다는 점을 합리화하려는 경향이 있다. 이로 인해 비판적 사고가 결여되고, 부정확한 정보에 기반한 결정을 내릴 위험이 있다.

(3) 집단의 도덕성에 대한 맹목적인 믿음(Belief in Inherent Morality of the Group)

집단 성원들은 집단의 입장이 도덕적이고 옳다는 맹목적인 믿음을 가지며, 반대되는 의견을 부정적이고 비윤리적인 것으로 간주한다.

---

17 Irving L. Janis, *Groupthink*, 2nd ed. (Boston: Houghton Mifflin Company, 1982), pp. 7–8.

18 *Ibid.*, pp. 174–175.

(4) 외부집단에 대한 고정편견(Stereotypes of Out-Groups)

집단 내 성원들은 외부집단이나 다른 의견을 가진 사람들에 대해 편견을 가지는 경향이 있다. 예를 들어, 경쟁사의 제안을 단순히 "상투적인 주장"이라 치부하고 이를 무시하는 경우가 이에 해당한다.

(5) 반대자에 대한 압력(Direct Pressure on Dissenters)

집단의 합의를 방해할 가능성이 있는 반대 의견을 가진 사람에게 심리적 또는 사회적 압력을 가하는 현상이 나타난다. 예컨대 회의 중 상반된 의견을 제시한 사람에게 불리한 정보를 언급하며 압박을 가하는 사례가 있다.

(6) 자기검열(Self-Censorship)

집단 성원들은 자신의 반대 의견이 집단의 분위기를 해칠 것을 우려하여 침묵하거나 의견 제기를 회피한다. 이는 비판적 논의가 부족해지는 결과로 이어진다.

(7) 만장일치의 환상(Illusion of Unanimity)

자기검열로 인해 집단 내에서 침묵을 지키는 사람들이 결정을 지지한다고 오해하는 현상이 발생한다. 이로 인해 만장일치라는 잘못된 인식이 형성될 수 있다.

(8) 집단 보호자 역할 착각(Self-Appointed Mindguard)

집단 성원 중 일부는 집단의 단결을 깨뜨릴 수 있는 정보를 필터링하여 리더와 주요 성원을 보호하려는 행동을 한다. 이는 객관적인 정보 전달을 방해하는 요인이 된다.

3) 집단사고 예방 방안

집단사고를 방지하고 바람직한 의사결정을 내리기 위해서는 다음과 같은 방안이 필요하다.[19]

---

19 *Ibid.*, pp. 260-276.

164   제 2 편 계획

- 비판적 토론 분위기 조성: 모든 성원이 자유롭게 의견을 비판하고 논의할 수 있는 환경을 조성한다.
- 상급자의 중립 유지: 집단토의 초기 단계에서 상급자가 특정 방향으로 의견을 제시하지 않는다.
- 독립적 그룹 구성: 동일한 문제를 여러 독립적인 집단에 맡겨 해결책을 비교한다.
- 소규모 그룹 분할: 집단을 소규모로 나누어 각각 대안의 실행 가능성을 평가하도록 한다.
- 외부 의견 수렴: 조직 외부 전문가를 초빙하여 토의에 참여시킨다.
- 비판 역할 지정: 특정 구성원에게 비판적 관점을 제공하는 역할을 맡긴다.
- 상대 조직의 반응 조사: 다른 조직과 관련된 문제의 경우, 상대 조직의 반응을 조사하고 이에 대비한 대안을 마련한다.
- 재검토 시간 제공: 최종 결정 전에 각 성원이 의문점을 제기하고 논의할 기회를 부여한다.

③ 집단의사결정의 장점(assets)과 단점(liabilities)

지금까지 서술한 집단의사결정의 특징과 효과 및 증상으로부터 집단의사결정의 장점과 단점을 요약해 보면 <표 5-4>와 같다.[20]

이와 같은 집단적 의사결정의 장·단점을 이해하는 것은 관리자로서 집단의사결정의 여부를 결정할 때, 그리고 집단의사결정의 질적 향상을 도모할 때 큰 도움을 줄 것이다.

---

20 N. R. F. Maier, "Assets and Liabilities in Group Problem Solving: The Need for an Integrative Function," in N. R. F. Maier(ed.), *Problem Solving and Creativity: In Individuals and Groups* (Belmont, CA : Brooks/Cole, 1970), pp. 431-444.

● 표 5-4 **집단의사결정의 장·단점**

장점(assets)	단점(liabilities)
• 지식과 정보의 증대 • 문제를 보는 시각의 다양성 • 보다 많은 대안의 인식 • 결정에 대한 광범위한 지지 • 문제에 대한 보다 나은 이해	• 부정적·사회적 압력(의견의 일치만 강조) • 성급한 결정 • 개인적 독주 • 개인적 목표의 개입
장·단점 동시 존재	
• 의견의 불일치가 새로운 안을 창출하기도 하고, 나쁜 감정을 유발하기도 함 • 다양한 관심이 시각을 넓히기도 하고, 분쟁을 유발하기도 함 • 위험추구의 증가가 득이 되기도 하고, 손실이 될 수도 있음 • 소요시간의 증가는 결정의 질을 향상시킬 수도 있으나 시간낭비가 될 수도 있음	

4 집단의사결정방법

집단의사결정에는 여러 방법이 존재하며, 의사결정의 성격과 목적에 따라 적합한 방법이 선택된다. 본 절에서는 현대 조직에서 주로 사용되는 상호작용집단법, 브레인스토밍, 시네틱스, 델파이법, 명목집단법을 소개하고자 한다.

1) 상호작용집단법(Interacting Group Method)

상호작용집단법은 집단 구성원 간의 상호작용을 통해 정보를 교환하고 아이디어를 얻어 결정을 내리는 방법으로, 가장 일반적으로 사용되는 집단의사결정 방법이다. 일반적으로 집단의사결정이라 하면 이 방식을 지칭하는 경우가 많다.

(1) 장점

① 정보와 아이디어의 풍부함

여러 성원이 참여하기 때문에 다양한 관점에서 풍부한 아이디어와 정보를 제공받을 수 있다. 이는 개인의 노력 합계를 초과하는 결과를 도출할 가능성을 높인다.

② 시너지 효과

상호작용을 통해 다양한 견해가 공유되고 수정되면서 기존 아이디어를 더 나은 방향으로 발전시킬 수 있다. 이는 개인의사결정보다 우수한 결정을 이끌어낼 수 있는 강점이다.

③ 집단의 다양성 활용

서로 다른 배경과 경험을 가진 성원들이 참여함으로써 창의적인 대안이 만들어 질 가능성이 높다.

(2) 단점

① 집단사고(Groupthink)의 위험성

집단 내에서 특정 의견이 지나치게 지배적이거나, 성원들이 동의하지 않더라도 반대 의견을 제시하지 못하는 분위기가 조성되면 비합리적인 결정으로 이어질 가 능성이 있다.

② 창의적 아이디어의 제한

성원 간의 상호작용이 부정적인 영향을 미칠 경우, 창의적인 대안의 제안이 방 해받을 수 있다. 특히, 지배적인 성원이 있을 경우 다른 성원의 의견이 충분히 반영 되지 않을 수 있다.

③ 시간 소모

의사결정을 위해 논의가 길어질 경우, 시간이 많이 소요될 수 있다.

상호작용집단법은 다양한 아이디어와 정보를 바탕으로 합리적인 결정을 도출 하는 데 효과적이나, 이를 성공적으로 운영하기 위해서는 성원 간의 균형 잡힌 참 여와 객관적인 논의가 필요하다. 이를 통해 집단의 잠재력을 극대화하면서도 부정 적인 요소를 최소화할 수 있다.

2) 브레인스토밍(Brainstorming)

브레인스토밍은 오스본(A. F. Osborn)이 고안한 아이디어 발상 기법으로, 참가자들이 자유롭게 연상하면서 다수의 아이디어를 생성하도록 돕는 방법이다. 흔히 "두뇌짜기"라고도 불리는 이 기법은 집단의 참여자들이 제안하는 아이디어를 자유롭게 공유하고, 이를 결합하거나 발전시켜 실행 가능한 새로운 아이디어를 창출하는 데 목적이 있다.[21]

(1) 브레인스토밍의 네 가지 기본 원칙

- 비판 금지: 아이디어가 형성되는 동안 다른 사람이 제안한 아이디어를 비판하거나 평가하지 않는다. 비판이 금지되면 참가자들이 두려움 없이 창의적인 아이디어를 제안할 수 있다.
- 자유로운 분위기: 어떠한 아이디어라도 자유롭게 발표할 수 있는 분위기를 조성해야 한다. 이상하거나 비현실적인 아이디어도 제한 없이 허용된다.
- 양의 중시: 아이디어의 질보다 양을 우선시한다. 많은 아이디어가 제안될수록 그중에서 실행 가능한 아이디어를 도출할 가능성이 높아진다.
- 아이디어의 결합 및 개선: 참가자들이 서로의 아이디어를 결합하거나 개선하도록 장려한다. 이는 기존 아이디어를 발전시키거나 새로운 관점을 발견하는 데 도움이 된다.

이러한 원칙에 따라 브레인스토밍은 비판에 대한 두려움을 줄이고 참여자의 창의적 사고를 최대화할 수 있다. 적극적 참여와 자유로운 아이디어 교환을 통해 조직은 참신하고 혁신적인 대안을 발견할 수 있다.

---

21 George P. Huber, *Managerial Decision Making* (Glenview, IL : Scoff, Foresman, 1973).

3) 시네틱스(Synectics)

시네틱스는 창조적 문제해결(Creative Problem Solving)을 위한 기법으로, 그리스어에서 유래한 "Synectics"는 서로 다른 요소의 결합을 의미한다.[22] 이 기법은 문제를 해결하기 위해 다양한 개인들이 문제 해결에 몰입하도록 도와줌으로써 창의적인 아이디어를 개발하는 데 초점을 맞춘다.[23]

(1) 시네틱스의 특징

- 직관적 접근: 참가자들이 직관적인 답을 제안하도록 유도하며, 이를 발전시키기 위한 논의와 평가가 이루어진다.
- 아이디어 확장: 아이디어의 창출과 비평을 반복하여 새로운 관점과 실행 가능한 대안을 발견한다.
- 다양한 개인의 참여: 서로 다른 배경을 가진 사람들이 문제 해결에 참여함으로써 다각적인 아이디어가 제시될 수 있다.

시네틱스는 특히 창의성이 요구되는 상황에서 유용하며, 혁신적인 해결책을 필요로 하는 문제에 적합하다.

4) 델파이법(Delphi Technique)

델파이법은 집단의 직접 토론 없이 성원들로부터 전문적인 의견을 얻는 방법으로, 미래 예측과 장기적 의사결정에 효과적이다. 델파이법은 다음과 같은 절차를 통해 진행된다.[24]

---

22 W. J. Gordon, *Synectics: The Development of Creative Capacity* (New York: Harper & Row, 1961), p. 3.

23 *Ibid.*

24 A. L. Delbecq, A. H. van de ven, and D. H. Gustafson, *Group Techniques for Program Planning: A Guide to Nominal Group and Delphi Processes*, Scott, Foresman and Company, 1975, pp. 10-11.

(1) 델파이법의 절차

• 설문지 작성 및 배포

특정 문제와 관련된 설문지를 작성하여 선정된 전문가들에게 배포한다. 이때, 설문 대상자 간의 직접적인 접촉은 없다.

• 응답 수집 및 종합

수집된 응답 내용을 정리하여 이를 다시 전문가들에게 보낸다. 추가적인 분석과 검토를 요구하는 2차 설문지가 함께 제공된다.

• 추가 의견 및 평가

응답자는 제공된 자료를 검토하고 각 대안을 평가하거나 선택한다. 이 과정은 전문가 간의 교차 검토를 가능하게 한다.

• 반복 및 합의 도출

위의 절차를 반복하여 의견이 수렴되면 최종 결론을 도출한다. 필요에 따라 2차, 3차 설문 과정을 거칠 수 있다.

(2) 장점

• 집단사고 방지: 전문가들이 독립적으로 의견을 제시하기 때문에 집단 내부의 압력에서 자유롭다.
• 다양한 의견 수렴: 다수의 독립된 전문가 의견을 바탕으로 의사결정을 내릴 수 있다.
• 아이디어 개선: 응답자들은 다른 전문가의 의견을 참고하여 자신의 견해를 수정하고 보완할 기회를 갖는다.

(3) 단점

• 시간과 비용: 여러 차례의 설문과 분석이 필요하므로 실행에 많은 시간과 비용이 소요될 수 있다.
• 참여 통제 어려움: 전문가들의 응답이 불성실하거나 일관성이 없을 경우 신뢰성이 저하될 수 있다.

델파이법은 미래의 불확실성을 다루거나 장기적 예측이 필요한 상황에서 특히 효과적이며, 객관적이고 전문적인 결정을 도출하는 데 적합하다.

5) 명목집단법

명목집단법은 델파이법과 유사하게 성원들 간의 직접적인 상호토론은 없지만, 한자리에 모여 의사결정을 한다는 점에서 차별화된다. 여기서 '명목집단'이란 성원들이 물리적으로는 함께 있지만, 토론이나 의사소통이 제한되어 이름뿐인 집단이라는 뜻에서 유래되었다. 이 방법은 아이디어의 생성과 평가에서 개인의 창의성을 존중하면서도 집단적인 결정을 가능하게 한다.

(1) 명목집단법의 절차

명목집단법은 다음과 같은 단계를 거쳐 진행된다.[25]

• 개별 아이디어 작성

성원들은 제시된 문제에 대해 토론 없이 조용히 혼자 생각하며 각자의 아이디어를 서면으로 작성한다. 이 단계에서는 자유롭게 창의적인 아이디어를 떠올리는 데 집중한다.

• 아이디어 제출 및 기록

각 성원은 자신의 아이디어를 제출하고, 회의 진행자는 이를 순서대로 칠판이나 차트에 기록한다. 이때 특정 아이디어의 출처를 알 수 없도록 하여 편향을 방지하며, 모든 아이디어가 기록될 때까지 논의는 없다.

• 아이디어 평가

기록된 모든 아이디어를 바탕으로 성원들은 각 아이디어의 장점과 단점 등을 여러 측면에서 논의한다. 이 과정에서 아이디어의 실행 가능성과 적절성을 평가하며, 중요한 논점을 도출한다.

---

25 *Ibid.*, pp. 7-10.

• 투표 및 의사결정

성원들은 말없이 각 아이디어에 대해 선호도를 매긴다. 가장 흔한 방법은 아이디어의 우선순위를 정하고 점수를 부여하는 것이다. 이후, 집계된 점수를 통해 가장 높은 점수를 얻은 아이디어가 최종적으로 채택된다.

(2) 명목집단법의 특징과 장점

명목집단법은 상호작용집단법보다 아이디어의 질과 독창성 면에서 뛰어난 결과를 낼 수 있다. 이 방법은 다음과 같은 상황에서 특히 효과적이다.

- 새로운 사실과 아이디어를 발견할 때 성원들이 독립적으로 사고할 수 있는 환경을 제공하여 참신한 아이디어를 얻는 데 효과적이다.
- 정보 종합 및 평가가 필요한 경우 다양한 아이디어를 종합하고 각 아이디어의 장단점을 체계적으로 분석할 수 있다.
- 합의가 필요한 문제에서 최종 결정을 내릴 때 객관적인 투표와 점수 집계를 통해 합의된 결과를 도출할 수 있다.

(3) 명목집단법과 델파이법의 공통점과 차이점

명목집단법과 델파이법은 아이디어 산출과 평가에서 개인의 창의성을 존중하고, 특정 개인의 영향력을 최소화한다는 점에서 공통점을 가진다. 그러나 두 방법의 차이점은 다음과 같다.

- 직접 대면 여부: 델파이법은 비대면 방식으로 진행되며, 명목집단법은 대면 상황에서 실행된다.
- 토론의 유무: 명목집단법에서는 아이디어의 평가 단계에서 제한적인 토론이 이루어지지만, 델파이법은 전적으로 서면으로 이루어진다.

명목집단법은 특히 집단사고(groupthink)를 방지하고, 성원 개개인의 의견을 존중하면서도 집단적으로 합리적인 결정을 내릴 수 있는 강력한 도구로 인정받고 있다.

현대 조직 관리의 복잡성이 점차 증가함에 따라 효과적인 계획 수립과 의사결정은 더욱 어려워지고 그 중요성 또한 높아지고 있다. 이를 해결하기 위해 관리자들이 효과적으로 업무를 수행할 수 있도록 다양한 도구들이 개발되었으며, 그중 대표적인 것이 경영과학(Management Science, MS) 또는 오퍼레이션즈 리서치(Operations Research, OR)로 불리는 계량적 방법이다. 본 절에서는 경영과학의 기본 개념과 특징, 적용 가능 영역, 그리고 한계와 효과적인 활용 방안을 다룬다. 다만, 각 기법의 세부적인 기술적 측면은 논의에서 제외한다.

1 경영과학의 개념

1) 경영과학의 발달 과정

경영과학은 제2차 세계대전 당시 영국과 미국에서 군사적 목적으로 사용된 데서 기원한다. 당시 오퍼레이션즈 리서치(OR)는 군병참조직의 문제를 체계적이고 계량적인 방법으로 분석하고 해결책을 찾는 데 활용되었다. 이 기법은 군사작전과 전술, 대잠수함전, 군사 및 경제활동의 계획과 조정 등 다양한 분야에서 성공적으로 사용되었다.

전쟁 이후, OR은 경영 의사결정에 과학적 방법을 적용하기 위한 연구 분야로 발전했다. 경제 발전, 생산활동의 자동화와 기계화로 기업 활동과 관리 직능이 더욱 복잡해지면서 효율적인 의사결정을 내리기 위한 OR 기법의 필요성이 증대했다. 특히 대형 컴퓨터의 개발은 OR의 적용 범위를 넓혀 생산계획, 자원 배분, 재고관리, 수송 및 일정계획 등에서 큰 성과를 거두었다. 이후 OR은 정부 및 공공 서비스, 경제이론, 응용수학, 의료시스템 등 다양한 분야로 확산되었고, 경영관리에 OR 기법이 성공적으로 적용되면서 경영과학(Management Science)이라는 용어가 사용되기 시작했다.

2) 경영과학의 특징

경영과학은 주어진 문제에 대해 정확하고 최적화된 해결 방안을 찾고자 하는 과학적 접근법으로 그 주요 특징은 다음과 같다.[26]

(1) 의사결정 중심

경영과학은 의사결정을 중심으로 한다. 이를 통해 관리자는 보다 정확하고 신뢰할 수 있는 정보를 기반으로 결정을 내릴 수 있다.

(2) 과학적 방법 사용

문제를 체계적으로 분석하고, 제약 조건을 고려하여 적절한 해결책을 개발하며, 이를 선택하거나 개선하는 과정을 따른다.

(3) 경제적 효과 고려

경영과학의 적용이 가져오는 이익이 그에 소요되는 비용보다 크지 않다면, 그 활용은 적절하지 않다.

(4) 수학적 모형 활용

경영과학은 수학적 모형을 통해 실제 문제를 추상화하여 예측과 분석을 수행한다. 이는 실제 상황을 단순화하여 다양한 대안을 비교하고 선택할 수 있게 한다.

(5) 컴퓨터의 활용

복잡한 계산과 대안의 분석을 위해 컴퓨터를 적극적으로 활용한다.

(6) 공동작업(team approach)

경영과학이 다루는 문제는 일반적으로 여러 전문가의 협업이 필요하다. 통계학자, 경제학자, 산업심리학자 등이 협력하여 최적의 해결책을 도출한다.

---

26 Stoner, *op. cit.*, pp. 187−188.

제 2 편 계획

(7) 시스템적 접근

경영과학은 조직의 특정 부문만이 아닌 전체적인 관점에서 문제를 분석하고 최선의 해결책을 모색한다. 이를 통해 조직 전체의 성과를 극대화한다.

경영과학은 조직의 복잡성을 이해하고 이를 체계적으로 해결하기 위한 필수적인 도구로 자리 잡았다. 이를 활용하여 조직은 효율적인 자원 배분, 계획 수립, 그리고 의사결정을 통해 경쟁력을 강화할 수 있다.

3) 경영과학의 기본절차

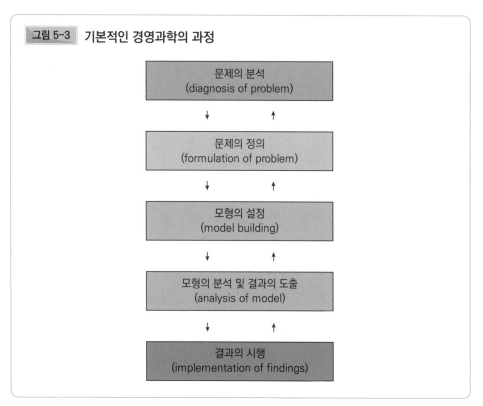

그림 5-3 기본적인 경영과학의 과정

출처: James A. F. Stoner, *Management*, 2nd ed. (Englewood Cliffs, N.J.: Prentice-Hall Inc., 1982), p. 189.

경영과학의 기본 절차는 의사결정 과정과 유사하지만, 세 가지 측면에서 차이가 있다. 첫째, 의사결정 과정은 논리적 사고에 기반을 두는 반면, 경영과학은 공식화된 수학적 모형에 의존한다. 둘째, 의사결정은 관리자가 수행하지만, 경영과학은 전문가들로 구성된 팀(team)에 의해 수행된다. 셋째, 의사결정 과정은 특정 대안의 선택으로 종료되지만, 경영과학은 의사결정자가 활용할 수 있는 정보를 제공하는 데 중점을 둔다.[27] 아래에서는 경영과학의 기본 절차를 단계별로 살펴본다.

(1) 문제의 분석

경영과학의 첫 번째 단계는 해결해야 할 문제의 성격을 분석하는 것이다. 이 단계에서는 조직 내 문제가 무엇인지 객관적으로 규명하고, 최적의 해결책이 달성하고자 하는 목표를 명확히 한다. 또한 문제가 조직의 어느 부문과 관련되어 있는지, 분석 결과가 경제적으로 어떤 이득을 가져올 수 있는지, 최적해가 필요한지 아니면 절충안이 적절한지 등을 검토한다. 나아가 이러한 결과가 누구에 의해 활용될 것인지도 확인해야 한다. 예를 들어, 공공기관의 교통 혼잡 문제를 해결하는 경우, 문제의 경제적 비용을 추산하고, 최적의 교통 분산 전략을 개발해야 할 수도 있다.

(2) 문제의 정의

문제의 기본 성격이 파악되면, 이를 구체적으로 정의해야 한다. 이 단계에서는 의사결정 목표를 달성하기 위해 사용할 수 있는 통제 가능한 변수(controllable variables)와 문제 해결 과정에 영향을 미치는 통제 불가능한 변수(uncontrollable variables)를 명확히 규정한다. 예를 들어, 제조업체가 생산 비용 절감을 목표로 설정한 경우, 통제 가능한 변수는 생산 속도와 원자재 공급 방식이 될 수 있고, 통제 불가능한 변수는 원자재 가격 변동과 시장 수요 변화 등이 될 수 있다.

(3) 모형의 설정

모형은 실제 시스템의 복잡성을 단순화한 추상화 도구로, 의사결정이나 문제 해결을 위한 중요한 수단이다. 실제 조직의 복잡한 관계를 직접 다루는 것은 비효율적이고 비용이 많이 들기 때문에, 모형을 통해 문제를 이해하고 분석하며 예측할 수 있다. 효과적인 모형은 조직의 활동과 특성을 잘 반영하며, 이를 설계할 때는

---

27 *Ibid.*, p. 189.

제 2 편 계획

다음 요소들을 고려해야 한다.

- 변수(variables): 문제에 영향을 미치는 요소들
- 모수 또는 매개변수(parameters): 변수의 구체적인 수치나 조건
- 수학적 관계: 변수와 모수 간의 관계를 수식화한 것
- 관계의 성격: 관계가 확정적(deterministic)인지, 아니면 확률적(stochastic)인지 여부

예를 들어, 물류 회사가 배송 경로 최적화를 목표로 한다면, 모형은 고객 위치 (변수), 차량 용량(모수), 그리고 거리와 시간 간의 관계(수학적 관계)를 포함해야 한다.

(4) 모형의 분석 및 결과 도출

모형이 설정되면 이를 바탕으로 문제의 해결 방안을 도출한다. 이 과정에서 통제 가능한 변수를 조정하면서 컴퓨터를 활용해 분석을 수행한다. 결과적으로 목적함수를 가장 잘 충족하는 변수 조합이 문제의 최적 해(solution)가 된다. 예를 들어, 기업이 재고 관리 시스템을 최적화하고자 할 때, 컴퓨터를 사용해 다양한 재고 수준 시나리오를 시뮬레이션하고 최적의 재고 수준을 결정할 수 있다.

(5) 결과의 시행

마지막 단계는 모형을 실제 의사결정에 적용하는 것이다. 모형은 의사결정의 합리성을 높이는 도구일 뿐, 의사결정을 대신하는 것이 아님을 유념해야 한다. 성공적인 모형 적용을 위해 관리자는 모형 개발에 적극적으로 참여하고, 모형의 가정, 한계, 장점에 대해 충분히 이해해야 한다. 관리자는 전문가와 협력하여 모형의 특성을 파악하고 이를 활용해 시뮬레이션(simulation)이나 민감도 분석(sensitivity analysis)을 통해 다양한 시나리오를 검토할 수 있다.

예를 들어, 도시 계획 부서가 대중교통 노선 최적화를 위한 모형을 개발한 경우, 관리자는 모형의 분석 결과를 검토하여 실행 가능한 대안을 선택하고, 이를 실행 후 모니터링하여 지속적으로 개선할 수 있다.

경영과학의 기본 절차는 문제를 정의하고, 모형을 설계하며, 이를 분석하고 실행하는 체계적인 과정을 통해 관리자들에게 더 나은 의사결정 도구를 제공한다. 이를

통해 조직은 복잡한 문제를 효율적으로 해결하고, 자원 활용을 극대화할 수 있다.

2 모형의 종류

경영과학에서 활용되는 모형은 대부분 수학적인 형태를 띤다. 이는 수학적 모형이 비용이 적게 들고 정확하며, 문제의 주요 변수와 이들 간의 원인-결과 관계를 체계적으로 반영하기 때문이다. 모형은 실제 상황을 가능한 한 충실히 반영해야 하며, 그렇지 못할 경우 잘못된 결론에 도달할 위험이 있다. 경영과학에서 사용되는 모형은 여러 기준으로 분류될 수 있지만, 일반적으로 규범적 모형(normative model)과 기술적 모형(descriptive model), 그리고 변수의 성격에 따른 수리적 모형과 확률적 모형으로 나뉜다.

1) 규범적 모형

규범적 모형은 문제 해결을 위해 반드시 이루어져야 할 사항(ought to be)을 제시한다. 이는 최적해(optimal solution)를 구하기 위해 설계된 모형으로, 선형계획모형(linear programming model)이 대표적이다. 예를 들어, 기업이 요구되는 수준의 이익을 달성하고자 할 때, 선형계획모형은 이를 가능하게 하는 최소한의 적정 매출액 수준을 계산해 준다. 이 모형은 자원 배분, 생산 계획, 최적 제품 조합(product mix) 결정 등 다양한 문제에 활용된다.

2) 기술적 모형

기술적 모형은 특정 현상이나 사상의 현재 상태(as they are)를 설명하는 데 초점을 둔다. 최적해를 제시하기보다는 특정 변수가 변경될 경우 어떤 결과가 발생할지 예측하는 데 사용된다. 관리자가 의사결정에 필요한 정보를 제공받을 수 있도록 설계된 모형으로, 시뮬레이션모형(simulation model)이 대표적인 예이다. 예를 들

제 2 편 계획

어, 제품 가격을 인상했을 때 예상되는 시장 반응을 시뮬레이션하여 결과를 분석할 수 있다.

(1) 주요 모형의 사례

① 선형계획모형(Linear Programming Model)

선형계획모형은 제한된 자원을 효율적으로 배분하여 최적의 목표를 달성하는 방법을 제공한다. 이 모형은 변수 간의 관계가 선형적(linear)일 때 적용 가능하며, 기업의 이익 극대화나 비용 최소화 문제에 주로 사용된다.

예시: 전국에 걸친 창고의 수를 결정할 때, 운송 거리와 비용, 창고 건설비용 등을 선형으로 모델링하여, 최소 비용으로 운송 효율을 극대화할 수 있는 창고 수와 위치를 산출할 수 있다.

② 대기행렬모형(Queueing or Waiting-Line Model)

대기행렬모형은 서비스 제공 과정에서 고객의 도착 시간과 서비스 시간의 차이로 인해 발생하는 대기 문제를 해결하기 위한 모형이다. 확률 이론을 적용하여 서비스 제공과 대기 상황의 경제적 균형을 찾는다.

적용 사례

- 은행 창구에서 고객 대기 시간을 최소화하기 위한 창구 수 결정
- 병원의 환자 대기 시간과 관련된 문제
- 공장 기계의 고장 및 수리 대기 관리
- 항구와 공항의 시설 규모 결정
- 레스토랑 좌석 수 결정

③ 게임이론(Game Theory)

게임이론은 경쟁 상황에서 여러 행위자의 의사결정을 예측하여 최적의 전략을 수립하는 데 사용된다. 이는 지능적이고 목적 달성을 위해 노력하는 경쟁자들 간의 상호작용을 모델링한다.

예시: 기업이 신제품을 출시하거나 가격을 인상할 경우, 경쟁사의 반응을 예측하여 대응 전략을 수립한다. 게임이론은 군사 전략 수립과 기업 간 경쟁 분석에서

널리 활용되며, 최근에는 인공지능과 퍼지 이론을 활용한 발전도 이루어지고 있다.

④ 시뮬레이션모형(Simulation Model)

시뮬레이션모형은 복잡한 시스템을 단순화하여 모델링하고, 이를 바탕으로 다양한 시나리오를 실험하여 결과를 예측한다. 표준화된 수학적 방정식으로 해결할수 없는 복잡한 문제에 적합하다.

적용 사례

- 대형 비행장 운영 실험
- 생산 라인의 균형 분석
- 공장 입지 분석
- 재고 관리 문제
- 기계 설비의 유지보수 및 교체 문제
- 투자 계획 시 현금 흐름 예측

⑤ 기타 모형

경영과학에서 사용되는 모형은 위의 주요 사례 외에도 다양하다.

- 수리적(확정적) 모형: 정수계획모형, 수송계획모형, 네트워크모형, 다목적 의사결정모형, 동적 계획모형
- 확률적 모형: 재고관리모형, 마코프 분석
- 특정 의사결정 문제에 특화된 모형: 프로젝트 관리, 자원 할당, 일정 계획 등

경영과학에서 사용하는 다양한 모형은 소식의 복잡한 문제를 체계적이고 과학적으로 해결할 수 있는 도구를 제공한다. 각 모형은 문제의 성격과 목표에 따라 적절히 선택되어야 하며, 이를 통해 조직의 효율성과 효과성을 극대화할 수 있다.

3 경영과학의 효과적인 이용

경영과학의 핵심 목적은 관리자가 보다 나은 의사결정을 내릴 수 있도록 지원하는 데 있다. 경영과학은 논리적이고 체계적인 방법론을 통해 복잡한 문제를 분석하고 최적의 대안을 찾을 수 있도록 돕는다. 하지만 이 도구는 그 자체로 완벽하지 않으며, 여러 장점과 함께 한계점도 내포하고 있다.

1) 경영과학의 장점

첫째, 경영과학은 복잡하고 대규모의 문제를 단순화된 모형으로 변환하여 분석과 조작을 용이하게 한다. 이러한 단순화 작업은 문제의 본질을 파악하고 해결 방안을 모색하는 데 효과적이다. 예를 들어, 대규모 물류 네트워크에서 창고와 운송 경로를 최적화하려는 경우, 경영과학적 모형은 전체 시스템을 단순화하여 효율적인 결정을 지원한다.

둘째, 모형 설정 과정에서 모든 가능한 변수를 논리적이고 체계적으로 분석함으로써 과거의 직관적이고 비체계적인 의사결정 방식에서 벗어나 과학적이고 데이터 기반의 의사결정을 가능하게 한다. 이는 불확실성을 줄이고 신뢰성을 높인다.

셋째, 대안의 평가를 체계적으로 수행할 수 있도록 하여 관리자가 최선의 대안을 선택할 수 있게 한다. 예를 들어, 신규 사업에 대한 투자 결정을 할 때 여러 시나리오를 비교 분석하여 가장 유리한 선택을 할 수 있다.

2) 경영과학의 한계

첫째, 경영과학은 가변 요소들의 상관관계를 숫자로 표현하기 때문에 실제의 복잡한 관계를 완벽히 반영하지 못할 수 있다. 현실에서는 정량적으로 측정되지 않는 요인들도 의사결정에 중요한 영향을 미치기 때문에 모형만으로는 모든 상황을 포괄하기 어렵다.

둘째, 관리 의사결정에는 인간적 요소와 비계량적인 요인이 포함된다. 예를 들어, 직원의 사기, 조직문화, 윤리적 고려 등은 수치로 표현하기 어려워 관리자의 직관적 판단(intuitive judgment)에 의존해야 하는 경우가 많다.

셋째, 경영과학 모형이 대안 분석에서 추상적 요인(intangible factors)과 측정 불가능한 요인(unmeasurable factors)을 충분히 반영하지 못할 때가 많다. 이는 결과의 완전성을 저해할 수 있다. 예를 들어, 브랜드 이미지나 고객 충성도와 같은 요인은 계량화하기 어려운 경우가 많다.

넷째, 경영과학을 실제로 활용하려면 전문적인 지식과 기술을 가진 전문가가 필요하다. 하지만 관리자와 전문가 간에는 인식의 차이(gap)가 존재할 수 있다. 관리자는 경영과학의 기술적 세부사항을 충분히 이해하지 못할 수 있으며, 전문가 역시 조직 운영의 전반적인 맥락을 간과할 수 있다.

다섯째, 경영과학의 활용에는 높은 비용이 수반된다. 컴퓨터와 소프트웨어와 같은 기술적 인프라와 이를 운영할 수 있는 전문가를 고용하고 유지하는 데 많은 비용이 소요된다. 이러한 비용이 경영과학을 통해 얻는 이익을 초과한다면, 효용성이 떨어질 수 있다.

3) 경영과학의 효과적인 활용 방안

경영과학을 조직 내에서 성공적으로 활용하기 위해서는 다음과 같은 조건이 충족되어야 한다.

첫째, 관리자의 적극적인 참여가 필요하다. 경영과학의 모든 과정을 전문가에게 전적으로 위임하기보다는, 관리자가 직접 관여하여 모형의 한계점과 결과의 의미를 명확히 이해하는 것이 중요하다. 예를 들어, 관리자와 전문가가 협력하여 모형의 가정을 설정하고 결과를 검증하는 과정이 필수적이다.

둘째, 경영과학에 사용되는 데이터의 정확성이 확보되어야 한다. 컴퓨터와 소프트웨어는 정확한 입력 데이터가 주어질 때만 신뢰할 수 있는 결과를 산출할 수 있다. 따라서 데이터 수집, 기록 유지, 검증 과정에서 철저한 관리가 요구된다. 예를 들어, 판매 데이터나 생산 데이터의 오류는 모형의 결과에 치명적인 영향을 미칠 수 있다.

셋째, 경영과학은 의사결정의 도구로 사용되어야 한다. 즉, 모형은 의사결정을 지원하기 위한 수단일 뿐, 의사결정을 대신할 수는 없다. 관리자는 모형의 결과를 바탕으로 최종 결정을 내릴 책임이 있다. 이는 모형의 장·단점을 이해하고, 이를 보완할 직관적 판단과 조직적 경험을 결합하는 것을 의미한다.

경영과학은 조직의 복잡한 문제를 해결하는 데 강력한 도구가 될 수 있다. 하지만 이를 활용하기 위해서는 관리자와 전문가 간의 협력, 데이터의 정확성 확보, 모형의 한계에 대한 명확한 이해가 필요하다. 이러한 조건이 충족된다면 경영과학은 조직의 경쟁력을 강화하고 의사결정 과정을 혁신적으로 개선할 수 있을 것이다.

의사결정이란 특정 문제를 해결하기 위해 여러 대안(alternatives) 중에서 특정 상황에 가장 적합한 대안을 선택하는 논리적 과정을 의미한다. 의사결정은 이론적으로 합리성을 바탕으로 하지만, 현대의 복잡한 환경에서는 완전한 합리성을 실현하기 어려워 제한된 합리성(bounded rationality)을 추구할 수밖에 없다. 이에 따라 평가 기준은 최적화(optimize)보다는 만족(satisficing)에 중점을 두는 경향이 있다.

문제해결 과정은 일반적으로 다음의 6단계로 구분된다.

- 의사결정의 필요성 인식: 문제의 정의, 의사결정 목표의 확인, 원인의 분석을 포함한다.
- 대안의 설정: 문제 해결을 위한 여러 대안을 탐색한다.
- 대안의 평가: 각 대안이 조직 목표를 달성하는 데 기여할 가능성을 분석한다.
- 대안의 선택: 평가된 대안 중 가장 적합한 것을 선택한다.
- 선택된 대안의 실행: 선택된 대안을 실질적으로 실행한다.
- 점검 및 유지: 실행된 대안을 지속적으로 모니터링하고 필요시 수정한다.

이와 같은 단계는 의사결정의 일반적인 틀이며, 모든 상황에서 절대적인 것은 아니다. 문제의 특성과 상황에 따라 유연하게 적용될 수 있다.

조직의 규모 확대와 업무의 전문화, 개인 역량의 한계로 인해 집단의사결정 (group decision making)의 중요성이 점차 커지고 있다. 집단의사결정은 개인의사결정에 비해 더 나은 결과를 가져올 가능성이 있지만, 집단사고(groupthink)와 같은 부작용도 발생할 수 있다. 집단의사결정 방법으로는 상호작용집단법, 브레인스토밍, 시네틱스, 델파이법, 명목집단법 등이 있다. 각각의 방법은 특정 상황과 목적에 따라 유용하게 활용될 수 있다.

　경영과학은 관리자가 복잡한 의사결정을 효과적으로 수행할 수 있도록 돕는 중요한 도구이다. 경영과학은 합리적인 분석을 가능하게 하고 최적의 해결책을 탐색할 수 있게 하지만, 도구 자체는 의사결정을 대신할 수 없다. 따라서 최종적인 의사결정에는 관리자의 직관과 판단력이 필수적이다. 경영과학과 같은 도구는 지원 역할을 할 뿐이며, 의사결정의 중심에는 항상 관리자의 전략적 사고와 경험이 자리해야 한다.

조직화 기능은 조직의 목표를 효과적으로 달성하기 위해 수립된 계획을 실행 가능하게 만드는 지원 역할을 수행한다. 이는 단순히 계획을 세우는 단계에서 그치는 것이 아니라, 계획이 실질적으로 실행될 수 있도록 조직 내 활동과 자원을 적절히 배분하고 조정하는 것을 포함한다. 구체적으로는 조직의 과업을 결정하고, 이를 수행할 인적·물적 자원을 효과적으로 각 조직 구성원에게 할당함으로써 관리 성과를 극대화하는 것을 목표로 한다.

관리자가 이러한 조직화 기능을 성공적으로 수행한다면, 여러 가지 긍정적인 결과를 가져올 수 있다. 첫째, 조직 내 업무의 흐름이 명확해져 성원들이 자신의 역할을 보다 잘 이해할 수 있게 된다. 둘째, 직무에 필요한 명확한 지침을 제공하여 성과를 높이고, 각 구성원이 직무를 성공적으로 수행하기 위한 행동 체계를 마련할 수 있다. 이는 궁극적으로 계획 수립과 통제 과정에서 유용한 근거를 제공한다. 셋째, 의사소통과 의사결정을 위한 명확한 경로가 구축되어 조직 내 혼란과 비효율성을 줄일 수 있다. 넷째, 중복되는 직무나 과업 간 갈등을 방지함으로써 조직 내 불필요한 낭비를 줄이고, 구성원의 활동을 조직의 목표와 긴밀히 연계하여 직무 성과를 향상시킨다.

많은 학자들은 조직화 기능을 주로 조직 구조의 설계와 관련지어 설명하는 경향이 있다. 이는 조직 내 업무 배분과 계층 구조 설정이 조직 운영에서 핵심적인 역할을 하기 때문이다. 그러나 본서는 보다 포괄적인 시각에서 조직화 기능을 다룬다. 단순히 조직 구조를 설계하는 차원을 넘어 인적자원의 충원, 배치 및 자원의 할당 또한 조직화 기능의 일부로 보고 이를 포함하여 설명하고 있다.

이를 통해 조직화가 단순히 정적인 구조 설계에 머무르지 않고, 조직 활동의 흐름과 관리의 성과를 실질적으로 강화하는 핵심적인 관리 과정임을 강조한다.

제 6 장

조직화과정과 직무설계

조직이라는 단어는 크게 두 가지 의미를 지닌다. 하나는 조직(organization)을 하나의 실체로 보는 관점이며, 다른 하나는 관리기능으로서의 조직화(organizing)이다. 첫 번째 의미에서 조직은 목표를 달성하기 위해 구성된 집단 또는 사회적 체계를 지칭한다. 이는 두 명 이상의 성원으로 구성되며, 목표를 달성하기 위해 사람과 사람, 사람과 과업 간의 관계를 설정하는 구조를 포함한다. 대표적인 예로는 정부기관, 기업, 병원, 군대와 같은 기능집단이 있다.

두 번째 의미에서 조직화는 조직을 설계하고 운영하는 과정을 의미한다. 즉, 조직의 목표를 효율적으로 달성하기 위해 과업을 성원들에게 할당하고 조정하는 과정이나 방법을 포함한다. 예를 들어, 병원의 관리자는 환자의 건강 회복이라는 목표를 달성하기 위해 시설을 설계하고 배치한다. 응급 환자를 신속히 치료하기 위해 응급실을 병원 1층에 배치하고, 관리부서와 진료부서를 서로 다른 형태로 설계하는 것도 조직화의 일환이다. 이러한 차별적 설계는 각 부서의 설립 목적이 다르기 때문이다.

본 장에서는 조직화의 과정을 단계적으로 살펴보고자 한다. 제1절에서는 조직을 설계하고 형성하는 조직화과정을 다룬다. 이어지는 제2절에서는 조직화과정의 첫 단계라 할 수 있는 직무설계의 개념과 방법을 설명하며, 직무설계가 조직의 성과와 구성원의 만족에 미치는 영향을 논의한다.

이를 통해 조직화와 직무설계가 조직의 목표 달성과 효율적 운영에 있어 핵심적인 역할을 한다는 점을 명확히 하고, 현대 민간 및 공공조직에 적합한 사례를 통해 그 중요성을 이해한다.

조직화과정은 일반적으로 다음과 같은 일련의 절차를 통해 이루어진다.[1]

먼저 관리자는 계획과정에서 수립된 목표를 달성하기 위해 필요한 다양한 활동과 업무를 최소단위로 분할한다. 이 최소단위를 과업(task)이라고 하며, 각 과업을 논리적으로 결합하여 조직 구성원들이 수행할 수 있도록 할당하는 것이 직무(job)이다. 이러한 과정을 분업(division of work)이라 하며, 각 구성원에게 어떤 직무를 부여할 것인지를 설계하는 작업은 직무설계(job design)라고 한다. 직무설계는 조직 전체의 업무를 세분화하고, 각 구성원이 능률적으로 업무를 수행할 수 있도록 구성하는 데 초점을 둔다.

직무설계가 완료되면 유사하거나 논리적으로 관련된 직무를 묶어 집단화(grouping) 과정을 거치게 된다. 이를 부문화(departmentation) 또는 부서편성이라고 하며, 이 과정을 통해 과, 부, 팀 등과 같은 부서(department)가 형성된다. 부문화의 결과로 조직의 구조를 시각적으로 표현한 조직도(organization chart)가 작성된다.

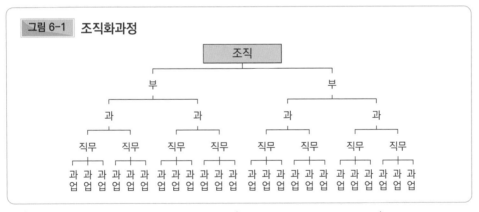

그림 6-1   조직화과정

출처: J. L. Pierce & R. B. Dunham, *Managing* (Ill.: Foresman and Company), p. 201.

---

1   데일(E. Dale)은 조직화과정을 단계로 구분하고 있고, 스토너(J.A. Stoner)는 이를 좀더 세분화하여 단계로 구분하여 설명하고 있다. 조직화 과정에서 이러한 단계가 반드시 순서적으로 이루어진다고 볼 수는 없지만 조직화기능을 보다 효과적으로 설명하기 위하여 조직화과정을 단계적으로 기술하였으며, 본서에는 인적자원의 관리까지도 조직화과정에 포함하였다(J.A. Stoner, *ibid.*, p. 262 참조).

다음으로, 형성된 부서와 조직 구성원들이 효과적으로 업무를 수행할 수 있도록 권한(authority)의 배분이 이루어진다. 관리자는 조직 내 분업화된 과업 및 권한이 조직의 목표 달성 방향에 맞게 통합되도록 조정(coordination) 및 통합(integration) 활동을 수행한다. 이러한 과정을 통해 조직 내 구성원과 부서 간 협력 체계가 마련되고, 목표 달성을 위한 명확한 방향성이 설정된다.

조직구조가 결정되면 이를 효과적으로 운영하기 위해 우수한 인적자원을 확보하고 배치하는 인적자원관리(human resource management)가 필요하다. 아무리 정교한 계획과 조직구조를 설계하더라도 적합한 인재가 조직 내 적재적소에 배치되지 않으면 조직 목표를 효과적으로 달성할 수 없다. 따라서 인적자원관리는 조직화 과정에서 핵심적인 역할을 담당한다.

마지막으로, 조직화과정은 단회성 작업으로 끝나는 것이 아니다. 조직은 외부환경의 변화에 따라 지속적으로 변화를 요구받기 때문이다. 따라서 조직은 변화하는 환경에 능동적으로 대응하기 위해 조직변화(organizational change)를 지속적으로 추진해야 한다. 이러한 변화는 조직화과정을 반복적으로 수행하면서 점진적 개선과 혁신을 이루는 데 기여한다.

제6장에서 제9장까지는 조직화의 핵심적인 요소인 직무설계, 부문화, 권한 및 조정에 대한 개념과 방법을 다룬다. 제10장에서는 이러한 조직화 과정에 영향을 미치는 다양한 상황변수를 탐구하며, 제11장은 조직의 성공적인 운영을 위한 인적자원관리에 초점을 맞춘다. 마지막으로 제12장에서는 조직의 변화와 개발에 대한 개념가 방법, 특히 계획적 변화 및 조직개발기법(organizational development techniques)을 다룬다.

이러한 내용들은 조직화가 단순히 구조적 작업에 그치지 않고, 조직의 지속적인 성장과 성과 향상을 위한 포괄적인 관리활동임을 강조한다.

1 직무설계의 개념

관리자들은 부서 내에서 할당된 모든 업무에 대해 궁극적인 책임을 지지만, 실질적으로 모든 업무를 스스로 수행할 수는 없다. 이는 관리자 개인이 처리하기에는 과업의 양이 많고, 모든 업무를 수행하는 데 필요한 시간과 기능적 역량을 혼자서 보유하기 어렵기 때문이다. 따라서 조직 또는 부서의 전체 업무를 보다 작은 단위(unit)로 나누어 구성원에게 할당해야 한다. 더 나아가, 새로운 업무가 발생했을 때 이를 누가 수행할 것인지도 결정해야 한다. 이와 같은 맥락에서, 직무의 내용과 기능, 직무 간 관계를 규정하여 구성원의 직무 만족(job satisfaction)과 생산성(productivity)을 향상시키는 작업을 직무설계(job design)라고 한다.

직무설계의 세부 요소는 다음과 같이 구분할 수 있다.

- 직무의 내용: 직무가 가지는 일반적 성격으로, 다양성, 자율성, 복잡성, 일상성, 난이도, 그리고 전체 직무에서의 위치 등이 포함된다.
- 직무의 기능: 직무 수행에 필요한 책임과 권한, 정보의 흐름, 작업 방법 등 직무를 수행하기 위한 필요 요건과 방법을 말한다.
- 직무 간의 관계: 다른 구성원과의 상호작용 필요성, 친밀한 관계 형성 가능성, 팀워크 요구 수준 등 대인적 요소를 포함한다.

직무설계는 경험적 방법이나 시행착오를 통해 이루어질 수도 있으나, 체계적 접근이 더 효과적이다. 예를 들어 직무분석(job analysis)이나 시간 및 동작 연구(time & motion study)를 활용하여 직무설계를 수행할 수 있다. 이러한 방법은 직무설계의 핵심과제를 명확히 하는 데 도움을 주며 주요 핵심과제는 다음과 같다.

- 직무범위(job scope): 한 사람이 수행할 수 있는 직무의 수와 직무의 반복 횟수를 의미한다.
- 직무깊이(job depth): 직무 환경에 대한 구성원의 영향력, 자기 통제(self-control)

하에서 직무를 계획하고 수행할 수 있는 정도를 나타낸다.

일반적으로, 직무범위가 좁고 직무깊이가 얕을수록 직무는 더욱 전문화되는 경향이 있다. 예컨대, 대학 학과장의 직무는 여러 가지 다양한 책임을 포함하여 비교적 전문화 수준이 낮은 반면, 은행에서 근무하는 은행원의 직무는 보다 제한된 범위 내에서 반복적인 과업을 수행하므로 높은 전문화 수준을 보인다.

따라서 직무설계는 주어진 조직 환경과 목표에 맞추어 직무범위와 깊이를 조정해야 한다. 이후 섹션에서는 직무범위와 깊이에 대한 강조가 달라지는 다양한 직무설계 접근방법을 자세히 살펴볼 것이다.

그림 6-2 직무범위와 직무깊이

직무범위
↓
직무의 다양성과 반복성

직무깊이
↓
일에 대한 통제력

② 직무설계의 전통적 방법

직무는 조직화 과정에서 개인과 조직을 연결하는 가장 기본적인 단위이다. 이를 통해 구성원의 욕구와 소식 목표를 통합할 수 있으며, 이는 조직의 효율성과 구성원의 직무만족을 동시에 증진시키는 데 핵심적인 역할을 한다. 과거에는 직무설계를 직무 전문화와 동일하게 간주했으나, 1940년대 이후 심리학자와 사회학자들의 연구를 바탕으로 구성원의 인간적 욕구에 대한 관심이 높아지면서 새로운 직무설계 방법들이 등장하였다.

제 3 편 조직화

1) 직무의 전문화

(1) 전문화의 원리

전통적으로 직무설계는 전문화 원리를 기반으로 이루어졌다. 이는 효율성과 생산성 향상에 초점을 맞추며, 직무를 가능한 한 세분화하여 조직 목표를 달성하려는 방식이다. 직무의 세분화는 짧은 훈련 기간과 작업 주기를 가능하게 하고, 작업자의 대체 가능성을 높여 효율성을 극대화한다.

테일러(F. Taylor)가 주창한 과학적 관리법은 이러한 관점에서 직무설계를 발전시켰으며, 이는 20세기 초부터 자동차 산업과 같은 분야에서 널리 적용되었다. 현대에는 사이버네틱스와 정교한 컴퓨터 시스템까지 활용되며 전문화 원리를 극대화하고 있다.

아담 스미스(Adam Smith)는 『국부론(Wealth of Nations)』에서 핀 제조 공정을 통해 노동의 전문화가 생산성을 크게 향상시킨다고 설명하였다. 스미스에 따르면, 핀 제조 공장에서 작업을 세분화한 결과, 열 명의 노동자가 하루에 48,000개의 핀을 생산할 수 있었다. 반면, 각자가 독립적으로 작업했을 경우 하루에 겨우 20개의 핀을 생산할 수 있었을 뿐이다.

스미스가 언급한 바와 같이 전문화는 각 작업자가 단순하고 분리된 과업을 효율적으로 수행할 수 있도록 직무를 세분화하여 생산성을 기하급수적으로 증가시키는 데 기여한다.[2]

---

2   Adam Smith, *Wealth of Nations* (New York: Modern Library, 1937), pp. 3-4.

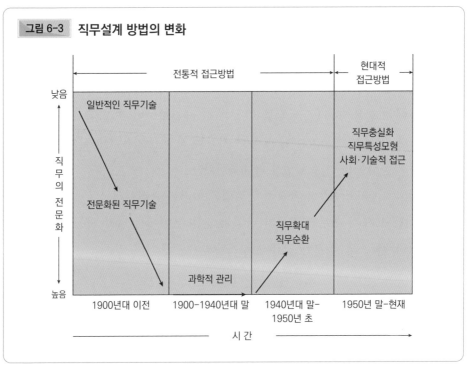

그림 6-3 직무설계 방법의 변화

출처: A. C. Filley, R. House, and S. Kerr, *Managerial Process and Organizational Behavior* (Glenview, Ill.: Scott, Foresman and Company, 1976), p.33.

(2) 전문화의 효과

전문화의 원리가 생산성을 향상시키는 이유는 다음과 같다.

- 복잡한 과업의 분할: 모든 활동을 한 사람이 수행할 수 없고, 이를 수행하는 데 필요한 모든 기술을 한 사람이 보유할 수 없으므로 과업을 적절히 나눌 필요가 있다.

- 전문성 확보: 세분화된 직무를 통해 구성원들은 자신이 맡은 과업에 대해 전문가가 될 수 있다.

- 학습과 숙달의 용이성: 단순화된 과업은 비교적 짧은 시간에 학습과 숙달이 가능하다.

- 적성에 맞는 직무 배정: 다양한 직무 중에서 구성원이 자신의 적성에 맞는 직무를 선택하거나 배정받을 수 있다.

(3) 전문화의 한계

전문화는 생산성 향상이라는 측면에서 많은 긍정적인 평가를 받아왔지만, 시간이 지나면서 이에 대한 비판도 제기되었다.

- 단조로운 작업 환경: 지나치게 세분화된 직무는 구성원에게 단조롭고 비인간적인 작업 환경을 제공한다.
- 작업자의 소외: 반복적인 작업은 구성원들이 자신이 맡은 일에 흥미를 잃고 조직과 소외감을 느끼게 한다.
- 심리적 압박: 단순한 직무로 인해 구성원들은 도전감과 자율성을 상실할 수 있다.

이러한 한계에도 불구하고 직무의 전문화는 특정 상황에서 여전히 유효하며, 적절한 설계와 관리를 통해 전문화의 이점을 극대화하고 단점을 최소화할 수 있다.

(4) 전문화에 대한 평가

전문화의 원리는 생산성 증가의 관점에서 20세기 초까지 많은 학자들에게 긍정적으로 평가받았다. 직무를 세분화하여 효율성을 극대화하고 생산성을 향상시킬 수 있었기 때문이다. 그러나 시간이 지나면서 여러 학자들은 전문화가 조직 구성원들에게 미치는 심리적, 사회적 영향을 강하게 비판하며 문제점을 제기했다.

칼 마르크스(Karl Marx)와 프리드리히 엥겔스(Friedrich Engels)는 전문화와 분업이 개인을 소외시키고 인간성을 억압하는 체제로 기능한다고 주장했다.[3] 이들은 직무가 지나치게 세분화됨으로써 구성원들이 자신의 노동과 조직 간의 연결성을 느끼지 못하게 되고, 결과적으로 소외감을 느끼게 된다고 보았다. 에밀 뒤르켐(Émile Durkheim) 또한 전문화로 인해 직무가 지나치게 반복적이고 지루해짐에 따라 개인과 사회 모두가 손실을 입게 될 것이라고 지적했다.[4] 그는 반복적이고 단조로운 직무 환경이 구성원의 사기를 저하시킨다고 강조했다.

---

3 Karl Marx and Fredrick Engels, *The German Ideology*, Part I, edited by C. J. Arthur(New York: International Publishers, 1970), p. 53.

4 Emile Durkeim, *The Division of Labor in Society* (New York: Macmillan, 1933)

조립식 공정(assembly-line)의 발전은 이러한 비판을 더욱 심화시켰다. 조립식 공정은 작업장에서 개인을 소외시키는 구조로 자리 잡았고, 비인간적 직무 환경의 상징이 되었다. 이에 따라 크리스 아지리스(Chris Argyris), 프레더릭 허츠버그(Frederick Herzberg), 더글러스 맥그리거(Douglas McGregor) 등 여러 학자들은 극단적인 직무 단순화가 조직 구성원들에게 미치는 영향을 탐구하며 부정적인 결과를 강조했다. 이들은 직무가 지나치게 세분화되고 단순화되있을 때, 구성원들이 직무를 무미건조하고 불만족스러운 것으로 느끼며, 자율성과 도전감을 상실해 무력감과 타율적 성향이 증가한다고 주장했다. 이러한 문제는 특히 도전적이고 성취감을 느낄 수 있는 환경이 부족한 경우 심각하게 나타날 수 있다.

예를 들어, 비전문화된 직무를 수행하던 구성원이 전문화된 직무로 배치되었을 때, 초기에는 새로운 직무에 대한 흥미와 도전 의식을 가지고 열심히 일하며 생산성이 높아질 수 있다. 그러나 시간이 지나 기술이 숙달되고 작업이 익숙해지면 직무에 대한 흥미를 잃고 불만이 증가하게 된다. 이러한 과정은 직무 만족도를 감소시키고, 궁극적으로 생산성 하락, 결근 증가, 불량품 생산, 태업, 이직률 상승 등 다양한 문제로 이어질 수 있다.

그럼에도 불구하고, 전문화와 직무만족 간의 관계는 모든 상황에서 동일하지 않다[그림 6-5].[5] 찰스 허린(Charles L. Hulin)과 마빈 블러드(Marvin R. Blood)의 연구는 전문화된 직무에 대한 만족도는 구성원의 가치관과 태도에 따라 달라질 수 있음을 보여준다.[6] 예를 들어, 자신의 일을 중요하고 의미 있는 것으로 간주하는 구성원은 시나치게 전문화된 직무에 대해 불만을 느낄 가능성이 높다. 반면, 자신의 직무에서 소외감을 느끼는 구성원은 전문화된 직무가 요구하는 단순성과 석은 주의력을 선호하며 만족감을 느낄 수 있다.

5   J. L. Pierce & R. B. Dunham, "Task Design: A Literature Review," *Academy of Management Review*, No. 4, Oct. 1976, pp. 83–97.

6   Charles L. Hulin & Milt on R. Blood, "Job Enlargement, Individual Differences, and Worker Responses," *Psychological Bulletin*, 69, No. I, 1968, pp. 41–53.

 제 3 편 조직화

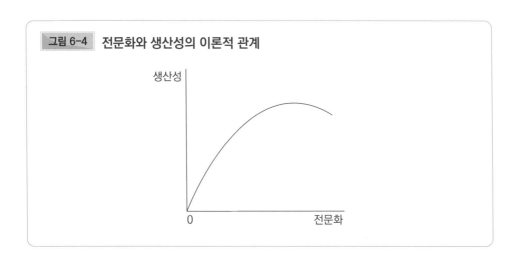

그림 6-4 　전문화와 생산성의 이론적 관계

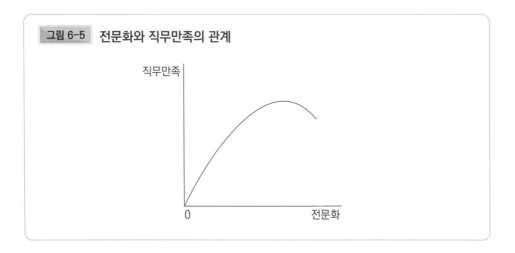

그림 6-5 　전문화와 직무만족의 관계

　　결론적으로, 전문화는 효율성과 생산성을 높이는 데 유용한 도구가 될 수 있지만, 구성원의 심리적, 사회적 욕구를 충분히 반영하지 못할 경우 조직 전체에 부정적인 영향을 미칠 수 있다. 따라서 조직은 전문화의 장점과 단점을 신중히 고려하여 상황에 적합한 직무설계를 통해 균형을 이루어야 한다.

2) 직무순환과 직무확대

제2차 세계대전 이후, 전문화 원리에 기반한 직무설계가 가져온 문제점을 극복하기 위해 행동과학 연구의 결과를 토대로 새로운 직무설계 방법들이 제시되었다. 그중 대표적인 방법이 직무순환(job rotation)과 직무확대(job enlargement)이다.

(1) 직무순환(job rotation)

직무순환은 직무 내용 자체를 바꾸지 않고, 직무를 수행하는 사람을 교체하거나 새로운 직무로 이동시키는 방법이다. 이를 통해 조직 구성원이 다양한 직무를 경험하며 조직 전체의 업무를 이해할 수 있는 능력을 기를 수 있다. 이러한 과정은 일반관리자(generalist)를 양성하는 데 유용하며, 구성원에게 새로운 도전감을 제공해 직무의 반복으로 인한 지루함과 단조로움을 완화할 수 있다. 또한, 직무순환은 구성원에게 새로운 기술을 배우고 경력을 개발할 기회를 제공하여 성취감을 고취시킬 수 있다.

그러나 직무순환에는 몇 가지 단점도 존재한다. 첫째, 빈번한 직무 이동은 조직 내 추가적인 비용을 유발할 수 있다. 둘째, 새로운 직무에 숙달하는 데 시간이 필요하므로 생산성이 일시적으로 저하될 가능성이 있다. 셋째, 직무순환은 직무 자체의 구조적 문제를 해결하지 않고 단지 수행자를 변경하는 방식이므로, 근본적인 전문화의 문제를 해결하기 어렵다. 이는 단기적인 해결책에 불과하며, 구성원이 다양한 직무를 경험한다고 해서 근본적으로 전문화로 인한 단조로움과 불만족을 없앨 수는 없다.

예를 들어, 공공기관의 행정직 직원이 주기적으로 재무, 인사, 민원 업무를 순환하는 경우, 새로운 기술을 배우고 업무에 대한 전반적인 이해를 높일 수 있다. 그러나 직무 자체가 가진 본질적인 한계를 극복하지는 못한다.

(2) 직무확대(job enlargement)

직무확대는 기존의 직무 설계가 지나치게 세분화되고 전문화된 방식에서 탈피해 직무의 범위를 넓히는 방법이다. 이는 한 사람이 수행해야 할 작업의 수를 늘려 직무의 단조로움을 줄이고, 세분화된 여러 작업을 통합하여 하나의 포괄적인 작업

제 3 편 조직화

으로 재편성하는 방식이다. 이 방법은 구성원의 직무에 대한 흥미와 만족도를 높이고, 조직 내 이직률과 결근율을 줄이려는 목적에서 도입되었다.

전통적인 직무설계는 주로 효율성을 중시하여 직무를 가능한 한 세분화해 짧은 훈련 기간, 짧은 작업 주기, 빠른 대체 가능성을 통해 조직 목표를 달성하고자 했다. 그러나 이러한 방식은 단조로움과 반복성을 야기하여 구성원의 직무 만족도를 저하시켰고, 궁극적으로 생산성 하락, 결근율 증가, 이직률 상승과 같은 부작용을 초래했다. 직무확대는 이러한 문제를 해결하고자 제안된 대안으로, 직무를 통합하여 더 포괄적인 작업으로 전환함으로써 구성원의 흥미와 도전 의식을 자극하고자 했다.

많은 연구에서 직무확대는 구성원의 직무 만족도를 높이고 조직의 긍정적인 성과를 도출하는 데 효과적이었다고 보고되었다. 예컨대, 제조업체에서 한 작업자가 단순히 부품 조립만 하던 직무를 조립뿐 아니라 품질 검수와 포장 작업까지 포함한 직무로 확대하면, 작업의 다양성과 책임감이 증가해 만족도를 높일 수 있다.

그러나 모든 경우에서 직무확대가 성공적인 것은 아니다. 일부 연구에서는 직무확대가 기대했던 성과를 내지 못하거나 오히려 부정적인 결과를 가져왔다고 지적한다.[7] 비판론자들은 직무확대가 단순히 작업의 수를 늘리는 데 불과하며, 경영진이 노동력을 줄이고 생산성을 높이기 위한 수단으로만 활용하는 경우가 많다고 비판한다. 이들은 직무확대가 구성원에게 더 많은 작업을 부여하면서도 본질적으로 직무의 성격이나 구성의 변화는 이루어지지 않는다고 주장한다. 즉, 단순히 "일 거리만 늘어난다"는 것이다.

예를 들어, 한 대형 유통회사의 창고 관리자가 기존에는 물류 입출고만 담당했지만, 직무확대를 통해 재고관리와 운송 스케줄링까지 포함된 업무를 맡게 되었다고 가정하자. 이는 직무의 폭은 넓어졌으나 업무의 성격은 크게 변화하지 않아 결국 단순히 업무 부담만 가중될 수 있다.

---

7   John B. Miner, *The Management Process* (New York: Macmillan), pp. 237-242 참조.

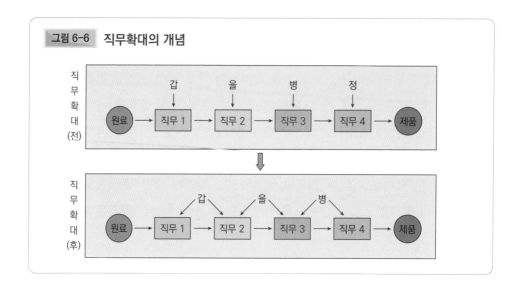

그림 6-6　직무확대의 개념

3) 직무충실화

직무충실화는 가장 현대적인 직무설계 접근법 중 하나로, 기존의 직무순환이나 직무확대 방식이 가진 한계를 보완하기 위해 제안되었다. 직무충실화는 단순히 직무를 다양하게 하는 데 그치지 않고, 직무의 질적 향상을 통해 조직 구성원의 동기부여를 강화하고 업무 성과를 높이는 데 초점을 맞춘다.

(1) 직무충실화(job enrichment)의 개념

직무충실화는 허츠버그(F. Herzberg)의 2요인이론(dual factor theory)[8]에 기반을 둔 직무설계 방식이다. 이 접근법은 소식 구성원이 직무에서 더 많은 자율성과 책임을 가지도록 하여, 업무 수행에서 의미 있는 경험을 얻고 개인적인 성장을 도모할 수 있는 기회를 제공한다.

직무충실화는 기존의 직무순환과 직무확대가 직무의 단조로움을 완화하는 데 그친 것과 달리, 성원들이 더욱 동기부여될 수 있도록 직무의 내용을 수직적으로 심화한다. 이는 구성원에게 직무를 계획, 지시, 통제할 수 있는 권한을 부여하여 직

8　2요인이론에 대해서는 제13장(동기부여)을 참조할 것.

 제 3 편 조직화

무의 깊이를 강화하는 방식으로 이루어진다. 예컨대, 전통적으로 단순한 자료 입력 업무를 수행하던 사원이 데이터를 분석하고 보고서를 작성하는 책임까지 맡게 되면, 직무충실화의 사례로 볼 수 있다. 이를 통해 업무가 더 도전적이 되고 구성원의 책임감이 증대되며, 동기부여가 강화될 수 있다.[9]

(2) 직무충실화에 대한 평가

직무충실화는 근로생활의 질(quality of work life)을 향상시키는 데 기여하며, 이를 통해 품질 향상, 조직 내 사기 고취, 이직률 감소, 사고율 감소 등 긍정적인 결과를 가져왔다. 특히 직무의 자율성과 책임이 증대됨으로써 구성원들은 직무에 더 몰입하고 자기주도적으로 업무를 수행하게 된다.

그러나 직무충실화는 직무 내용과 과업 특성에 따라 그 효과가 제한적일 수 있다. 또한 조직 구성원의 특성에 따라 직무충실화의 성과는 달라질 수 있다. 예를 들어, 브룸(V. H. Vroom)의 연구에서는 우편집배원에게 업무 관련 의사결정에 참여할 수 있는 기회를 제공했지만, 독립심이 약하고 권위적 성격을 가진 집배원들에게는 그러한 변화가 직무만족 증가로 이어지지 않았다.[10]

또한, 터너(A. M. Turner)와 로렌스(P. R. Lawrence)는 소도시나 시골 지역 출신 노동자들이 도전적이고 모험적인 직무에서 더 큰 직무 만족을 느낀 반면, 도시 출신 노동자들은 단순한 직무를 생계수단으로 여기며 선호하는 경향이 있음을 발견했다.[11] 이 결과는 직무충실화가 모든 조직 구성원에게 동일한 효과를 발휘하지 않는다는 점을 시사한다.

따라서 직무충실화를 설계하고 적용할 때는 과업의 특성뿐만 아니라 구성원의 개인적 성향, 성장 배경, 직무에 대한 기대 등을 종합적으로 고려해야 한다. 예를 들어, 민간기업의 기술 부서에서 직무충실화를 시행하려면, 기술 전문가들에게 보

---

9   Robert N. Ford, "Job Enri chment Lessons from AT & T," *Harvard Business Review*, 51, No. I, Jan.–Feb. 1973, pp. 96–106.

10   Victor H. Vroom, *Same Personality Determinants of the Effects of Participation* (Englewood Cliffs, N. J.: Prentice–Hall, 1960).

11   Arthur N. Turner and Paul R. Lawrence, *Industrial Jobs and the Worker* (Boston: Harvard University, 1965).

다 창의적이고 자율적인 프로젝트 관리 권한을 부여하는 것이 효과적일 수 있다. 반면, 단순한 작업을 선호하는 현장 노동자에게 동일한 접근 방식을 적용하는 것은 오히려 부정적인 영향을 미칠 수 있다.

결론적으로, 직무충실화는 조직 구성원의 동기부여를 강화하고 조직 성과를 높이는 효과적인 도구로 평가받고 있다. 그러나 이를 성공적으로 실행하려면 직무 자체의 특성과 구성원의 개별적 차이를 충분히 고려하여 선별적으로 적용하는 것이 중요하다.

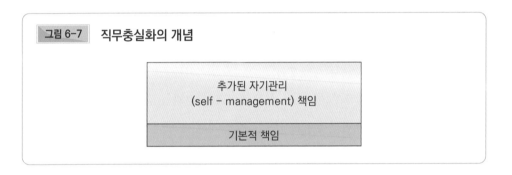

그림 6-7   직무충실화의 개념

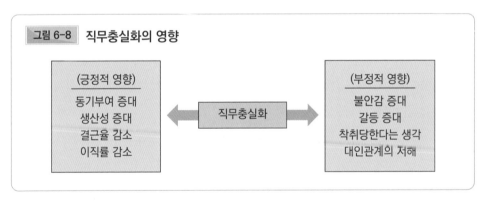

그림 6-8   직무충실화의 영향

출처: David R. Hampton, *Contemporary Management* (New York: McGraw-Hill, 1977), p. 262.

제 3 편 조직화

4) 21세기 직무설계의 최신 접근법

(1) 직무설계의 최신 경향

전통적인 직무설계는 효율성과 생산성을 극대화하는 데 중점을 두었으며, 전문화와 분업을 중심으로 발전해 왔다. 그러나 21세기 들어 조직 환경은 기술 발전, 디지털 전환, 그리고 구성원의 다양한 욕구와 요구를 반영해야 하는 새로운 시대적 과제를 맞이하였다. 이에 따라 현대의 직무설계는 기존의 한계를 극복하고 조직과 구성원의 성공을 동시에 달성하기 위한 새로운 방법들을 모색하고 있다. 본 장에서는 직무특성모형, 직무형태설계, 하이브리드 직무설계, 긍정심리학 기반 접근, 그리고 사회기술적 시스템 접근 등 최신 직무설계 방법들을 다룬다.

(2) 직무특성모형의 확장

직무특성모형(Job Characteristics Model, JCM)은 Hackman & Oldham이 제안한 이론으로, 직무의 특성이 구성원의 심리 상태와 성과에 미치는 영향을 설명한다. 이 모형은 직무가 기술 다양성, 과업 중요성, 과업 정체성, 자율성, 그리고 피드백이라는 다섯 가지 핵심 차원을 갖출 때, 구성원의 직무 만족과 동기부여를 높이고 성과를 증진시킨다고 본다. 2000년대 이후 이 모형은 디지털 환경과 심리적 웰빙의 변수를 반영하며 발전했다.

현대 조직에서 직무특성모형의 활용 예로는 IT 기업에서의 애자일(Agile) 개발팀을 들 수 있다. 애자일 팀에서는 구성원들이 다양한 기술을 활용하며, 프로젝트의 중요성과 구체적인 성과를 이해하고, 높은 자율성을 부여받아 작업을 수행한다. 또한, 주기적으로 성과에 대한 피드백을 받아 동기부여가 강화된다.

관리자는 직무특성모형을 적용할 때 구성원의 개인적 특성과 직무 특성 간의 적합성을 고려해야 하며, 디지털 기술을 통해 피드백과 자율성을 강화할 방법을 지속적으로 탐색해야 한다.

(3) 직무형태설계

직무형태설계(Job Crafting)는 Wrzesniewski & Dutton이 제안한 개념으로, 구성원이 자신의 직무를 자율적으로 재구성하여 만족감과 의미를 증대시키는 접근이다. 구성원들은 자신의 직무를 재구성함으로써 과업, 관계, 또는 직무에 대한 인지적 프레임을 조정하여 직무에 대한 몰입과 동기부여를 높인다.

예를 들어, 한 비영리 단체의 기획 담당자가 단순히 행사 기획에만 머물지 않고, 사회적 영향력을 증대시키기 위해 이해관계자들과 협력하고, 직접 봉사활동에 참여하도록 직무를 재구성하는 경우가 있다. 이러한 직무형태설계는 구성원 스스로 직무의 의미를 찾고 동기를 높이는 데 효과적이다.

관리자는 직무형태설계가 원활히 이루어지도록 구성원들에게 자율성을 보장하고, 조직 목표와 일치할 수 있도록 조율하며, 필요한 교육과 자원을 지원해야 한다.

(4) 하이브리드 직무설계

하이브리드 직무설계(Hybrid Job Design)는 물리적 환경과 디지털 환경을 결합하여 직무를 설계하는 접근법이다. 원격근무와 사무실 근무를 조화롭게 운영하며, 디지털 협업 도구를 활용하여 유연성과 생산성을 높이는 데 초점을 둔다.

예를 들어, 한 글로벌 컨설팅 회사는 직원들이 주 3일은 사무실에서 근무하고, 나머지 2일은 원격근무를 통해 업무를 수행하도록 설계하였다. 이 과정에서 클라우드 기반 협업 도구와 프로젝트 관리 시스템을 활용해 구성원 간 소통과 협력을 강화하였다.

관리자는 하이브리드 직무설계를 적용할 때 원격근무 환경에서도 공정하고 명확한 성과 평가 기준을 마련하고, 기술적 인프라와 지원 체계를 갖추며, 조직 문화의 단절을 방지하기 위한 노력을 병행해야 한다.

(5) 긍정심리학 기반 접근

긍정심리학 기반 접근(Positive Psychology Approach)은 구성원의 강점과 긍정적 정서를 강조하여 직무를 설계하는 방식이다. 이는 구성원이 직무를 통해 자신의 잠재력을 실현하고 성취감을 느낄 수 있도록 돕는다.

예를 들어, 한 교육 기관에서는 교사들이 자신의 강점을 발휘할 수 있도록 다양한 교육 프로그램을 설계하고, 성과를 바탕으로 긍정적인 피드백을 제공하며, 교사들이 자신만의 교수법을 개발할 수 있는 기회를 부여하였다.

관리자는 구성원의 강점을 파악하고 이를 효과적으로 활용할 수 있는 직무를 배정하며, 성취감을 강화할 수 있는 긍정적 피드백 체계를 마련하고, 구성원의 성장과 학습 기회를 제공하는 환경을 조성해야 한다.

(6) 사회기술적 시스템 접근의 진화

사회기술적 시스템 접근(Socio-Technical Systems Approach, STS)은 조직의 사회적 측면과 기술적 측면 간의 조화를 강조하는 직무설계 방식이다. 최근에는 인공지능과 자동화를 도입하여 이 접근법을 더욱 발전시켰다.

예를 들어, 한 제조업체는 AI 기반 품질 관리 시스템을 도입하여 반복적인 검사 작업은 자동화하고, 구성원들은 창의적이고 복잡한 문제를 해결하는 데 집중하도록 설계하였다. 이를 통해 작업의 효율성과 구성원의 직무 만족도가 동시에 향상되었다.

관리자는 기술적 혁신이 구성원의 역할과 직무 특성에 미치는 영향을 평가하며, 팀워크와 창의성을 촉진하는 방식으로 기술을 활용해야 한다. 또한, 기술적 변화가 구성원의 웰빙과 지속 가능성을 해치지 않도록 주의해야 한다.

(7) 현대 직무설계의 의의

현대 직무설계는 단순한 효율성 추구에서 벗어나 구성원의 심리적 만족, 기술적 환경, 그리고 조직의 지속 가능성을 균형 있게 반영하는 방향으로 진화하고 있다. 관리자는 각 직무설계 방법의 특성과 효과를 명확히 이해하고, 조직의 목표와 구성원의 요구에 맞는 적합한 방식을 선별적으로 적용함으로써 조직의 성과와 구성원의 만족을 동시에 높일 수 있다.

조직화 과정은 조직의 목표를 달성하기 위해 필요한 활동들을 정의하고, 이를 적절히 조직 구성원들에게 할당하며, 할당된 활동들을 효과적으로 조정하거나 통합할 수 있는 기제를 설계하는 과정이다. 이 과정에는 설정된 직위 또는 부서에 적합한 인적자원을 충원하고 배치하는 인적자원관리 활동도 포함된다.

조직화 과정의 첫 번째 단계인 직무설계는 한 사람이 수행해야 할 직무의 내용, 직무의 기능, 직무 간의 관계를 명확히 규정하고, 직무의 범위와 깊이를 결정하는 과정이다. 이를 통해 조직의 요구와 구성원의 능력을 조화롭게 연결하여 직무를 설계하게 된다.

전통적으로 직무설계는 전문화의 원리를 기반으로 진행되었다. 이 방식은 직무를 가능한 한 세분화하여 효율성과 생산성을 증대시키는 데 초점을 맞췄다. 그러나 전문화에 의한 직무설계는 단조로움과 반복 작업으로 인해 오히려 생산성을 저하시킨다는 한계를 드러냈다. 이를 보완하기 위해 직무순환과 직무확대와 같은 설계 방법이 도입되었다. 직무순환은 구성원이 다양한 직무를 경험하도록 설계하여 단조로움을 풀이는 데 기여했으며, 직무확대는 직무의 범위를 넓혀 단순 반복 업무를 개선하고 직무 만족도를 높이고자 했다.

하지만 이들 방법도 구성원들에게 충분한 동기부여를 제공하기에는 미흡했다. 이에 따라 직무충실화라는 접근법이 등장하게 되었다. 직무충실화는 직무의 깊이를 더하여 구성원들에게 더 많은 권한과 책임을 부여하고, 그들이 업무를 통해 성장과 의미를 느낄 수 있도록 설계하는 방식이다. 이는 특히 구성원의 자율성과 동기부여를 강화하는 데 효과적인 방식으로 평가받고 있다.

21세기 직무설계의 최근 접근법은 구성원의 심리적 만족과 성과를 증대시키기 위해 자율성과 피드백을 강조하는 직무특성모형, 구성원이 스스로 직무를 재구성하는 직무형태설계, 디지털 기술과 유연한 근무 방식을 결합한 하이브리드 직무설계, 구성원의 강점을 기반으로 직무 의미를 강화하는 긍정심리학 기반 접근, 그리고 기술과 사회적 요구를 통합해 작업 환경을 최적화하는 사회기술적 시스템 접근 등이 있다. 이러한 방법들은 조직의 목표와 구성원의 요구를 균형 있게 반영해 직무 만족과 성과를 동시에 달성하도록 돕는다.

제 7 장

부문화와 관리범위

　모든 조직은 규모에 관계없이 성원들 사이에서 자연스럽게 분업이 이루어진다. 이러한 분업은 활동을 세분화하고, 이를 직무와 연결하며, 다시 조직 전체 차원에서 집단별로 결합시키는 과정을 포함한다. 이 과정을 부문화(departmentation) 또는 수평적 분화(horizontal differentiation)라고 하며, 조직 내 활동을 명확히 구분하고 이를 관리자에게 적절히 할당하는 것을 의미한다. 부문화는 조직 전체의 분업과 유사한 성격을 가지며, 대규모 조직일수록 더욱 두드러지게 나타난다. 이는 조직의 기능을 더욱 효율적이고 효과적으로 수행하기 위한 필수적인 과정이다.

　부문화가 이루어질 때 각 집단 또는 부서의 크기를 결정하는 것은 관리범위(span of control)와 밀접한 관계가 있다. 관리범위가 크면 관리자가 부하의 활동을 감독하고 조정하기가 어려워질 수 있다. 반면, 관리범위가 넓으면 관리자의 수와 부서의 수가 줄어들어 조직 계층의 수가 감소하며, 결과적으로 부서 간 또는 계층 간 조정이 용이해진다. 따라서 관리범위는 조직의 효율성을 좌우하는 중요한 요소다.

　본 장에서는 부문화의 다양한 유형과 관리범위의 적절한 결정 방법을 다루며, 관리범위와 긴밀히 연결된 조직 계층의 개념에 대해 살펴본다. 이는 조직 구조를 설계하거나 개선하는 데 있어 중요한 기초를 제공한다.

1 조직도

조직이 성장함에 따라 업무 단위와 하위 단위의 수가 증가하고, 이를 관리하기 위한 감독 계층도 확장된다. 이에 따라 조직 구성원들은 자신들의 활동이 전체 조직에 어떤 영향을 미치며, 조직 전체에 적합한 방식으로 행동해야 하는지를 명확히 알 필요가 있다. 그러나 조직구조가 지나치게 복잡해지면 이를 단순히 구두로 설명하는 것은 한계가 있다. 이를 해결하기 위해 관리자는 <그림 7-1>과 같이 조직도(organization chart)를 작성한다. 조직도는 기능, 부서, 직위 등의 구조적 요소와 그들 간의 상호 연관성을 시각적으로 나타낸다. 조직도에서는 조직의 단위가 네모꼴로 표현되고, 지휘 계통 및 공식적인 의사소통 경로는 선으로 연결하여 표시된다.

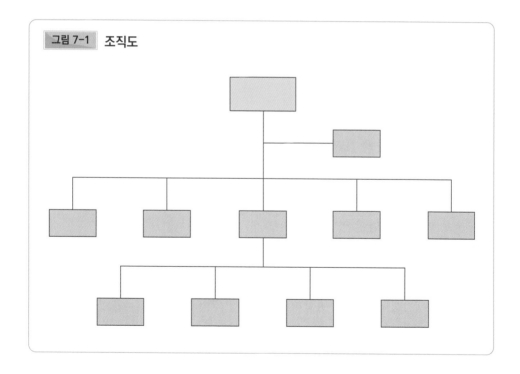

그림 7-1　조직도

모든 조직이 조직도를 긍정적으로 받아들이는 것은 아니며, 경영학자들 사이에서도 다양한 논의가 있었다.[1] 예를 들어, 타운센드(Robert Townsend)는 조직도가 권한과 능력이 조직의 최상부에 집중되어 있다는 인식을 강화할 수 있어 조직 구성원의 사기를 저하시킨다고 주장했다.[2] 그러나 대부분의 조직은 조직도를 작성하여 권한과 책임의 할당을 명확히 하고 이를 관리 도구로 사용하고 있다.

조직도를 사용하는 것에는 장점과 단점이 있다. 장점으로는 다음과 같다.

첫째, 조직도를 통해 조직 구성원들은 조직이 어떻게 구조화되어 있는지를 한눈에 파악할 수 있다.

둘째, 조직도 작성 과정에서 불필요한 업무의 중복이나 잠재적 갈등의 원천 등 조직 내 결점을 발견할 수 있다.

셋째, 권한과 책임의 위치를 명확히 하여 구성원들이 자신의 역할과 위치를 이해하도록 돕는다.

반면, 조직도에는 단점도 존재한다.

첫째, 조직도는 조직의 모든 사실을 나타내지 못한다. 예를 들어, 각 관리 계층 간 부서의 상대적 권한과 책임, 조직 운영에서 중요한 역할을 하는 비공식적 관계는 조직도에 반영되지 않는다.

둘째, 조직도를 보고 조직 구성원들이 불필요한 추론을 할 수 있다. 예컨대, 조직도상 최고경영자와의 거리를 바탕으로 조직 내 지위(status)와 권력(power)을 추정하려는 경향이 나타날 수 있다.

셋째, 조직도가 실제 조직의 유연성과 비공식적 요소를 무시한 채 단순히 고정된 구조로 인식될 위험이 있다.

이러한 단점은 조직도를 조직의 기본 틀을 나타내는 도구로만 활용하고, 이를 절대적 기준으로 삼지 않는다면 최소화할 수 있다. 예컨대, 민간기업에서 조직도를 사용해 부서 간 협력 경로를 명확히 하되 실제 의사소통은 보다 유연하고 비공식

1   Karal K. White, *Understanding the Company Organization Chart* (New York: A. M. A., 1963), pp. 13-19.

2   Robert Townsend, *Up the Organization* (New York: Knopf, 1970).

 제 3 편 조직화

적으로 이루어지도록 보완하는 접근법이 효과적일 수 있다.

　결론적으로, 조직도는 조직 구조를 이해하고 관리하는 데 필수적인 도구이며, 이를 적절히 활용하면 조직의 효율성과 투명성을 높이는 데 기여할 수 있다. 그러나 조직도가 가지는 한계를 인식하고 이를 보완하려는 노력이 병행되어야 한다.

2 부문화의 유형

　조직 내 직무의 수가 증가함에 따라 한 명의 관리자가 모든 직무를 효과적으로 조정하기 어려워진다. 이를 해결하기 위해 직무를 유사한 성격을 기준으로 묶어 부문화(departmentation)하는 것이 필요하다. 부문화는 조직 활동을 체계적으로 분류하고 효율적으로 관리하기 위한 조직화 방법으로, 일반적으로 기능별 부문화, 목적별 부문화, 그리고 혼합형 부문화의 세 가지 유형이 활용된다.

1) 기능별 부문화

　기능별 부문화는 조직에서 수행하는 주요 기능을 기준으로 직무를 집단화하는 방식이다. 이는 조직에서 가장 일반적으로 사용되는 부문화 형태로, 기능 간 전문성을 강화하고 효율성을 극대화할 수 있는 구조를 제공한다.

　예를 들어, 한 제조기업에서는 생산, 재무, 인사, 마케팅 부서로 나누어 각 부서가 해당 기능을 전문적으로 수행하도록 설계할 수 있다. 생산부서는 모든 제품의 생산 과정을 책임지고, 마케팅부서는 소비자 분석과 시장 확장을 담당한다.

　기능별 부문화는 기능별 전문화와 효율성을 장점으로 가지며, 특히 규모가 작은 조직이나 기능 중심으로 운영되는 조직에 적합하다. 그러나 기능 간 협력이 부족하거나 부서 간 소통이 어려워질 수 있으며, 이러한 점은 대규모 조직에서 특히 중요한 과제가 될 수 있다.

2) 목적별 부문화

목적별 부문화는 조직의 주요 목적이나 목표를 기준으로 직무를 집단화하는 방식이다. 이 구조는 각 목적에 기여하는 모든 기능을 하나의 부서에 포함시키며, 각 부서가 독립적으로 운영되도록 설계된다.

대표적인 사례는 사업부제 조직구조(divisional structure)이다. 예를 들어, 글로벌 소비재 회사에서는 아시아 사업부, 유럽 사업부, 북미 사업부와 같이 지역별로 조직을 나누고, 각 사업부에 생산, 마케팅, 인사, 재무 등의 기능을 포함시킬 수 있다. 이를 통해 각 사업부가 독립적으로 전략을 수립하고 실행할 수 있다.

목적별 부문화는 시장 변화에 신속히 대응할 수 있는 유연성을 제공하며, 각 사업부가 자율적으로 운영될 수 있는 장점을 가진다. 그러나 기능이 중복될 가능성이 높아 자원의 비효율적 사용과 관리 비용의 증가를 초래할 수 있다.

3) 혼합형 부문화

혼합형 부문화는 기능별 부문화와 목적별 부문화의 특성을 결합한 방식으로, 조직의 복잡성과 다양한 요구를 충족시키기 위해 설계된 구조다. 혼합형 부문화는 크게 두 가지 형태로 나뉜다.

(1) 순수 혼합형 부문화

순수 혼합형 부문화는 기능별 부문화와 목적별 부문화의 요소를 조합하여 설계된다. 예를 들어, 공공기관에서 행정 기능은 기능별로, 지역적 업무는 목적별로 나누는 구조를 채택할 수 있다. 이는 조직의 성격에 따라 필요한 기능과 목적을 동시에 고려할 수 있도록 한다.

(2) 행렬형 부문화(Matrix Departmentation)

행렬형 부문화는 기능부서와 프로젝트 부문이 결합된 구조를 말하며, 기능부서는 조직의 지속적인 운영을 담당하고, 프로젝트 부문은 특정 목표를 달성하기 위해 임시로 구성된다. 예를 들어, IT 기업에서 새로운 소프트웨어 개발 프로젝트를

 제 3 편 조직화

위해 개발팀, 마케팅팀, 디자인팀의 인력을 기능부서에서 충원하여 프로젝트 관리자에게 보고하도록 한다.

행렬형 부문화는 자원을 효율적으로 활용하고 부서 간 협력을 촉진하지만, 이중 보고 체계로 인해 권한과 책임 충돌이 발생할 수 있다.

4) 실제 운영의 유연성

실제 조직에서 특정 부문화 유형을 단독으로 사용하는 경우는 드물다. 대부분의 조직은 각 유형의 특성을 적절히 조합하여 상황에 맞게 변형된 부문화 구조를 사용한다. 예를 들어, 다국적 기업은 본사 차원에서는 기능별 부문화를 적용하고, 각 지역 사업부에서는 목적별 부문화를 결합하여 운영할 수 있다.

(1) 기능별 부문화

기능별 부문화는 조직에서 가장 논리적이고 기본적인 형태로, 조직 활동을 주요 기능에 따라 집단화하는 방식이다. 이는 대부분의 조직에서 널리 사용되며, 실증적 연구에 따르면 기능별 부문화는 규모의 경제(economies of scale)를 촉진하여 업무와 자원의 중복을 줄일 수 있다. 또한, 특정 기능에 중점을 둔 전문화가 가능해지면서 업무 숙련도와 기술 수준이 높아져 업무 효율성이 증대된다.

기능별 부문화의 또 다른 장점은 중앙집권적인 통제를 용이하게 한다는 점이다. 전문화된 부서의 장이 해당 기능에 집중하여 중앙부서와 소용할 수 있고, 이로 인해 전반적인 조정과 통제가 수월해진다. 예를 들어, 인사, 재무, 생산, 마케팅 부서로 나뉜 제조업체에서 각 부서는 자신의 기능에만 집중하며, 의사결정과 조정은 최고경영진에 의해 이루어진다. 또한, 장기근속이 가능해져 전문가(specialist)를 육성하기에 적합하다.

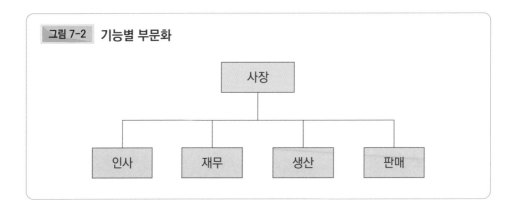

그림 7-2 기능별 부문화

```
                          사장
        ┌──────────┬──────────┼──────────┐
       인사         재무        생산        판매
```

그러나 기능별 부문화에는 몇 가지 단점도 있다. 각 부서는 자신의 전문 분야에만 초점을 맞추는 경향이 있어 조직 전체적 관점(total system view)에서 문제를 바라보지 못할 수 있다. 부서 간 의사소통과 협력이 어려워지고, 이로 인해 조정의 필요성이 증가하며, 조직의 의사결정 속도가 느려질 수 있다. 또한, 다양한 기능을 통합적으로 이해하고 관리하는 일반관리자(general manager)를 육성하기가 어려운 구조다.

기능별 부문화는 조직 환경이 비교적 안정적이고, 일상적 기술을 사용하는 조직에서 적합하다. 예컨대, 병원 조직에서 진료, 행정, 연구 부서로 나누어 기능별로 운영할 경우, 각각의 전문성이 극대화되면서도 통제가 용이하다. 효율성과 품질이 조직 목표의 핵심일 때 효과적으로 활용될 수 있다.

(2) 목적별 부문화

목적별 부문화는 조직의 주요 목적(제품, 고객, 지역 등)을 기준으로 직무를 집단화하는 방식이다. 이 방법은 다양한 제품을 생산하거나 여러 시장을 대상으로 하는 대규모 조직에서 주로 사용된다. 각 부서는 독립적인 단위로 구성되어 특정 제품이나 시장과 관련된 모든 기능(예: 생산, 마케팅, 인사)을 포함하며, 부서장이 자치적으로 관리와 의사결정을 수행한다.

예를 들어, 글로벌 소비재 기업은 예하 사업부를 아시아 사업부, 유럽 사업부, 북미 사업부로 나눌 수 있다. 아시아 사업부는 해당 지역의 시장 요구에 맞춘 제품 생산, 마케팅, 판매를 자율적으로 수행하며, 지역 특성을 신속히 반영할 수 있다. 또한, 특정 제품군을 기준으로 사업부를 나누는 경우, 예컨대 디지털사업부와 생활가전사업부로 구분하여 각각 생산과 판매를 독립적으로 관리할 수 있다.

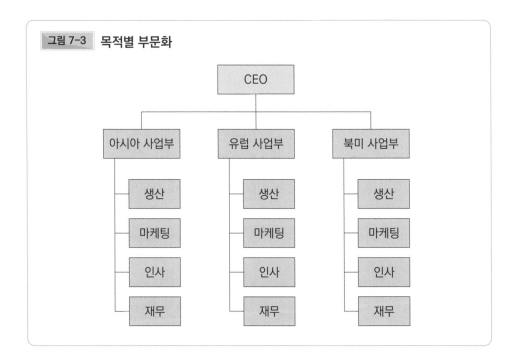

그림 7-3 목적별 부문화

목적별 부문화의 주요 장점은 기능별 부문화의 단점을 극복할 수 있다는 것이다. 부서 내에서 모든 기능이 통합적으로 운영되기 때문에 부서 간 조정의 필요성이 줄어들며, 업무 조정이 더욱 용이해진다. 또한, 각 부서의 자율성이 높아 부서장은 자신의 부서 성과에 집중할 수 있고, 책임감과 동기부여를 고취할 수 있다. 특히, 제품별이나 지역별 특성에 따라 부서를 편성하면 환경 변화에 대한 적응력이 높아진다.

그러나 목적별 부문화에도 단점은 존재한다. 각 부서의 자율성이 강조되면서 조직 전체의 이익이 희생될 가능성이 있다. 예를 들어, 여러 사업부가 동일한 기능(예: 인사, 재무)을 별도로 운영하면 중복 비용이 발생할 수 있다. 또한, 각 부서 간 이해관계의 대립으로 인해 조직 전체의 통일성과 일관성을 유지하기 어려울 수 있다.

목적별 부문화는 조직의 규모가 크고, 활동이 복잡하며, 제품군이나 시장이 다양할수록 효과적이다. 예컨대, 다국적 기업에서 특정 지역 시장의 특수성에 맞춰 독립적인 지사를 운영하거나, 다양한 제품군을 효과적으로 관리하기 위해 사업부제를 도입할 수 있다. 이를 통해 조직의 조정과 통제가 용이해지고, 각 부서가 환경 변화에 유연하게 대응할 수 있다.

(3) 혼합형 부문화

① 순수 혼합형 부문화

순수 혼합형 부문화는 기능별 부문화와 목적별 부문화의 특징을 결합한 형태로, 두 조직 형태가 동시에 사용되는 경우를 말한다. 이 방식은 기능별 부문화와 목적별 부문화의 장점을 혼합하여 조직 효율성과 적응력을 모두 확보할 수 있도록 설계되었다. 예를 들어, 글로벌 제조업체에서 기능별로 생산, 마케팅, 재무 부서를 두면서도, 제품별로 사업부를 설정하여 각 사업부가 특정 제품에 대한 생산과 마케팅을 종합적으로 관리할 수 있도록 한다.

이러한 부문화의 주요 장점은 기능부서의 전문성과 효율성을 유지하면서도 목적별 부서(예: 제품별, 지역별)의 환경 적응력을 높일 수 있다는 점이다. 목적별 부서는 각 부서 내에서 기능 간 조정이 용이하여 일의 흐름을 원활하게 유지할 수 있으며, 기능부서는 고도의 전문성을 통해 효율적인 업무 수행이 가능하다. 또한, 주요 기능부서가 중앙에 위치하면서 각 목적별 부서 간 조정이 용이해지고, 일관성 있는 의사결정을 내릴 수 있다.

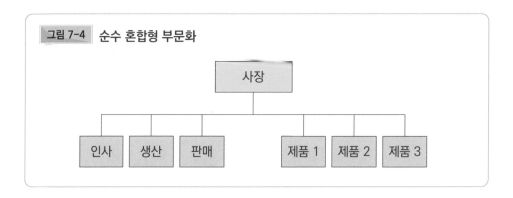

그림 7-4 순수 혼합형 부문화

그러나 혼합형 부문화는 몇 가지 단점을 가진다. 첫째, 각 사업부를 감독하기 위해 다수의 참모가 필요하게 되며, 이는 비용 증가와 관리 효율 저하로 이어질 수 있다. 둘째, 중앙집중적 의사결정 방식이 지나치게 강화되면 각 사업부가 지역적 환경 변화에 유연하게 대응하지 못할 가능성이 있다. 예를 들어, 다국적 기업이 특정 지역 사업부에 대한 결정을 본사에서만 내린다면, 지역적 특수성을 반영하기 어려울 수 있다.

이러한 단점에도 불구하고, 혼합형 부문화는 기능별 부문화와 목적별 부문화의 장점을 살릴 수 있다는 점에서 많은 조직에서 선호된다. 특히, 환경 변화가 빠르고 복잡한 대규모 조직에서 효과적으로 활용될 수 있다.

② 행렬형 부문화

행렬형 부문화(matrix departmentation)는 기능별 부서와 목적별 부서(프로젝트 팀)가 동시에 존재하는 구조를 말한다. 기능별 부서와 목적별 부서 간 경계가 엄격히 나뉜 순수혼합형 부문화와 달리, 행렬형 부문화에서는 각 구성원이 기능관리자와 프로젝트 관리자 두 사람에게 보고하며, 두 관리자의 지시를 동시에 받는다.

이 부문화 형태는 고도의 복잡한 임무를 수행하기 위해 우주산업에서 처음 도입되었다. 예컨대 NASA에서는 각 프로젝트가 정부와 직접 소통하며 성과를 보고할 프로젝트 관리자를 필요로 했고, 기술적 또는 기능적 부서의 장들과 권한을 공유하는 구조를 채택하였다. 이후 이러한 형태는 연구개발(R&D), 대규모 건설 프로젝트, 다국적 기업의 제품 개발 등 복잡한 환경에서 널리 활용되고 있다.

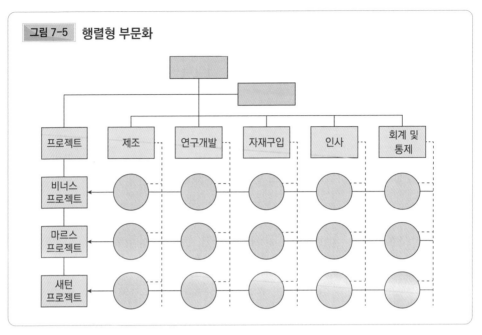

그림 7-5 행렬형 부문화

프로젝트 | 제조 | 연구개발 | 자재구입 | 인사 | 회계 및 통제

비너스 프로젝트
마르스 프로젝트
새턴 프로젝트

출처: John F. Mee, "Matrix Organizations," *Business Horizons*, 7, No. 2, Summer 1964, pp. 70-72.

행렬형 부문화의 장점은 다음과 같다.

첫째, 특정 문제에 대해 관련 전문가들이 협업할 수 있어 문제 해결의 효율성이 높아진다. 예를 들어, 신제품 개발 프로젝트에서는 엔지니어, 마케팅 전문가, 디자이너가 협력하여 문제를 해결할 수 있다.

둘째, 기능조직에서 흔히 발생하는 조정 문제를 줄일 수 있다. 프로젝트 팀원들은 특정 프로젝트를 중심으로 협력하므로 부서 긴 갈등을 최소화할 수 있다.

셋째, 행렬형 조직은 불필요한 중복을 줄이고 자원을 효율적으로 사용할 수 있다. 프로젝트별로 필요한 인력을 배치하여 업무의 중복을 피하고 비용 절감을 실현할 수 있다.

그러나 행렬형 부문화는 몇 가지 도전 과제도 존재한다.

첫째, 프로젝트 팀원들은 기능부서와 프로젝트 팀에서 모두 요구를 받기 때문에 이중 권한과 책임으로 인해 역할 갈등이 발생할 수 있다. 예를 들어, 한 엔지니어가 프로젝트 팀의 긴급 요청과 기능부서의 정기 업무를 동시에 처리해야 한다면, 업무 우선순위를 정하기 어려워질 수 있다.

둘째, 프로젝트가 종료되고 새로운 프로젝트가 시작될 때 인사 배치 문제로 인해 팀원들의 사기가 저하될 수 있다.

셋째, 팀원들이 기능부서로부터 필요한 지원을 받기 위해 인간관계 기술을 필요로 하며, 이는 상황에 따라 조직 내 갈등을 일으킬 가능성을 높인다.

행렬형 부문화는 복잡한 환경에서 유연성과 전문성을 동시에 필요로 하는 조직에 적합하다. 예를 들어, 다국적 IT 기업은 특정 시장에서 고객 요구를 반영한 제품을 개발하기 위해 기능 부서의 전문가들과 지역별 프로젝트 팀을 동시에 운영할 수 있다. 이처럼 행렬형 조직은 높은 조정 요구와 유연성을 요구하는 현대 조직에 효과적인 해결책이 될 수 있다.

3 리엔지니어링과 새로운 조직형태

전통적인 조직구조는 기능 중심이나 목적 중심(시장, 제품 등)으로 편성되거나 매트릭스 형태를 채택한 것이 주류를 이루었다. 이러한 구조는 산업혁명 이후의 환경에서는 적합했으나, 오늘날의 급변하는 환경에서 조직이 요구하는 높은 유연성과 신속한 의사결정을 지원하기에는 한계가 있다. 이러한 전통적 구조는 기본적으로 피라미드식 계층 구조를 기반으로 하여, 조직 내부의 조정과 통제를 중시한다. 그러나 이 같은 구조는 현대 사회에서 고객 중심의 요구, 경쟁의 심화, 변화의 가속화와 같은 새로운 도전에 적합하지 않다.

마이클 해머(Michael Hammer)와 제임스 챔피(James Champy)는 이러한 변화를 이끄는 세 가지 주요 동인을 3C라고 정의하였다. 이 세 가지는 고객(Customer), 경쟁(Competition), 변화(Change)이다.

1) 고객(Customer)

오늘날 고객들은 과거보다 훨씬 더 많은 선택권을 가지고 있으며, 자신들의 요구를 정확히 반영한 맞춤형 제품과 서비스를 기대한다. 디지털 기술과 글로벌 시장의 발전은 이러한 고객의 선택권을 더욱 강화하고 있다.

2) 경쟁(Competition)

경쟁은 단순히 치열해진 것뿐 아니라 다양해졌다. 기업들은 같은 산업 내 경쟁자뿐 아니라, 전혀 다른 산업이나 기술 기반의 새로운 경쟁자와도 맞서야 한다. 전통적인 택시 산업이 차량 공유 플랫폼의 등장으로 재편된 사례는 이러한 경쟁의 변화를 잘 보여준다.

3) 변화(Change)

변화의 속도는 과거와 비교할 수 없을 정도로 빨라졌으며, 이는 기술, 경제, 사회 전반에서 동시에 발생하고 있다. 변화는 이제 단기적 이벤트가 아니라 지속적이고 영속적인 과정으로 간주된다.[3]

이와 같은 변화는 조직이 기존의 전통적 구조를 넘어 더 유연하고 신속한 의사결정을 지원하는 새로운 조직 형태를 채택하도록 요구하고 있다. 이에 대응하기 위해 많은 조직이 리엔지니어링(Reengineering)을 도입하였다. 리엔지니어링은 조직이 운영 방식을 근본적으로 재설계하여 성과를 극적으로 향상시키는 접근법이다. 기존의 기능 중심 구조를 넘어 프로세스 중심의 사고를 강조하며, 고객 가치를 극대화하는 방향으로 조직 운영을 재편성한다.

리엔지니어링을 통해 변화된 환경에 대응하는 과정에서 조직은 새로운 형태의 구조를 채택하게 된다. 이 중 대표적인 새로운 조직 형태로는 팀제 조직(Team-based Organization), 네트워크 조직(Network Organization), 가상 조직(Virtual Organization)이 있다.

---

3   안중호·박찬구 공역, *리엔지니어링 기업혁명*, 김영사, 1993, 31-49면 참조.

4) 리엔지니어링(reengineering)

리엔지니어링은 비용, 품질, 서비스, 속도와 같은 핵심 성과에서 획기적인 개선을 이루기 위해 업무 프로세스를 근본적으로 재설계하는 경영 기법이다. 이는 기존 업무 방식의 비효율성을 극복하고 변화하는 환경에 유연하게 대응하기 위해 도입되었으며, 우리나라를 포함한 여러 기업과 공공조직에서 적용된 바 있다.

리엔지니어링의 핵심 원칙은 기존의 과업 중심 사고를 프로세스 중심 사고로 전환하는 것이다. 기존 조직 설계는 주로 부서별 기능에 초점을 맞췄으나, 리엔지니어링은 목표나 결과물 중심으로 프로세스를 설계한다. 예를 들어, 대출 업무의 경우 신청 접수, 신용 조사, 대출 실행 등을 개별 부서에서 처리하던 기존 방식에서 벗어나, 하나의 팀이 이 모든 과정을 통합적으로 책임지는 형태로 설계될 수 있다. 이러한 방식은 고객 중심의 가치 창출과 조직 전체의 효율성을 동시에 달성하는 데 중점을 둔다.

리엔지니어링은 기존 프로세스를 단순히 개선하는 것이 아니라, 과감히 폐기하고 완전히 새롭게 설계한다는 점에서 리스트럭처링(Restructuring)이나 다운사이징(Downsizing)과는 본질적으로 다르다. 리스트럭처링과 다운사이징이 자원을 줄여 일을 줄이는 데 초점을 맞춘 반면, 리엔지니어링은 보다 적은 자원으로 더 많은 성과를 내기 위한 혁신을 목표로 한다. 이는 기존의 프로세스 위에 새로운 조직을 추가하는 방식이 아니라, 낡은 프로세스를 제거하고 새로운 프로세스 구조를 설계하는 것을 의미한다.

리엔지니어링은 특히 산업혁명의 전통적 패러다임, 즉 노동 분업, 규모의 경제, 계층적 통제와 같은 방식에서 벗어나 새로운 작업 조직 모델을 창출하려는 시도이다. 아담 스미스(Adam Smith)가 제시한 산업화 시대의 원리가 초기에 성공적이었다면, 현대의 조직 환경에서는 이를 탈피하고 고객 가치와 변화하는 환경에 대응할 수 있는 유연하고 혁신적인 접근법이 필요하다.

대표적인 사례로, 한 글로벌 물류 기업이 배송 프로세스를 재설계하여 중간 단계를 줄이고 실시간으로 고객 요청을 처리할 수 있게 한 사례를 들 수 있다. 이로 인해 배송 시간이 크게 단축되었고 고객 만족도가 상승했다. 또 다른 사례로는 의료기관에서 환자의 진료 과정을 통합하여 접수부터 진료, 검사, 결과 전달까지 하나의 팀이 관리하도록 설계한 경우가 있다. 이를 통해 대기 시간을 단축하고 환자 경험을 개선하는 데 성공했다.

결론적으로, 리엔지니어링은 기존의 관행을 뛰어넘는 근본적 혁신을 추구하며, 조직의 유연성과 경쟁력을 강화하기 위한 효과적인 도구로 평가된다. 이는 오늘날과 같은 불확실한 환경에서 조직이 지속 가능성과 성과를 동시에 달성하기 위한 필수적인 접근법으로 자리 잡고 있다.

5) 팀제 조직(team organization)[4]

현대 조직들은 위계질서를 강조하는 전통적인 수직적 조직에서 구성원의 수평적 관계를 강조하는 팀제 조직으로 개편되고 있다. 팀은 인류 역사와 함께 시작된 협력의 기본 단위로, 전통적인 조직 활동에서도 팀의 형태가 일부 존재해왔다. 이는 업무가 혼자서 완결되기 어려우며, 상사와 부하 또는 동료 간 협조와 조화를 통해 이루어지기 때문이다. 그러나 현대적 의미의 팀제 조직은 공동의 목표를 실현하기 위해 상호보완적인 기술을 가진 사람들이 협력하여 자율적으로 운영되는 집단을 말한다.[5]

팀제 조직의 도입 목적은 급변하는 경영 환경에 신속하고 적절하게 대응하기 위해 전통적인 수직적 조직을 수평적 조직으로 전환하려는 데 있다. 이를 통해 조직의 경직성을 탈피하고, 인력 활용도를 극대화하며, 전문 능력과 기술을 축적하고 활용할 수 있다. 또한 계층 구조를 간소화하여 의사결정을 원활히 하고, 능력주의 인사체계를 통해 승진 적체를 해소하며, 조직의 비대화를 방지하려는 목표도 포함된다. 특히, 팀제는 기존 위계적 조직과 달리 승진과 조직 운영을 분리하여 효율성을 극대화할 수 있는 형태로 설계된다.

전통적인 조직과 팀제 조직 간의 차이는 몇 가지 주요 측면에서 나타난다. 위계

---

4 팀제 조직에 대해서는 장수용, 팀제 이대로 좋은가?, sbc전략기업컨설팅, 1996 참조.

5 장수용, 위의 책, 110면.

제 3 편 조직화

조직은 직무 범위가 제한적이고, 모든 정보가 관리자에게 집중되며, 의사결정이 상위 관리자 중심으로 이루어진다. 반면, 팀제 조직은 팀원 간 정보가 공유되고, 공동의 목표를 달성하기 위해 협력적으로 의사결정이 이루어진다. 팀원 개개인이 책임감을 가지고 직무를 수행하며, 서로 보완적인 역할을 통해 조직의 성과를 극대화한다.

그러나 팀제를 도입할 때는 몇 가지 도전 과제가 있다. 기존 간부들의 권위 축소로 인한 사기 저하를 방지하고, 팀장의 리더십 역량을 강화하며, 조직 내 공감대를 형성해 참여 의식을 높이는 것이 중요하다. 또한, 새로운 조직 구조에 적응하기 위한 구성원의 사고방식 전환이 요망되고, 실행 과정에서 발생할 수 있는 혼란을 최소화할 수 있어야 한다. 이러한 요건을 충족하지 못하면 팀제 조직이 실패하거나 기존 위계적 조직과의 차별성을 확보하지 못할 위험이 있다.

결론적으로, 팀제 조직은 유연하고 신속하게 변화에 대응할 수 있는 구조로, 조직의 경직성을 완화하고 구성원의 역량을 효과적으로 활용할 수 있는 중요한 방식이다. 하지만 이를 성공적으로 운영하기 위해서는 적절한 리더십, 구성원의 협력적 태도, 그리고 조직 전체의 체계적인 변화 관리가 필수적이다.

● 표 7-1 **전통적 조직과 팀제 조직의 차이**

구분	전통적 조직	팀제 조직
조직구조	위계조직 · 개인	수평조직 · 팀
직무설계	좁음 · 단일과업	전체 프로세스 · 복수과업
관리자역할	지시 · 통제	코치 · 촉진
리더십	하향식	팀원과 공유
정보흐름	통제되고 제한적	개방되고 공유적
보상	개인 · 연공서열	팀기준 · 능력기준

6) 네트워크조직(network organization)과 가상조직(virtual organization)

네트워크 조직은 조직 내부에서 수행하던 기능 중 일부를 외부 조직으로 아웃소싱(outsourcing)하는 과정에서 나타나는 조직 형태로 정의할 수 있다. 이 조직 형태에서는 각 조직이 자신의 핵심 역량에 집중하고, 부족하거나 비핵심적인 기능은 이를 전문으로 하는 외부 조직과의 제휴를 통해 수행한다. 예를 들어 과거에는 하나의 기업이 제품의 디자인, 생산, 홍보, 판매를 모두 수행했다면, 네트워크 조직에서는 특정 기능에 집중한다. 예를 들어, 제조업체는 디자인에만 전념하고, 생산은 하청업체에 맡기며, 홍보와 판매는 전문 마케팅 기업에 일임한다.

대표적인 사례로는 미국의 스포츠 의류 및 용품 회사인 나이키(Nike)를 들 수 있다. 나이키는 연평균 20% 이상의 성장률과 31%를 초과하는 자기자본이익률을 기록하며 초우량 기업으로 평가받고 있다. 나이키는 직접 제품을 생산하지 않는다. 대신, 제품 디자인과 판매와 같은 가치 사슬의 핵심 부분만 담당하고, 생산은 외부 하청업체에 맡긴다. 나이키 본사는 많은 직원을 두고 있지만, 정규직보다는 파견 근로자와 프리랜서가 상당수를 차지한다. 그러나 나이키는 외주업체에 모든 생산 활동을 일임하지 않고 품질관리 요원을 외주기업에 파견해 생산품질과 공정상의 문제를 점검한다. 또한, 핵심 기술이 유출되지 않도록 나이키 아트 시스템 같은 핵심 부품은 자체 생산한다. 나이키는 디자인, 핵심 기술, 판매 등 핵심 영역은 직접 관리하며, 기타 영역은 외주를 통해 비용 효율성을 극대화하고 있다.

네트워크 조직의 장점은 조직의 비대화를 방지해 신속하고 유연한 대응을 가능하게 하며, 핵심 기능에 자원을 집중해 전문성을 강화할 수 있다는 점이다. 또한, 외부 조직의 역량을 활용함으로써 자체 조직의 약점을 보완하고 비용 절감 효과를 기대할 수 있다. 예를 들어, 한 공공기관이 정보기술(IT) 분야에 부족한 역량을 보완하기 위해 IT 전문 기업과 계약을 맺고 기술 지원을 받는 경우를 들 수 있다.

그러나 네트워크 조직은 외주업체에 의존하기 때문에 외부 요인의 영향을 받을 수 있다. 예컨대, 외주업체의 파업이나 품질 문제는 전체 조직의 운영에 심각한 지장을 초래할 수 있다. 또한, 아웃소싱을 통한 비용 절감이 항상 이루어지는 것은 아니다. 외주업체와의 계약 및 사후 관리에 필요한 비용과 시간이 증가할 수 있기 때문이다.

가상조직은 네트워크 조직의 극단적인 형태로, 여러 조직이 각자의 핵심 역량을 모아 하나의 조직처럼 활동하는 형태를 말한다. 가상조직은 임시적일 수도 있고, 영구적일 수도 있으며, 동일한 최종 목표를 달성하기 위해 협력한다. 이 조직 형태는 다수의 조직이 연합하여 하나의 조직처럼 동일한 목표를 추구하는 형태라고 할 수 있다.

가상조직[6]은 조직 내외의 핵심 역량을 연계하여 목표를 가장 신속하고 효과적으로 달성하기 위해 설계된다. 이는 규모의 경제, 범위의 경제, 속도의 경제를 모두 달성할 수 있는 조직 형태로 평가받는다. 예컨대, 자동차 산업에서 전기차 개발 프로젝트를 위해 자동차 제조사, 배터리 생산업체, 소프트웨어 개발사가 협력해 하나의 프로젝트 팀처럼 운영하는 경우를 들 수 있다.

이러한 가상조직은 초스피드로 변화하는 경영 환경에서 높은 적응력과 신축성을 발휘한다. 특히, 글로벌 경쟁이 심화된 상황에서 우수 기업들과 경쟁하려는 조직에게는 가상조직이 전략적으로 적합한 구조로 평가된다. 그러나 이 형태는 각 조직 간의 협력과 신뢰가 필수적이며, 공동 목표를 달성하기 위한 명확한 역할 정의와 효율적인 의사소통 체계가 뒷받침되어야 한다.

4 비공식조직

조직 내 관계는 공식적으로 문서화된 조직도에 나타난 것들에만 국한되지 않는다. 관리자들은 조직 내에서 공식조직과 비공식조직(또는 비공식집단)이 함께 존재한다는 사실을 인식해야 한다. 비공식조직은 조직 구성원들의 개인적 욕구와 집단적 필요에서 비롯되며 자연스럽게 형성된다. 사이먼(H. A. Simon)은 비공식조직을 공식조직에 포함되지 않거나 공식조직과 반드시 일치하지 않는 인간관계로 정의하면서, 이러한 관계가 조직 내 의사결정에 중요한 영향을 미친다고 언급했다.

비공식조직은 공식조직이 충족하지 못하는 여러 가지 심리적, 사회적 요구를 해결하면서 조직 내에서 긍정적인 역할을 한다. 이러한 긍정적인 역할은 다음과 같이 네 가지로 요약할 수 있다.[7]

---

6   가상조직의 '가상'(virtual)은 컴퓨터용어에서 나온 말로 실제로는 존재하지 않는 기억장치를 의미하는 '가상메모리'(virtual memory) 개념에서 따온 것이다.

7   Keith Davis, *Human Relations at Work*, 2nd ed. (New York: McGraw-Hill, 1962), pp. 235-257.

1) 공유된 사회적·문화적 가치를 지속시키는 역할

비공식조직의 구성원들은 특정한 규범과 가치를 공유하는 경향이 있다. 예를 들어, 특정 부서에서 오래 근무한 구성원들이 서로 간의 행동 지침이나 암묵적인 규칙을 공유하며 업무를 수행하는 모습에서 이러한 가치를 확인할 수 있다. 이러한 규범과 가치는 구성원 간의 상호작용을 통해 강화되며, 구성원들에게 일관된 행동 지침을 제공한다. 이를 통해 조직 내에서 일종의 문화적 안정성이 유지된다.

2) 구성원에게 귀속감, 만족감 및 안전감을 제공

대규모 조직에서는 구성원들이 관리자들로부터 개인적 존재감이 간과되고 있다는 느낌을 받을 수 있다. 하지만 비공식조직 내에서는 개인적인 친구처럼 함께 식사를 하거나, 대화를 나누며, 일과 후 여가활동을 즐길 수 있는 사람들을 만나게 된다. 이는 구성원들에게 사회적 욕구를 충족시켜줄 뿐만 아니라, 자신이 조직 내에서 하나의 개체로 인정받고 있다는 존재감을 느끼게 해준다. 또한 비슷한 처지에 놓인 구성원들과의 연대감은 심리적 안정감을 제공하며, 이를 통해 어려운 상황에서도 심리적 지지를 얻을 수 있다.

3) 의사소통 경로 제공

비공식조직은 구성원들 사이에 영향을 미치는 문제들에 대한 정부를 교환하기 위한 비공식적 의사소통 경로를 제공한다. 관리자들이 공식 경로를 통해 정보를 전달하더라도, 비공식조직 내에서는 이러한 정보를 다른 구성원들에게 빠르게 전달하고 해석할 수 있는 경로가 생성된다. 예를 들어, 관리자들이 공지한 사내 변동 사항이 비공식적인 대화를 통해 구성원들에게 빠르게 공유되고 의견이 교환되는 모습을 들 수 있다. 또한 관리자들 자신도 비공식 경로를 활용해 구성원들의 솔직한 의견을 파악하거나 정보를 전달하는 경우가 많다.

4) 문제 해결 지원

비공식조직은 구성원들이 직면하는 다양한 문제를 해결하는 데 도움을 준다. 예를 들어, 비공식조직 내에서는 질병이나 피로로 인해 어려움을 겪는 동료를 돕거나, 직무 수행에 필요한 정보를 빠르게 공유할 수 있다. 또한 업무 중 지루함을 덜기 위한 간단한 놀이나 활동을 고안하며 구성원들의 스트레스를 완화하기도 한다. 더 나아가, 구성원들이 상사와 직접적으로 갈등을 빚거나 불만을 제기하기 전에 동료들과 대화하며 감정을 해소함으로써 조직 내 갈등을 완화시키는 역할을 하기도 한다.

결론적으로, 비공식조직은 공식조직에서 미처 다루지 못하는 사회적, 심리적 요구를 충족시키고, 의사소통 및 문제 해결을 지원하는 중요한 역할을 한다. 이러한 비공식조직의 긍정적인 측면을 효과적으로 활용하기 위해 관리자들은 비공식조직의 존재를 인정하고, 이를 조직의 목표 달성에 유용한 자원으로 삼으려는 노력이 필요하다.

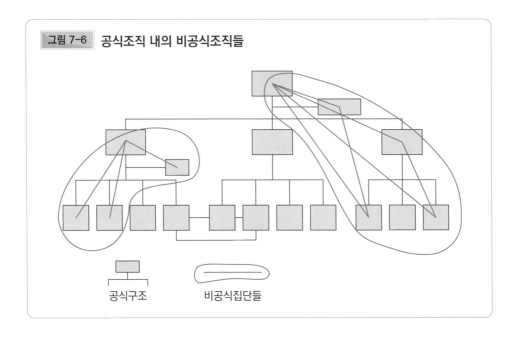

그림 7-6 **공식조직 내의 비공식조직들**

공식구조   비공식집단들

비공식조직은 조직 내에서 다양한 이점을 제공하지만, 동시에 부정적인 측면도 존재한다. 이러한 부정적인 영향은 조직의 성과와 창의성에 부정적인 영향을 미칠 수 있으므로, 관리자는 이를 인식하고 적절히 대응할 필요가 있다.

첫째, 동조현상(conformity)이 발생한다. 비공식집단은 구성원들에게 동조를 요구하는 준거집단(reference group)으로 작용한다. 이러한 동조는 구성원 간의 규범과 가치를 공유함으로써 조직 내 상호작용을 원활하게 하고 집단의 조화를 촉진하는 데 기여할 수 있다. 하지만 동조가 지나치면 구성원들이 집단으로부터 소외될 것을 두려워하여 창의적이거나 적극적으로 행동하는 것을 꺼리는 경향이 생긴다. 이로 인해 구성원 개인의 발전이 저해될 뿐만 아니라, 조직의 창의성과 혁신성이 감소할 수 있다. 예를 들어, 한 부서 내에서 새로운 아이디어를 제안하려는 직원이 동료들의 부정적인 반응을 우려해 의견을 내지 못한다면, 이는 조직의 혁신 기회를 놓치는 결과를 초래할 수 있다.

둘째, 비공식조직의 목표와 공식조직의 목표 간의 갈등이 발생할 수 있다. 비공식조직은 공식조직의 운영에 긍정적인 영향을 미치기도 하지만, 경우에 따라 목표와 기대가 상충되며 갈등을 초래할 수 있다. 예를 들어, 많은 사람들이 휴식시간을 적절히 제공하면 생산성이 향상된다고 믿는다. 그러나 비공식집단이 매일 5~10분씩 휴식시간을 연장한다면, 구성원들의 사회적 만족도는 높아질 수 있지만, 조직 입장에서는 생산성 저하라는 비용을 치러야 한다. 이러한 갈등은 관리자와 비공식조직 구성원들 간의 긴장을 초래하며, 조직의 목표 달성에 장애가 될 수 있다.

셋째, 유언비어가 확산된다. 비공식조직은 종종 유언비어를 전달하는 의사소통 경로로 작용한다. 이는 조직 내 정보가 부족하거나 공식적인 경로를 통해 전달되지 않을 때 더욱 두드러진다. 잘못된 정보가 확산되면 구성원들의 사기를 저하시키거나, 잘못된 의사결정을 초래할 수 있다. 예를 들어, 구조조정과 같은 민감한 이슈에 대한 정확한 정보가 제공되지 않으면, 구성원들은 유언비어를 통해 불필요한 불안을 느낄 수 있다. 이는 조직 전체의 신뢰 분위기를 해치고, 생산성 저하로 이어질 수 있다.

넷째, 변화에 대한 저항이 발생한다. 비공식조직은 구성원들 간의 공유된 가치관을 통해 집단의 안정성과 통합을 유지하는 긍정적인 역할을 한다. 그러나 이러한 가치관이 지나치게 고착화되면 조직 변화에 대한 저항으로 작용할 수 있다. 예를 들어, 조직이 새로운 기술을 도입하려 할 때, 기존의 작업 방식과 문화에 익숙한 비공식집단은 이를 거부하거나 소극적인 태도를 보일 수 있다. 이러한 저항은 조직의 혁신과 적응 능력을 약화시키며, 장기적으로 경쟁력을 저하시킬 수 있다.

이와 같이, 비공식조직의 부정적인 측면은 조직의 성과와 경쟁력을 위협할 수 있다. 관리자는 비공식조직의 긍정적인 영향을 극대화하면서도 부정적인 영향을 최소화하기 위해, 구성원들과의 소통을 강화하고, 공식조직과 비공식조직 간의 균형을 유지하는 노력이 필요하다.

제 2 절 　 관리범위

관리범위(span of management)는 관리자에게 직접 보고하는 부하의 수, 즉 한 관리자가 효과적으로 직접 관리할 수 있는 부하의 수를 의미한다. 이 개념은 오래전부터 조직관리에서 중요한 이슈로 다뤄져 왔으며, 구약성서 출애굽기에 기록된 모세의 사례에서도 그 중요성이 언급된다. 모세는 이스라엘 민족을 효과적으로 관리하기 위해 1000, 100, 50, 10명 단위로 나누고 각 단위에 천부장, 백부장, 오십부장, 십부장을 임명했다. 이로 인해 집단의 조정과 의사소통이 원활해지고, 효율성이 높아져 이집트 탈출이라는 목표를 달성할 수 있었다.

관리범위와 조정은 상호 밀접한 연관성을 갖는다. 관리범위가 넓을수록 조직성원들의 활동을 효과적으로 조정하기 어려워지는 반면, 관리범위가 넓어지면 관리계층의 수가 줄어들어 부서 간 조정이 용이해질 수도 있다. 따라서 관리범위는 부문화와 밀접하게 연관되며, 적절한 관리범위를 설정하는 것은 조직의 구조와 성과에 중요한 영향을 미친다.

1 이상적인 관리범위

이상적인 관리범위를 설정하기 위해 많은 학자들이 연구를 진행해 왔다. 초기 연구에서는 특정 상황에 맞춘 관리범위를 찾기보다는, 일반적으로 적용할 수 있는 관리범위를 제시하려는 데 초점을 맞췄다.

페이욜(H. Fayol)은 조직의 각 계층에서 관리할 수 있는 부하의 수를 탐구했다. 그는 비교적 단순한 업무를 수행하는 일선 감독자는 20~30명을 감독할 수 있지만, 최고관리자는 복잡한 업무와 의사결정이 요구되므로 34명 정도를 감독하는 것이 적합하다고 주장했다.[8]

그레이쿠나스(V. A. Graicunas)는 관리범위의 복잡성을 강조하며, 단순히 일대일 관계뿐 아니라 두 명 이상의 부하들이 형성하는 그룹 간 관계도 고려해야 한다고 주장했다. 예컨대 관리자가 3명의 부하를 감독한다면, 개인과의 관계, 2명씩 구성된 3개의 조합, 그리고 3명이 모두 포함된 전체집단과의 관계까지 포함해야 한다고 설명했다. 이는 관리범위가 넓어질수록 관리자의 감독 업무가 기하급수적으로 복잡해진다는 점을 시사한다.[9]

어윅(L. F. Urwick)은 그레이쿠나스의 연구를 토대로 관리범위를 설정했다. 그는 업무가 상호연관성을 가지는 경우, 관리자는 5명에서 많아야 6명 이상을 감독해서는 안 된다고 결론지었다.[10]

군사 분야에서도 유사한 관점을 찾아볼 수 있다. 해밀턴 장군(Ian Hamilton)은 군대 경험을 바탕으로 3~6명의 부하를 효과적으로 관리할 수 있다고[11] 주장하며, 그레이쿠나스와 어윅과 유사한 결론에 도달했다.

---

8   Henry Fayal, *General and Industrial Management*, translated by Constance Stoners (London: Pitman, 1949), p. 55.

9   그레이쿠나스는 이러한 관계를 부하의 수라고 할 때, 관계의 수 R=n(2n-1+n-1)로 나타냈다. V. A. Graicunas, "Relationship in Organization," *Bulletin of International Management Institute*, 7, March 1933, pp. 39-42.

10 Lyndal F. Urwick, "V. A. Graicunas and the Span of Control," *Academy of Management Journal*, 17, No. 2, June 1974, pp. 349-354

11 Ian Hamilton, *The Soul and Body of an Army* (London: Edward Arnold, 1921), pp. 229-230.

다양한 학자들의 견해를 종합하면, 이상적인 관리범위는 조직 계층에 따라 다르며, 상층관리자는 4~8명, 하층관리자는 8~15명이 적합한 관리범위로 제시된다.

적절한 관리범위를 설정하려는 이유는 두 가지다. 첫째, 관리범위가 너무 넓으면 관리자는 과중한 업무로 인해 각 부하에게 충분한 지시와 통제를 제공하지 못하게 되고, 관리범위가 너무 좁으면 관리자의 역량이 충분히 발휘되지 못한다.

둘째, 관리범위는 조직 구조에 영향을 미친다. 관리범위가 좁으면 관리 계층이 많아지는 고층구조(tall structure)가 형성되고, 관리범위가 넓으면 계층 수가 줄어드는 평면구조(flat structure)가 형성된다.

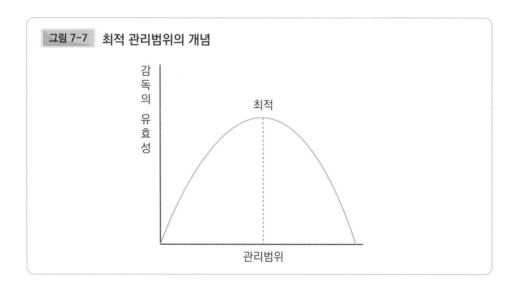

그림 7-7 최적 관리범위의 개념

2 관리범위와 계층

관리범위와 계층의 수는 반비례 관계에 있다. 즉, 관리범위가 넓을수록 계층의 수는 적어지고, 관리범위가 좁아질수록 계층의 수는 많아지는 특징을 보인다. 따라서 조직이 계층의 수를 많게 할 것인지, 적게 할 것인지는 관리범위를 어떻게 설정할 것인가와 밀접하게 연결된다.

계층의 수가 많은 조직형태는 고층구조(tall structure)라고 하며, 계층의 수가 적은 조직형태는 평면구조(flat structure)라고 한다. 이 두 구조는 각각 고유한 장점과 단점을 지니고 있다.

고층구조의 단점을 먼저 살펴보면, 첫째, 비용 증가의 문제가 있다. 계층이 늘어나면 관리자와 부수 인원의 수가 증가하게 되며, 계층별 및 부서별 업무 활동을 조정하기 위한 행정비와 간접비용도 증가한다. 예를 들어, 대규모 제조기업의 경우 생산라인 외의 여러 관리 계층이 추가로 형성되면서 조직 운영 비용이 급격히 증가할 수 있다.

둘째, 고층구조는 계층 간 의사소통의 어려움을 초래할 수 있다. 계층이 많아질수록 조직 상하 간 정보가 전달되는 데 시간이 오래 걸리며, 정보가 누락되거나 왜곡될 가능성이 커진다. 예컨대 다국적 기업에서 본사와 지사가 여러 계층을 통해 의사소통을 진행할 경우, 현지 시장의 요구사항이 적시에 반영되지 못하거나 전략이 지연되는 문제가 발생할 수 있다.

셋째, 계획 수립과 통제의 복잡성이 증가한다. 많은 계층과 관리자가 추가되면서 의사결정 과정이 복잡해지고, 최고관리자가 조직의 모든 부문과 계층을 직접적으로 통제하기 어렵게 된다. 이는 특히 위기 상황에서 조직의 유연성을 저하시키는 요인이 될 수 있다.

반면, 평면구조는 고층구조의 단점을 보완할 수 있는 여러 장점을 제공한다. 첫째, 관리 계층의 수를 줄임으로써 비용을 절감할 수 있다. 둘째, 계층 간 의사소통이 간소화되어 정보 전달의 정확성과 속도가 향상된다. 셋째, 최고관리자가 조직 전반에 대해 너 명확히게 통제할 수 있어 의사결정의 신속성과 효율성을 높일 수 있다.

그러나 평면구조 역시 관리범위가 지나치게 넓어질 경우 효율성을 저하시킬 수 있다. 예를 들어, 한 관리자가 너무 많은 부하를 직접 관리해야 한다면 각 부하에 대한 지시와 지원이 충분하지 않을 수 있다. 이는 특히 복잡한 작업 환경에서 문제가 될 수 있다.

따라서 관리범위와 계층의 수는 조직의 상황에 따라 신중하게 결정되어야 한다. 예컨대, 반복적인 생산작업을 수행하는 제조업 조직에서는 고층구조가 작업자의 사기와 효율성을 높이는 데 유리할 수 있다. 이는 작업자들에게 명확한 지휘체계와 안정감을 제공하기 때문이다. 반면, 연구개발(R&D)을 주요 업무로 수행하는 조직에서는 평면구조가 더 효과적일 수 있다. 평면구조는 개인에게 더 많은 자율성을 부여하고, 창의성과 혁신을 촉진하기 때문이다.

이처럼 관리범위와 계층의 수는 조직의 특성과 업무의 성격에 따라 달라져야 하며, 특정한 구조가 항상 이상적이라고 할 수는 없다. 조직의 효율성을 극대화하기 위해서는 주어진 상황에 적합한 구조를 설계하는 것이 중요하다.

부문화는 조직 내에서 분업을 통해 세분화된 활동을 직무와 연결하고, 이를 다시 조직 전체 차원에서 논리적으로 결합하여 영역을 구분하고 관리자들에게 할당하는 과정을 의미한다.

부문화의 유형은 크게 기능별 부문화, 목적별 부문화, 혼합형 부문화로 나뉜다. 기능별 부문화는 조직의 주요 기능을 중심으로 부서를 구성하는 방식으로, 인사, 재무, 생산, 마케팅과 같은 기능별 집단화를 포함한다. 목적별 부문화는 특정 목표를 중심으로 관련 기능을 통합하여 자율적으로 운영되는 부서를 형성하며, 예를 들어 사업부나 지역별 부서를 포함한다. 혼합형 부문화는 기능별과 목적별 부문화의 장점을 결합한 형태로, 순수혼합형 부문화와 프로젝트 부문과 기능 부문이 결합된 행렬형 부문화로 세분화된다.

그러나 전통적인 조직구조나 부문화 방식은 급변하는 환경에 대응하는 데 한계가 있다. 이에 따라 현대 조직에서는 팀제 조직, 네트워크조직, 가상조직과 같은 새로운 조직 형태가 등장했다. 또한, 조직의 운영 방식을 기능 중심에서 프로세스 중심으로 근본적으로 재설계하는 리엔지니어링도 도입되었다.

이와 같은 공식적 부문화를 통해 형성되는 공식조직 이외에도 조직 내부에는 필연적으로 비공식조직이 형성된다. 비공식조직은 조직 구성원들 간의 대인관계와 의사소통 경로를 기반으로 하며, 이는 조직에 긍정적 영향을 미치기도 하지만 때로는 갈등을 유발하거나 조직 변화에 저항하는 등 부정적인 영향을 미칠 수도 있다.

관리범위는 한 관리자가 직접적으로 감독할 수 있는 부하의 수를 의미하며, 이는 조직 구조의 형태에 중대한 영향을 미친다. 관리범위가 좁으면 계층이 많아지는 고층구조가 형성되고, 반대로 관리범위가 넓으면 계층이 줄어드는 평면구조가 형성된다.

초기의 관리학자들은 조직 전체에 적용할 수 있는 단일한 이상적인 관리범위를 규정하려고 노력했지만, 최근 연구는 관리범위의 이상적인 크기가 조직의 상황에 따라 다르다는 상황이론 관점에 초점을 맞추고 있다. 이에 따라, 특정 조직 환경과 과업 특성에 적합한 최적의 관리범위를 설정하는 데 관심이 모아지고 있다.

제 8 장

권한과 권한위임

조직이 목표를 달성하기 위해서는 명확하게 정립된 공식 권한 체계가 필수적이다. 그러나 조직의 효과적인 운영을 위해서는 이러한 공식 권한 체계가 비공식적인 권력(power)과 영향력(influence)에 의해 보완되어야 한다. 관리자는 단순히 공식적인 권한에만 의존하지 않고, 부하의 협조를 얻기 위해 다양한 방법을 사용한다. 이 과정에서 지식, 경험, 그리고 리더십이 중요한 역할을 하며, 능력 있는 관리자는 공식 권한에 거의 의존하지 않고도 설득이나 타협과 같은 방법으로 영향력을 발휘할 수 있다.

본 장에서는 먼저, 관리자가 조직목표 또는 개인목표를 달성하기 위해 공식적 및 비공식적으로 부하들에게 어떤 방식으로 영향을 미치는지를 살펴본다. 이어서 권한의 행사 방식인 라인권한과 스태프권한의 차이를 탐구한다. 마지막으로 효과적인 권한위임 방안과 권한위임의 수준을 결정하는 분권화에 대해 논의한다.

제 1 절 영향력, 권력과 권한

영향력(influence), 권력(power), 그리고 권한(authority)이라는 용어는 많은 학자들에 의해 다양하게 정의되고 사용되어 왔으나, 그 의미에 대해 일치된 견해를 보지 못한 경우가 많다. 여기서는 이 세 가지 개념의 정의와 조직 내에서의 관계를 명확히 설명하고자 한다.

영향력은 다른 사람 또는 집단의 행동이나 태도에 직간접적으로 변화를 유발하는 행동 또는 본보기로 정의할 수 있다. 예를 들어, 조직 내에서 한 구성원이 자신의 근면성과 성과를 통해 다른 동료들의 생산성을 높이는 데 긍정적인 영향을 미칠 수 있다. 이처럼 영향력은 단순히 행동의 변화를 요구하지 않더라도, 관리자가 부하직원의 사기를 증진시키기 위해 사용하는 것처럼 비물질적인 변화를 유도할 수도 있다.

다음으로, 권력은 영향력을 행사할 수 있는 능력을 의미한다. 다시 말해, 권력을 가진다는 것은 다른 사람의 행동이나 태도를 변화시킬 수 있는 능력을 소유하는 것을 뜻한다. 예를 들어, 한 조직 구성원이 자신의 행동과 태도로 인해 다른 구성원들에게 긍정적인 평가를 받고 존경받는다면, 그는 그 집단 내에서 더 큰 권력을 행사할 수 있다. 권력은 개인의 행동뿐만 아니라, 그의 지식, 경험, 관계망 등에 의해 결정될 수 있다.

공식권한은 권력의 한 유형으로, 영향력을 행사할 수 있는 시도의 합법성 여부에 따라 구분된다. 공식권한은 특정 직위나 역할에 의해 부여되는 합법적인 권리로, 조직 내에서 정해진 범위 안에서만 행사가 가능하다. 이러한 권한은 조직의 공식적인 직위(formal position)로부터 나온다. 예컨대, 민간기업에서 부서장이 회사의 업무 절차에 따라 부하 직원에게 업무 지시를 내리는 것은 공식권한에 기반한 행위이다.

이러한 세 가지 개념은 조직 내에서 서로 밀접하게 연결되어 있다. 영향력은 권력의 한 형태로 나타날 수 있고, 권력은 공식권한뿐만 아니라 비공식적인 관계에서도 발휘될 수 있다. 따라서 효과적인 관리자는 권력과 권한을 적절히 활용하며 영향력을 극대화하여 조직의 목표를 달성할 수 있는 능력을 갖추어야 한다.

1 공식권한의 원천

공식권한은 조직 내에서 성원들에게 지시를 내릴 수 있는 권리를 의미한다. 이러한 공식권한은 어디에서 기원하는 것인가에 대해 두 가지 주요한 견해가 존재한다.

첫 번째는 전통적 견해(classical view)로, 공식권한이 공식조직의 최고 계층에서 시작하여 계층을 따라 아래로 위임된다는 권한위임설(delegation theory)이다.[1] 이 견해에 따르면 최고 계층은 신(God), 군주, 선출된 대통령, 혹은 국민들의 집단의지가 될 수 있다. 이 관점은 규범적 성격을 가지며, 공식적인 권한이 조직 내 합법적인 질서를 유지하고 구성원들이 관리자 명령에 복종하도록 강조한다. 그러나 이 견해는 권한의 본질을 완전히 설명하지 못하는 한계가 있다. 예를 들어, 많은 법률이나 규칙이 무시되는 사례가 존재하며, 복종이 단지 권한의 수용뿐 아니라 두려움, 습관, 그리고 사회적 관습과 같은 다양한 요인에서 비롯될 수 있음을 간과하고 있다.

두 번째 견해는 공식권한의 기원을 권한수용설(acceptance theory)로 설명한다. 이는 권한의 기초가 권한행사자가 아니라 권한을 받아들이는 사람에게 있다는 관점이다. 이 견해는 조직 내에서 모든 명령이나 지시가 항상 수용되지 않는다는 점에 착안한다. 어떤 지시는 부하에게 받아들여지지만, 다른 경우에는 거부될 수 있다. 다시 말해, 상급자의 명령을 따를지 말지는 궁극적으로 하급자가 결정한다는 것이다.

권한수용설을 강력히 주장한 체스터 바나드(Chester I. Barnard)는 상급자의 권한이 하급자에게 수용되기 위해 다음의 네 가지 조건을 만족해야 한다고 주장했다.[2]

1) 상급자의 권한행사가 하급자에게 이해 가능해야 한다.

2) 지시가 조직의 목표와 일치해야 한다.

3) 지시가 하급자의 개인적 이해와 양립 가능해야 한다.

4) 지시가 정신적, 육체적으로 수행 가능해야 한다.

이러한 조건이 충족될 때, 하급자는 상급자의 지시를 더 쉽게 받아들이고 실행할 수 있다.

조직의 성격이나 목표에 따라 권한의 행사 방식은 차이가 있을 수 있지만, 현대 조직관리에서는 권한수용설에 기초한 권한 개념이 더 적합하다고 평가받는다. 이는 권한이 하향식 명령과 지시를 통해 행사될 수 있을지라도, 합리성과 공감을 바

---

1   Max Weber, "The Three of Managerial Rule," *Berkely Journal of Sociology*, 4, 1953, pp. 1–11 참조.

2   C. I. Barnard, *The Functions of the Executive*, 30th anniversary(ed.) (Cambridge, Mass.: Harvard Univ. Press, 1928), pp. 165–166.

탕으로 해야만 효과적으로 작동될 수 있음을 강조한다. 하급자들은 상급자의 지시가 합리적이라고 판단될 때 순응하지만, 그렇지 않을 경우에는 저항하거나 따르지 않을 가능성이 높다. 따라서 현대 조직에서 권한은 일방적인 강제력이 아니라, 신뢰와 합리성에 의해 뒷받침될 때 더욱 효과적으로 발휘될 수 있다.

2 권력의 원천

권력은 단순히 조직 내 계층에서 비롯된 것이 아니라 다양한 기반을 통해 발생할 수 있다. 프렌치(J. French)와 레이븐(B. Raven)은 권력의 원천을 다섯 가지로 분류하며, 이를 통해 권력이 형성되고 행사되는 다양한 방식을 설명하였다.[3]

1) 보상적 권력(reward power)

보상적 권력은 물질적 보상이나 심리적 만족을 제공할 수 있는 능력에서 비롯된다. 이는 구성원들이 특정 행위를 수행할 경우 그에 대한 보상이 주어질 것이라는 기대에 의해 형성된다. 예를 들어, 민간 기업에서 성과가 뛰어난 직원에게 인센티브를 지급하거나 공공조직에서 우수한 성과를 낸 직원에게 승진 기회를 제공하는 것이 이에 해당한다.

2) 강압적 권력(coercive power)

강압적 권력은 요구 사항을 충족하지 못했을 때 처벌할 수 있는 능력에서 비롯되며, 보상적 권력의 부정적 측면으로 볼 수 있다. 이러한 권력은 구성원들이 최소한의 성과 수준을 유지하도록 강제하는 데 사용된다. 예를 들어, 민간 기업에서 직원의 성과가 저조할 경우 성과 개선 계획(Performance Improvement Plan, PIP)을 부과하

---

3   Hohn R. P. French and Bertram Raven, "The Base of Social Power," in Dowin Cartwright
    (ed.), *Studies in Social Power* (Ann Arbor, Mich.: Univ. of Michigan, 1959), pp. 150–167.

거나 공공조직에서 규정을 위반한 직원에게 징계를 내리는 사례가 강압적 권력의 예가 될 수 있다.

3) 합법적 권력(legitimate power)

합법적 권력은 권한(authority)과 대응되는 개념으로, 구성원들이 특정 범위 내에서 영향력을 행사할 수 있는 권리를 합법적으로 인정할 때 발생한다. 이는 권력 수용자가 권력 행사자의 영향력 행사권을 정당하다고 인정하고, 이를 따라야 한다는 의무감을 가질 때 효과적으로 작동한다. 예를 들어, 공공조직의 고위 공무원이 하급 공무원에게 정책 이행을 지시하거나, 기업의 부장이 팀원들에게 업무를 분배하는 상황이 이에 해당한다.

4) 전문적 권력(expert power)

전문적 권력은 특정한 전문 지식이나 기술에 기반하여 형성된다. 영향력을 받는 사람이 이러한 지식을 신뢰하거나 필요로 할 때 효과를 발휘한다. 예를 들어, 병원의 의사가 환자에게 치료 계획을 설명하거나, IT 전문가가 조직의 기술 문제를 해결하기 위해 조언할 때 전문적 권력을 행사하고 있는 것이다.

5) 준거적 권력(referent power)

준거적 권력은 특정 개인이나 집단이 가진 매력, 카리스마, 또는 특별한 자질에 기인하여 형성된다. 구성원들은 이러한 자질을 닮고자 하거나 동질감을 느껴 권력을 수용하게 된다. 이는 권력 행사자가 의도적으로 권력을 행사하지 않더라도 영향을 미칠 수 있다. 예를 들어, 기업의 리더가 강한 카리스마와 도덕적 리더십을 통해 구성원들에게 존경을 받으며 조직 문화를 형성하는 경우가 준거적 권력의 사례가 될 수 있다.

제 3 편 조직화

위에서 열거된 다섯 가지 권력의 원천은 권력을 행사할 수 있는 잠재적 기반에 해당하며, 권력자가 이를 소유한다고 해서 항상 효과적으로 영향력을 발휘할 수 있는 것은 아니다. 예컨대, 특정 분야의 전문가로서 높은 명성을 가진 사람이더라도, 그의 권위를 수용자들이 받아들이지 않을 경우 원하는 결과를 이끌어낼 수 없다. 따라서 권력의 효과는 단순히 권력자의 권력 원천에 의존하는 것이 아니라, 이를 수용하고 행동에 옮길지 여부를 결정하는 수용자의 인식에 달려 있다.

제 2 절 　 라인과 스탭의 권한

1 라인과 스탭(line & staff)[4]

'라인'과 '스탭'이라는 개념은 군대 조직에서 유래하여 현대 민간 및 공공 조직에서 널리 사용되고 있다. 라인은 지휘권을 행사하는 관리자와 이를 수행하는 조직의 핵심부문을 의미하며, 스탭은 라인을 지원하여 조직의 목표 달성을 도와주는 역할을 담당한다. 그러나 이 두 개념은 업무 범위와 권한 관계가 명확하지 않은 경우가 많아 혼란과 논란의 대상이 되기도 한다. 따라서 먼저 라인권한과 스탭권한의 개념을 정의하고, 두 권한 간의 관계를 명확히 살펴본 후, 기능적 권한과 효과적인 스탭 활용 방안을 논의하고자 한다.

4　라인과 스탭(line & staff)은 '계선과 참모'로 번역되기도 하지만, 여기서는 원어대로 '라인과 스탭'이라는 용어를 사용한다. 군에서는 지휘관(자)과 참모로 간부를 구분하고 있는데, 지휘관(자)이 라인에 해당된다.

2 라인권한과 스탭권한의 개념

조직의 목표를 달성하기 위해 관리자들 간에는 공식적인 협력 관계가 필요하며, 이를 위해 일부 관리자에게는 라인권한(line authority)이, 다른 관리자에게는 스탭권한(staff authority)이 부여된다. 라인권한은 조직의 목표를 직접적으로 수행하는 데 책임이 있으며, 스탭권한은 라인 부문을 지원하고 조직의 목표 달성을 돕는 역할을 한다.

예를 들어, 민간 기업에서는 생산과 판매를 라인 기능으로, 구매, 회계, 품질 관리 등을 스탭 기능으로 분류할 수 있다. 공공기관에서는 정책 수립과 실행을 라인 기능으로 보고, 연구와 자료 제공을 스탭 기능으로 볼 수 있다. 그러나 이러한 구분은 모든 조직에서 항상 명확하게 적용되지는 않는다. 예컨대, 구매 활동이 단순히 스탭 업무로 여겨질 수 있지만, 구매 실패가 제품 생산과 판매에 치명적인 영향을 미친다면, 구매 또한 핵심 라인 기능으로 볼 수 있다.

따라서 라인과 스탭의 구분은 업무 자체가 아니라 권한 관계를 기준으로 정의해야 한다. 라인권한은 관리자와 부하 간 명령-복종 관계를 바탕으로 하며, 지휘계통에 따라 상급자가 하급자에게 권한을 위임하고 이를 통해 상하 계층이 연결된다. 이러한 라인권한은 명령을 수단으로 하여 상급자가 업무 지시를 내리고, 하급자가 이를 수행하고 보고하는 관계를 형성한다. 예를 들어, 제조 기업의 공장장은 생산 공정을 감독하며, 생산직 직원들에게 직접 지시를 내리고 그 결과를 보고받는다.

스탭권한은 조언과 지원의 관계를 기반으로 한다. 스탭 관리자는 자신의 부문 내에서는 라인권한을 가지지만, 다른 부서나 라인 부문에 대해서는 지휘권을 가지지 않는다. 스탭은 라인을 보조하며, 라인 관리자에게 권고와 조언을 제공할 책임이 있다. 그러나 현대 조직에서는 스탭이 특정 상황에서 라인 관리자에게 직접 명령을 내릴 수 있는 기능적 권한(functional authority)이 부여되는 경우도 있다. 예를 들어, 기업의 품질 관리 부서가 생산 부서에 품질 기준을 준수하도록 지시할 수 있는 권한을 가지는 사례가 있다.

③ 라인과 스탭의 관계와 활용

라인과 스탭의 관계는 조직의 효율성과 효과성을 결정짓는 중요한 요소이다. 라인은 목표 수행의 핵심 책임을 지며, 스탭은 이를 지원하는 역할을 한다. 그러나 스탭의 조언이 조직 운영에 실질적으로 반영되지 않거나, 반대로 스탭이 라인의 역할을 침범하여 명령을 내리는 경우, 조직 내 갈등과 혼란이 발생할 수 있다. 따라서 효과적인 스탭의 활용을 위해 다음과 같은 요소를 고려해야 한다.

1) 명확한 역할과 책임 설정

라인과 스탭 간 역할과 책임의 구분이 명확해야 한다. 예를 들어, 공공기관에서 정책 수립은 라인의 책임으로, 데이터 분석과 자료 제공은 스탭의 책임으로 구분해야 한다.

2) 권한 범위의 정의

스탭에게 부여된 권한의 범위를 명확히 설정하고, 필요할 경우 기능적 권한을 활용하여 스탭이 라인 부문에 적절히 개입할 수 있도록 한다. 예를 들어, 법무팀이 계약서 검토 권한을 가지고 영업팀의 계약 체결에 조언하는 사례가 이에 해당한다.

3) 협력과 의사소통 촉진

라인과 스탭 간 협력을 증진하고, 효과적인 의사소통 경로를 마련해야 한다. 예컨대, 정기적인 회의를 통해 라인과 스탭이 조직 목표를 공유하고, 조언과 지원이 적절히 이루어질 수 있도록 한다.

4) 스탭의 전문성 강화

스탭은 자신의 전문 지식을 통해 라인에 실질적인 도움을 제공해야 한다. 이를 위해 지속적인 교육과 훈련을 통해 스탭의 역량을 강화하는 것이 중요하다.

라인과 스탭은 상호 보완적 관계를 통해 조직의 목표 달성을 돕는다. 라인은 직접적인 목표 수행 책임을 지고, 스탭은 이를 지원하는 역할을 하며, 조직의 상황에 따라 적절한 권한 부여와 활용이 이루어져야 한다. 이를 통해 조직은 보다 효율적이고 효과적으로 운영될 수 있다.

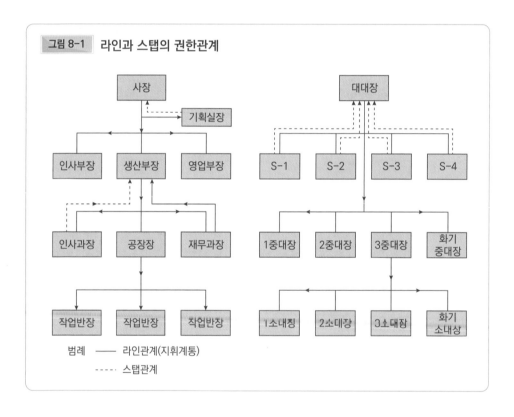

그림 8-1 라인과 스탭의 권한관계

4 기능적 권한

기능적 권한은 특정 부서의 관리자 또는 부서가 다른 부서의 업무활동을 통제할 수 있는 권한을 의미한다. 원칙적으로, 조직 내 모든 권한은 명령일원화 원칙에 따라 라인관리자 또는 지휘관이 행사해야 한다. 그러나 실제 업무에서는 라인관리자가 전문 지식의 부족, 모든 업무를 감독할 시간과 역량의 제한, 방침의 오해나 해석 차이 등의 이유로 이러한 권한을 직접 행사하기 어려운 경우가 있다. 이럴 때 기능적 권한이 부여된다.

기능적 권한은 특정 유형의 전문 관리자에게만 국한되지 않는다. 이 권한은 지휘, 지원, 또는 스탭 부문의 장에게도 부여될 수 있으며, 특히 지원 부문과 스탭 부문에서 더 자주 발생한다. 이는 지원 부문과 스탭 부문이 일반적으로 기능적 통제를 위해 필요한 전문 지식을 가진 전문가들로 구성되어 있기 때문이다.

기능적 권한은 기본적으로 상급지휘관이나 라인관리자가 가지고 있는 권한의 일부를 떼어 내어 특정 스탭 관리자에게 위임하는 형태로 이해할 수 있다. 예를 들어, 기업의 최고경영자(CEO)는 이사회, 회사 정관, 정부 규제 등의 상위 권한에 제한을 받는 것을 제외하고는 회사 관리에 관한 모든 권한을 가진다. 순수한 스탭 관계에서는 인사, 재무, 판매, 홍보 부문의 스탭 관리자들이 CEO의 권한을 침해하지 않는다. 이들의 역할은 단순히 조언을 제공하는 데 그친다. 그러나 CEO가 자신의 권한 일부를 이들 스탭 관리자에게 위임하여 특정 라인 부문에 직접 명령할 수 있는 권한을 부여하면, 이들은 기능적 권한을 가지게 된다.

예를 들어, 인사, 재무, 판매, 홍보 분야의 스탭 관리자들에게 CEO가 직접 라인부문에 명령을 내릴 수 있는 권한을 부여했다고 가정해 보자. 이는 CEO가 해당 전문 분야의 문제에 대해 자신이 결정하지 않고 스탭 관리자들이 직접 결정할 수 있도록 위임한 결과이다. 이러한 방식은 하위 관리자의 경우에도 적용될 수 있다. 예컨대 공장장이 원가관리, 생산관리, 품질관리 과장에게 기능적 권한을 부여하여, 이들이 특정 업무를 직접 처리하도록 위임할 수 있다.

그러나 기능적 권한은 신중하게 제약되어야 한다. 실제로는 기능적 권한이 지나치게 광범위하게 사용되거나, 명확히 정의되지 않아 다른 관리자의 직무에 간섭

하는 문제가 발생하기도 한다. 예를 들어, 인사부장이 공장장에게 일시 해고를 요청하며 연장자를 우선 해고하도록 요구하거나, 종업원의 정당한 휴가 사용을 통제하는 것은 공장장의 고유 권한을 침해하는 사례에 해당한다.

따라서 기능적 권한은 제한적이고 명확하게 정의되어야 한다. 예를 들어, 구매부장의 기능적 권한은 부문별 구매 절차에 한정되도록 하거나, 인사부장의 권한은 고충 처리, 임금 관리, 채용 및 해고와 같은 특정 업무에 국한되도록 해야 한다. 이는 기능적 권한을 행사하는 스탭 관리자뿐 아니라, 이 권한을 수용하는 라인 관리자들에게도 중요한 기준이 된다.

명확히 정의된 기능적 권한은 조직 내 갈등을 줄이고, 라인과 스탭 간의 협력을 촉진하며, 업무 효율성을 높이는 데 기여할 수 있다.

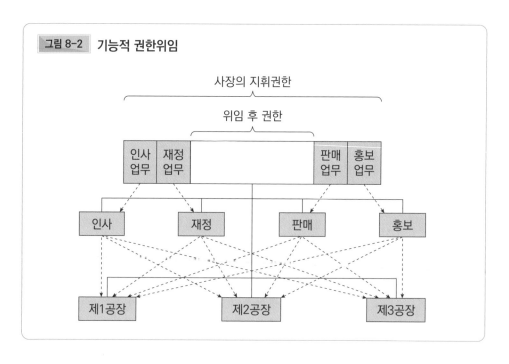

그림 8-2　기능적 권한위임

5 스탭(참모)의 효과적인 활용

라인 관리자와 스탭의 관계를 효과적으로 조정하는 것은 많은 조직에서 직면하는 중요한 과제 중 하나이다. 스탭이 지나치게 많은 기능적 권한을 행사하는 경우,

불합리하거나 무책임한 조언을 제공하는 경우, 업무 수행 중 갈등이나 마찰을 유발하는 경우 등이 종종 있기 때문이다. 이러한 문제들은 조직의 목표 달성을 방해할 수 있으며, 업무의 중복이나 혼선을 야기할 가능성도 크다. 따라서 라인 관리자와 스탭이 원활한 관계를 유지하며 협력할 수 있도록 하기 위해, 관리자와 스탭을 대상으로 다음과 같은 내용에 대한 교육을 할 필요가 있다.

1) 권한관계의 이해

라인과 스탭의 문제를 해결하려면 우선 이들 사이의 권한관계의 본질을 명확히 이해해야 한다. 라인 관리자와 스탭은 단순히 인원 구성이나 업무의 집단화로 간주될 것이 아니라, 권한관계를 중심으로 이해되어야 한다. 대부분의 관리자는 라인과 스탭의 요소를 모두 가지고 있다는 점을 인식해야 한다.

조직의 모든 관리자와 구성원은 자신의 역할이 라인 관리자와 스탭 중 어느 자격에 속하는지를 명확히 이해해야 한다. 라인 권한은 의사결정을 내리고 실행할 권리이며, 스탭 권한은 조언과 충고를 제공할 권리로 제한된다. 라인은 자신의 의사를 명령으로 옮길 수 있지만, 스탭은 자신의 생각을 설득력 있게 제안하여 채택되도록 노력해야 한다.

2) 스탭의 조언 경청

라인 관리자는 스탭의 충고와 조언에 귀를 기울여야 한다. 스탭의 존재 이유는 조언 제공이며, 이는 권한을 침해하거나 비판하려는 의도가 아니다. 라인 관리자와 스탭 간의 마찰은 종종 스탭의 과도한 열성이나 무능에서 비롯되지만, 라인 관리자가 자신의 권한을 지나치게 방어하며 스탭의 조력을 거부할 때도 발생할 수 있다.

라인 관리자가 스탭의 조언을 경청하도록 장려하거나, 필요한 경우 강제적으로라도 조언을 받도록 하는 것이 중요하다. 강제적인 스탭 협조(지원) 관행을 만들어 라인 관리자가 스탭과 상의하도록 유도하는 것도 효과적일 수 있다.

3) 스탭에게 정보 제공

스탭이 허공에서 일한다는 비판은 라인 관리자가 스탭에게 충분한 정보를 제공하지 않을 때 주로 발생한다. 스탭이 적절한 조언을 제공하려면 필요한 정보를 충분히 제공받아야 한다. 스탭이 관리 업무의 모든 세부 사항을 알 수는 없으므로, 라인 관리자는 스탭에게 관련 정보를 명확히 전달해야 한다.

스탭의 조언은 관련된 정보를 바탕으로 정확히 이루어져야 하며, 라인 관리자는 스탭이 제안한 조언에 의지하기 전에 이를 검토해야 한다. 스탭이 라인 관리자의 의사결정을 돕기 위해 필요한 정보를 수집하고 분석하는 역할을 맡는다면, 스탭의 존재 가치는 더욱 높아질 것이다.

4) 완전한 스탭 업무의 수행

스탭은 자신의 조언이 라인 관리자에게 명확하고 완전하게 전달되도록 해야 한다. 스탭의 조언이 불완전하거나 모호하면 문제를 해결하기보다 오히려 새로운 문제를 야기할 수 있다. 예를 들어, 스탭의 결론에 오류가 있거나 관련 이해관계자와 충분히 상의하지 않은 경우, 또는 제안된 행동의 장점뿐만 아니라 단점을 명확히 제시하지 않은 경우, 이는 라인 관리자에게 혼란을 초래할 수 있다.

완전한 스탭 업무란 라인 관리자가 추가적인 연구나 불필요한 과정을 거치지 않고도 제안을 승인 또는 거부할 수 있도록 충분한 정보를 제공하는 것이다. 이를 위해 스탭은 문제를 명확히 검토하고, 관련된 이해관계자들과 협의하며, 발생 가능한 장애 요인을 사전에 해결해야 한다.

5) 조직인으로서 스탭의 직무 인식

스탭의 주된 역할은 라인 관리자가 자신의 직무를 더 잘 수행할 수 있도록 돕는 것이다. 따라서 스탭은 자신의 아이디어가 채택되어 성공적인 결과를 가져오더라도 그 공을 자신에게 돌리려 해서는 안 된다. 이는 동료들과의 관계를 악화시키고,

제 3 편 조직화

라인 관리자와의 신뢰를 저해할 수 있다.

스탭은 자신의 아이디어가 라인 관리자의 공으로 귀결되도록 해야 하며, 이를 통해 라인 관리자가 스탭의 조언을 자발적으로 구하도록 만드는 것이 중요하다. 이를 위해 스탭은 동료들과의 신뢰를 유지하고, 관련 부서의 문제를 이해하며 긴밀한 협력을 유지해야 한다. 궁극적으로, 라인 관리자가 스탭의 조언과 검토를 요청한다면, 이는 스탭이 조직에서 성공적으로 자리 잡았음을 의미한다.

제 3 절 권한위임

조직의 계층과 부서가 결정되면, 각 관리자 및 구성원들에게 적절한 권한과 책임을 부여하여 업무를 수행하게 하는 것이 필수적이다. 이는 개인의 능력과 시간의 제한, 그리고 열정과 지식의 한계로 인해 모든 업무를 한 사람이 전적으로 처리할 수 없기 때문이다. 이처럼 특정 과업을 수행할 권한과 책임을 다른 사람에게 할당하는 과정을 권한위임(delegation of authority)이라고 한다.

권한위임은 여러 이점을 제공한다. 우선, 의사소통 시간을 절약할 수 있으며, 필요한 정보를 가장 빨리 접할 수 있는 계층에서 신속하고 합리적으로 의사결정을 내릴 수 있게 한다. 예를 들어, 대규모 제조업체에서 공장 현장에서 발생하는 문제를 해결하기 위해 현장관리자가 즉각적으로 조치를 취할 수 있다면, 본사에 위치한 최고관리자가 나서서 처리하는 것보다 더 빠르고 적절한 의사결정을 내릴 수 있다. 실제로 현장 경험과 상황 이해도가 높은 하급관리자가 의사결정을 잘 내리는 경우도 빈번히 있다.

그러나 권한위임의 정도는 여러 변수에 의해 영향을 받는다. 조직의 형태와 상황, 구성원 간의 관계, 성원들의 성격 및 능력 등은 권한위임의 범위와 방식에 중요한 영향을 미친다.[5]

---

5   Gerald G. Fisch, "Toward Effective Delegation," *CPA Journal*, 46, No. 7, July 1976, pp. 66-67.

권한위임은 조직 내에서 자율성과 책임감을 동시에 부여하는 과정이다. 적절히 실행되면 의사결정의 속도와 품질을 높이고, 조직 구성원들의 동기부여와 전문성을 향상시키는 데 크게 기여할 수 있다. 따라서 관리자들은 권한위임을 조직 운영의 핵심 요소로 간주하고, 이를 효과적으로 활용하기 위한 노력을 기울여야 한다.

1 권한위임 시 고려사항[6]

적절한 권한위임은 조직 효율성을 향상시킬 수 있지만, 다음의 사항들을 준수하지 않을 경우 오히려 조직 효율성에 부정적인 영향을 미칠 수 있다.

첫째, 충분한 권한의 위임이 이루어져야 한다. 권한위임은 조직 목표를 달성하기 위한 수단을 각 계층의 관리자들에게 제공하는 데 그 의의가 있다. 따라서 기대하는 결과를 성취할 수 있는 충분한 권한이 부여되지 않는다면, 피위임자는 과업을 효과적으로 수행할 수 없다. 예컨대 공공기관에서 특정 프로젝트를 책임지는 하급 관리자에게 예산 집행 권한이 충분히 주어지지 않는다면, 프로젝트의 원활한 진행이 어려울 수 있다.

둘째, 위임된 권한의 명확성이 확보되어야 한다. 권한위임은 구체적일 수도 있고 포괄적일 수도 있으며, 문서화된 경우도 있고 구두로 전달될 수도 있다. 만약 위임된 권한이 불분명하다면, 피위임자는 자신의 직무 범위나 기대되는 결과를 이해하지 못해 혼란을 겪을 수 있다. 예를 들어, 민간기업에서 신규 사업의 전략을 설계하는 역할이 구체적으로 명시되지 않으면 책임소재와 실행 방향에 혼란이 발생할 수 있다.

셋째, 계층의 원칙(scalar principle)을 준수해야 한다. 권한위임은 상부에서 하부로 계통을 따라 연쇄적으로 이루어져야 한다. 이렇게 해야 누가 권한을 위임했는지, 어떤 사항에서 누구의 지시를 따라야 하는지, 그리고 누가 책임을 져야 하는지를 명확히 알 수 있다. 예컨대, 대기업의 지역별 지사에서 본사와 지사의 계층 간 권한과 책임이 명확히 구분되지 않으면 업무 충돌이 발생할 수 있다.

---

6   Harold Koonz et al., *Management*, 7th ed., McGraw-Hill, Inc., 1972, pp. 425~429.

넷째, 지휘일원화(unity of command) 원칙을 지켜야 한다. 피위임자는 한 명의 관리자에게서만 지시를 받고 보고를 해야 한다. 만약 여러 명의 관리자로부터 지시를 받는다면, 피위임자는 누구의 지시를 따를지 혼란을 겪게 되고 책임소재도 불분명해질 수 있다. 예를 들어, 행렬조직에서 프로젝트 팀원이 기능부서장과 프로젝트 매니저의 지시를 모두 받아야 할 경우, 우선순위가 혼란스러워질 수 있다.

다섯째, 책임의 양도는 불가하다. 권한위임은 업무를 맡긴 상급자 자신의 책임까지 양도하는 것을 의미하지 않는다. 이는 권한을 위임한 관리자가 여전히 최종 책임을 져야 한다는 것을 뜻한다. 마찬가지로 피위임자도 자신이 맡은 권한과 관련하여 결과에 대한 책임을 져야 한다.

여섯째, 권한과 책임의 균형을 유지해야 한다. 권한은 과업 수행의 권리이며, 책임은 이를 수행할 의무이다. 따라서 권한과 책임은 항상 균형을 이루어야 한다. 예를 들어, 과도한 책임을 부여하면서 권한을 제한한다면, 피위임자는 자신의 과업을 효과적으로 수행할 수 없다.

이와 같은 권한위임의 고려사항들은 대부분의 상황에서 적절하지만, 일부 한계를 가지고 있다.

첫째, 권한수용설(acceptance view)의 간과이다. 권한이 효과적으로 발휘되려면 구성원들이 권한의 합법성을 인정해야 한다. 관리자들은 공식적인 권한을 통해 과업을 위임할 수 있지만, 부하가 그 권한을 인정하지 않으면 위임의 효과는 사라진다. 따라서 권한위임 과정에서 부하들의 지지를 확보하는 것이 필수적이다.

둘째, 현대 조직의 복잡성으로 인해 지휘일원화 원칙의 위반이 빈번히 발생한다. 예컨대 행렬조직에서는 이중보고체제가 기본 구조로 자리 잡고 있다. 이러한 체제는 지휘일원화 원칙을 위반하지만, 행렬조직의 유연성과 효율성을 극대화하기 위해 지휘일원화 원칙의 위반을 허용하기도 한다.

위와 같은 권한위임 시 고려사항들은 대부분의 상황에서 유용하며, 이를 준수하지 않을 경우 조직에 문제가 발생할 수 있다. 그러나 상황에 따라 특수한 목표를 달성하기 위해 의도적으로 이러한 원칙들을 수정하거나 생략해야 할 필요가 있는 경우도 있다. 따라서 관리자는 조직의 목표와 상황을 고려하여 권한위임 방식을 신중하게 설계하고 실행해야 한다.

2 효과적인 권한위임

권한위임이 적절히 이루어진다면 조직의 효율성을 크게 높일 수 있으며, 다음과 같은 몇 가지 중요한 이점을 얻을 수 있다.

첫째, 시간적 여유 확보를 통해 관리자가 중요한 업무와 돌발적인 문제에 집중할 수 있다. 모든 업무를 스스로 처리하려는 관리자는 잡다한 일에 얽매여 주요 과업을 제대로 수행할 시간이 부족해질 수 있다. 반면, 권한을 적절히 위임하면 관리자는 더 많은 시간을 전략적 사고와 창의적인 아이디어 개발에 활용할 수 있다.

둘째, 부하 직원의 능력을 계발할 수 있다. 권한위임을 통해 부하들은 책임감을 느끼고 스스로 판단하며 과업을 수행하게 된다. 이는 부하들의 훈련 효과를 증진시킬 뿐 아니라, 자신감과 창의성을 고취시킨다. 예를 들어, 공공기관에서 신규 프로젝트를 담당하는 부하에게 권한을 위임하면 프로젝트를 주도적으로 관리하는 능력을 개발할 수 있다.

셋째, 업무 수행의 효율성을 높일 수 있다. 권한위임은 특정 과업을 가장 잘 아는 계층에게 권한을 부여하여 업무를 더욱 효과적으로 수행할 수 있게 한다. 예를 들어, 민간기업의 영업현장에서 현장 팀장이 고객 요구를 즉각 처리하는 것이 본사 관리자보다 더 효과적일 수 있다.

넷째, 신속한 의사결정으로 급변하는 환경에 대응할 수 있다. 권한위임은 의사결정 과정을 단축시켜 신속하게 상황에 맞는 조치를 취할 수 있도록 돕는다. 예컨대, 위기 상황에서 현장 관리자에게 권한을 위임하면 빠르게 대응책을 실행할 수 있다.

1) 권한위임의 장애 요인

권한위임의 이점에도 불구하고, 많은 관리자들은 권한위임을 꺼리는 경향이 있다. 이는 다음과 같은 이유에서 기인한다.

첫째, 관리자의 불안감이다. 관리자는 부하들의 행동에 대해 책임을 져야 하기 때문에 권한위임을 꺼릴 수 있다. 또한 반대로 부하들이 업무를 너무 잘 수행하여 자신의 권한이 약화될 것을 두려워할 수도 있다.

둘째, 관리자의 능력 부족이다. 일부 관리자는 융통성이 부족하거나 권한위임의 방법을 알지 못해 누구에게 어떤 과업을 맡겨야 하는지, 그리고 적절한 통제체계를 어떻게 구축해야 하는지를 모른다.

셋째, 부하에 대한 확신 부족이다. 부하들이 충분한 지식과 기술을 보유하지 못했다고 판단될 경우 관리자는 권한위임을 꺼릴 수 있다. 그러나 이러한 이유는 단기적으로는 정당화될 수 있으나, 장기적으로는 부하 교육과 훈련을 소홀히 한 관리자 자신의 책임으로 돌아올 수 있다.

한편, 부하들이 권한위임을 꺼리는 경우도 있다. 이는 불안감에서 기인할 수 있다. 책임과 위험을 회피하려는 부하들은 상급자의 모든 결정을 선호하며, 실수로 인해 비난받거나 해고될 것을 두려워할 수 있다. 또한, 권한위임으로 인한 추가 책임에 대해 충분한 인센티브가 제공되지 않을 경우, 부하들은 추가 책임을 받아들이는 데 소극적일 수 있다.

2) 효과적인 권한위임 방안

권한위임을 효과적으로 실행하려면 다음의 기본 요건을 충족해야 한다.

첫째, 관리자는 부하들에게 실질적인 권한을 부여해야 한다. 부하들은 과업을 수행하면서 스스로 판단할 권한을 가져야 하며, 잘못된 결정이 있을 경우 이를 해결하고 배우도록 지원받아야 한다.

둘째, 의사소통의 개선을 통해 상호 이해를 증진해야 한다. 관리자는 부하의 능력을 잘 파악하고 적합한 과업을 위임해야 하며, 부하는 관리자가 자신을 후원한다고 느껴야 책임감을 강화할 수 있다.[7]

셋째, 알렌(L. Allen)은 효과적인 권한위임을 위해 다음과 같은 방안을 제시한다.[8]

---

7   William Newman, "Overcoming Obstacles to Effective Delegation," *Management Review*, 45, No. 1, January 1956, pp. 36-41.

8   Louis Allen, *Management and Organization* (New York: McGraw-Hill, 1958).

- 목표의 확립: 부하들은 자신들에게 위임된 과업의 목적과 중요성을 명확히 이해해야 한다.
- 권한과 책임의 명확화: 부하들은 조직의 자원을 어떻게 활용할 수 있으며, 어떤 책임을 져야 하는지 알아야 한다.
- 동기부여: 책임만 강조해서는 부하들이 과업을 성실히 수행하지 않는다. 성공적인 과업 수행을 위해 적절한 동기부여가 필수적이다.
- 교육훈련의 실시: 부하들에게 직무 성과를 높이는 방법을 가르쳐야 한다.
- 적절한 통제체계의 확립: 관리자는 부하들의 업무를 지나치게 감독하지 않고도 적절히 통제할 수 있는 체계를 갖추어야 한다. 예를 들어, 일일보고서나 주간보고서와 같은 체계를 통해 감독 시간을 최소화할 수 있다.

이러한 방법들을 통해 권한위임의 장애 요인을 극복하고, 조직의 효율성을 극대화할 수 있을 것이다.

③ 분권화와 재집권화

조직에서 분권화(decentralization)는 권한위임과 밀접한 관계가 있다. 권한이 조직의 하층부로 많이 위임될수록 분권화의 정도가 높아진다. 반대로 집권화(centralization)는 의사결정권이 조직의 상층부에 집중되어 있는 정도를 의미한다. 따라서 상층부에 의사결정권이 집중되면 집권화의 정도가 높고, 하층부에 의사결정권이 분산되면 분권화의 정도가 높다고 할 수 있다.

분권화의 장점은 권한위임의 장점과 유사하다. 현장에 가까운 부서나 하급관리자가 상황에 맞는 결정을 신속히 내릴 수 있다는 이점이 있다. 그러나 분권화가 항상 바람직한 것은 아니다. 분권화가 지나치게 이루어지면 조직 전체를 효과적으로 통합하고 조정하기가 어려워질 수 있다. 따라서 관리자들은 분권화 여부(분권화를 할 것인가 말 것인가)가 아니라 분권화 정도(어느 정도까지 분권화를 할 것인가)를 고민해야 한다.

적절한 분권화의 정도는 조직의 시간적 상황, 부서의 특성, 환경적 요인 등에 따라 달라질 수 있다. 예를 들어, 생산부서와 판매부서는 비교적 분권화되는 경향이 있지만, 자금부서는 집권화되는 경우가 많다.

1) 분권화의 영향요인

분권화는 조직의 목표를 효율적으로 달성하는 데 도움이 되는 경우에만 가치를 가진다. 적절한 분권화의 정도를 결정하는 데는 여러 요인들이 영향을 미치는데, 주요 요인은 다음과 같다.[9]

첫째, 의사결정 비용이다. 의사결정을 하는 데 드는 금전적 또는 비금전적 비용 측면에서, 상층부에서 결정하는 것과 하층부에서 결정하는 것 중 어떤 것이 더 효율적인지를 기준으로 분권화 정도가 결정된다. 예를 들어, 제조업체에서 대형설비를 구매하는 결정은 높은 비용과 리스크를 수반하므로 최고위층에서 이루어지는 반면, 사무용 비품 구매와 같은 일상적이고 사소한 결정은 하급 관리자에게 위임될 수 있다. 또한, 제약회사의 품질관리는 제품의 안전성과 회사의 명예에 직결되기 때문에 최고관리층이 담당하는 경우가 많다.

둘째, 조직방침의 통일성이다. 조직의 일관성을 중시하는 관리자들은 집권화를 선호하는 경향이 있다. 집권화는 조직의 방침과 규정을 일관되게 수행할 수 있도록 돕는다. 그러나 창의성과 자율성을 강조하려면 분권화를 통해 부하들이 자신의 판단에 따라 행동할 수 있는 기회를 제공해야 한다.

셋째, 조직의 경제적 규모이다. 조직의 규모가 커질수록 의사결정의 수와 관련된 직위가 많아져 조정이 복잡해진다. 따라서 대규모 조직은 권한을 분산하거나 여러 단위로 조직을 세분화함으로써 효율성을 높일 수 있다. 그러나 분권화로 인해 부서 간 협력이 부족해지고 조직 전체의 목표 달성이 어려워질 위험도 있다.

넷째, 하급관리자의 능력이다. 분권화는 유능하고 훈련된 하급관리자의 존재를 전제로 한다. 하급관리자의 역량이 부족하면 권한위임의 범위가 제한될 수 있다. 그러나 하급관리자에게 권한을 위임하지 않는 것이 그들의 능력 부족 때문이라면, 이는 결국 관리자의 부하 육성 실패로 귀결될 수 있다.

---

9   Koonz et al., *op. cit.*, pp. 432-440; Stoner, *op. cit.*, pp. 320-321.

다섯째, 통제기술의 발달 상태이다. 통제기술이 발달하면 권한위임이 더 용이해진다. 예를 들어, 통계기법, 회계 시스템, 정보통신기술은 하급관리자가 의사결정을 적절히 내리고 있는지를 확인할 수 있도록 지원한다. 유능한 관리자는 적절한 통제시스템 없이 분권화를 시행하지 않을 것이다.

여섯째, 조직환경의 영향이다. 정부 규제, 노동조합, 조세 정책과 같은 외부 요인도 분권화의 정도에 영향을 미친다. 예를 들어, 정부가 물가를 통제하는 경우, 판매부장은 가격 결정을 자유롭게 할 수 없으며, 제한된 물자 배급 정책이 있는 경우 구매와 사용에 관한 권한은 상위 관리자에게 집중될 가능성이 높다.

이 외에도 다양한 요인이 분권화와 재집권화에 영향을 미칠 수 있다. 관리자는 이러한 요인들을 종합적으로 고려하여 조직의 상황에 맞는 적절한 권한위임과 분권화를 결정해야 한다.

2) 재집권화

세계적인 경제성장과 조직 규모의 확대로 인해 많은 조직에서 분권화의 필요성이 커지면서 분권화가 일반적인 운영 방침으로 자리 잡아 왔다. 그러나 지나치게 분권화된 조직은 조정과 통제의 어려움으로 인해 운영 효율성이 저하될 가능성이 있다. 이에 따라 많은 조직에서 효과적인 운영을 보장하기 위해 분권화를 조정하고 권한을 다시 집중화하려는 재집권화(recentralization)의 움직임이 나타났다. 재집권화는 단순히 분권화의 반대 과정을 의미하지는 않는다. 관리자는 한 번 위임한 권한을 모두 회수하는 것이 아니라, 필요에 따라 특정 영역이나 상황에 한정하여 부분적으로 권한을 재집권화하는 방식으로 진행하기도 한다.

재집권화는 조직의 성장과 발전, 분권화로 인해 발생한 문제를 해결하기 위한 중요한 도구로 활용된다. 예를 들어, 최고경영자가 조직에 대한 통제력을 상실했다고 느끼거나, 조직이 외부 환경의 변화나 내부적인 어려움으로 인해 위기에 처해 있을 때, 재집권화를 통해 의사결정권을 상층부로 집중시킬 수 있다. 이를 통해 위기 상황에서 신속하고 일관된 대응을 도모할 수 있다.

또한 재집권화는 조직의 특정 부서나 기능에 대한 통제를 강화하기 위해 시행되기도 한다. 예를 들어, 자금 조달과 관리에서 문제가 발생했다고 판단되면, 자금 부서에 대한 최고경영층의 직접적인 통제가 필요할 수 있다. 이 경우, 자금 운용과 관련된 의사결정권을 하위 관리자나 부서에서 다시 상층부로 회수하여 자원의 사용과 배분에 대한 일관성을 유지하고, 재무적 안정성을 확보한다.

재집권화는 특히 변화가 빠르고 복잡한 경영 환경에서 조직이 효율성을 유지하고 적응력을 강화하는 데 필요한 전략적 선택으로 자리 잡고 있다. 이는 분권화와 재집권화의 균형을 유지하며, 조직의 상황과 요구에 따라 유연하게 대응할 수 있는 능력을 제공한다. 재집권화를 성공적으로 수행하기 위해서는 각 부문에 위임된 권한의 효과를 지속적으로 평가하고, 조직 전체의 목표와 일치하지 않는 영역에 대해 권한을 조정하는 과정이 필수적이다.

　　영향력, 권력, 권한은 조직생활에서 필수적인 요소이다. 전통적 견해에 따르면, 공식권한은 부하들이 인정하고 따라야 할 합법적인 권리로 간주된다. 반면, 권한수용설에서는 부하들이 해당 권한을 받아들였을 때만 합법성을 가지게 된다. 권력은 보상적 권력, 강압적 권력, 합법적 권력, 전문적 권력, 준거적 권력으로 분류되며, 권력 사용 시 관리자들은 지배와 복종을 기반으로 한 접근방식 또는 부하의 동기부여와 지원을 강조하는 접근방식을 선택할 수 있다. 그러나 효과적인 관리는 권력의 사용을 최소화하는 데 있다.

　　라인권한과 스탭권한의 구분은 권한관계로 설명하는 것이 바람직하다. 라인권한은 상급자가 하급자에게 직접 명령하고 이를 따르게 하는 명령-복종 관계로 구성되며, 스탭권한은 조언과 보조 역할을 담당한다. 그러나 일부 조직에서는 스탭이 라인관리자에게 직접 명령을 내릴 수 있는 기능적 권한을 부여하기도 한다. 이러한 권한 구분은 라인관리자와 스탭 간의 갈등을 조정하고 권한의 명확성을 확보하는 데 중요한 역할을 한다.

　　라인관리자와 스탭 간의 효과적인 협력을 위해서는 라인관리자가 권한의 본질을 명확히 인식하고 스탭의 조언에 귀를 기울이며, 스탭에게 충분한 정보를 제공해 역할을 수행할 수 있도록 해야 한다. 또한 스탭은 자신의 업무가 라인관리자에게 도움을 주는 데 목적이 있음을 인식하고, 성공적인 결과에 대한 공을 라인관리자에게 돌리는 태도를 견지해야 한다.

　　권한위임은 조직의 자원을 효율적으로 활용하기 위해 필수적이다. 전통적으로 권한위임은 권한과 책임의 균등 원칙, 계층의 원칙, 지휘일원화 원칙 등을 준수해야 한다. 그러나 이러한 원칙들이 모든 상황에 적용될 수 있는 것은 아니다. 권한위임을 저해하는 요소로는 관리자가 권한위임을 꺼려하거나, 부하들이 책임 부담을 회피하며 권한 수용을 꺼려하는 경우가 있다. 이러한 장애를 극복하기 위해 관리자는 부하들에게 명확한 책임관계를 설정하고, 동기부여와 교육훈련을 제공하며, 적절한 통제 시스템을 마련해야 한다.

권한위임은 분권화와 밀접한 관계가 있다. 위임의 정도가 커질수록 조직의 분권화 정도도 높아진다. 적정한 분권화 수준은 조직의 외적 환경, 규모, 내적 특성에 따라 달라질 수 있다. 조직은 이러한 요인들을 고려하여 분권화와 집권화를 균형 있게 조정함으로써 효과적인 운영을 도모해야 한다.

제 9 장

조정

조직에서 활동들이 분업화되고 부문화가 이루어지면, 관리자는 이러한 분화된 활동들을 조직의 목표를 달성하기 위한 방향으로 조정하는 것이 필요하다. 본 장에서는 조정의 개념과 필요성, 그리고 효과적인 조정 방법에 대해 논의한다.

제 1 절 　 조정의 의의와 필요성

조정은 조직의 목표를 효과적으로 달성하기 위해 여러 하위 단위(부서 또는 기능 영역)의 목표와 활동을 통합하는 과정이다. 관리자는 과업이나 업무의 효율성을 높이기 위해 조직의 작업을 전문화된 기능이나 부서로 나누는 동시에, 이 분화된 활동들을 전체적으로 조정해야 할 필요성을 느낀다.

조정이 없다면, 조직의 구성원과 부서는 전체 조직에서 자신의 역할을 명확히 인식하지 못한 채 개별적인 목표에만 초점을 맞추게 되고, 이로 인해 조직 전체의 목표를 희생시키는 상황이 발생할 수 있다.

조정의 필요성은 수행되는 과업의 성격, 의사소통 요구 수준, 그리고 부서 간 상호의존성 정도에 따라 달라진다. 조정은 조직의 과업이 여러 부서의 정보를 필요로 하고 그러한 정보가 성과에 직접적으로 기여할 때 더욱 필수적이다. 예를 들어, 비정형적이고 예측 불가능한 일이나 환경 변화가 많은 과업, 또는 다른 부서의 정보와 자원이 필요한 작업일수록 조정이 더 중요하다.

그러나 과업이 다른 부서와의 상호작용을 거의 요구하지 않는다면, 조정을 위한 상호작용에 많은 시간을 소비하지 않고도 일이 원활하게 진행될 수 있다.

조정의 필요성과 도전: 조정의 필요성이 증가함에 따라 조정의 난이도도 증가한다. 마찬가지로, 조직 내 전문화와 분업이 심화될수록 조정의 필요성도 커지지만, 서로 다른 부서들의 전문적인 활동을 조율하는 일은 더욱 복잡해진다. 전문화된 부서의 구성원들은 자신들만의 목표를 설정하고 이를 달성하려는 경향이 강하기 때문이다.

예를 들어, IT 부서의 컴퓨터 전문가들이 최신 기술을 도입해야 한다고 주장할 때, 이를 다른 부서와의 필요와 비용 대비 효용성을 고려하지 않고 실행하려 한다면 문제가 발생한다. 예컨대, 회계 부서에서 현재의 시스템으로 충분히 효율적인 운영이 가능하다고 판단했음에도 IT 부서가 최신 시스템 도입을 강력히 주장한다면, 관리자는 이러한 목표 충돌을 해결하기 위해 조정의 필요성을 느끼게 된다.

조직의 시너지 효과: 관리자는 조직을 단순히 독립적인 부서나 개인의 목표가 집합된 구조로 보는 것이 아니라, 조직적인 협동과 상호작용을 통해 더 큰 성과를 창출할 수 있는 체계로 인식해야 한다. 축구 경기에서 개인 기술이 뛰어난 선수가 혼자 모든 득점을 할 수 없듯이, 조직 역시 부서나 구성원의 협력 없이 전체적인 목표를 달성할 수 없다.

따라서 관리자는 구성원들에게 조정의 중요성을 주지시키고, 조정을 통해 조직 전체의 성과를 극대화하는 시너지 효과(synergy effect)를 강조해야 한다. 이를 통해 조직은 각 부서의 독립적인 목표를 통합하고, 조직 전체가 일관성 있고 효율적으로 운영될 수 있다.

제 2 절 　효과적인 조정방법

조정의 기본 요건은 의사소통이다. 조정은 정보의 획득, 전파, 그리고 처리 능력과 직접적으로 연결되어 있으며, 조정되어야 할 과업의 불확실성이 클수록 정보에 대한 필요성도 높아진다. 이러한 이유로 조정은 정보를 효과적으로 처리하는

과정이라고 볼 수 있다.[1]

조정을 효과적으로 수행하기 위한 접근법은 <그림 9-1>에서 보는 바와 같이 크게 세 가지로 나눌 수 있다.

첫 번째 접근은 기본적인 관리기법을 활용하는 것이다. 관리계층(managerial hierarchy)을 활용하여 명확한 보고 및 지휘 체계를 확립하고, 조직활동에 일반적인 지침을 제공하는 목표설정(goal setting), 그리고 활동을 구체적으로 안내하는 규정과 절차(rules and procedures)를 수립하여 활용한다. 예를 들어, 지방정부의 환경부서는 폐기물 처리 절차에 대한 명확한 규정을 통해 관련 부서 간의 역할을 구분하고 업무를 효과적으로 조정할 수 있다. 이러한 접근법은 비교적 조정 요구가 적은 조직에서 적합하며, 추가적인 조정 방법이 필요하지 않을 수도 있다.

두 번째 접근은 부서 간 상호의존성을 고려하는 것이다. 조정은 조직의 여러 하위부서 간 상호의존성이 높아지거나, 조직의 규모와 기능이 확대될 때 더욱 필요하다. 이러한 상황에서는 조직 및 부서 목표를 달성하기 위해 필요한 정보의 양이 증가하고, 이를 처리할 조정 잠재력도 함께 높아져야 한다. 예를 들어, 대형 제조업체는 생산, 물류, 품질 관리 부서 간 긴밀한 협력이 필수적이다. 이를 위해 정기적인 회의, 협업 소프트웨어, 부서 간 조정 역할을 담당하는 팀을 활용하여 정보를 교환하고 의사결정을 내릴 수 있다.

세 번째 접근은 조정 잠재력을 증가시킴과 동시에, 조정의 필요성을 감소시키는 것이다. 이는 조정을 위한 새로운 방법을 개발하는 것이 비효율적일 수 있는 상황에서 적립하다. 예컨대, 조정의 필요성이 지나치게 높아 조직 운영에 과도한 부담을 준다면, 관리자는 조정의 필요성을 줄이기 위한 대안을 모색해야 한다. 이를 위해 하위 부서에 더 많은 자원을 제공하거나, 과업을 자체적으로 수행할 수 있도록 부서를 재편성하는 방안을 고려할 수 있다. 현대 공공조직에서 예산 집행 권한을 지역 단위 부서로 이양하여 중앙조직의 조정 부담을 줄이는 사례가 이에 해당한다. 또한, 성과 목표를 현실적으로 낮추는 것도 조정의 필요성을 줄이는 방법이

---

1   Jay R. Galbraith, "Organization Design An Information Processing View," *Interface*, 4, No. 3, May 1974.

 제 3 편 조직화

될 수 있다.

이와 같은 접근방식은 조직의 조정 필요성과 상황에 따라 유연하게 적용될 수 있으며, 최적의 조정을 이루기 위한 중요한 전략으로 작용한다.

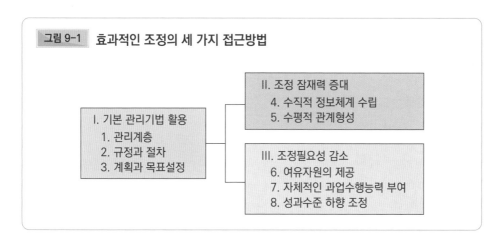

그림 9-1 효과적인 조정의 세 가지 접근방법

I. 기본 관리기법 활용
1. 관리계층
2. 규정과 절차
3. 계획과 목표설정

II. 조정 잠재력 증대
4. 수직적 정보체계 수립
5. 수평적 관계형성

III. 조정필요성 감소
6. 여유자원의 제공
7. 자체적인 과업수행능력 부여
8. 성과수준 하향 조정

1 기본 관리기법의 활용

조직활동의 조정을 위해 관리계층, 규정과 절차, 그리고 계획과 목표설정 방법은 중요한 역할을 한다. 각 기법이 조정에 미치는 영향을 다음과 같이 논의한다.

1) 관리계층

대규모 조직에서는 <그림 9-2>에서 보는 바와 같이 상층에서 하층까지 연결된 일련의 지휘계통(chain of command)을 통해 상하 간의 의사소통과 권한 위임이 이루어진다. 이 체계는 각 계층이 상급자에게 책임(accountability)을 지도록 명확히 규정하며, 이를 통해 상급자는 하급자의 성과를 평가하고 계층 간의 조정을 원활히 수행할 수 있다. 예컨대, 대기업의 경우 마케팅 부서와 생산 부서 간 의견 충돌이 발생했을 때, 이견을 조정하기 위해 부서장을 통해 결정을 내리는 방식이 사용된다.

또한 지휘계통은 갈등 해결의 기본 수단이 된다. 예를 들어, 서로 다른 업무 방식으로 충돌하는 두 직원은 그들의 상급자에게 문제 해결을 요청할 수 있다. 그러나 조직계층이 너무 엄격하면, 하급자가 상급자와 직접 의사소통할 수밖에 없어 의사결정이 집중되고 병목현상이 발생할 수 있다. 특히 불확실성이 높은 상황에서는 관리자의 한정된 능력과 시간이 의사소통을 방해할 수 있다.

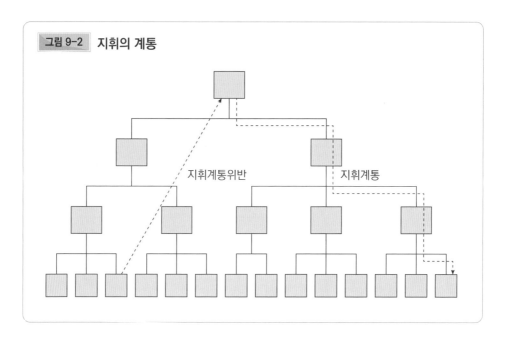

그림 9-2 지휘의 계통

지휘계통위반

지휘계통

2) 규정과 절차

규정과 절차는 일상적인 상황에 대한 처리 지침으로, 조정과 통제를 효율적으로 지원한다. 이들이 명확히 정의되고 조직 성원들에게 공유되면, 일상석인 업무는 상급자의 지시 없이도 빠르게 처리될 수 있다. 예를 들어, 공공기관이 민원 처리를 위한 표준 절차를 정의하면, 직원들이 신속히 대응할 수 있어 관리자들은 더 복잡한 문제에 집중할 수 있다.

하지만 규정과 절차는 모든 상황을 포괄하지 못하므로, 상황에 따라 유연하게 적용해야 한다. 지나치게 복잡한 규정을 도입하면 오히려 비효율적일 수 있다. 따라서 규정은 실용적이고 명확해야 하며, 필요시 재검토 및 수정이 가능해야 한다.

3) 계획수립과 목표설정

계획과 목표는 조직활동을 조정하는 강력한 도구다. 이를 통해 조직의 하위부서들이 동일한 목표를 향해 나아가도록 조정할 수 있다. 예를 들어, 환경 NGO가 탄소 배출 감소라는 공동 목표를 설정하면, 각각의 부서는 이를 달성하기 위한 역할을 명확히 이해하고 협력할 수 있다.

목표 설정은 하위부서에 권한을 위임하는 데도 유용하다. 하위부서가 조직의 목표를 이해하면, 부서의 활동이 조직 전체의 목표와 일치하도록 조율될 수 있다. 다만 목표가 실현 불가능하거나 환경 변화로 인해 목표 달성이 어려워질 경우, 목표를 재평가하거나 추가적인 조정수단을 마련해야 한다.

계획과 목표가 조정의 수단으로 활용되기 위해서는 조직 성원들이 이를 수용하고 자신의 책임을 명확히 인식해야 한다. 또한 불확실성이 높은 환경에서는 목표 달성 여부에 대해 유연성을 유지하고, 필요시 적절한 조치를 취해야 한다.

2 조정 잠재력의 증대

기존의 조정방법이 적절하지 않거나 효과를 발휘하지 못할 때, 조직은 수직적 및 수평적 조정 잠재력을 증가시키는 새로운 방법을 개발해야 한다.

1) 수직적 정보체계의 수립

수직적 정보체계(vertical information system)는 조직 내 정보가 계층을 따라 효율적으로 전달되도록 설계된 조정체제이다. 이러한 정보 전달은 지휘계통의 내부뿐만 아니라 외부에서도 이루어지며, 관리정보시스템(Management Information System, MIS)을 활용하여 다양한 부서의 데이터를 통합적으로 관리함으로써 달성할 수 있다. MIS는 인사, 마케팅, 재무, 생산 등 조직의 주요 활동에서 정보를 수집하고 분석하여 계획, 조정, 통제를 지원한다. 예를 들어, 대형 제조기업에서 재고 관리 시스템을 MIS로 통합하면 생산과 공급망의 조정이 더욱 원활해진다.

정보 전달 능력을 높이기 위해 의사소통체계와 언어를 표준화하는 것도 중요하다. 예를 들어, 공공기관에서 회계 체계를 표준화하면 예산 계획과 집행 과정에서 발생하는 혼선을 줄일 수 있다. 하지만 전달되는 정보의 양이 많아져 의사결정자가 처리 능력을 초과하는 상황이 발생할 수 있다. 이러한 경우, 보조 인력을 추가하거나 데이터 분석 또는 인공지능과 같은 ICT 기술을 활용하여 정보 처리 능력을 강화할 수 있다.

공식적인 관리정보체계는 전달되는 정보가 명확하고 계량화될 수 있을 때 가장 효과적이다. 예를 들어, 생산 보고서나 판매 실적은 숫자로 명확히 표현되기 때문에 효율적으로 전달된다. 반면, 정보가 질적이거나 계량화하기 어려운 경우에는 정보 전달보다는 해당 의사결정을 하위 계층에서 처리하도록 권한을 위임하는 것이 효과적일 수 있다. 예컨대, 창의적 아이디어나 복잡한 프로젝트의 초기 기획은 하위 부서에서 다루고, 주요 전략적 결정은 상위 계층에서 처리하는 방식이 이를 뒷받침한다.

이를 통해 수직적 정보체계는 정보 흐름을 원활히 하고, 상위 및 하위 계층 간의 효과적인 조정을 촉진함으로써 조직 전체의 목표 달성을 지원한다.

2) 수평적 관계형성

수평적 관계형성은 조직 내 수직적인 지휘계통을 넘어, 동일 계층에서 정보를 교환하고 의사결정을 이루는 조정 방식을 의미한다. 현대 조직의 복잡성과 부서 간 분화가 심화됨에 따라, 같은 계층 내 성원과 부서 간 조정은 필수적이다. 단순히 수직적 명령 체계에 의존하기보다 수평적 상호작용을 통해 조정을 강화하는 방법은 점점 중요해지고 있다.

(1) 조정자(Integrating Roles)

조정자는 밀접하게 연관된 두 부문 간의 원활한 협력과 소통을 위해 설정되는 특수 직책이다. 이를 수행하는 사람은 연락대표, 협상자, 코디네이터 등으로도 불리며, 부서장 간의 협력이 충분치 않을 때 활용된다. 예컨대 대형 병원에서 IT 부서

제 3 편 조직화

와 의료기기 관리 부문 사이의 조정자가 두 부문의 요구 사항과 문제를 중재하면, 효율성이 크게 향상된다. 이러한 역할은 관계 부서 간 갈등 해소, 협력 증대, 그리고 부문 간 시너지를 창출하는 데 기여한다.

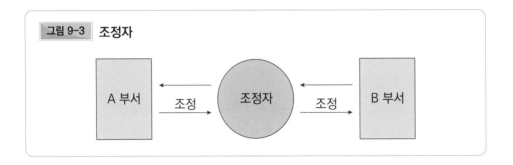

그림 9-3 조정자

(2) 위원회(Committee)

조정자는 두세 부문 간의 협력에서는 효과적일 수 있으나, 더 많은 부문 간 조정이 필요할 경우에는 위원회 구성이 바람직하다. 위원회는 여러 부서와 계층의 대표를 모아 일정 기간 동안 운영되거나, 영구적으로 유지될 수 있다. 조직 내 협조가 부족하거나 의사소통에 어려움이 있을 때, 위원회는 전체적인 관점에서 의사결정을 지원하고 조정을 강화하는 중요한 수단이 된다.

위원회의 장점은 다음과 같다.

첫째, 다양한 경험과 지식을 갖춘 구성원이 참여함으로써 보다 정확하고 신뢰성 높은 의사결정을 내릴 수 있다.

둘째, 문제 해결 과정에 각 부문이 직접 참여하여 결정사항에 대한 이해와 수용도가 높아져 실행 과정에서 설득의 노력과 혼란을 줄일 수 있다.

셋째, 위원회의 토론을 통해 부서 간 활동의 상호 의존성을 이해함으로써 전체적인 목표 달성에 필요한 조정을 용이하게 한다.

넷째, 관리자 훈련의 장으로 활용될 수 있다. 위원회 활동은 관리자들에게 폭넓은 시각을 제공하며, 상급 관리자는 이를 통해 하급 관리자의 역량과 스타일을 평가할 기회를 얻는다.

다섯째, 위원회를 통해 권한이 분산되어 권력의 집중을 방지할 수 있다. 이는 의사결정 과정에서 권력 남용이나 편향된 판단을 예방하는 효과가 있다.

그러나 위원회 운영에는 몇 가지 문제점도 있다.

첫째, 개인 의사결정보다 시간과 비용이 많이 소요된다.

둘째, 책임이 분산되어 위원회의 결정에 대한 개인적 책임감이 낮아질 수 있다. 이는 실행 중 발생하는 문제 해결 노력의 저하로 이어질 가능성이 있다.

셋째, 특정 개인이 위원회 내에서 과도한 영향력을 행사하면 합리적인 의사결정이 방해받을 수 있다.

넷째, 집단 책임의 특성상, 결정사항의 실질적인 실행을 보장하기 어렵다.

위와 같은 장단점을 고려할 때, 위원회는 조직 내 조정과 조언을 지원하는 데 적합하나, 의사결정과 집행 권한을 부여하기에는 한계가 있다. 따라서 위원회는 관리 체계를 보완하는 수단으로 적절히 활용되어야 한다.

(3) 프로젝트 팀(Project Team 또는 Task Force)

프로젝트 팀은 특정 과제나 목표를 달성하기 위해 기존 조직에서 선발된 인원들로 구성된 임시 조직이다. 이는 조직 내 여러 부문에 문제를 분할하여 할당하고 각 부문 간 조정을 통해 문제를 해결하기보다는, 적절한 전문지식을 가진 인원들로 팀을 새롭게 구성하여 공동 노력으로 문제를 해결하고자 하는 방식이다. 이 방법은 부문 간의 조정을 촉진하고 조직 환경의 변화에 보다 능동적이고 창의적으로 대응할 수 있는 장점을 제공한다.

프로젝트 팀은 위원회와 차별화된다. 위원회는 필요시 단기간 동안 한시적으로 운영되며, 주요 의사결정을 시원하기 위한 역할을 수행한다. 반면, 프로젝트 팀은 비교적 짧은 기간 동안 전임(full-time)으로 구성원들에게 권한과 책임을 부여하여 운영된다. 이러한 특성으로 인해 프로젝트 팀은 조직의 신규 사업, 계획 수립, 연구개발 사업, 또는 전사적인 경영 개선 프로젝트 등 주로 전략적이고 창의적인 과제를 수행하는 데 사용된다.

현대 민간 조직에서는 새로운 제품 개발을 위해 마케팅, 연구개발, 생산 부문의 전문가들을 한 팀으로 묶어 신속하고 협력적인 작업을 진행하는 경우를 예로 들 수 있다. 공공조직에서는 국가적 재난 대응을 위해 각 부처의 전문가들을 소집하

제 3 편 조직화

여 긴급한 문제를 해결하는 프로젝트 팀이 활용된다.

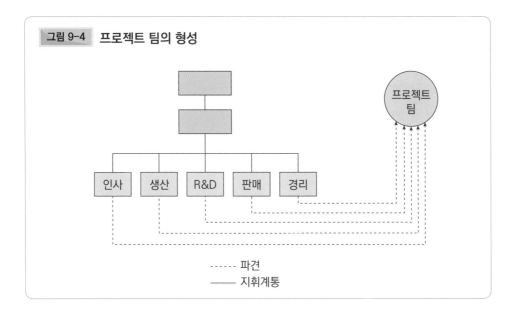

그림 9-4 프로젝트 팀의 형성

```
                                                    ┌─────────┐
                                                    │ 프로젝트 │
                                                    │   팀    │
                                                    └─────────┘
     ┌──────┬──────┬──────┬──────┬──────┐
   ┌────┐ ┌────┐ ┌────┐ ┌────┐ ┌────┐
   │ 인사 │ │ 생산 │ │ R&D │ │ 판매 │ │ 경리 │
   └────┘ └────┘ └────┘ └────┘ └────┘
```

------ 파견
—— 지휘계통

(4) 행렬조직(Matrix Organization)

행렬조직은 프로젝트 팀이 수직적 지휘계통을 가로지르는 형태로 형성되는 구조를 말한다. 이 체계에서는 조직 구성원이 기존의 기능적 부문에 속하면서 동시에 프로젝트 부문의 일원으로서 역할을 수행한다. 이로 인해 조직 전체의 목표 달성을 위한 부문 간 조정을 원활히 할 수 있다.

행렬조직은 프로젝트 기반의 업무 수행과 기능적 전문성의 균형을 유지할 수 있는 장점을 제공한다. 예를 들어, 다국적 기업에서 특정 지역의 시장 진출 프로젝트를 진행할 때, 각 부문의 전문가가 동시에 프로젝트의 일원으로 활동하여 업무의 통합성과 전문성을 확보할 수 있다. 이러한 구조는 조직이 복잡한 환경에서도 유연하게 대응할 수 있도록 돕는다.

그러나 행렬조직은 조직 구성원이 두 개 이상의 지휘계통에 속하게 되므로, 권한과 책임의 경계가 모호해질 수 있다. 따라서 명확한 역할 분담과 효과적인 의사소통 체계가 필수적이다. 현대 조직에서 행렬조직은 글로벌 프로젝트 관리, 연구개발 프로젝트, 대규모 건설 프로젝트 등 다양한 분야에서 효과적으로 활용되고 있다.

3 조정필요성의 감소

기본적인 조정수단이나 조정잠재력을 증가시키는 방법만으로는 조직의 복잡한 조정 문제를 해결하기 어려울 수 있다. 이럴 경우 가장 효과적인 접근법은 조정 필요성을 감소시키는 것이다. 갈브레이드(J. R. Galbraith)는 이러한 조정 필요성을 줄이는 방법으로 두 가지 주요 전략을 제시하고 있다.

여유자원의 제공: 조정의 어려움을 완화하기 위한 한 가지 방법은 추가 자원 또는 여유자원(slack resources)을 제공하는 것이다. 사람, 재료, 시간 등 여유 자원을 부서에 더 많이 할당하면 과업 수행이 더 원활해지고, 부서 간 조정 문제를 줄일 수 있다.

예를 들어, 민간 제조업체의 생산부서에 여유시간을 부여하면 생산 계획 변경이나 긴급 주문에도 유연하게 대처할 수 있다. 공공조직에서는 재난 관리 부서가 예비 인력을 확보해 비상 상황에 신속히 대응하는 사례를 들 수 있다.

하지만 여유자원 제공은 비용 효율성 측면에서 한계가 있다. 생산부서에 과도한 여유시간을 제공하면 적시에 제품을 공급하지 못해 고객 신뢰를 잃을 수 있다. 재고 증가로 인해 기회비용이 발생하거나, 인력을 과도하게 투입하면 운영 비용이 상승할 수 있다. 따라서 여유자원을 제공하는 것은 부서 간 상호의존성을 줄이고 조정 부담을 완화하는 데 효과적이지만, 그 활용에는 신중함이 필요하다.

독립적인 과업수행능력 부여: 조정 필요성을 감소시키는 또 다른 방법은 각 부서가 독립적으로 과업을 수행할 수 있도록 성격을 변화시키는 것이다. 이는 부서가 다른 부서와 자원을 공유하지 않고도 필요한 모든 사원과 정보를 자체적으로 보유하게 하는 방식이다.

예컨대, 통합된 연구개발, 생산, 판매 책임을 갖는 독립적인 사업부를 구성하면, 제품 관련 과업을 독자적으로 수행할 수 있다. 이는 조직 내 정보교환과 상의 과정을 최소화하여 조정 부담을 줄인다. 현대적 예로는 글로벌 기업에서 각 지역 시장에 맞춘 독립적 사업부를 운영해 현지화된 전략을 수행하는 사례를 들 수 있다.

이 방법의 주요 이점은 조정 필요성을 줄이는 데 있다. 부서 간 복잡한 의사소통 없이 각 부서가 자체적으로 목표를 달성할 수 있기 때문이다. 그러나 이 방식은

제 3 편 조직화

조직 내 자원의 효율적 활용을 저해할 수 있다. 예를 들어, 여러 부서에 걸쳐 활용할 수 있는 전문 인력을 특정 부서에만 배치하면 자원의 활용도가 낮아질 수 있다.

1) 적절한 접근방법의 선택

조정 필요성을 감소시키기 위한 접근방법을 선택할 때 가장 중요한 고려사항은 조정의 필요성과 조직의 조정능력이다. 조직 운영에 얼마나 많은 정보가 필요한지, 그리고 조직이 얼마나 많은 정보를 효과적으로 처리할 수 있는지가 기준이 된다.

만약 조정 필요성이 조직의 정보처리 능력을 초과한다면, 앞서 제시한 방법 중 하나를 선택해야 한다. 반대로 조정 필요성에 비해 정보처리 능력이 지나치게 크다면, 이는 경제적 비효율성을 초래할 수 있다. 조정 수단을 설계하고 유지하는 데 드는 비용이 조직 운영에 부담이 될 수 있기 때문이다. 따라서 조정 필요성과 정보처리 능력 간 균형을 유지하지 못하면 조직 성과의 감소로 이어질 수 있다.

결론적으로, 효과적인 조정을 위해서는 조직의 상황과 자원을 면밀히 검토하여 가장 적합한 조정 접근방법을 선택해야 한다.[2]

그림 9-5 조정수단의 비교[2]

조정수단	복잡성	비용	정보처리능력
규율과 절차	소	소	저
관리계층			
계획과 목표설정			
수직적 정보체계와 수평적 관계형성	대	대	고

---

2   M. L. Tushman and D. A. Nadler, "Information Processing as an Integrating Concept in Organization Design," *Academy of Management Review*, 3, No. 3, July 1978, p. 618.

조직화 과정에서 분업과 부문화가 이루어지면서 조정은 조직 관리의 핵심 활동 중 하나로 자리 잡게 된다. 조정은 분화된 조직의 하위 단위들이 전체 조직의 목표를 효율적으로 달성할 수 있도록 활동과 목표를 통합하는 과정이다. 조정의 필요성은 개인이나 부서 간 상호의존성의 형태와 수준에 따라 달라지며, 조정이 특히 많이 요구될수록 관리의 난이도가 높아진다.

조정을 실현하기 위한 방법으로는 기본 관리기법의 활용, 조정 잠재력 증대, 조정 필요성 감소의 세 가지가 있다. 기본 관리기법은 관리계층 또는 지휘계통, 활동을 안내하는 규정과 절차, 그리고 조직의 방향성을 제시하는 계획과 목표 설정을 포함한다. 조정 잠재력은 조정자를 운영하거나 프로젝트 팀과 같은 다양한 수평적 관계와 수직적 정보체계를 개선함으로써 증대될 수 있다.

또한, 조정 필요성이 과도하게 높아질 경우, 여유자원의 제공이나 독립적인 과업 수행 능력의 부여를 통해 조정 필요성을 감소시킬 수 있다. 예컨대, 여유자원은 부서 간 상호의존성을 줄이고 조정 부담을 완화하며, 독립적 과업 수행은 부서들이 자원과 정보를 공유하지 않고도 자체적으로 업무를 완수할 수 있도록 한다.

효과적인 조정을 위해서는 조정 방법 선택 시 조직의 조정 능력과 조정 필요성이 조화를 이루도록 해야 한다. 조정 필요성이 능력을 초과하면 조직은 비효율적으로 작동할 수 있고, 반대로 조정 능력이 필요성을 초과하면 경제적 비효율성이 발생할 수 있다. 따라서 조정의 적절한 접근 방법은 조직의 상황에 맞추어 신중히 결정되어야 한다.

제 10 장 조직설계와 상황변수

이전까지는 조직을 설계하는 활동과 이를 구성하는 요소들, 즉 조직구조와 직위들의 배열 및 상호관계에 대해 다루었다. 이 장에서는 조직설계의 접근방법과 조직구조에 영향을 미치는 상황변수를 중심으로 기존 연구결과들을 살펴본다.

제 1 절 조직설계의 접근방법

초기의 관리학자들은 조직을 설계하는 유일한 이상적 방법이 존재한다고 믿었다. 이들은 일반적으로 모든 조직에 적용할 수 있는 최선의 원칙을 설정하고자 했다. 특히, 조직의 효율성과 효과성을 극대화할 수 있는 표준화되고 일관된 설계 방안을 찾으려 했다.

전통적 접근법에서 가장 대표적인 예는 막스 베버(Max Weber)가 제시한 관료제이다. 관료제는 합법적 권한을 기반으로 한 계층구조를 특징으로 하며, 조직 성원들이 규정과 절차에 따라 업무를 수행하도록 설계되었다. 이 접근법은 명확한 직무분담, 공식적인 규칙과 절차, 위계질서를 중시한다. 예를 들어, 현대의 공공기관이나 대기업에서는 여전히 관료적 구조가 사용되며, 명확한 지시계통과 공식 규정을 통해 업무가 진행된다.

관료제에서는 각 구성원이 자신에게 부여된 책임과 의무를 수행하고, 조직의 목표에 부합하는 행동을 하도록 설계된다. 이러한 구조는 일관된 업무 수행과 책임소재의 명확성을 보장하지만, 지나치게 경직된 구조는 의사결정의 속도를 저하시킬 수 있다.

호손공장 실험(Hawthorne experiment)은 전통적 관료구조에 대한 새로운 시각을 제시했다. 이 실험은 관리자가 조직 구성원에 대해 더 많은 관심을 보일 때 생산성이 향상된다는 것을 증명했다. 이를 계기로 인간관계론자와 행동과학자들이 조직 설계에 새로운 접근을 시도했다.

이들은 조직구조의 공식성을 줄이고, 의사결정에 더 많은 구성원들이 참여하도록 하는 것이 효과적이라고 보았다. 예를 들어, 현대의 많은 기업들은 팀 기반의 의사결정 시스템을 도입하고 있으며, 직원 참여와 의견 수렴을 강조한다. 이는 구성원들의 동기부여와 창의성을 촉진하고, 유연한 조직문화를 조성하는 데 기여한다.

그러나 행동과학적 접근법 역시 전통적 접근법을 완전히 부정하는 것은 아니다. 오히려 전통적 접근법의 한계를 보완하여, 조직 성원의 심리적, 사회적 요구를 반영한 구조를 제시한 것이다.

전통적 접근법과 행동과학적 접근법은 모두 조직을 설계하는 최선의 방법이 존재한다는 전제를 두고 있다. 그러나 상황적합이론에 기반한 최근 연구들은 모든 상황에 적용되는 보편적 조직구조는 존재하지 않는다고 주장한다. 대신, 각각의 상황에 맞는 조직구조를 선택해야 한다는 것을 강조한다.

상황적합 접근법에서는 조직 설계에 영향을 미치는 다양한 상황적 변수들을 고려한다. 대표적인 상황변수로는 다음과 같은 것들이 있다.

① 환경 변수: 조직이 처한 외부 환경의 변화 속도와 불확실성에 따라 조직구조가 달라진다. 예를 들어, 기술 변화가 빠른 IT 기업은 유연하고 신속한 의사결정이 가능한 구조를 채택한다.

② 기술 변수: 생산 과정이나 서비스 제공에 사용되는 기술의 복잡성에 따라 조직 구조가 달라진다. 고도로 전문화된 기술을 사용하는 연구소나 병원은 수평적 관계와 전문가 간 협력이 강조된다.

③ 규모와 범위: 조직의 크기와 활동 범위에 따라 구조가 달라진다. 대규모 글로벌 기업은 다국적 사업부제를 채택하고, 소규모 스타트업은 간소화된 구조를 유지한다.

④ 전략 목표: 조직의 목표에 따라 적합한 구조가 달라진다. 예를 들어, 혁신을

목표로 하는 기업은 프로젝트 팀 기반의 유연한 구조를 선택할 수 있다.

이와 같이 상황적합 접근법은 조직의 특성과 외부 환경에 맞춘 설계를 강조하며, 조직의 성과를 극대화할 수 있는 최적의 구조를 찾는 데 중점을 둔다.

상황적합적 관점에서 조직설계는 단일한 방법이 아닌 상황에 따라 달라져야 한다. 전통적 접근법과 행동과학적 접근법은 각각 장·단점을 가지고 있으며, 상황적합 접근법은 이러한 두 접근법의 한계를 극복하고자 한다. 조직의 환경, 기술, 규모, 전략과 같은 변수를 고려하여 최적의 조직 구조를 선택하고 설계하는 것이 현대 조직에서의 핵심 과제이다.

제 2 절 　 조직구조의 결정요인

조직구조는 다양한 요인에 의해 결정되며, <그림 10-1>에서 볼 수 있듯이 주요 요인으로는 전략, 환경, 기술, 그리고 조직성원이 있다. 조직설계자는 이러한 요소들과의 적합성을 고려하여 최적의 조직구조를 선택해야 하며, 이를 통해 조직의 성과를 극대화할 수 있다. 여기서는 대표적인 연구결과들을 중심으로 상황변수와 조직구조의 관계를 살펴본다.

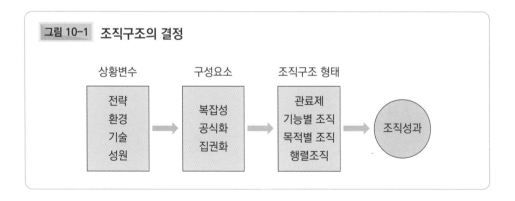

그림 10-1　조직구조의 결정

1 전략과 조직구조

전략과 조직구조 사이의 밀접한 관계를 최초로 규명한 학자는 챈들러(A. D. Chandler)이다.[1] 그는 뒤퐁(DuPont), 제너럴 모터스(GM)와 같은 대규모 기업들을 연구하면서, 조직이 성장하면서 전략과 구조가 변화해야 한다는 점을 강조했다.

이들 기업은 초기에는 제한된 제품 생산에 적합한 집권화된 구조를 채택했다. 당시 집권화된 구조는 상부에서 모든 의사결정을 통제하고, 명확한 지휘계통을 유지하는 방식으로 운영되었다. 그러나 시간이 흐르면서 인구 증가, 국민소득 증가, 기술 혁신 등의 환경 변화로 새로운 시장과 제품군이 등장하게 되었다. 이러한 변화로 인해 조직은 더 많은 제품을 생산하고 다양한 시장에 진입해야 했고, 이에 따라 조직의 복잡성이 증가했다.

이러한 변화 속에서 고도로 집권화된 구조는 비효율적이고 비실용적이 되었다. 특히 새로운 시장에 신속하게 대응하기 위해서는 하위 계층에 더 많은 자율성과 권한을 부여하는 것이 필수적이었다. 그 결과, 몇 가지 핵심 사항에 대한 통제는 상부에 유지하고 하위 부서에 상당한 자율성을 부여하는 분권화된 구조로 전환이 필요하게 되었다.

관리자가 조직 전략을 선택할 때는 반드시 외부환경이 조직에 미치는 영향을 고려해야 한다. 전략, 구조, 환경의 관계는 <그림 10-2>에서 보듯이 두 가지 관점으로 이해할 수 있다.

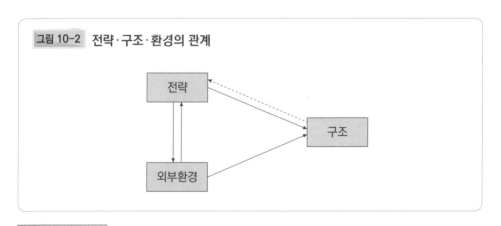

그림 10-2 전략·구조·환경의 관계

---

1   Alfred D. Chandler, *Strategy & Structure* (Cambridge, Mass.: MIT Press, 1962), pp. 383-396.

첫 번째 관점은 조직이 환경에 반응하는 방식이다. 즉, 전략을 수립할 때 현재와 미래의 환경에 맞춰 조직을 설계해야 한다는 것이다. 예를 들어, 기술 스타트업이 빠르게 변화하는 기술 시장에 맞추어 민첩한 조직구조를 채택하는 것이 이에 해당한다.

두 번째 관점은 전략 수립 과정에서 이미 미래 환경의 변화를 예측하고 이를 반영했기 때문에, 조직이 전략과 환경의 영향을 받는다는 것이다. 예를 들어, 글로벌 시장 확장을 목표로 한 기업이 해외 시장 진입을 고려해 조직을 미리 다국적 구조로 설계하는 경우이다.

대부분의 조직은 외부환경에 큰 영향을 미칠 만큼 거대하지 않기 때문에, 환경 변화에 적응하려고 노력해야 한다. 또한, 조직의 전략을 통해서 조직이 가장 잘 상호작용하고, 가장 큰 영향력을 미칠 수 있는 환경을 선택할 수 있다. <그림 10-3>에서 보듯이, 조직의 전략은 외부환경의 기회와 위협, 최고관리자의 목표와 가치관, 조직의 강점과 약점에 영향을 받는다.

또한, 전략은 조직의 과업 환경과 기술, 인적 자원의 선택에도 중요한 영향을 미친다. 예를 들어, 혁신을 핵심 전략으로 삼은 IT 기업은 최신 기술을 적용하고, 창의적 인재를 영입하며, 유연한 프로젝트 팀 구조를 도입한다. 반면, 비용 효율성을 중시하는 제조업체는 표준화된 생산 공정과 엄격한 품질 관리 체계를 유지할 것이다.

따라서 조직구조를 설계할 때는 전략뿐만 아니라, 외부 환경과 내부 환경 간의 적합성이 유지되어야 한다. 조직의 모든 요소가 서로 조화를 이루고 상호 보완할 때, 조직의 성과를 극대화할 수 있다.

한편, 조직설계는 마치 기존의 전략이나 구조가 없는 상태에서 이루어지는 것처럼 설명되지만, 현실에서는 대부분의 조직이 이미 기존의 구조와 전략을 가지고 있다. 따라서 새로운 전략과 조직구조를 설계할 때, 기존의 구조와 전략이 중요한 피드백 요소로 작용한다. 이 관계는 <그림 10-3>에서 확인할 수 있으며, 새로운 전략과 구조는 기존의 경험과 성과를 바탕으로 개선되고 발전하게 된다.

이처럼 조직의 전략은 환경적 요인과 내부적 요인을 모두 반영하여 수립되며,

이러한 전략은 조직구조의 형태를 결정하는 데 중요한 역할을 한다. 조직 설계자는 환경, 전략, 기술, 인적 자원의 상호관계를 고려하여 최적의 조직구조를 구축해야 하며, 이를 통해 조직의 목표 달성과 지속 가능한 성과를 보장할 수 있다.

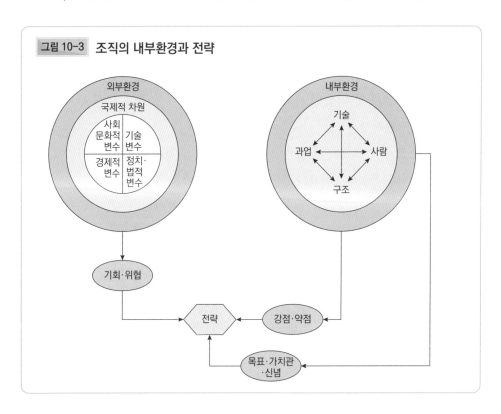

그림 10-3 조직의 내부환경과 전략

2 외부환경과 조직구조

조직설계에서 외부환경은 조직구조에 중대한 영향을 미치는 요소로, 일반적으로 환경은 안정된 환경, 변화하는 환경, 소용돌이 환경의 세 가지 형태로 구분할 수 있다. 각 환경 유형에 따라 조직이 선택해야 하는 구조가 달라지며, 이를 적절하게 설계함으로써 조직의 성과와 적응력을 높일 수 있다.

안정된 환경은 거의 예측하지 못한 갑작스러운 변화가 발생하지 않는 환경을 의미한다. 기술 변화가 급속하게 진행되고 있음에도 불구하고, 여전히 일부 산업에서는 안정된 환경이 존재한다. 예를 들어, 기초적인 공공행정 서비스나 전통적인

제 3 편 조직화

제조업 분야에서는 기술이나 시장의 변동성이 비교적 낮다. 이러한 환경에서는 일관된 작업 흐름과 명확한 절차를 유지하는 것이 중요하며, 변화가 적기 때문에 조직은 효율성을 극대화하는 데 중점을 둔다.

변화하는 환경은 시장, 기술, 법규 등의 일부 또는 모든 영역에서 혁신이 지속적으로 일어나는 환경을 의미한다. 그러나 이러한 변화는 관리자가 어느 정도 예측할 수 있기 때문에 조직이 미리 준비하고 적응할 수 있다. 예를 들어, 금융업계에서는 새로운 핀테크 기술의 등장이나 규제 변화에 따라 일정한 변동이 발생하지만, 이러한 변화는 일반적으로 점진적으로 진행되기 때문에 조직이 대응할 수 있는 여지가 있다. 이 경우, 변화에 신속하게 적응할 수 있는 유연한 시스템을 도입하고, 조직 내 의사소통을 원활히 하여 변화에 대응해야 한다.

소용돌이 환경은 거의 예측하지 못한 변화가 급격하게 발생하는 환경을 말한다. 이러한 환경에서는 변화가 빠르고 예측 불가능하여 조직이 적응하는 데 일시적인 혼란이 발생할 수 있다. 예를 들어, COVID-19와 같은 대규모 보건 위기나 기술 혁신으로 인한 시장 판도 변화가 발생했을 때, 공공의료기관이나 기술 스타트업은 급격한 변화에 신속하게 대응해야 한다. 전자제품 회사들은 기술 발전과 시장 변화가 매우 빠르기 때문에 거의 항상 소용돌이 환경에 직면해 있다.

번스(T. Burns)와 스타커(G. M. Stalker)는 시장과 기술의 변화 속도에 따라 환경을 안정된 환경과 동적 환경으로 나누고, 이에 대응하는 조직구조를 기계적 조직과 유기적 조직으로 구분했다.[2]

기계적 조직은 활동이 고도로 세분화되고, 권한과 책임 관계가 명확하게 정의된 조직이다. 이러한 조직은 수직적인 명령 체계를 가지고 있으며, 계층적 지배가 특징인 관료제적 구조를 갖는다. 예를 들어, 전통적인 제조업체나 공공 행정기관은 명확한 절차와 지침에 따라 업무를 수행하며, 업무의 효율성과 일관성을 중요하게 여긴다. 기계적 조직은 변화가 적고 예측 가능한 안정된 환경에 적합하다.

반면, 유기적 조직은 구성원들이 집단으로 업무를 수행하며, 직무, 권한, 책임

---

2   Tom Burns and G. M. Stalker, *The Management of Innovation* (London: Tavistok, 1961).

관계가 유연하고 탄력적이다. 이러한 조직은 의사결정이 분권화되어 있고, 수평적이며 인격적인 상호작용이 강조되는 비관료제적 구조를 가지고 있다. 예를 들어, 연구개발 부서나 기술 혁신이 중요한 IT 기업은 팀원들이 수평적으로 소통하며 문제를 해결하고, 변화에 신속하게 대응할 수 있는 유연한 구조를 갖춘다. 유기적 조직은 불확실성이 크고 급격한 변화가 빈번한 소용돌이 환경에 적합하다.

안정된 환경에서는 구성원들이 반복적이고 표준화된 업무를 수행하기 때문에 다양한 기술을 습득할 필요가 적고 전문화된 기술을 강조한다. 따라서 기계적 조직이 적합하다. 반면, 소용돌이 환경에서는 조직 내부 및 외부의 요구사항이 자주 변화하기 때문에 구성원들이 다양한 문제를 해결할 수 있는 폭넓은 기술과 유연성이 필요하다. 또한, 문제 해결과 의사결정 과정에서 공개적이고 원활한 의사소통이 필수적이므로 유기적 조직이 적합하다.

결론적으로, 조직이 처한 환경의 특성을 정확히 이해하고, 이에 적합한 조직구조를 설계하는 것이 중요하다. 안정된 환경에서는 기계적 조직이, 변화가 급격하고 예측하기 어려운 소용돌이 환경에서는 유기적 조직이 효과적으로 기능한다.

그림 10-4 기계적 조직과 유기적 조직

기계적 조직	권한위임 정도	유기적 조직
집권화	← 권한위임 정도 →	분권화
명확	← 분업 →	불명확
좁음	← 감독범위 →	넓음
다수	← 규칙 및 절차 →	소수
정형적·비개인적	← 조정 →	비정형적·개인적

3 기술과 조직구조

기술(technology)은 조직 내에서 투입물을 산출물로 변환하는 과정 또는 방법을 의미하며, 이를 위해 필요한 지식, 설비, 작업 방법 등을 포함하는 포괄적 개념이다. 기술과 조직구조의 관계를 연구한 대표적인 사례는 1960년대 중반에 South-East Essex 공과대학의 조앤 우드워드(Joan Woodward)가 수행한 연구이다. 이 연구는 전통적인 관리원칙들이 실제로 조직에서 얼마나 실행되고 있으며, 이러한 원칙을 따르는 조직이 얼마나 성공적인지를 분석하는 데 목적이 있었다.[3]

우드워드의 예비분석에서는 조직의 성과와 전통적인 관리원칙 준수 사이에 뚜렷한 상관관계가 나타나지 않았다. 예를 들어, 관리범위의 원칙을 어긴 조직이 성공한 사례가 있는 반면, 이러한 원칙을 지킨 조직이 실패한 경우도 있었다. 이와 같이 일관성이 결여된 결과에 주목한 연구자들은 기술과 조직구조의 관계가 조직 성과에 미치는 영향을 좀 더 구체적으로 조사했다.

우드워드는 기업의 생산기술을 복잡성에 따라 세 가지 그룹으로 구분했다.

1) 단위 및 소량생산(Unit and Small Batch Production)

단위생산은 고객의 개별적인 요구에 맞춘 생산 시스템이다. 예를 들어, 맞춤형 고급 정장을 제작하거나, 특수 목적의 의료 기기를 생산하는 경우가 이에 해당한다. 소량생산은 기계 부품처럼 각 단계에서 소량으로 생산되어 최종적으로 조립되는 제품을 말한다. 이 기술은 비교적 간단하며, 주로 기술자의 개인 역량에 의존하는 경향이 있다.

2) 대량생산(Large Batch and Mass Production)

대량생산은 표준화된 제품을 조립공정을 통해 대규모로 생산하는 시스템이다. 예를 들어, 자동차나 가전제품을 생산하는 공장에서 볼 수 있다. 이 생산방식은 공정이 표준화되어 있고, 효율성을 극대화하기 위해 체계적인 절차와 규칙이 마련되어 있다.

---

3   Joan Woodward, *Management and Technology* (London: Her Majesty's Stationery Office, 1958), pp. 4-30.

3) 연속공정생산(Process Production)

연속공정생산은 화학제품, 석유, 의약품처럼 연속적이고 복잡한 공정을 통해 제품을 생산하는 방식을 말한다. 이 방식은 자동화된 설비와 지속적인 생산 흐름이 특징이다.

우드워드는 이 세 가지 기술유형에 따른 조직구조의 차이를 분석한 결과, 기술과 조직구조 사이에 다음과 같은 관계가 있음을 발견했다.

- 기술의 복잡성과 관리자 수의 관계: 기술이 복잡해질수록(단위 및 소량생산 → 대량생산 → 연속공정생산) 관리자와 관리계층의 수가 증가했다. 즉, 복잡한 기술일수록 조직의 구조는 더 고층화되며, 감독과 조정 기능이 더 많이 요구된다. 예를 들어, 연속공정생산을 하는 화학공장은 복잡한 공정을 관리하기 위해 다수의 관리자와 기술 전문가가 필요하다.
- 관리범위의 변화: 단위 및 소량생산에서 대량생산으로 전환될 때 일선관리자의 관리범위가 증가하지만, 대량생산에서 연속공정생산으로 전환되면 관리범위는 다시 감소한다. 이는 대량생산에서는 작업이 표준화되어 있어 한 명의 관리자가 더 많은 직원을 감독할 수 있는 반면, 연속공정생산에서는 공정이 복잡하여 세밀한 관리와 조정이 필요하기 때문이다.
- 사무직과 관리직 비율의 증가: 기술이 복잡할수록 사무직과 관리직의 비율이 증가한다. 즉, 복잡한 기술을 사용하는 조직일수록 전체 직원 중에서 관리·감독자의 비율이 높고, 직접 노동자에 대한 참모의 비율도 증가한다. 이는 복잡한 설비와 공정을 유지하고 관리하는 데 추가적인 인력이 필요하기 때문이다. 예를 들어, 첨단 반도체 공장은 생산 공정 관리, 품질 관리, 설비 유지 보수를 담당하는 전문가들이 많이 필요하다.

우드워드는 기업의 성공과 실패가 조직구조와 밀접하게 연관되어 있음을 확인했다. 각 기술유형에 맞는 구조를 가진 기업들이 성공하는 경향이 있었다. 예를 들어, 연속공정생산 기업에서 관리범위의 중앙값이 9명이라면, 성공적인 기업들은 대부분 이와 비슷한 관리범위를 유지하고 있었다. 반면에, 덜 성공적인 기업들은 이러한 중앙값에서 크게 벗어난 관리범위를 보였다.

이 연구의 중요한 시사점은 각 기술유형에 적합한 조직구조를 선택하는 것이 성과에 중요한 영향을 미친다는 점을 설명하였다는 것이다. 대량생산 기업의 경우, 전통적인 관리원칙을 따르는 조직구조가 효과적이지만, 단위 및 소량생산이나 연속공정생산에서는 유연한 구조가 필요할 수 있다.

조직이 성공하기 위해서는 자신의 생산기술 수준에 적합한 조직구조를 설계해야 한다. 기술의 복잡성에 맞춘 조직구조는 관리자와 직원이 효율적으로 작업할 수 있는 환경을 제공하며, 이를 통해 조직의 성과를 극대화할 수 있다.

4 성원과 조직구조

조직구조는 조직을 구성하는 성원들의 특성과 요구를 반영해야 하며, 이를 고려하지 않은 조직구조는 효과적으로 운영되기 어렵다. 조직 성원들은 개개인의 개성, 가치관, 교육 수준, 업무 경험이 다르기 때문에 조직구조를 설계할 때 이러한 차이를 신중하게 반영해야 한다. 특히, 성원들은 관리자와 일반 조직 성원으로 구분할 수 있으며, 이 두 그룹은 조직구조에 서로 다른 방식으로 영향을 미친다.

1) 관리자와 조직구조

관리자는 조직의 목표와 이를 달성하는 수단을 설정하는 데 중요한 역할을 하며, 이러한 전략 선택은 조직구조에 직접적인 영향을 미친다. 특히 최고관리자는 조직 전체의 방향성을 결정하고, 조직구조 설계의 핵심적인 원칙을 수립한다. 예를 들어, 최고관리자가 성장을 우선시하는 전략을 채택하면 유연하고 신속하게 변화에 대응할 수 있는 유기적인 조직구조가 필요하다. 반대로 비용 절감과 효율성을 강조하는 전략을 채택하면 통제와 표준화가 강조된 기계적인 조직구조를 선호할 것이다.

또한 관리자의 관리철학은 조직구조 유형에 직접적으로 반영된다. X이론(인간은 일을 싫어하며 통제가 필요하다는 가정)을 따르는 관리자는 명확한 규칙과 수직적 권한 체계를 가진 기계적 조직구조를 선호할 가능성이 높다. 반면, Y이론(인간은 자발적으로 일을 하며 성장을 추구한다는 가정)을 따르는 관리자는 유연성과 협력을 중시하는 유기적인 조직구조를 선호한다.

이와 더불어, 관리자의 권한에 대한 태도와 공식화에 대한 관심도 조직구조에 영향을 준다. 예를 들어, 관리자가 지나치게 비인간적이고 기계적인 권한 체계에 불만을 가지면, 개인 성장과 협력을 강조하는 구조로 전환할 가능성이 크다. 현대의 혁신적 기업에서는 이러한 경향을 반영해 수평적 구조를 도입하여 의사결정 과정을 민주화하고 자율성을 부여하는 경우가 많다.

2) 조직 성원과 조직구조

조직 성원들은 관리자와 마찬가지로 조직구조에 중요한 영향을 미친다. 특히 성원들의 교육 수준, 직무 경험, 일에 대한 관심도, 이직 가능성과 같은 요소들이 조직구조를 설계할 때 고려해야 할 주요 변수들이다.

고도로 교육받은 전문가들(의사, 교수, 연구원 등)은 창의적이고 자율적인 환경에서 최고의 성과를 낸다. 이들은 경직된 규칙과 통제를 꺼리기 때문에 유기적인 조직구조가 적합하다. 예를 들어, 연구개발 부서의 과학자들은 자율적 의사결정과 수평적 협력을 통해 혁신을 창출할 수 있는 구조에서 성과를 극대화할 수 있다.

반면, 제조업의 생산직 근로자와 같이 반복적이고 표준화된 업무를 수행하는 성원들은 기계적 조직구조에서 더 높은 효율성을 달성할 수 있다. 이런 환경에서는 명확한 역할과 수직적 명령 체계가 업무의 일관성과 품질을 유지하는 데 필수적이다.

오늘날 많은 조직 성원들은 단순히 생계를 위한 일을 넘어 자아실현, 의미, 가치를 추구하는 경향이 강해지고 있다. 이에 따라 조직은 직무 재설계(job redesign)나 자율작업집단(self-directed work groups)과 같은 방법을 통해 성원들의 욕구를 반영하고 있다. 예를 들어, 글로벌 IT 기업에서는 애자일(Agile) 팀 구조를 도입하여 성원들

제 3 편 조직화

이 자율적으로 협력하며 창의적 문제 해결을 할 수 있는 환경을 제공하고 있다.

3) 종합적 관점: 관리자와 성원의 통합적 고려

조직구조를 설계할 때는 관리자와 일반 조직 성원의 특성을 종합적으로 고려해야 한다. 관리자의 전략적 비전과 철학은 조직구조의 기본 틀을 제공하고, 조직 성원들의 특성과 요구는 그 구조를 세부적으로 조정하는 기준이 된다. 따라서 조직의 목표, 성원들의 역량, 그리고 외부 환경에 따라 기계적 조직과 유기적 조직의 특성을 적절히 결합할 필요가 있다.

예를 들어, 공공기관의 대규모 프로젝트에서는 프로젝트 관리자가 명확한 목표와 절차를 수립하는 기계적 구조를 기반으로 하되, 현장 팀원들이 창의적 문제 해결을 할 수 있도록 유기적 요소를 가미한 혼합형 구조가 적합할 수 있다. 이처럼 관리자와 성원의 특성을 균형 있게 반영한 조직구조는 조직의 지속적인 성과와 발전을 보장할 수 있다.

[요 약]

　　초기의 관리학자들은 조직설계에 있어 최선의 방법을 찾고자 했으며, 주로 합법적 권한과 과업의 전문화를 기반으로 한 관료적이고 위계적인 조직구조를 선호했다. 이러한 구조는 명확한 권한 체계와 효율적인 과업 분담을 특징으로 했지만, 유연성이 부족하고 인간적 요소를 간과한다는 비판을 받았다. 특히 급변하는 환경에서는 이러한 경직된 구조가 조직의 적응력을 저하시킬 수 있다는 문제가 드러났다.

　　이와 같은 전통적 접근법의 약점을 보완하기 위해 행동과학자들은 조직 성원들의 인간적 측면에 더 많은 관심을 기울이는 조직설계를 제안했다. 이들은 조직 성원들의 동기, 태도, 인간관계의 중요성을 강조했으며, 구성원들의 자율성과 참여를 높여 조직의 성과를 개선하고자 했다. 이는 조직이 단순히 기계적 시스템이 아닌 사회적 시스템이라는 인식을 반영한 접근법이었다.

　　그러나 최근의 상황이론에 기반한 연구들은 모든 상황에 적용되는 보편적이고 최선의 조직구조는 존재하지 않는다는 결론에 도달했다. 조직이 효과적으로 운영되기 위해서는 전략, 환경, 기술, 조직 성원과 같은 다양한 상황변수를 고려해야 한다. 즉, 조직구조는 이러한 요소들과의 적합성을 유지해야 하며, 이를 통해 조직은 변화하는 환경에 적응하고, 성원들의 역량을 극대화하며, 궁극적으로 지속 가능한 성과를 달성할 수 있다.

제 3 편 조직화

제11장

인적자원관리

조직의 가장 중요한 자원은 인적자원이다. 인적자원은 조직에 노동력, 지식, 창의력, 그리고 추진력을 제공하는 핵심적인 요소다. 따라서 관리자의 가장 중요한 과업 중 하나는 조직의 목표를 달성하는 데 가장 큰 기여를 할 수 있는 인적자원을 선발하고, 교육 및 훈련하며, 지속적으로 개발하는 것이다. 만약 각 부서와 관리계층에 유능한 인재가 배치되지 않는다면 조직은 부적절한 목표를 설정할 수 있고, 이미 설정된 목표를 달성하는 데 어려움을 겪을 수 있다.

본 장에서는 인적자원관리의 개념과 과정, 그리고 인적자원관리를 효과적으로 수행하기 위한 구체적인 방법들에 대해 살펴본다.

제1절 인적자원관리의 개념과 과정

1 인적자원관리의 개념

인적자원관리(human resource management)란 조직 구성원을 확보하고 개발하며 유지하고 효율적으로 활용하는 활동을 체계적으로 계획, 조직, 지휘 및 통제하여 조직의 목표를 달성하도록 돕는 관리 기능을 의미한다. 이는 단순히 인력을 채용하는 데 그치지 않고, 장기적인 관점에서 조직의 목표와 비전에 맞는 인재를 확보하고, 구성원의 개성과 복지를 존중하면서도 개인의 역량 개발을 지원하는 것을 포함한다. 또한 구성원 간의 협력적이고 긍정적인 관계를 유지할 수 있는 환경을 조성하여 조직과 개인 모두가 만족할 수 있는 성과를 이끌어내는 것이 핵심이다.

인적자원관리는 조직의 지속 가능성과 성과에 중대한 영향을 미친다. 우수한 인재의 확보, 개발, 유지가 제대로 이루어지지 않으면 조직의 경쟁력과 생산성이 저하될 수밖에 없다. 현대의 공공조직과 민간 기업은 기술 발전, 시장 변화, 그리고 글로벌화로 인해 빠르게 변화하고 있다. 인적자원관리는 이처럼 급변하는 환경에서 조직이 적절하게 대응할 수 있도록 하는 데 중요한 역할을 한다.

오늘날 생산 자동화, 인공지능(AI), 빅데이터 등의 기술이 발전하더라도, 여전히 조직의 혁신과 최종의사결정은 인간의 창의력과 판단력에 의존한다. 예를 들어, 첨단기술을 활용하는 제조업체에서도 문제 해결과 프로세스 개선은 숙련된 노동자와 엔지니어의 역량에 달려 있다. 공공기관에서도 효율적인 정책 수립과 집행을 위해서는 전문성과 공감 능력을 갖춘 인재가 필수적이다. 따라서 인적자원관리는 기술 혁신 시대에도 여전히 중요한 관리자들의 핵심 과업 중 하나이다.

조직의 장기 목표를 달성하기 위해 인적자원관리는 다음과 같은 요소를 포함한다. 첫째, 인재 확보는 조직에 적합한 인재를 채용하고 선발하는 과정을 말한다. 둘째, 인재 개발은 교육 훈련과 경력 개발 프로그램을 통해 구성원의 역량을 강화하는 활동이다. 셋째, 인재 유지는 직무 만족도와 조직 몰입을 높이기 위한 보상 체계, 근무 환경, 복리후생 등을 관리하는 것이다. 마지막으로, 인재 활용은 적재적소에 인력을 배치하여 각자의 능력을 극대화하는 활동을 포함한다.

인적자원관리의 핵심은 조직의 목표와 개인의 목표가 일치하도록 돕는 데 있다. 조직이 지속적으로 성장하고 발전하기 위해서는 구성원들이 자신의 업무에 보람을 느끼고, 조직의 목표 달성을 위해 자발적으로 기여할 수 있는 환경이 필수적이다. 예를 들어, 한 IT 기업에서 개발자의 창의성을 극대화하기 위해 유연근무제를 도입하고, 연구개발 부서에 독립적인 프로젝트 팀을 구성하여 자율성을 부여하는 사례는 인적자원관리의 좋은 예이다.

2 인적자원관리의 과정

조직의 인적 구성은 시간이 흐름에 따라 변화하게 된다. 조직 내 관리자들은 고정된 위치에 머무르지 않는다. 업무 성과가 뛰어난 관리자는 승진하게 되며, 그렇지 못한 관리자는 다른 관리자나 새로운 인재로 대체될 수 있다. 따라서 조직과 관

  제 3 편 조직화

리자는 변화하는 상황에 적응하고, 지속적으로 인적자원을 효과적으로 관리해야한다.

인적자원관리의 과정은 조직을 유지하기 위해 적시에 적재적소의 원칙에 따라 조직 구성원을 확보, 개발, 유지, 활용하는 연속적이고 체계적인 일련의 단계를 의미한다. 이 과정에는 <그림 11-1>과 같이 인적자원 수급계획, 모집, 선발, 배치 및 오리엔테이션, 교육훈련 및 개발, 인사고과, 전환배치, 이직 등이 포함된다[1]. 각 단계별 내용을 구체적으로 살펴보자.

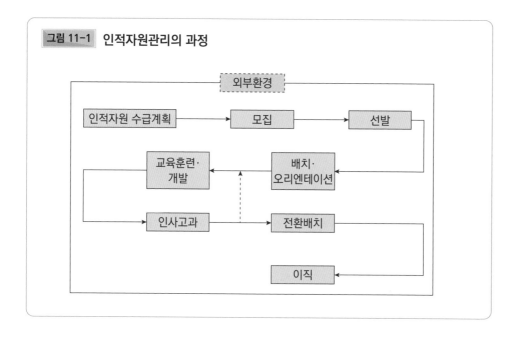

그림 11-1 인적자원관리의 과정

1) 인적자원 수급계획(Human Resource Planning)

인적자원 수급계획은 조직이 필요로 하는 인력을 적시에 적절하게 확보할 수 있도록 계획을 수립하는 과정이다. 이 계획은 내부 요인(예: 기술 변화, 퇴직, 부서 확장 및 감원)과 외부 요인(예: 노동시장 동향, 경제 환경)을 분석한 결과를 바탕으로 수립된다. 예

---

1 Wendell French, *The Personnel Management Process*, 4th ed. (Boston: Houghton Mifflin, 1978).

를 들어, 기술 스타트업이 새로운 AI 제품을 개발하려 한다면, 향후 1~2년 동안 필요할 AI 개발자의 수를 예측하고 이를 확보하기 위한 계획을 세워야 한다. 인적자원 수급계획의 기간은 일반적으로 6개월에서 5년까지 다양하다.

2) 모집(Recruitment)

모집은 인적자원 수급계획에 따라 필요한 지원자를 확보하는 과정이다. 모집은 다양한 채널을 통해 이루어진다. 현대 조직들은 기업 채용 사이트, 온라인 구인 플랫폼, 대학 취업 지원 센터, 직업소개소 등을 활용한다. 예를 들어, 한 대기업이 데이터 분석가를 모집할 때, 온라인 채용 공고와 대학 취업 박람회를 통해 잠재적인 지원자를 확보할 수 있다.

3) 선발(Selection)

선발은 모집된 지원자 중에서 조직에 가장 적합한 인재를 선택하는 과정이다. 이 과정에서 지원서 심사, 면접, 적성검사, 실기 시험 등이 활용된다. 예를 들어, 공공기관에서 정책 분석가를 선발할 경우, 지원자의 학력, 면접 성과, 경력, 그리고 정책 분석 역량을 종합적으로 평가하여 최종 선발한다. 선발 과정은 공정성과 투명성을 유지해야 하며, 지원자가 보유한 역량과 조직의 요구를 일치시키는 것이 중요하다.

4) 배치 및 오리엔테이션(Orientation)

배치는 선발된 인재를 조직 내 적합한 부서나 직무에 배정하는 과정이다. 동시에 오리엔테이션을 통해 새로운 조직원들이 업무에 신속하게 적응하도록 지원한다. 예를 들어, 신입 공무원이 공공기관에 배치되면, 기관의 정책, 업무 절차, 동료 및 상사와의 소통 방식 등을 안내받게 된다. 이를 통해 조직 문화에 빠르게 적응하고 업무 수행 능력을 향상시킬 수 있다.

5) 교육훈련 및 개발(Training and Development)

교육훈련은 조직 구성원의 직무 기술을 향상시키는 과정이다. 예를 들어, IT 기업에서 프로그래머에게 새로운 프로그래밍 언어를 교육하는 것이 여기에 해당한다. 인적자원개발은 장기적으로 조직에서 더 큰 역할을 수행할 수 있도록 구성원의 역량을 향상시키는 활동이다. 예를 들어, 중간관리자가 리더십 훈련 프로그램을 통해 향후 고위 관리자 역할에 대비하는 것이 이에 해당한다.

6) 인사고과(Performance Appraisal)

인사고과는 구성원 개인의 직무 수행 성과를 평가하는 과정이다. 구체적인 기준과 목표를 바탕으로 성과를 측정하며, 그 결과에 따라 보상이나 개선 조치를 시행한다. 예를 들어, 세일즈팀의 판매 목표 달성 여부를 평가하고, 목표를 초과 달성한 직원에게 인센티브를 지급하는 방식이 있다. 반대로, 성과가 저조한 직원에게는 추가 교육을 실시하거나 업무 목표를 재조정할 수 있다.

7) 전환배치(Transfer)

전환배치는 조직 내에서 직무나 직위를 바꾸는 과정이다. 승진, 강등, 수평 이동이 대표적이다. 예를 들어, 성과가 우수한 마케팅 담당자가 마케팅 팀장으로 승진하는 경우가 이에 해당한다. 반대로, 성과가 부진한 관리자가 더 적합한 직무로 재배치되기도 한다. 이러한 전환배치를 통해 구성원의 역량을 최적화하고 조직의 효율성을 높일 수 있다.

8) 이직(Turnover or Separation)

이직은 조직 구성원이 직장을 떠나는 것을 의미한다. 이직은 자발적 사직, 퇴직, 해고 등 다양한 형태로 발생한다. 예를 들어, 개인이 경력 발전을 위해 다른 기업으로 이직하거나 정년퇴직을 하는 경우가 있다. 또한, 인사고과 결과가 저조하여 해고되는 사례도 있다. 이직률이 과도하게 높을 경우, 보상 체계나 근무 환경에 문제가 있음을 나타낼 수 있다. 따라서 이직률 분석을 통해 조직의 문제점을 파악하고 개선하는 것이 중요하다.

인적자원관리의 각 과정은 조직의 성과와 지속 가능성에 직결된다. 따라서 조직은 인재를 전략적으로 확보하고, 체계적으로 개발하며, 공정하게 평가하고, 적절하게 유지해야 한다. 이를 통해 조직과 구성원이 상호 발전할 수 있는 환경을 조성하는 것이 인적자원관리의 궁극적인 목표이다.

제 2 절 인적자원 수급계획

모든 조직에서 인적자원은 필수적인 요소로, 수행해야 할 직무량과 처리 소요 시간에 따라 인적자원의 양적 측면이 고려되어야 한다. 동시에 달성해야 할 직무 목표와 성과 수준에 따라 질적 측면도 중요한 고려 요소가 된다. 그러나 조직의 필요에 맞는 인적자원을 항상 충족시키는 것은 쉽지 않다. 기술 발전과 경제 성장 속도가 가속화될수록 한정된 인적자원의 수급 불균형이 발생하기 때문이다. 따라서 조직이 지속적으로 성장하고 발전하기 위해서는 적절한 인적자원을 확보하기 위한 체계적인 계획이 필요하다.

1 외부환경과 인적자원 수급계획

외부환경은 조직의 운영과 관리 과정 전반에 큰 영향을 미치며, 인적자원관리도 예외는 아니다. 인적자원 수급계획을 수립할 때 반드시 고려해야 할 주요 외부 환경 요인들을 살펴보면 다음과 같다.

① 경제적 환경의 변화: 조직은 경제 환경의 변화에 민감하게 반응한다. 특히 기업은 경제조직의 성격을 지니므로 경제 상황에 따라 인적자원 수급에 큰 영

향을 받는다. 예를 들어, 경제 불황기에는 조직이 인원 감축을 고려해야 하지만, 실업률이 높아지기 때문에 필요한 인적자원을 상대적으로 용이하게 확보할 수 있다. 반대로, 경제 호황기에는 여러 산업에서 인적자원 수요가 증가하므로 경쟁이 심화되어 인력 확보에 어려움을 겪을 수 있다. 예를 들어, 스타트업이 호황기에 AI 엔지니어를 모집하려 할 경우, 다른 기업과의 인재 경쟁이 치열해져 채용 비용이 상승할 수 있다.

② 과학기술의 발전: 과학기술의 발전은 조직의 인력 구조에 변화를 가져온다. 자동화 및 디지털 전환으로 일부 직무는 감소하고, 새로운 직무가 생성되기도 한다. 예를 들어, 공공기관에서 서류 작업을 자동화하는 소프트웨어를 도입하면 기존의 단순 사무직 인력이 감소하지만, 해당 소프트웨어를 운영하고 유지보수할 수 있는 IT 전문가에 대한 수요는 증가한다. 제조업에서도 로봇 공정이 도입되면 단순 생산직은 줄어들고, 로봇을 프로그래밍하고 관리하는 엔지니어가 필요해진다.

③ 사회적 가치관의 변화: 경제 수준이 향상되면서 직업에 대한 가치관과 선호도가 변화하고 있다. 현대의 근로자들은 높은 수입보다는 일과 삶의 균형과 여가 시간을 중요시하는 경향이 증가하고 있다. 예를 들어, 젊은 세대는 장시간 노동을 기피하고 유연 근무제를 선호한다. 이러한 변화는 조직이 인적자원을 유치하고 유지하는 데 있어 새로운 도전을 의미한다. 또한, 사회적으로 인기가 낮은 직종(예: 제조업, 중공업)에서는 우수 인력을 확보하기 위해 보상체계 개선과 근무 환경 혁신이 요구된다.

④ 인력구조의 변화: 인구 구조의 변화는 인적자원 수급계획에 중요한 영향을 미친다. 우리나라의 인구 구조는 1960년대의 피라미드형에서 2000년대의 종형 구조로 변화했으며, 급격한 저출산 고령화로 인해 현재는 항아리형 구조로 변화하였고, 미래에는 역피라미드형 구조로 변화할 것으로 예상된다. 이러한 변화로 인해 노령 인구가 증가하고 청년층 인구가 감소하는 현상이 나타난다. 예를 들어, 공공기관과 기업들은 퇴직을 앞둔 베이비붐 세대의 빈자리를 메우기 위해 적절한 후속 인재를 확보하고, 고령 근로자의 역량을 유지하기

위한 재교육 프로그램을 마련해야 한다. 특히 군대와 같이 젊은 인력이 필수적인 조직에서는 병력 수급 문제에 대비한 장기적인 계획이 필요하다.

⑤ 정부 및 법적 규제: 정부의 노동 정책과 법적 규제도 인적자원 수급계획에 영향을 미친다. 최근에는 근로자의 권익 보호와 근무 환경 개선을 위해 다양한 법적·제도적 장치가 도입되고 있다. 예를 들어, 고용 차별 금지법, 장애인 고용 의무화 등이 이에 해당한다. 이러한 규제는 조직이 인력을 채용하고 유지하는 과정에서 반드시 준수해야 하는 기준이 된다. 예를 들어, 공공기관은 장애인 의무 고용 비율을 맞추기 위해 별도의 채용 계획을 수립해야 한다.

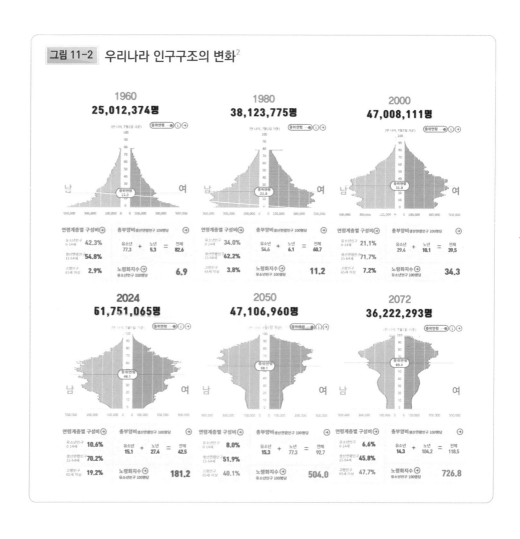

그림 11-2 우리나라 인구구조의 변화[2]

제 3 편 조직화

2 인적자원 수급계획단계

인적자원 수급계획 과정은 조직이 목표를 달성하기 위해 필요한 인적자원을 확보하고 유지하는 체계적인 접근법이다. 이 과정은 조직의 목표와 계획을 검토하는 것으로 시작하며, 총 다섯 단계를 통해 이루어진다.

1) 조직의 목표와 계획 검토

인적자원 수급계획을 수립할 때, 외부환경 요소뿐만 아니라 조직의 목표와 계획을 종합적으로 고려해야 한다. 수급계획의 근본 목적은 조직이 설정한 목표를 달성하기 위해 필요한 인적자원을 적시에 공급하는 것이다. 따라서 수급계획의 첫 단계는 조직의 목표와 전략적 계획을 면밀히 검토하는 것이다. 예를 들어, 한 공공기관이 향후 5년간 사회복지 서비스를 확장하려는 계획을 가지고 있다면, 이에 맞는 사회복지사와 관련 행정 인력을 적절히 확보해야 한다.

2) 소요 인적자원 추정

소요 인적자원 추정은 현재 및 미래의 직무를 수행하는 데 필요한 인적자원의 수와 질을 예측하는 단계이다. 이를 위해 직무 특성, 요구되는 기술 수준, 노동시장 동향을 분석해야 한다. 예를 들어, 기술 기업이 인공지능(AI) 개발 프로젝트를 추진할 경우, AI 엔지니어와 데이터 과학자 같은 전문 인력이 얼마나 필요한지 구체적으로 예측해야 한다. 또한 각 직무에 필요한 핵심 역량과 기술적 요구 사항도 파악해야 한다.

---

2 출처: 통계청-KOSIS 인구로 보는 대한민국-인구상황판
   (https://kosis.kr/visual/populationKorea/PopulationDashBoardMain.do)(24년 12월 21일 자료)

3) 인적자원 재고목록 작성

인적자원 재고목록 작성은 현재 조직 내에 있는 인적자원을 체계적으로 파악하는 과정이다. 이는 조직 내부에서 필요한 인력을 충원할 수 있는지 판단하는 데 필수적이다. 재고목록에는 현재 담당 직무와 직위, 보유한 기술과 역량, 업무 경험 및 교육 수준, 자격증 및 훈련 이력 등과 같은 정보들이 포함된다.

예를 들어, 제조업체에서 엔지니어가 필요할 경우, 재고목록을 통해 이미 관련 기술과 경험을 보유한 직원을 확인할 수 있다. 조직 내에 필요한 인재가 있다면 외부 채용보다는 내부 승진 또는 전환배치를 통해 인력을 충원하는 것이 비용 면에서 유리하다.

4) 인적자원 소요분석

인적자원 소요분석은 예측된 인적자원 수요와 현재 보유한 인적자원 간의 차이를 분석하는 과정이다. 이 차이를 바탕으로 외부 채용을 통해 충원해야 할 인적자원의 수와 유형을 구체화한다. 예를 들어, 공공병원에서 간호 인력이 부족하다고 판단될 경우, 부족한 인력 수와 필요한 자격을 분석한 뒤, 모집 및 선발 계획을 수립할 수 있다. 이 단계에서는 충원해야 할 인력의 수, 필요한 직무와 직책, 요구되는 역량과 기술 수준 등을 명확히 하는 것이 필수적이다.

5) 인적자원 충원계획 수립

충원계획 수립은 조직이 필요로 하는 인적자원을 확보하고 유지하기 위한 모집, 선발, 배치, 교육훈련, 보상제도 등을 체계적으로 설계하고 실행하는 단계이다. 먼저, 조직 내부의 인적자원 활용 가능성을 검토하여 승진, 전환배치, 직무 재설계 등을 통해 인력을 충원할 수 있는지 확인해야 한다. 예를 들어, 민간 기업이 프로젝트 관리자가 필요할 경우, 기존 팀원 중 역량 있는 직원을 승진시키는 것이 한 방법이다.

제 3 편 조직화

내부 충원만으로 수요를 충족할 수 없는 경우에는 외부 모집과 선발 계획을 수립해야 한다. 이를 위해 모집 경로(채용 사이트, 대학 협력, 전문 헤드헌팅 업체 등), 선발 기준(지원자의 기술, 경험, 조직 적합성), 채용 절차(서류심사, 면접, 실기시험 등) 등과 같은 요소들을 고려해야 한다. 또한, 충원계획의 실행 후에는 계획의 효율성과 성과를 평가하고, 필요 시 개선 방안을 도출해야 한다. 예를 들어, 채용 후 6개월 이내에 이직률이 높다면, 선발 과정이나 직무 교육의 문제를 점검하고 보완해야 한다.

제 3 절   모집과 선발

1 모집

1) 모집의 의의

인적자원 수급계획이 수립된 후, 다음 단계는 필요한 인재를 확보하기 위한 모집 활동이다. 모집의 주요 목적은 조직이 필요로 하는 시기에 적합하고 우수한 인적자원을 충분히 확보하는 것이다. 이를 통해 조직은 질적으로 뛰어난 인재를 선발할 기반을 마련하게 된다.

모집은 일반모집과 특별모집으로 구분할 수 있다.

일반모집은 비교적 단순한 직무 수행에 적합한 인재를 모집할 때 사용된다. 예를 들어, 콜센터 상담원, 사무 보조원, 또는 판매직원을 모집할 때 주로 활용되는 방법이다. 이러한 모집은 대중을 대상으로 하며, 신문 광고, 온라인 채용사이트, 또는 취업 박람회 등을 통해 지원자를 모집한다.

특별모집은 고도의 전문성과 숙련된 기술을 요구하는 직무나 관리자급 인재를 필요로 할 때 적용된다. 예를 들어, 공공기관의 정책분석 전문가나 IT 기업의 소프트웨어 엔지니어를 모집할 때 특별모집을 실시할 수 있다. 특별모집은 장기간에 걸쳐 개별적인 접촉과 심사를 진행하는 것이 일반적이다.

또한, 대학생이나 졸업 예정자를 대상으로 한 모집은 인턴십 프로그램을 활용할 수 있다. 이를 통해 조직은 인재를 채용하기 전에 업무 적합성을 평가할 수 있으며, 학생들은 실무 경험을 쌓고 조직에 대한 이해를 높일 수 있다.

2) 직무분석

효과적인 모집 활동을 위해서는 먼저 각 직무의 내용과 요구사항을 명확히 파악해야 한다. 이러한 과정이 직무분석(job analysis)이며, 직무분석을 통해 조직에서 필요한 인재의 특성, 기술, 지식, 능력 등을 확인할 수 있다. 직무분석은 모집뿐만 아니라 선발, 배치, 교육훈련 등의 기준을 설정하는 데에도 활용된다.

직무분석은 직무의 수행 내용, 직무에 요구되는 조건, 업무의 특성 등을 조사하여 구체화하는 과정이다. 예를 들어, 공공기관에서 데이터 분석가를 모집할 경우, 직무분석을 통해 해당 직무에서 필요한 기술적 능력, 데이터 해석 능력, 통계 소프트웨어 활용 능력 등을 명확히 할 수 있다.

직무분석을 통해 얻은 결과는 직무기술서(job description)와 직무명세서(job specification)로 정리된다.

직무기술서는 해당 직무의 구체적인 내용을 기술한 문서로 직무명(직무의 공식적인 명칭), **직무개요**(직무의 전체적인 개요와 목적), **직무내용**(해당 직무에서 수행해야 할 주요 과업과 책임), **직무요건**(직무 수행을 위해 필요한 요건이나 조건) 등이 포함된다. 예를 들어, 프로젝트 매니저 직무기술서에는 프로젝트 계획 수립, 팀 관리, 예산 관리, 일정 조정 등의 업무 내용이 명시된다.

직무명세서는 특정 직무를 수행하는 데 필요한 인적 요건을 나타낸 문서이다. 여기에는 **지식 및 기술**(해당 직무에 필요한 전문 지식과 기술 능력), **경험**(요구되는 실무 경험이나 관련 경력), **교육 수준**(직무 수행에 필요한 최소 학력 또는 자격), **기타 자격 요건**(언어 능력, 자격증, 리더십 능력 등)이 포함된다. 예를 들어, 데이터 분석담당자의 직무명세서에는 파이썬이나 R과 같은 프로그래밍 언어 숙련도, 데이터 분석 경험, 석사 이상의 학위 등이 명시될 수 있다.

직무기술서와 직무명세서는 조직에서 효율적인 모집과 선발을 위한 기준을 제공하며, 교육훈련, 인사고과, 직무 재설계의 기초 자료로도 활용된다. 이를 통해 조직은 필요한 인재를 정확히 파악하고 적합한 직무에 배치할 수 있게 된다.

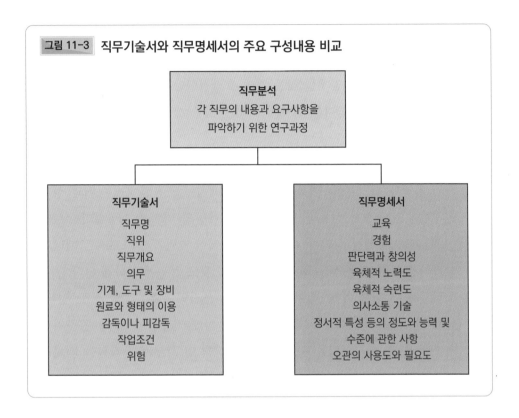

그림 11-3 직무기술서와 직무명세서의 주요 구성내용 비교

직무분석
각 직무의 내용과 요구사항을
파악하기 위한 연구과정

직무기술서
직무명
직위
직무개요
의무
기계, 도구 및 장비
원료와 형태의 이용
감독이나 피감독
작업조건
위험

직무명세서
교육
경험
판단력과 창의성
육체적 노력도
육체적 숙련도
의사소통 기술
정서적 특성 등의 정도와 능력 및
수준에 관한 사항
오관의 사용도와 필요도

3) 모집의 원천 및 방법

직무분석을 통해 도출된 직무명세서를 기초로 인적자원 수급계획에서 필요한 모집 직종과 인원이 결정되면, 조직이 요구하는 인력을 확보하기 위한 구체적인 모집 활동이 수행되어야 한다. 이를 위해 먼저 모집요건을 설정하고, 모집원천과 모집방법을 결정해야 한다. 모집요건에는 보수, 근무 시간, 근로 조건 등이 포함되며, 이러한 요건은 직무명세서에 명시된 자격요건과 직무 특성을 반영해야 한다. 모집원천과 방법은 모집 인원 수, 모집 지역, 선발 시기, 직종 및 선발 방법을 고려하여 가장 적합하고 효과적인 방안을 선택해야 한다. 일반적으로 모집은 내부모집

과 외부모집으로 나뉜다.

(1) 내부모집

내부모집은 조직 내부의 인력을 활용하여 승진이나 전환배치를 통해 필요한 인재를 보충하는 방법이다. 직위에 결원이 발생하거나 직무에 공백이 생길 경우, 기존 조직원 중에서 적합한 인재를 찾는 것이 효과적이다. 내부모집은 조직 내에서 이미 검증된 인력을 활용한다는 점에서 여러 이점을 제공하지만, 몇 가지 주의할 점도 존재한다.

일반적인 내부모집의 장점은 아래와 같다.

① 사기 진작과 동기부여: 내부 승진과 전환배치는 조직원에게 능력과 성과를 인정한다는 긍정적 신호를 보내며, 경력 개발의 기회를 제공한다. 예를 들어, 한 IT 회사에서 성과가 뛰어난 소프트웨어 개발자가 프로젝트 매니저로 승진하게 되면, 다른 팀원들도 높은 동기를 갖고 업무에 임하게 된다.

② 조직 문화에 대한 이해: 내부 인력은 이미 조직의 문화, 규정, 정책, 업무 방식에 익숙하기 때문에 새로운 직무에 신속하게 적응할 수 있다. 공공기관에서 새로운 정책 기획팀을 꾸릴 때, 기존 정책 연구 부서의 직원을 배치하면 업무 수행 속도가 빨라진다.

③ 비용 절감: 외부 모집에 소요되는 광고비, 교육비, 채용 프로세스 비용을 절감할 수 있다. 내부 인력을 활용하므로 채용 및 초기 교육에 드는 비용과 시간이 줄어든다.

④ 리스크 최소화: 내부 식원은 이미 성과와 능력이 검증된 인재이기 때문에 채용의 실패 확률이 낮다. 예를 들어, 금융기관에서 고객 상담 부서에서 성과가 검증된 직원을 고객 서비스 관리자로 승진시키면, 업무 실패 확률이 줄어든다.

⑤ 직무 적합성 향상: 내부모집은 직원의 역량과 경험을 고려하여 적합한 직무에 배치할 수 있는 기회를 제공한다. 이를 통해 조직 내 인재 활용의 효율성을 높일 수 있다.

제 3 편 조직화

내부모집은 위와 같은 장점이 있지만, 아래와 같은 단점도 내재되어 있다.

① 파벌 형성의 위험: 내부모집이 반복되면 동문, 친인척, 지연 등과 같은 사적 관계에 따라 인사가 이루어질 위험이 있다. 이러한 파벌은 조직 내 갈등과 불공정한 인사로 이어질 수 있다. 예를 들어, 특정 부서에서 승진이 반복되면 다른 부서 직원들의 불만이 커질 수 있다.

② 능력과 직무 불일치: 내부 인력만으로 모든 직무를 충원하려다 보면, 해당 직무에 필요한 전문성을 충분히 갖추지 못한 직원을 배치할 가능성이 있다. 예를 들어, 신기술이 필요한 데이터 분석팀에 기존 인력이 적합하지 않다면 업무 성과가 저하될 수 있다.

③ 제한된 인재 풀: 내부 인력 풀은 제한적이기 때문에 조직이 필요로 하는 새로운 기술이나 경험을 가진 인재를 확보하기 어렵다. 특히 기술 혁신이 빠른 IT나 제조업에서는 외부의 새로운 인재가 필요할 때가 많다.

④ 혁신과 변화 저하: 내부모집은 기존 직원에게 기회를 제공하므로 외부에서 신선한 아이디어나 새로운 시각을 도입하기 어렵다. 혁신이 필요한 시점에 내부 인력만 활용하면 조직이 경직될 수 있다.

⑤ 이직률과 조직 성장 한계: 이직률이 높거나 조직이 빠르게 성장하는 상황에서는 내부 인력만으로 모든 직무를 충원하기 어려울 수 있다. 이 경우 적시에 적합한 인재를 확보하지 못하면 조직 성장에 제약이 발생할 수 있다.

(2) 외부모집

외부모집은 필요로 하는 인적 자원을 조직 외부에서 충원하는 방법으로, 새로운 인재를 확보하기 위한 수단이다. 외부모집은 다양한 인재풀에서 전문성과 경험을 갖춘 인력을 찾을 수 있다는 장점이 있다. 외부모집에는 일반공모(공개모집)와 연고모집(비공개모집)이 있으며, 각 방법에는 서로 다른 절차와 특성이 존재한다.

◉ 일반공모

일반공모는 공개적으로 모집 공고를 내어 조직 외부에서 인재를 모집하는 방식이다. 이 방법은 다양한 출처에서 지원자를 확보할 수 있어 가장 널리 사용되는 방법이다. 일반공모의 주요 방법들은 다음과 같다.

① 공공직업소개소를 통한 모집: 공공직업소개소는 정부나 공공기관에서 운영하는 인력 중개기관이다. 조직이 필요한 직무와 근로조건을 소개소에 의뢰하면, 소개소는 이에 적합한 후보자를 추천한다. 이 방법은 특히 중소기업이나 소규모 조직이 일반 사무직이나 기술직 인재를 모집할 때 유용하다. 예를 들어, 한 지방자치단체가 새로운 행정 보조 인력을 필요로 할 경우, 공공직업소개소에 의뢰하여 인재를 추천받을 수 있다. 이 방식은 비용이 적게 들고 공정하게 지원자를 확보할 수 있다는 장점이 있다.

② 교육기관과의 협력을 통한 모집: 대학, 전문학교와 같은 교육기관과 협력하여 졸업 예정자를 모집하는 방법이다. 조직이 필요한 특정 기술이나 전문성을 갖춘 인재를 확보할 때 유리하다. 예를 들어, 한 공공병원이 간호 인력을 충원할 때 간호학과 졸업 예정자에게 추천을 의뢰하거나 인턴십 프로그램을 제공할 수 있다. 이 방법은 신입사원을 체계적으로 교육하고 장기적으로 인재를 육성할 기회를 제공한다.

③ 채용 전문 포털 및 언론 매체를 이용한 광고 모집: 채용 전문 포털 사이트 및 신문, 잡지, 라디오, TV, 온라인 매체 등을 통해 채용 공고를 내고 지원자를 모집하는 방법이다. 특히 많은 인재를 한 번에 모집해야 할 때 유용하다. 예를 들어, 한 대기업이 새로운 사업부를 출범하면서 다양한 직무에 대해 채용 공고를 낼 경우, 구인구직 플랫폼이나 주요 일간지에 광고를 게재한다. 이 방법은 모집 범위를 넓힐 수 있으나 광고 비용이 많이 든다는 단점이 있다.

④ 게시 광고를 통한 모집: 조직 내외의 특정 장소에 채용 공고를 게시하는 방법이다. 예를 들어, 공공기관의 안내 게시판이나 지역 커뮤니티 센터에 모집 공고를 붙여 관심 있는 지원자를 유도할 수 있다. 이 방법은 비용이 적게 들지만 모집 범위가 한정적이라는 단점이 있다.

⑤ 용역회사(헤드헌팅)를 통한 모집: 전문 인력 용역회사나 헤드헌팅 업체를 이용하여 인재를 모집하는 방법이다. 이 방법은 일정 기간 동안 계약직으로 고용하거나, 고도의 전문성을 요하는 인력을 신속하게 확보해야 할 때 유용하다.

제 3 편 조직화

예를 들어, IT 회사가 사이버보안 전문가를 단기 프로젝트에 투입할 때 헤드 헌팅 업체를 통해 적합한 인재를 찾을 수 있다.

◉ 연고모집

연고모집은 조직의 기존 인력이나 이전에 근무했던 인력을 통해 새로운 인재를 모집하는 방법이다. 이 방식은 비용이 적게 들고 신뢰성 있는 인재를 확보할 수 있다는 장점이 있다. 연고모집의 주요 유형은 다음과 같다.

① 재고용을 통한 모집: 이전에 조직에서 근무했던 직원 중 일시 해고되었거나 개인적인 사정으로 퇴사한 인력을 다시 채용하는 방법이다. 예를 들어, 한 제조업체가 경기 회복으로 생산라인을 확장할 때, 과거에 근무했던 숙련공에게 재취업 기회를 제공할 수 있다. 이 방법은 새로운 인재를 교육하는 비용과 시간을 줄일 수 있지만, 직위와 보수에서 갈등이 발생할 수 있다는 단점이 있다.

② 직원 추천을 통한 모집: 현재 근무 중인 직원이 지인이나 동료를 추천하여 채용하는 방법이다. 추천받은 인력은 조직 문화나 직무 요구에 적합할 확률이 높다. 예를 들어, 한 소프트웨어 회사가 새로운 개발자를 채용할 때 기존 개발자가 추천한 인재를 선발할 수 있다. 이 방법은 신뢰할 수 있는 인재를 확보할 수 있으나, 편향성이나 불공정성의 우려가 있을 수 있다.

◉ 모집 방법의 선택

조직은 다양한 외부모집 방법 중에서 상황에 가장 적합한 방식을 선택해야 한다. 이를 위해 다음과 같은 요소를 고려해야 한다.

① 상대적 비용: 각 모집 방법에 드는 비용을 분석하고, 예산에 맞는 방법을 선택한다.

② 노동시장 동향: 현재 노동시장의 인재 수급 상황을 파악하여 적합한 모집 전략을 수립한다.

③ 조직의 성격: 조직의 규모와 특성에 맞는 모집 방식을 선택한다. 예를 들어, 스타트업은 비용 면에서 효율적인 온라인 모집을 선호할 수 있다.

④ 직무 특성과 요건: 직무에 필요한 기술과 경험을 고려하여 모집 범위를 설정한다.

외부모집은 조직에 새로운 인재를 유입하고, 다양성과 혁신을 촉진하는 데 효과적이다. 하지만 비용, 시간, 공정성 문제를 종합적으로 고려하여 적절한 모집 전략을 수립하는 것이 중요하다.

2 선발

선발은 모집된 지원자들 중에서 조직의 직무에 가장 적합한 인재를 선택하는 과정이다. 이는 상호 의사결정 과정으로, 조직이 채용을 결정하고 지원자가 그 조건을 수락하거나 거부하는 방식으로 이루어진다. 예를 들어, 기업이 지원자를 선발했더라도 채용 조건이 맞지 않으면 지원자는 지원을 철회할 수 있다.

1) 선발절차

선발절차는 조직의 특성과 직무에 따라 달라질 수 있지만, 일반적으로 지원서 접수, 예비면접, 선발시험, 배경조사 및 경력조회, 최종면접, 신체검사, 선발 및 배치의 일곱 단계로 진행된다. 특정 직무의 특성이나 모집인원의 수에 따라 몇 가지 절차가 생략되기도 하지만, 선발시험과 면접은 필수적으로 중요시된다.

① 지원서 접수 단계: 지원서는 세 가지 목적을 가진다. 첫째, 지원자가 원하는 직무에 대해 공식적으로 지원 의사를 나타내는 문서이다. 둘째, 면접을 위한 기본 정보를 제공한다. 셋째, 채용된 경우 조직의 인사기록의 일부로 활용된다. 합법적 범위 내에서 직무 수행에 필요한 정보를 요구하는 것이 중요하다.

② 예비면접 단계: 예비면접은 지원자가 특정 직무에 적합한지 신속히 평가하는 과정으로, 학력, 경력, 업무 경험 등 사실적 정보에 초점을 맞춘 간단한 면접을 통해 선발과정의 효율성을 높일 수 있다. 최근에는 인공지능을 활용한 비대면 온라인 면접을 통해 지원자의 다양한 특성을 알고리즘 기반으로

분석하여 채용에 활용하고 있다.

③ 선발시험 단계: 선발시험 단계는 지원자의 직무 수행 능력과 관련 기술을 평가하기 위해 실시된다. 직무분석을 기반으로 직무 특성에 맞는 시험이 설계되며, 기계 조작 능력이나 언어, 수리 능력을 테스트할 수 있다. 일부 조직은 심리 측정이나 성격 검사를 통해 지원자의 성향을 파악하기도 한다. 선발시험은 다음과 같은 원칙을 준수해야 한다. 첫째, 직무분석에 기반해야 한다. 둘째, 신뢰성과 타당성이 확보되어야 한다. 셋째, 선발시험은 보조적 수단으로 활용되어야 하며, 절대적 기준이 되어서는 안 된다.

④ 배경조사 및 경력조회 단계: 배경조사 및 경력조회는 지원서에 기재된 정보의 신뢰성을 검증하고, 지원자에 대한 추가 정보를 확인하기 위한 것이다. 지원자는 자신의 결함이나 단점을 감추려 할 수 있으므로, 배경조사는 선발의 신뢰성을 높이는 데 유용하다. 예를 들어, 전 직장 상사나 추천인에게 연락하여 지원자의 업무 태도와 성과를 확인할 수 있다.

⑤ 최종면접 단계: 최종면접은 예비면접, 선발시험, 경력조사 결과를 바탕으로 진행되며, 최종적으로 지원자의 적합성을 판단한다. 최종면접은 보통 해당 부서의 관리자나 팀장이 수행하며, 지원자의 직무 능력뿐만 아니라 조직문화와의 적합성도 평가한다.

⑥ 신체검사 단계: 신체검사는 특별한 신체적 조건이 요구되지 않는 한, 선발과정의 마지막에 진행된다. 이는 직무 수행에 문제가 없는지 확인하고, 전염병 예방 및 건강 기록 유지를 위해 실시된다. 예를 들어, 공공안전 분야의 업무나 제조업 현장에서는 신체 건강 상태가 중요한 평가 기준이 될 수 있다.

⑦ 선발결정 및 배치 단계: 모든 절차를 마친 후, 최종적으로 선발된 인재를 조직에 배치한다. 이 과정에서 보수, 직무 조건, 업무 환경 등을 명확히 전달해야 한다. 보상은 대부분의 지원자에게 중요한 고려 사항이므로, 공정하고 투명한 보상 체계를 제시하는 것이 필요하다.[3]

---

3   Linda A Krefting, "Differences in Orientations toward Pay Increases," *Industrial Relations*, 19, No. 1, Winter 1980, pp. 81−87.

이와 같은 체계적 선발절차를 통해 조직은 적합한 인재를 확보할 수 있으며, 조직의 성과 향상과 인적자원관리의 효율성을 높일 수 있다.

2) 면접

면접(interview)은 선발 과정에서 가장 널리 사용되는 방법이다. 선발 과정에서 필기시험을 시행하지 않는 경우는 종종 있지만 면접을 생략하는 경우는 드물다. 면접은 지원자에 대한 종합적 정보를 확인할 수 있는 효과적인 방법이며, 일반적으로 선발 과정에서 여러 번 실시된다. 대부분의 경우, 지원서류를 검토하는 예비 면접, 인사 담당자가 진행하는 인사부 면접, 그리고 채용 관리자에 의한 최종 선발 면접으로 구분된다. 특히 중요한 직무의 경우, 지원자의 직무 적합성과 직무 수락 여부를 신중하게 평가하기 위해 세부적인 면접이 이루어져야 한다.

면접은 지원자의 직무 수행 능력을 예측하는 중요한 수단이므로, 면접 절차는 체계적으로 계획되어야 한다. 같은 직무를 수행할 지원자들에게는 일관된 질문이 제시되어야 한다. 그러나 실제로 많은 면접이 비표준화되어 있으며, 면접자의 성향이나 경험에 따라 달라질 수 있다. 이러한 면접 과정에서 획득한 정보는 때로 부정확할 수 있는데, 그 원인은 다음과 같다.[4]

첫째, 비자연스러운 면접 상황이다. 면접자는 여러 경험을 바탕으로 면접을 수월하게 이끌어 갈 수 있지만, 지원자는 면접 경험이 부족하거나 긴장한 상태일 수 있다. 이로 인해 지원자는 자신의 강점이나 능력을 자연스럽게 표현하지 못하고, 본래 성격과 다른 모습으로 행동할 수 있다. 예를 들이, 창의적이고 유연한 사고를 가진 지원자도 긴장으로 인해 소극적으로 보일 수 있다.

둘째, 지원자의 의도적인 과장이다. 지원자는 면접관에게 좋은 인상을 남기기 위해 자신의 능력과 자질을 과장할 수 있다. 조직 문화에 맞지 않는 지원자가 면접 기술만으로 좋은 평가를 받는 경우도 있다. 반대로, 능력과 자질을 갖춘 지원자가

---

4   Richard G. Nehrbass, "Psychological Barriers to Effective Employment Interviewing," *Personnel Journal*, 56, No. 2, February 1977, pp. 60-64.

제 3 편 조직화

조직의 기대와 다르게 보일 수도 있다. 이러한 상황에서는 조직과 지원자의 실질적 적합성을 평가하기 어려울 수 있다.

셋째, 부적절한 질문이다. "자기 자신에 대해 말해 보라"거나 "당신의 최대 약점은 무엇인가?"와 같은 포괄적이고 추상적인 질문은 지원자의 직무 관련 능력이나 기술을 확인하기에 적합하지 않다. 따라서 면접자는 직무와 관련된 기술, 경험, 상황 대응 능력 등을 구체적으로 확인할 수 있는 질문을 해야 한다. 예를 들어, "이전 직장에서 프로젝트 마감 기한을 맞추기 위해 어떻게 일했는가?"와 같은 질문이 더 유용하다.

또한, 면접 과정에서 면접자와 지원자의 입장이 다르기 때문에 신뢰성에 문제가 발생할 수 있다. 면접자는 조직의 장점을 강조하려 하고, 지원자는 자신의 능력과 경험을 과장하려는 경향이 있다. 이로 인해 면접만으로는 정확한 판단이 어려울 수 있다. 따라서 면접은 훈련된 면접자에 의해 진행되어야 하며, 다른 선발 기법(예: 선발 시험, 경력 조사)과 조화롭게 활용하는 것이 바람직하다. 이렇게 하면 지원자에 대한 더 정확하고 공정한 평가를 할 수 있다.

면접은 신중하게 계획되어야 하며, 표준화된 질문들을 활용하여 직무 적합성을 평가할 수 있어야 한다. 또한, 면접자 훈련과 보완적 선발 기법의 활용을 통해 신뢰성과 정확성을 높일 수 있다.

3) 관리자 선발

관리자 선발을 별도로 다루는 이유는 관리자가 조직에서 수행하는 역할이 매우 중요하고, 조직의 성패에 결정적인 영향을 미치기 때문이다. 관리 직무는 복잡성과 책임의 범위가 크기 때문에, 일반 직원과는 다른 선발 기준과 접근이 요구된다. 또한 관리자는 조직 운영, 전략 수립, 리더십 발휘와 같은 다양한 역할을 수행해야 하므로, 선발 과정에서 현재 능력뿐만 아니라 미래의 잠재 능력을 평가하는 것이 필수적이다.

관리자 선발은 조직의 목표와 전략에 부합하는 리더십과 전문성을 갖춘 인재를 발굴하는 과정이다. 관리자 선발에서 고려해야 할 핵심 요소는 경험이 풍부한 후보자를 선발할지, 아니면 잠재력을 가진 후보자를 선발할지의 문제다.

(1) 유경험자

조직이 현재의 관리 요구를 충족하기 위해서는 경험이 있는 관리자를 선발하는 것이 일반적이다. 특히 조직이 직면한 긴급한 상황이나 중요한 프로젝트를 수행해야 할 때, 즉각적으로 성과를 낼 수 있는 유경험자를 찾게 된다. 예를 들어, 공공기관에서 대규모 정책 프로젝트를 진행하거나 민간기업에서 신규 사업 부서를 확장할 경우, 이미 비슷한 직무를 성공적으로 수행한 경험을 가진 관리자를 선호한다.

그러나 유경험자를 선발하는 경우에도 몇 가지 어려움이 존재한다. 우선, 과거의 업적을 바탕으로 미래 성과를 예측하는 것이 항상 정확한 것은 아니다. 예를 들어, 한 관리자의 뛰어난 성과가 그 자신의 역량 때문인지, 아니면 유능한 부하 직원이나 외부적 요인, 혹은 일시적인 행운 때문인지를 정확히 판단하기 어려운 경우가 많다. 또한, 관리자의 성과에 대한 기록이 불완전하거나 편향되어 있을 경우, 이를 신뢰하기 어려운 상황도 발생한다.

이러한 한계로 인해 유경험 관리자 선발에서는 전통적인 시험보다는 면접이 중요한 평가 수단으로 활용된다. 면접은 지원자의 과거 경험과 직무 적합성을 심층적으로 평가할 수 있는 기회이기 때문이다. 일반적으로 유경험 관리자 면접은 상급 관리자나 인사 담당자가 수행하는 경우가 많다. 그러나 이들은 종종 직무 수행에 필요한 세부 기술과 역량을 정확히 파악하지 못할 수 있다. 따라서 면접자는 지원자의 경험과 성과뿐만 아니라, 조직과의 적합성을 종합적으로 평가하려고 한다.

유경험자 면접에서 특히 강조되는 요소는 관리자의 개인적 자질이다. 예를 들어, 지원자가 조직의 비전과 목표에 부합하는 사고방식과 아이디어를 갖고 있는지를 확인해야 한다. 또한, 면접자는 지원자의 정서적 안정감, 자신감, 리더십, 대인관계 능력 등을 평가한다. 이러한 자질은 관리자가 위기 상황에서 조직을 이끌고, 팀을 효과적으로 운영하는 데 필수적이다.

이외에도 면접에서는 지원자의 개성, 가치관, 과거 경험, 그리고 직무 수행 스타일이 조직과 얼마나 잘 맞는지 평가하게 된다. 예를 들어, 혁신을 강조하는 스타

제 3 편 조직화

트업에서는 창의적이고 유연한 리더십이 중요하지만, 안정성을 중시하는 공공조
직에서는 체계적이고 규율을 준수하는 리더십이 더 적합할 수 있다.

(2) 잠재능력 보유자 선발

관리 경험은 없지만 잠재능력이 있다고 평가되는 미래의 관리자는 주로 대학교
육 과정을 마친 후 조직에 입사하게 된다. 이들은 보통 연구 직무, 참모 직무 또는
교육훈련 부서에서 근무하게 된다. 이러한 초기 직무 경험은 향후 관리직 수행에
큰 영향을 미치므로, 잠재적 관리자를 선발하는 과정은 매우 중요하다. 그러나 관
리 경험이 없는 상태에서 이들의 잠재능력을 평가하는 것은 쉽지 않다.

잠재적 관리자를 평가할 때 가장 먼저 고려되는 요소는 학업 성적이다. 그러나
기술직이나 연구직과 같이 전문 지식이 필요한 분야를 제외하면, 학업 성적이 반
드시 관리 직무 수행 능력과 직결되지는 않는다. 따라서 학업 성적 외에도 기타 활
동 기록이 중요한 평가 기준이 된다. 예를 들어, 대학 시절 학생회 활동, 프로젝트
리더 경험, 동아리 운영 경험, 봉사활동 등의 과외활동은 지원자의 인간관계 기술,
리더십, 책임감 등을 보여주는 중요한 지표가 된다.

특히 리더십 경험이 중요한 평가 요소로 작용한다. 예를 들어, 학생회 임원으로
활동하면서 행사 기획 및 운영을 주도한 경험, 학내 위원회에서 의견 조율과 의사
결정을 한 경험은 조직 내에서 관리자 역할을 수행할 잠재력을 시사한다. 이러한
경험은 지원자가 팀을 이끄는 능력과 문제 해결 능력을 갖추었는지를 평가하는 데
유용한 근거가 된다.

잠재능력을 평가하기 위해 면접은 필수적인 절차로 수행된다. 면접을 통해 지
원자의 성격, 소통 능력, 논리적 사고력, 문제 해결 능력 등을 평가할 수 있다. 또
한, 지원자가 조직의 비전과 가치에 부합하는 사고방식을 가지고 있는지도 확인해
야 한다. 예를 들어, 공공조직의 경우 사회적 책임과 공공의 이익을 우선시하는 가
치관을 갖고 있는지가 중요한 평가 요소가 된다.

면접의 공정성을 높이기 위해 여러 명의 관리자가 면접에 참여하는 것이 바람
직하다. 다양한 면접자의 의견을 종합하면 특정 면접자의 편견이나 평가 오류를
최소화할 수 있으며 보다 균형 잡힌 평가가 가능하다. 예를 들어, 인사 담당자, 부

서 관리자, 그리고 향후 함께 일하게 될 팀원이 함께 면접을 진행하면 지원자의 다양한 면모를 종합적으로 평가할 수 있다.

4) 평가센터법

우수한 인적자원을 선발하기 위한 효과적인 방법 중 하나는 평가센터법(Assessment Center)을 활용하는 것이다. 이 방법은 제2차 세계대전 중 전략사무국(OSS, Office of Strategic Services)에서 조직원을 선발하기 위해 처음으로 도입되었다. 평가센터법은 특히 유경험 관리자와 잠재적 관리자의 미래 역량을 예측하는 데 매우 성공적으로 활용되었다.[5]

평가센터법의 핵심은 지원자들이 다양한 모의 상황 연습에 참여하고, 관찰자들이 이들의 행동을 관찰하고 평가하는 것이다. 이를 통해 지원자의 리더십, 의사 결정 능력, 문제 해결력, 대인관계 기술과 같은 다양한 역량을 종합적으로 평가할 수 있다.

대표적인 훈련 방법으로는 인바스켓 훈련(In-Basket Exercise)이 있다. 이 훈련에서 지원자는 특정 직위로 승진할 것이라는 가정 하에, 긴급한 회의에 참석하기 위해 바로 출발해야 한다는 상황에 놓인다. 지원자에게는 메모, 보고서, 전화 메시지, 전임 관리자의 자료 등 다양한 문서가 주어지며, 이를 약 1시간 동안 검토한 후 적절한 조치를 결정해야 한다. 이후 면접에서 자신이 내린 결정에 대한 논리와 이유를 설명하게 된다. 이 훈련을 통해 지원자의 우선순위 설정, 문제 해결 능력, 시간 관리 능력을 평가할 수 있다.

또 다른 훈련으로는 리더 없는 집단토의훈련(Leaderless Group Discussion)이 있다. 참가자들에게 특정 문제를 제시하고, 해결책을 논의하도록 한다. 이 과정에서 누가 자연스럽게 리더십을 발휘하는지, 대인관계 기술과 협력 능력은 어떠한지를 관찰

---

5   Gray A. Yukl, *Leadership in Organization* (Englewood Cliffs, N.J.: PrenticeHall, 1981), pp. 71–75; and Larry D. Alexander, "An Exploratory Study of the Utilization of Assessment Center Results," *Academy of Management Journal*, 22, No. 1, March 1979, pp. 152–157.

 제 3 편 조직화

한다. 이러한 토의를 통해 지원자의 리더십, 협상 능력, 팀워크를 평가할 수 있다.

이외에도 관리 시뮬레이션 게임(Management Simulation Game)이 자주 활용된다. 이 게임은 지원자들이 주어진 비즈니스 시뮬레이션 속에서 의사결정을 하고 조직을 운영하는 상황을 경험하게 한다. 게임을 통해 지원자의 전략적 사고, 문제 해결 능력과 같은 실무 역량을 평가한다. 또한, 구두 발표(Oral Presentation)를 통해 지원자의 의사소통 능력과 논리적 사고를 검증하며, 심리 검사를 통해 지원자의 성격, 정신적 능력, 상식을 평가하기도 한다.

이러한 훈련과 평가를 종합적으로 시행하는 평가센터법은 관리자의 잠재능력을 예측하는 데 매우 효과적일 뿐만 아니라 관리기술 개발 기법으로도 활용될 수 있다. 실제로 일부 대학원 과정에서는 자기계발과 리더십 향상을 위해 평가센터법을 도입하고 있다.

그러나 평가센터법은 비용과 시간이 많이 소요된다는 단점이 있다. 여러 명의 평가자가 필요하고, 평가 과정이 복잡하고 시간이 오래 걸리기 때문에 주로 대규모 조직에서 실행된다. 따라서 중소기업이나 예산이 제한된 공공조직에서는 실행에 어려움이 있을 수 있다. 그럼에도 불구하고 평가센터법은 지원자의 역량을 다각도로 평가하고, 선발의 신뢰성을 높이는 데 매우 유용한 방법이다.

3 조직소개 및 오리엔테이션

조직소개 및 오리엔테이션은 신입 구성원이 조직에 빠르게 적응하고 효과적으로 직무를 수행할 수 있도록 필요한 정보를 제공하는 과정이다. 이 교육의 목적은 신입 구성원이 새로운 직무와 조직문화에 익숙해지도록 돕고, 조직의 역사, 관리 방침, 구조 등을 이해하게 하여 조직 일원으로서의 기틀을 마련하는 데 있다. 또한 신입 구성원이 조직에 대해 긍정적인 인상을 갖게 하여 소속감을 형성하고 팀워크를 촉진하는 역할을 한다.

오리엔테이션은 기본적으로 세 가지 유형의 정보를 제공한다. 첫째, 일상적인 작업 과정에 대한 정보이다. 신입 구성원이 매일 수행해야 하는 직무의 흐름과 기본 절차에 대해 설명하며, 업무를 수행하는 데 필요한 기본 지식과 기능을 전달한다. 예를 들어, 고객 상담원이 된다면 전화 응대 절차, 고객 불만 처리 방법, 보고 체계 등을 안내한다.

둘째, 조직의 역사, 목적 및 업무 활동에 대한 소개이다. 조직이 어떻게 성장해 왔는지, 비전과 미션은 무엇인지, 그리고 신입 구성원의 직무가 조직의 전체 목표에 어떻게 기여하는지를 설명한다. 예를 들어, 공공기관에서는 기관 설립 목적과 공공 서비스가 시민들에게 미치는 영향에 대해 안내할 수 있다. 이를 통해 신입 구성원이 자신의 역할에 대한 의미와 책임감을 느낄 수 있게 한다.

셋째, 정책, 규칙 및 보상 체계에 대한 자세한 정보이다. 이를 위해 팸플릿이나 안내서를 활용하여 조직의 규정, 근로 조건, 인사 정책, 평가 및 보상 제도를 설명한다. 예를 들어, 재택근무 정책, 연차 사용 방법, 복리후생 혜택 등을 안내하여 신입 구성원이 혼란 없이 조직생활을 시작할 수 있도록 한다.

많은 연구에 따르면 신입 구성원은 조직에 처음 합류할 때 불안감을 느끼는 경우가 많다. 그들은 직무 수행에 대한 걱정과 기존 구성원과의 비교에서 오는 불안을 경험하며, 동료들과의 관계 형성에 대한 관심도 크다. 이러한 불안을 완화하기 위해서는 오리엔테이션을 신중하게 설계해야 한다.

따라서 신입 구성원에게 직무 환경과 감독자에 대한 정보를 충분히 제공하고, 동료들과 인사 및 네트워킹 시간을 마련해 의문점을 해소할 기회를 주어야 한다. 또한, 신입 구성원의 성과와 기여를 독려하고 조직생활에 대한 긍정적인 동기를 부여하는 것이 중요하다. 예를 들어, 팀 리더가 신입 구성원에게 환영 메시지를 전달하고, 업무에 대한 피드백을 제공하는 멘토링 프로그램을 운영할 수 있다.

이와 같이 체계적이고 세심한 조직소개 및 오리엔테이션은 신입 구성원의 적응 속도를 높이고, 조직에 대한 소속감과 직무 만족도를 향상시키며, 궁극적으로 조직 전체의 성과와 팀워크에 기여하게 된다.

인간의 개인적 자질과 능력 계발은 조직활동이 지속되는 과정에서 항상 요구되는 핵심 요소이다. 조직을 효율적으로 운영하기 위해서는 교육훈련과 경력개발을 통해 구성원의 능력을 최적화하고, 이를 바탕으로 조직의 성과를 극대화할 수 있어야 한다. 따라서 인적자원개발은 폭넓은 지식뿐만 아니라 변화하는 환경에 성공적으로 대응할 수 있는 능력을 함양하는 것을 포함한다. 본 절에서는 일반 조직성원보다는 관리자의 능력향상에 초점을 맞춰 교육훈련의 필요성과 그 중요성에 대해 설명한다.

① 교육훈련의 필요성

관리자들이 교육훈련계획을 수립할 때, 단순히 시대적 유행이나 다른 조직들이 보편적으로 실시하고 있다는 이유만으로 접근해서는 안 된다. 교육훈련은 조직의 문제를 해결하고 성과를 향상시키는 데 실질적으로 기여해야 하며, 이에 따른 비용과 기대효과를 철저히 분석해야 한다. 즉, 교육훈련계획은 조직의 관리 문제 해결에 도움이 될 때 비로소 그 필요성이 인정된다.

교육훈련의 필요성을 판단하는 기초자료로는 다음 네 가지가 있다.

① 인사고과: 인사고과를 통해 조직원들의 직무 수행 성과를 측정하고, 이를 성과 기준 및 목표와 비교한다. 만약 성과가 기대 수준에 미치지 못하는 경우, 해당 직원은 교육훈련이 필요하다. 예를 들어, 고객 서비스 부서의 직원이 고객 불만 처리에서 반복적으로 낮은 점수를 받는다면, 고객 응대 기술에 대한 교육훈련을 실시해야 한다.

② 직무분석: 직무분석은 직무를 수행하는 데 필요한 기술과 지식을 파악하는 과정이다. 직무기술서에 명시된 요구사항에 미달하는 구성원이 있을 경우, 해당 직무에 적합한 기술이나 지식을 습득하도록 교육훈련을 제공해야 한다. 예를 들어, IT 부서에서 새로운 보안 소프트웨어를 도입했을 때, 해당 소

프트웨어 사용법에 익숙하지 않은 직원은 추가 교육이 필요하다.

③ 조직분석: 조직의 유효성과 목표 달성 정도를 분석하여 성과가 저조한 부서를 찾아내고 원인을 파악한다. 이직률이 높거나 목표 성과에 도달하지 못하는 부서는 교육훈련을 통해 문제를 해결할 필요가 있다. 예를 들어, 프로젝트 관리 부서에서 일정 지연이 자주 발생한다면, 일정 관리 및 협업 도구 사용법에 대한 교육훈련을 진행할 수 있다.

④ 조직 구성원 전체에 대한 조사: 조직 내 모든 구성원을 대상으로 직무 수행 중 발생하는 문제를 조사하여 교육훈련이 필요한 부분을 파악한다. 관리자뿐만 아니라 일반 조직원들이 직무에서 겪는 어려움을 해결하기 위해 설문조사나 인터뷰를 진행할 수 있다. 예를 들어, 영업 부서의 직원들이 새로 출시된 제품의 특성을 이해하지 못해 실적이 저조하다면, 제품에 대한 심화 교육이 필요하다.

이와 같이, 체계적인 분석과 평가를 통해 교육훈련의 필요성을 파악하고, 이를 바탕으로 적절한 교육훈련 계획을 수립함으로써 조직 전체의 성과와 역량을 향상시킬 수 있다.

2 교육훈련의 방법

관리자 개발은 현직에서의 업무 성과를 높이고, 향후 승진 시 더 큰 책임을 맡을 수 있도록 준비하는 과정이다. 현대 조직에서는 관리자 업무의 복잡성이 증가하고 있으며, 단순히 경험만으로 관리 기술을 습득하기에는 한계가 있다. 따라서 효율적이고 체계적인 교육훈련이 필요하다. 초기 관리자 개발은 모든 관리자에게 일괄적으로 적용되었지만, 최근에는 개별 관리자의 능력, 경험, 개성에 맞는 맞춤형 교육이 강조되고 있다. 관리자 개발은 직장 내 교육훈련과 직장 외 교육훈련으로 구분된다.

1) 직장 내 교육훈련(on the job training)

직장 내 교육훈련은 관리자 계발에서 가장 널리 사용되는 방식으로, 실제 업무 현장에서 이루어진다. 이 방법은 직장 외 교육훈련보다 계획 및 실행이 용이하며, 실무와 직접 연계되어 있어 실질적인 학습 효과가 크다. 대표적인 직장 내 교육훈련 방법은 다음과 같다.

- 현장지도: 직속 상급 관리자가 하급 관리자에게 직무수행을 지도하는 방식이다. 이는 관리자 계발에 가장 효과적인 방법 중 하나다. 그러나 상급 관리자가 지도 능력이 부족하거나 자발적이지 않을 경우 문제가 발생할 수 있다. 이 방법의 핵심은 하급 관리자에게 직무를 자율적으로 수행하게 한 후, 문제가 발생하면 함께 해결해 나가는 것이다. 지나치게 엄격하거나 강요하는 방식은 오히려 역효과를 초래할 수 있다.
- 직무순환: 일정한 계획에 따라 관리자가 다양한 직무를 순환하며 경험을 쌓는 방법이다. 이를 통해 관리자는 조직 운영의 여러 측면에 대한 폭넓은 지식과 경험을 축적할 수 있다. 예를 들어, 재무 부서에 있던 관리자가 마케팅 부서로 순환 근무를 하면서 새로운 관점과 업무 지식을 습득할 수 있다.
- 직무훈련: 관리자 후보를 참모로 임명하여 관리자의 보조 역할을 수행하게 하는 방식이다. 이를 통해 다양한 관리 업무를 경험하고 상급 관리자와 협력하면서 리더십과 의사결정 능력을 키우게 된다. 예를 들어, 프로젝트 팀의 보조 역할을 맡아 업무 흐름을 파악하고 실무 감각을 기를 수 있다.
- 특별임무 부여: 관리자가 특별한 직무나 프로젝트를 책임지게 하여 경험과 능력을 개발하도록 하는 방식이다. 이를 통해 문제 해결 능력, 리더십, 의사결정 능력을 키울 수 있다. 예를 들어, 중요한 사내 위원회의 위원장직을 맡거나 새로운 사업 계획 수립을 책임지게 할 수 있다.

2) 직장 외 교육훈련(off the job training)

직장 외 교육훈련은 관리자들이 일상 업무에서 벗어나 교육에만 집중할 수 있는 기회를 제공한다. 또한 다른 부서나 외부 조직의 사람들과 교류하면서 새로운 아이디어와 지식을 습득하고, 이를 직무에 적용할 수 있다. 이러한 교육훈련은 주로 대학, 전문교육기관, 외부 전문가를 통해 이루어지며, 다음과 같은 방법들이 있다.

- 강의: 전문가가 특정 주제에 대해 체계적으로 강의하는 방식이다. 예를 들어, 리더십 개발, 전략적 의사결정, 조직 변화 관리 등의 주제로 강의를 진행할 수 있다.
- 현장실습: 관리자들이 다른 조직이나 부서에서 일정 기간 실습을 통해 새로운 업무 방식을 체험하는 방법이다. 예를 들어, 민간 기업의 관리자가 공공기관에서 정책 기획 실습을 할 수 있다.
- 사례연구법: 실제 사례를 분석하고 해결책을 도출하는 학습 방법이다. 이를 통해 문제 해결 능력과 분석력을 기를 수 있다. 예를 들어, 성공적인 기업의 위기 관리 사례를 분석하고 적용 방안을 토의하는 방식이다.
- 역할연기법: 가상의 상황에서 관리자들이 다양한 역할을 연기하며 의사결정과 문제 해결을 연습하는 방식이다. 예를 들어, 고객 불만 처리나 팀 갈등 해결 시나리오를 연기하며 실습할 수 있다.
- 감수성 훈련: 관리자들이 그룹 활동을 통해 자신의 행동과 타인의 반응을 이해하고, 대인 관계 능력을 향상하는 훈련이다. 이를 통해 팀워크와 커뮤니케이션 능력을 개선할 수 있다.

직장 외 교육훈련은 현장 업무의 긴장감에서 벗어나 새로운 시각과 접근법을 배우는 데 효과적이며, 조직의 변화와 혁신을 촉진하는 데 중요한 역할을 한다.

③ 효과적인 관리자 개발 프로그램의 조건

관리자 개발 과정에서 흔히 발생하는 문제 중 하나는 교육 후 직무 환경과의 갈등이다. 교육을 통해 새로운 관리 기술과 방법을 배웠음에도 불구하고, 직무 환경이 이를 적용할 수 없는 상황이라면 교육받은 관리자는 쉽게 좌절할 수 있다. 이는 교육 전후의 성과를 비교했을 때, 교육 후 오히려 성과가 떨어지는 경우에서 확인할 수 있다. 예를 들어, 권위적인 리더십을 발휘하던 관리자가 교육을 통해 민주적이고 참여적인 리더십이 바람직하다는 것을 배웠지만, 실제로는 더 권위적인 태도로 돌아갈 수 있다.

따라서 관리자 개발 프로그램의 효과를 극대화하려면 최고관리자의 적극적인 관심과 지원이 필요하며, 다음과 같은 몇 가지 사항을 유의해야 한다.[6]

첫째, 교육훈련에 대한 일차적 책임은 관리자에게 있다. 교육훈련을 기획하고 실행하는 역할은 인사부서나 교육담당 부서가 할 수 있지만, 최종적으로 인적자원 개발에 대한 책임은 라인 관리자에게 있다. 각 부서의 관리자들은 부하 직원의 능력을 개발하고 성장시키는 데 주도적인 역할을 해야 한다. 예를 들어, 프로젝트 팀의 리더는 팀원이 새로운 기술을 익힐 수 있도록 교육 기회를 제공하고 실무에서의 적용을 지원해야 한다.

둘째, 교육훈련 담당자가 충분한 자질을 갖추어야 한다. 교육을 담당하는 관리자는 자신이 맡은 역할을 제대로 수행할 수 있도록 교육훈련 기술 및 역량을 지속적으로 개발해야 한다. 예를 들어, 교육 담당 관리자가 최신 리더십 이론이나 커뮤니케이션 기술을 배우고 이를 전달할 수 있어야 한다. 관리자가 스스로 학습하고 성장하지 않으면 조직원들에게 효과적인 교육훈련을 제공하기 어렵다.

셋째, 철저한 욕구분석이 필요하다. 효과적인 교육훈련 계획을 수립하려면 각 관리자의 개별적 욕구를 철저히 분석해야 한다. 욕구분석을 통해 교육의 목적과 내용을 명확히 해야 한다. 예를 들어, 팀의 생산성이 낮은 원인이 협업 능력 부족이라면, 이를 해결하기 위한 팀워크 훈련을 우선적으로 실시해야 한다.

넷째, 교육훈련은 선발의 중요성을 대신할 수 없다. 교육훈련은 기존의 잠재능력을 개발하는 데 도움을 줄 수 있지만, 새로운 잠재능력을 만들어낼 수는 없다. 따라서 처음부터 잠재능력이 우수한 관리자를 선발하는 것이 중요하다. 예를 들어, 리더십 역량을 요구하는 직무라면 선발 시 리더십 잠재력을 평가하는 것이 필수적이다.

---

6   Jack W. Taylor, "Ten Serious Mistakes in Management Training Development," *Personnel Journal*, No. 5, May 1974, pp. 357–362.

다섯째, 강의실 교육에는 한계가 있다. 강의실에서의 이론 교육만으로는 관리자가 실제 업무에서 필요한 기술을 충분히 습득하기 어렵다. 따라서 실습과 현장 경험이 병행되어야 한다. 예를 들어, 리더십 교육 후 실제 팀을 이끌며 프로젝트를 수행하도록 하고, 그 과정에서 코칭과 피드백을 제공하는 것이 효과적이다.

여섯째, 개성을 바꾸려는 교육은 비생산적이다. 교육훈련을 통해 역기능적 행동을 개선할 수는 있지만, 사람의 개성을 근본적으로 바꾸려는 시도는 비효율적이며 비윤리적일 수 있다. 예를 들어, 내성적인 성향의 관리자에게 외향적인 행동을 강요하는 대신, 그들의 강점을 살릴 수 있는 맞춤형 리더십 스타일을 개발하는 것이 바람직하다.

이와 같은 조건들을 충족시키면 관리자 개발 프로그램이 효과적으로 운영될 수 있으며, 교육 후에도 관리자가 새로운 기술과 지식을 직무에 성공적으로 적용할 수 있다.

제 5 절 인사고과

1 인사고과의 의의

인사고과 또는 성과평가(performance appraisal)는 조직에서 관리자가 수행하는 핵심 과업 중 하나지만, 많은 관리자에게 어려운 과업이기도 하다. 성원들의 성과를 공정하고 정확하게 평가하는 일은 쉽지 않으며, 평가결과를 부하 직원에게 효과적으로 전달하는 일은 더욱 어렵다.

인사고과의 가장 중요한 의의는 직무 수행에 대한 성원의 가치를 객관적으로 평가하는 데 있다. 직무평가(job evaluation)가 직무 자체의 가치와 역할에 중점을 둔다면, 인사고과는 조직 성원 개인의 업무 성과를 평가한다는 점에서 차이가 있다. 두 평가 과정은 상호 연관되어 있으며 함께 진행될 때 조직의 성과와 성원들의 역량을 효과적으로 관리할 수 있다.

인사고과는 성원들이 얼마나 직무를 잘 수행하고 있는지를 평가하고 피드백하

제 3 편 조직화

는 연속적 과정이다. 이 과정은 공식적 및 비공식적으로 이루어진다. 공식적 인사고과는 일정 주기에 따라 정기적으로 수행되며, 보통 반기 또는 연 단위로 진행된다. 반면, 비공식적 인사고과는 일상적으로 성원의 업무 진행 상황을 수시로 점검하는 방식으로 이루어진다. 이를 통해 관리자는 직무 수행의 문제를 즉시 파악하고 개선할 수 있는 기회를 제공하며, 성원은 자신의 업무 수행 상태에 대한 실시간 피드백을 받을 수 있다.

1) 인사고과의 목적 및 기능

인사고과의 목적은 크게 통제적 목적과 비통제적 목적으로 나눌 수 있다.

통제적 목적은 성원의 상대적 가치를 판단하고, 이를 승진, 보상, 징계 등의 의사결정에 반영하는 것이다. 인사고과를 통해 조직은 구성원의 우열과 순위를 결정하고 공정한 보상 체계를 마련할 수 있다.

비통제적 목적은 성원의 잠재적 역량과 장기적 성장을 지원하는 것이다. 인사고과를 통해 성원의 강점과 약점을 파악하고, 교육훈련과 경력개발 기회를 제공함으로써 조직 전체의 능률과 성원들의 사기를 향상시킨다.

이러한 목적을 달성하기 위한 인사고과의 구체적인 기능은 아래와 같다.

- 상벌 결정의 기준 제공: 인사고과의 결과는 승진, 강등, 징계와 같은 인사결정을 내리는 중요한 기준이 된다. 예를 들어, 성과가 뛰어난 성원은 리더십 역할로 승진할 수 있으며, 성과가 저조한 성원은 개선 기회를 제공받는다.
- 적재적소 배치에 유용한 자료 제공: 인사고과를 통해 조직은 성원의 역량과 직무를 최적의 방식으로 연결할 수 있다. 예를 들어, 공공기관에서 성과가 높은 직원은 전략 기획팀이나 혁신 프로젝트에 배치될 수 있다.
- 인력 개발의 필요성 발견: 인사고과를 통해 성원의 강점과 약점을 파악하고, 이를 기반으로 맞춤형 교육훈련을 실시할 수 있다. 예를 들어, 협상 능력이 부족한 영업팀 직원에게 협상 스킬 교육을 제공할 수 있다.
- 조직 기여도 및 기대 수준 평가: 인사고과는 성원이 조직에 얼마나 기여하고 있

으며, 조직의 기대 수준에 얼마나 부합하는지를 평가하는 도구다. 이를 통해 성원은 자신의 성과에 대한 객관적 평가를 받고, 조직은 성원의 직무 수행 개선을 지원할 수 있다.

관리자는 인사고과를 통해 현재의 직무 수행 상태와 잠재적 직무 수행 능력 간의 차이를 정확히 파악해야 한다. 종종 관리자는 특정 직무에서 뛰어난 성과를 보인 성원이 더 복잡하고 책임이 큰 직무도 잘 수행할 수 있을 것이라고 가정한다. 그러나 능력에 비해 높은 직위로 승진한 성원이 직무 수행에 어려움을 겪는 경우도 발생할 수 있다. 따라서 인사고과는 성원의 현재 성과뿐만 아니라 미래 직무에서 요구되는 역량을 평가하는 데 중점을 두어야 한다. 이를 통해 적절한 승진 및 직무 배치를 시행하고, 조직의 장기적 성과를 유지할 수 있다.

② 인사고과의 방법

인사고과는 누가 평가를 수행하느냐에 따라 여러 가지로 구분될 수 있다. 한 명의 상급자가 평가하는 단독 평가 방식, 여러 명의 상급자가 집단으로 평가하는 방식, 그리고 여러 상급자가 각각 평가한 후 그 결과를 종합하는 방식이 대표적이다. 또한 최근에는 동료나 하급자가 상사를 평가하는 방식도 도입되고 있다. 평가 주체에 따라 다양한 방식이 적용되며, 조직의 유형과 목적에 맞는 적절한 방법을 선택해야 한다.

인사고과에서 흔히 사용되는 구체적인 방법으로는 서열법, 체크리스트법, 평정척도법 등이 있다. 이들 방법은 고과자와 피고과자 모두에게 타당성과 이해도가 높기 때문에 널리 활용된다.

- 서열법 (Ranking Method): 서열법은 성원의 능력과 성과를 기준으로 순위를 매기는 방법이다. 예를 들어, 같은 팀에 속한 직원들을 업무 성과에 따라 1위에서 최하위까지 서열화하는 것이다. 아래 <표 11-1>은 서열법에 의한 고과표 예시이다. 이 방법은 간단하고 사용이 편리하지만, 고과대상자가 많을 경우

순위를 매기기 어렵다. 따라서 여러 그룹으로 나누어 평가한 후 종합하는 과정에서 혼란이 생길 수 있다.

● 표 11-1 **서열법에 의한 고과표**

평정요소 피평정자	직무의 양	직무의 질	지식 기술	협조성	적극성	신뢰성	순위 합계	종합 순위
A	3	3	2	3	2	2	14	3
B	1	2	1	2	3	3	12	2
C	7	6	7	7	7	6	40	7
D	2	1	3	1	1	1	9	1
E	5	4	6	4	6	5	30	5
F	6	7	5	5	4	7	34	6
G	4	5	4	6	5	4	28	4

• 대조리스트법 (Checklist Method): 대조리스트법은 미리 설정된 성과나 평가 특성에 따라 질문 항목에 체크(✓)를 하는 방식으로 진행된다. 예를 들어, 고과자는 "이 직원은 업무 기한을 잘 준수한다"라는 질문에 대해 '예' 또는 '아니오'로 체크하게 된다. 평가 항목은 인사부서에서 종합 평가하며, 고과자가 평가 이유를 기록하도록 요구할 수도 있다. 이 방법은 평가 기준이 명확하고 일관성 있게 적용될 수 있으나, 평가자가 성원에 대해 세부적 의견을 충분히 반영하기 어려운 단점이 있다.

• 평정척도법(Rating Scales Method): 평정척도법은 가장 전통적이면서도 널리 사용되는 고과방법이다. 성원의 자질이나 직무 성과를 평가 항목별로 주어진 척도에 따라 점수를 매긴다. 예를 들어, 업무 성과를 1점(매우 미흡)에서 5점(매우 우수)까지 평가하는 것이다. 이 방법은 평가가 간편하고 비교적 객관적으로 보이지만, 평가자가 주관적 판단을 내릴 위험이 있으며, 고과 요소의 선택에 따라 평가 결과가 달라질 수 있다.

• 강제할당법(Forced Distribution Method): 강제할당법은 성원들의 성과를 정해진 비율에 따라 분류하는 방식이다. 예를 들어, 상위 20%, 중간 60%, 하위

20%로 나누는 것이다. 조직 내 성과를 균형 있게 평가할 수 있으나, 모든 팀원이 우수한 성과를 낼 경우에도 하위 등급을 할당해야 하는 문제가 있다.

- 자기신고법(Self-Assessment Method): 성원이 스스로 자신의 성과와 직무 수행 능력을 평가하는 방법이다. 자기신고법은 성원의 자기 인식과 책임감을 높이지만, 주관적 평가로 인해 정확성이 떨어질 수 있다.
- 목표관리법(Management by Objectives, MBO): 목표관리법은 성원과 관리자가 함께 구체적인 목표를 설정하고, 목표 달성 여부를 평가하는 방식이다. 목표가 명확하고 성과 평가가 구체적이지만, 목표 설정이 잘못되면 실질적인 성과를 평가하기 어려워진다.
- 평가센터법(Assessment Center Method): 평가센터법은 다양한 평가 도구와 상황을 이용해 성원의 역량을 종합적으로 평가하는 방식이다. 주로 관리자 선발과 같은 중요한 평가에 사용되며, 비용과 시간이 많이 소요된다는 단점이 있다.

이와 같은 다양한 인사고과 방법 중 조직의 성격, 평가 목적, 고과 대상자의 직종에 맞는 최적의 방법을 신중하게 선택하고 적용하는 것이 중요하다.

3 인사고과 시 문제점

인사고과에 대한 연구에 따르면, 공식적인 고과는 성원의 직무 성과를 개선하는 데 비효과적인 경우가 자주 발생한다.[7] 특히, 1년에 한두 번 공식적으로 성과 평가를 받는 성원은 평가 이후 방어적 태도를 보이거나 불만을 품기 쉬워 성과가 오히려 감소하는 경향이 있다. 인사고과의 목표는 성원의 직무 성과를 개선하는 것이지만, 전통적인 통제 위주의 평가는 이러한 목표를 달성하기 어렵게 만든다. 따라서 관리자와 성원이 함께 목표를 설정하고 평가하는 목표관리법(MBO)과 같은 방법을 도입해 직무 만족과 성과를 동시에 높이는 것이 필요하다. 또한 인사고과는

---

7   Herbert H. Meyer, Emanual Key, and John R. P. French, "Split Roles in Performance Appraisal," *Harvard Business Review*, 43, No. I, January–February 1965, pp. 123–129.

제 3 편 조직화

일회성 행사로 끝나는 것이 아니라 지속적으로 시행하고, 피드백을 통한 상호작용이 계속 이루어져야 한다.

그러나 관리자가 인사고과를 수행할 때 다양한 오류가 발생할 수 있으며, 이러한 오류는 공정한 평가를 방해한다. 인사고과에서 흔히 발생하는 오류와 그 원인들은 다음과 같다.

- 평가기준에 대한 인식 차이: 평가자마다 우수, 보통, 저조와 같은 기준에 대한 인식이 다를 수 있다. 평가 척도에 사용된 용어에 대한 이해가 다르면 평가 결과에 오류가 생기기 쉽다. 예를 들어, 성과는 낮지만 의욕이 높은 성원이 더 좋은 평가를 받을 수 있고, 반대로 성과는 높지만 의욕이 낮은 성원은 불리한 평가를 받을 수 있다. 이러한 오류를 방지하기 위해 평가 요소와 척도에 대한 명확한 설명과 교육을 제공해야 하며, 평가 기준을 통일하여 성원들이 공정하게 평가받을 수 있도록 해야 한다.[8]

- 평정자 편견: 평정자가 개인적 편견을 반영하여 평가하는 경우가 있다. 성별, 출신 지역, 나이, 복장, 정치적 견해와 같은 개인적 특성이 평가에 영향을 미칠 수 있다. 예를 들어, 특정 지역 출신이라는 이유로 불리한 평가를 하거나, 복장에 따라 평가가 달라지는 것이다. 이러한 편견을 방지하기 위해 평가자가 평가 결과에 대해 보고하거나 설명하도록 요구하는 제도를 도입할 수 있다. 또한 편견을 줄이기 위해 평가자 교육을 철저히 해야 한다.

- 평정자 유형의 차이: 평정자마다 평가 성향이 다를 수 있다. 예를 들어, 어떤 평정자는 엄격하게 평가하는 반면, 다른 평정자는 관대하게 평가하는 경향이 있다. 이러한 차이로 인해 성원들은 평가 기준에 혼란을 느끼고, 조직은 공정한 보상을 결정하기 어려워진다. 이러한 문제를 방지하려면 평가 항목마다 명확한 정의를 설정하고 평가자들이 동일한 기준을 적용하도록 교육해야 한다.

- 후광효과(Halo Effect): 후광효과는 평가 요소 중 하나에서 좋은 성과를 보인

---

8   Ed Yager, "A Critique of Performance Appraisal System," *Personnel Journal*, 60, No. 4, February 1981, pp. 129-133.

경우, 그 평가가 다른 요소에까지 긍정적으로 영향을 미치는 현상이다. 반대로 부정적인 평가가 다른 요소에까지 나쁜 영향을 미치기도 한다. 예를 들어, 특정 성원이 프레젠테이션을 잘했을 때, 그 성원의 모든 업무 수행이 우수하다고 평가할 수 있다. 이러한 오류를 방지하기 위해 평가자 훈련을 강화하고, 고과 방법을 개선해야 한다.

- 중심화 경향 및 관대화 경향: 평가자가 대부분의 성원을 평균 수준으로 평가하는 것을 중심화 경향이라고 한다. 반면, 성원을 평균 이상으로만 평가하는 것을 관대화 경향이라고 한다. 이러한 경향은 평가자가 성원을 낮게 평가하는 것을 꺼리기 때문에 발생한다. 이러한 오류는 특히 평정척도법에서 흔히 나타난다. 이를 방지하기 위해 강제할당법이나 상대평가법을 사용하여 평가 결과를 정규 분포에 맞추는 방법이 있다.

제 6 절   인사이동 및 이직

1 승진(Promotion)

승진이란 성원의 능력과 성과가 인정되어 상위 직무로 이동하고 더 많은 권한과 보상을 부여받는 과정이다. 승진은 성원에게 동기부여를 제공하고, 조직에 더 큰 공헌을 할 기회를 주며, 사기와 업무 능률을 향상시키는 중요한 수단이다.

승진이 공정하고 투명하게 이루어질 때, 성원들은 창의적 문제 해결에 지속적으로 노력할 수 있다. 반대로 승진이 공정하지 못할 경우 조직 내 갈등과 불만이 발생한다. 대표적인 문제로는 두 가지가 있다. 첫째, 승진 대상자가 승진하지 못하면 좌절감과 함께 사기와 생산성이 저하될 수 있다. 따라서 승진된 성원의 권위를 인정받을 수 있는 분위기를 조성하고, 승진 경위를 명확히 설명하는 것이 바람직하다. 둘째, 차별대우 문제다. 승진 과정에서 성별, 연령, 출신 지역에 따른 차별이 발생하지 않도록 제도적 장치를 마련하고 공정성을 보장해야 한다. 이러한 노력이 지속될 때 조직 내 신뢰와 공정성이 확보될 수 있다.

② 전환배치(Transfer)

전환배치는 성원의 수평적 직위 이동으로, 동일한 계층 내에서 직무를 바꾸는 것을 의미한다. 승진이 수직적 이동인 데 반해, 전직은 수평적 이동이기 때문에 간접적인 승진으로 보기도 한다. 전환배치의 목적은 다음과 같다. 첫째, 조직 환경 변화에 신속하게 적응하고 목표를 효율적으로 달성하기 위해 다양한 경험과 지식을 갖춘 인재를 양성하는 것이다. 둘째, 장기간 같은 직무에 머물면서 발생하는 매너리즘과 무기력감을 방지하고, 성원의 노동 의욕과 조직의 활력을 높이는 것이다. 또한 전직은 후계자 육성과 조직 협력을 통해 조직의 지속적인 발전을 도모하는 데도 활용된다. 인사정체가 발생했을 때나 직무 수행 성과가 저조할 때, 전환배치가 처벌 수단으로 사용되기도 한다.

전환배치를 시행할 때는 직무의 내용과 관련성을 충분히 고려하고, 당사자의 이해와 동의를 구해야 한다. 또한 주변 동료들에게 미치는 영향도 고려하여 전환배치가 조직 전체에 긍정적인 결과를 가져오도록 해야 한다.

③ 강등 및 이직(Demotion and Separation)

강등은 성원이 현재 직무에서 성과를 내지 못하거나 조직의 기대에 부합하지 못할 때, 더 낮은 직위로 이동시키는 조치다. 강등된 성원은 기존의 상급자나 동료와의 관계 유지가 어려워지는 경우가 많아 실제로는 잘 활용되지 않는다. 따라서 강등이 불가능할 경우에는 성원을 교육훈련이나 자기계발 프로그램에 참여하게 하거나 필요에 따라 해고를 고려하기도 한다.

이직은 성원이 조직을 떠나는 것을 의미하며, 자발적 이직과 비자발적 이직으로 나뉜다. 자발적 이직은 개인의 의사에 따라 이루어지며, 개인적인 사정이나 더나은 직무환경을 찾아 떠나는 경우가 많다. 반면, 비자발적 이직은 성과 부족, 규정 위반, 조직의 구조조정, 정년퇴직, 군 복무, 불의의 사고와 같은 이유로 발생한다.

이직은 적절하게 관리될 경우, 개인이 새로운 환경에서 잠재 능력을 발휘할 기회를 제공하며, 조직에도 긍정적인 변화와 효율적 인력 운영을 가져올 수 있다. 그러나 이직은 채용, 교육, 업무 공백 등의 비용을 초래하기 때문에, 이직률을 적절히 통제할 필요가 있다. 이직이 악용되면 조직과 개인은 물론 사회 전체에도 부정적 영향을 미칠 수 있으므로, 이직 관리는 신중하게 이루어져야 한다.

인적자원관리의 과정은 ① 인적자원 수급계획, ② 모집, ③ 선발, ④ 조직소개 및 오리엔테이션, ⑤ 교육훈련 및 개발, ⑥ 인사고과, ⑦ 전환배치·승진, ⑧ 강등· 이직의 단계를 포함한다.

인적자원 수급계획은 조직의 미래 인력 요구를 예측하고 이에 맞춰 균형 있는 인력을 확보하기 위한 계획이다. 이 계획은 인적자원 수요 예측과 인력 현황 조사를 기반으로 수립되며, 조직의 전략과 외부환경 요소를 고려해야 한다. 수급계획은 모집과 선발, 이직 계획, 인적자원개발 계획 등을 포함한다.

모집은 조직이 필요로 하는 인력을 확보하기 위한 활동이다. 모집은 직무 특성에 따라 일반모집과 특별모집으로 나눌 수 있으며, 모집 원천에 따라 내부모집과 외부모집으로 구분된다. 모집에 앞서 직무분석을 통해 직무기술서와 직무명세서를 작성해야 한다.

선발은 지원자 중에서 적합한 인재를 선택하는 과정으로, ① 지원서 접수, ② 예비면접, ③ 시험, ④ 배경조사 및 경력조회, ⑤ 최종면접, ⑥ 신체검사, ⑦ 선발 및 배치의 일곱 단계로 이루어진다. 관리자 선발 시에는 심도 있는 최종면접이 필요하며, 평가센터법을 활용하면 더욱 효과적이다.

조직소개 및 오리엔테이션은 새로운 조직 구성원이 직무와 조직문화에 빠르게 적응할 수 있도록 돕는 과정이다. 이를 통해 신입 성원이 동료들과 원활하게 소통하고, 조직의 정책과 분위기에 익숙해지도록 한다.

교육훈련은 성원의 현재 직무 수행능력을 유지 및 개선하는 데 중점을 둔다. 관리자 개발 교육훈련은 장래 관리자로서 필요한 기술을 개발하는 데 목적이 있다. 교육훈련의 필요성은 인사고과, 직무분석, 조직분석, 성원조사 등을 통해 결정되며, 방법은 직장 내 교육훈련과 직장 외 교육훈련으로 구분된다.

인사고과는 성원의 직무 성과를 평가하는 과정으로, 공식적 고과와 비공식적 고과가 있다. 인사고과는 관리자와 성원이 함께 설정한 목표에 따라 이루어져야 한다. 인사고과의 오류 요인으로는 ① 평가기준에 대한 인식 차이, ② 평정자 편견, ③ 평정자 유형의 차이, ④ 후광효과, ⑤ 중심화 및 관대화 경향이 있다.

승진은 성원을 상위 직위로 이동시키는 것으로, 성원의 동기부여에 중요한 역할을 한다. 승진은 공정하고 투명하게 이루어져야 하며, 차별이 있어서는 안 된다. 불공정한 승진은 성원의 사기를 저하시키고 조직 내 갈등을 초래할 수 있다.

전환배치는 성원의 수평적 직무 이동을 의미하며, 직무 경험 확대, 인재 양성, 업무 매너리즘 해소를 목적으로 한다. 또한 승진이나 강등이 어려울 때, 성원의 재배치 수단으로 활용될 수 있다.

강등은 성원이 낮은 직위로 이동하는 조치로, 성과가 저조할 때 시행된다. 그러나 강등은 성원과 조직의 관계를 악화시킬 수 있어 신중하게 사용된다.

이직은 성원이 조직을 떠나는 것으로, 자발적 이직과 비자발적 이직으로 나눌 수 있다. 자발적 이직은 더 나은 기회를 찾아 이동하는 것이며, 비자발적 이직은 성과 저조나 구조조정 등으로 인한 것이다. 이직은 적절하게 관리하면 개인과 조직에 긍정적일 수 있으나, 이직비용과 인재 유출을 초래할 수 있으므로 신중하게 다뤄야 한다.

제 12 장 조직변화

앞에서 주어진 환경에 적응하기 위해 조직구조가 어떻게 설계되어야 하는지 살펴보았다. 그러나 한 번의 조직설계로 모든 환경에 지속적으로 적합하다고 보기는 어렵다. 관리자들은 조직설계가 현재의 환경에 적합하다고 판단되더라도, 앞으로 환경 변화에 따라 조직설계를 변경해야 할 시점이 올 것임을 예상해야 한다. 모든 조직은 개방시스템(open system)으로, 외부 환경과 지속적으로 상호작용하며 유지되고 성장한다. 따라서 환경 변화에 적응하지 못하는 조직은 결국 도태되거나 경쟁력을 상실하게 된다.

이러한 조직 변화는 외부 환경뿐만 아니라 내부 요인에 의해서도 발생한다. 따라서 조직의 변화 요인, 변화가 필요한 시기, 변화에 대한 저항을 극복하는 방안 등을 이해하는 것이 중요하다. 이 장에서는 이러한 요인들을 살펴보고, 계획적 변화의 접근법 중 하나인 조직개발(Organization Development, OD) 기법을 중점적으로 다룬다.

제 1 절　　조직변화의 요인

조직이 지속적으로 생존하고 성장하기 위해서는 외부환경과 상호작용하며 내부 변화에 적응해야 한다. 조직에 필요한 인적·물적 자원의 유입을 방해하거나, 조직의 활동에 영향을 미치는 외부환경과 내부환경 요인들은 조직 변화의 주요 원인이 된다.

1 외부요인

조직변화를 야기하는 주요 외부요인들은 다음과 같다.

- 경제적 변화: 인플레이션, 이자율 상승, 경기 불황 등 경제적 요인은 조직에 직접적인 영향을 미친다. 예를 들어, 글로벌 경제 불황이 발생한 경우 많은 기업들이 비용 절감을 위해 구조조정을 단행하거나 사업 전략을 변경한다.
- 기술 발전: 인공지능(AI), 자동화, 디지털 혁신과 같은 기술 발전은 조직 운영 방식에 혁신을 가져온다. 예를 들어, 제조업체가 로봇을 도입하면 생산 공정이 자동화되며 이에 따라 기존 직원의 역할과 직무 훈련이 변화할 수밖에 없다.
- 법적 규제: 새로운 법률이나 규제 변화는 조직에 구조적 변화를 요구한다. 환경 보호 규제가 강화되면 기업들은 친환경 생산 공정을 도입해야 하며, 데이터 보호법이 강화되면 공공기관과 기업은 개인정보 보호 시스템을 강화해야 한다.
- 사회·문화적 변화: 소비자의 가치관, 사회적 책임에 대한 인식 변화는 조직의 운영에 영향을 미친다. 예를 들어, 친환경 제품에 대한 수요 증가로 인해 기업들은 지속 가능성을 고려한 경영 방식을 채택하게 된다.
- 정치적 변화: 정부 정책이나 정치 환경의 변화도 조직에 큰 영향을 미친다. 예를 들어, 사회복지기관에 대한 정부 예산 삭감이 이루어지면 해당 기관들은 다른 자금원을 확보해야 하는 상황에 직면하게 된다.

이처럼 다양한 외부 요인들이 조직의 구조, 목표, 운영 방식을 변화시키도록 압력을 가한다.

2 내부요인

조직 내부의 변화 요인 또한 조직에 중요한 변화를 일으킨다. 주요 내부요인들은 다음과 같다.

- 전략 변경: 조직의 목표와 전략이 바뀌면 이에 따라 조직 구조와 운영 방식이

달라진다. 예를 들어, 기업이 국내 시장에서 글로벌 시장으로 확장 전략을 수립하면, 수출 부서를 신설하고 글로벌 마케팅 인력을 강화하는 등의 변화가 필요하다.

- 기술 도입: 새로운 기술이나 장비 도입은 기존 업무 방식을 변화시킨다. 예를 들어, 공공기관이 AI 기반 자동화 시스템을 도입하면 기존의 수작업 업무가 줄어들고, 직원들은 새로운 시스템에 대한 교육을 받아야 한다.
- 조직문화 및 태도 변화: 조직 구성원들의 태도와 가치관이 변화하면 이에 맞는 새로운 조직문화가 요구된다. 예를 들어, 직원들이 수평적 리더십과 자율성을 선호하면, 상명하복식 의사결정 구조를 개선하고 참여형 의사결정을 도입해야 한다.
- 리더십 변화: 새로운 리더가 부임하면서 조직 운영 철학과 방침이 변화할 수 있다. 예를 들어, 기존의 보수적 리더십에서 혁신을 중시하는 리더십으로 전환되면 창의적 아이디어와 실험적 프로젝트가 장려될 수 있다.

외부요인과 내부요인은 상호 연관되어 작용하기도 한다. 예를 들어, 기술 발전이라는 외부요인이 새로운 기술 도입이라는 내부 변화를 유발하며, 이러한 변화는 조직 구성원들의 업무 태도와 직무 만족도에 영향을 미친다.

이처럼 조직은 외부와 내부의 변화 요인에 적응하면서 지속적으로 변화를 추구해야 한다. 이를 통해 조직은 환경 변화에 적절히 대응하고, 성장 기회를 효과적으로 활용할 수 있다.

제2절 계획적 조직변화

1 계획적 변화의 개념

조직이 변화의 압력에 대응하는 방법은 두 가지로 나눌 수 있다. 첫 번째는 변화 요인이 발생할 때마다 필요한 부분만을 조금씩 수정해 대응하는 즉응적 변화

(reactive change)이다. 두 번째는 조직의 운영 방식을 근본적으로 개선하기 위해 시간과 자원을 투입해 체계적으로 변화를 추진하는 계획적 변화(planned change)이다. 계획적 변화는 현재의 문제뿐만 아니라, 미래에 발생할 수 있는 문제까지 대비하기 위한 전략적 접근이다.

계획적 변화는 즉응적 변화보다 더 넓은 범위와 심각한 변화를 포함하며, 조직의 생존과 성장을 위해 매우 중요한 수단이다. 이러한 변화는 성공적으로 실행하기 위해 더 많은 시간, 자원, 기술, 지식이 필요하다. 계획적 변화가 실패할 경우, 조직에 큰 혼란과 문제를 초래할 수 있기 때문에 신중하게 접근해야 한다.

계획적 변화는 조직이 설정한 목표를 달성하기 위해 의도적으로 추진되는 변화를 의미하며, 조직 구조, 기술, 조직 구성원의 태도와 행동 등 조직의 모든 측면에 적용된다. 변화의 초점은 개인, 개인 간 관계, 집단, 집단 간 관계, 그리고 조직 전체를 포괄한다.

이러한 계획적 변화는 조직이 현재 상태와 원하는 미래 상태 사이의 차이를 인식했을 때 시작된다. 예를 들어, 기술 발전으로 업무 효율성이 저하된 공공기관이 새로운 디지털 시스템을 도입하는 경우가 이에 해당한다. 조직 변화의 목적은 더 효율적이고 효과적으로 조직 목표를 달성하며, 구성원들의 직무 만족도를 높이는 데 있다.

계획적 변화는 단기적인 성과뿐만 아니라 조직의 장기적인 안정성과 지속성을 고려해야 한다. 단기 성과에만 집중한 임시방편적 변화는 오히려 구성원들의 사기를 저하시키고 조직의 생존 능력을 약화시킬 수 있다. 따라서 변화 계획을 수립할 때는 효율성, 효과성, 조직 구성원의 만족도가 균형을 이루도록 해야 한나.

이처럼 계획적 변화는 현대의 빠르게 변화하는 경영 환경 속에서 조직이 지속적으로 적응하고 성장하기 위해 반드시 필요한 과정이다. 조직은 변화의 필요성을 인식하고, 체계적이고 신중하게 변화를 추진해야만 지속 가능한 발전을 이룰 수 있다.

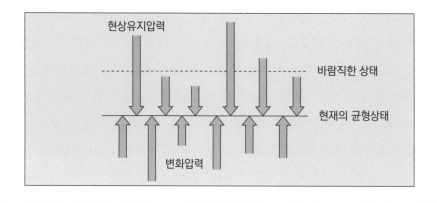

그림 12-1 조직변화의 시기[1]

현상유지압력

바람직한 상태

현재의 균형상태

변화압력

2 계획적 변화의 과정

계획적으로 조직 변화를 추진할 때는 다음과 같은 과정을 체계적으로 밟아야한다.

첫째 단계는 문제 진단이다. 계획적 변화의 첫 단계는 조직의 문제점을 정확하게 진단하는 것이다. 이를 위해 변화 담당자(change agent)가 조직 내·외부의 요인을 조사하고 분석한다. 외부 요인으로는 정치적, 경제적, 사회적, 법적, 교육적 환경의 변화가 있으며, 내부 요인으로는 조직 목표의 변화, 새로운 기술 도입, 관리 방식 변화, 조직 구성원의 사기나 역량 변화 등이 있다. 예를 들어, 기업이 경쟁에서 뒤처지고 있다면 새로운 기술 도입이나 업무 프로세스 개선이 필요할 수 있다. 관리자는 현재 상태와 바람직한 미래 상태의 차이를 파악하고, 변화가 필요한 구체적인 부분을 확인해야 한다. 또한 변화로 인해 예상되는 긍정적 효과와 부정적 영향에 대해 면밀히 검토해야 한다. 예를 들어, 업무 자동화를 통해 효율성은 높아질 수 있지만, 일부 직원들의 저항이나 불만이 발생할 수 있다.

두 번째 단계는 변화 계획의 수립이다. 진단 결과를 바탕으로 구체적인 변화 계

---

1   Edgar F. Huse, *Organization Development and Change*, 2nd ed., West Publishing Co., 1980, p. 63.

획을 수립하는 단계이다. 변화 담당자는 조직 내외의 공식적, 비공식적 제약 조건을 고려하면서 실행 가능한 변화 전략과 방법을 마련해야 한다. 이 과정에서 변화 담당자는 관련 부서나 구성원들과 토의를 통해 기대되는 성과를 명확히 설정하고, 세부적인 실행 계획을 세운다. 예를 들어, 새로운 고객관리 시스템(CRM) 도입을 계획한다면, 기술 도입 일정, 관련 교육 프로그램, 예상 비용 등을 구체화해야 한다.

세 번째 단계는 변화 계획의 실행이다. 계획 단계에서 수립한 전략을 실제로 실행하는 단계이다. 이 단계에서는 다양한 변화 관리 기법이 적용될 수 있다. 예를 들어, 감수성 훈련을 통해 조직원들의 태도 변화를 촉진하거나, 팀 빌딩(team building) 활동을 통해 협업 능력을 향상시킬 수 있다. 또한 관리 격자(managerial grid) 기법을 활용하여 리더십 개발을 촉진할 수도 있다. 실행 과정에서 발생하는 문제나 저항은 신속하게 해결해야 하며, 구성원들이 변화에 적극적으로 참여할 수 있도록 지속적으로 소통하고 지원해야 한다.

마지막 단계는 실행 결과의 평가 또는 사후 검토(follow-up)이다. 변화 계획이 실행된 후 그 결과를 측정하고 계획과 실제 성과를 비교하는 단계이다. 목표가 성공적으로 달성되었는지 확인하고, 달성되었다면 변화 과정을 마무리한다. 만약 문제가 발견되거나 목표 달성이 미흡하다면 피드백을 통해 개선책을 마련하고 보완해야 한다. 예를 들어, 새로운 업무 프로세스 도입 후 생산성이 기대만큼 향상되지 않았다면, 원인을 분석하고 추가 교육이나 시스템 보완을 실시해야 한다. 이러한 평가와 피드백 과정을 통해 조직은 지속적으로 변화의 성과를 극대화할 수 있다.

이와 같은 체계적인 과정을 거치면 조직은 변화에 적응하고 경쟁력을 강화할 수 있다.

3 계획적 변화의 접근방법

리비트(H. J. Leavitt)는 조직변화를 이루기 위해서는 조직의 네 가지 요소인 과업, 성원, 기술, 구조를 변화시켜야 한다고 보았다.[2] 이 네 가지 요소는 서로 유기적으

---

2   Harold J. Leavitt, "Applied Organization Change in Industry: Structural, Technical, and Human

로 상호작용하며, 한 요소의 변화가 다른 요소에 영향을 미치기 때문에 종합적인 접근이 필요하다. 계획적 변화가 효과를 거두기 위해서는 이러한 상호작용을 인식하고, 필요한 경우 여러 요소를 동시에 변화시켜야 한다. 리비트는 조직변화의 접근법을 구조적 접근법, 기술적 접근법, 성원 접근법으로 구분한다.

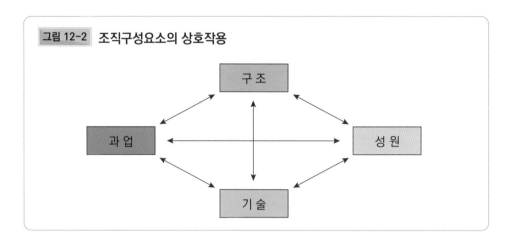

그림 12-2 조직구성요소의 상호작용

구 조

과 업

성 원

기 술

1) 구조적 접근법(structural approaches)

구조적 접근법은 조직의 구조를 변화시켜 조직의 성과를 높이려는 방법이다. 리비트는 구조의 변화를 세 가지 방향에서 접근할 수 있다고 보았다.

첫째, 전통적 접근법은 권한과 책임을 명확히 하고 적절한 분업을 통해 조직 성과를 개선하는 방법이다. 현대 조직에서도 여전히 직무기술서 작성, 보고 체계 개선, 관리 범위 조정 등을 통해 업무 효율성을 높일 수 있다. 예를 들어, 공공기관에서 부서 간 책임 범위를 명확히 하면 중복 업무를 줄이고 의사결정을 신속하게 할 수 있다.

둘째, 분권화 접근법은 조직을 소규모 단위로 나누어 자율성을 부여하는 방식이

Approaches," in W. W. Cooper et al. (eds.), *New Perspectives in Organization Research*(New York: Wiley, 1964), pp. 55-71.

다. 사업부제나 팀 단위 운영을 통해 조직성원에게 책임과 권한을 위임함으로써 동기를 부여하고 성과를 향상시킬 수 있다. 예를 들어, 대기업에서 각 사업부에 독립적인 의사결정 권한을 부여하면 부문별 성과가 개선될 수 있다.

셋째, 작업 흐름 수정법은 작업의 흐름을 개선하여 생산성을 높이는 접근법이다. 작업 과정을 체계적으로 조정하고 전문가를 적절히 배치함으로써 업무 효율성을 높일 수 있다. 예를 들어, 제조업체에서 생산 공정의 흐름을 재조정하면 낭비를 줄이고 생산 속도를 높일 수 있다.

2) 기술적 접근법(technological approaches)

기술적 접근법은 기술의 변화를 통해 조직의 성과를 개선하려는 방법이다. 이 접근법은 테일러(F. Taylor)의 과학적 관리에서 출발했으며, 주로 새로운 기술 도입, 작업 공정 변화, 작업 방법 개선 등을 포함한다. 초기에는 기계나 도구와 같은 하드웨어적 변화에 초점을 맞췄지만, 최근에는 소프트웨어 기술도 중요한 역할을 한다.

예를 들어, 민간기업에서 ERP(전사적 자원관리) 시스템을 도입하면 재고 관리, 생산 계획, 회계 처리 등이 효율화된다. 또한 공공조직에서 전자결재 시스템이나 데이터베이스 관리 시스템을 도입하면 업무 속도와 정확성을 높일 수 있다. 기술적 접근법은 효율성과 정확성을 향상시키고, 업무 처리를 표준화하는 데 기여한다.

3) 성원 집근법(people approaches)

성원 접근법은 조직성원의 태도, 기술, 행동 등을 변화시켜 조직 성과를 개선하려는 접근법이다. 이는 성원들이 새로운 태도나 기술을 습득함으로써 조직 구조와 기술 변화를 촉진하고, 그 결과 조직 전체의 성과를 향상시킨다는 관점이다.

예를 들어, 민간기업에서 리더십 훈련 프로그램을 통해 관리자의 리더십 능력을 개발하면 팀원들의 협업과 성과가 향상될 수 있다. 또한, 공공조직에서 감수성 훈련이나 팀 빌딩 워크숍을 실시하면 구성원 간의 의사소통이 개선되고 팀워크가 강화된다.

성원 접근법은 조직성원의 동기부여와 직무 만족도를 높이는 데 중요한 역할을 한다. 이를 위해 정기적인 교육훈련, 코칭, 멘토링 프로그램 등을 활용할 수 있다.

조직변화는 이 세 가지 접근법 중 어느 하나만을 사용하기보다는 상호작용을 고려하여 종합적으로 적용할 때 가장 큰 효과를 얻을 수 있다.

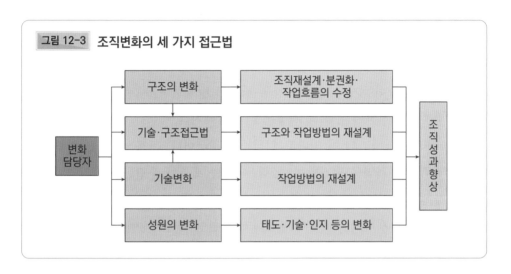

그림 12-3 조직변화의 세 가지 접근법

4 변화에 대한 저항과 극복

조직이 새로운 정책, 목표, 또는 운영 방법을 도입하려 할 때 가장 큰 장애 요인 중 하나는 조직성원들의 변화에 대한 저항이다. 조직성원들이 기존의 상태를 유지하려는 경향은 변화의 실행을 저해할 수 있다. 따라서 변화에 대한 저항이 발생하는 이유와 이를 극복하는 방안을 살펴보는 것이 중요하다.

1) 변화에 대한 저항 이유

조직성원들이 변화에 저항하는 이유는 크게 세 가지로 나눌 수 있다. 이를 이해하고 적절히 대응해야 변화계획의 성공 확률을 높일 수 있다.

첫째, 변화의 원인과 결과에 대한 불확실성이다. 조직성원들은 심리적으로 불확실한 상황을 회피하고 싶어 한다. 현재 상태에 불만족스러운 점이 있더라도, 변화가 실행되었을 때 상황이 더 나빠질지 모른다는 염려 때문에 저항하게 된다. 예를 들어, 민간기업에서 기존의 영업 방식을 디지털 플랫폼으로 전환하려 할 때, 직원들은 새로운 시스템이 익숙하지 않아서 실적이 떨어질까 봐 두려워할 수 있다.

둘째, 기존의 혜택을 포기하는 것에 대한 거부감이다. 조직의 변화가 전체적으로는 이익을 가져오더라도, 일부 성원에게는 손해로 작용할 수 있다. 예를 들어, 공공기관에서 새로운 자동화 시스템을 도입하면 기존의 사무직 직원들이 업무를 줄이거나 직위를 잃을 수도 있다. 이와 같이 변화로 인해 지위, 권한, 직무 안정성 등 기존의 혜택이 줄어들거나 상실될 경우 저항이 발생한다. 새로운 보상이 이러한 손실을 충분히 보전하지 못할 때 저항은 더욱 강해진다.

셋째, 변화계획에 약점이 있다고 인식하는 경우이다. 조직성원들은 변화 계획에서 잠재적인 문제점을 발견할 수 있다. 때로는 계획을 수립한 관리자들이 실무의 현실을 충분히 고려하지 못했을 수도 있다. 예를 들어, 조직에서 너무 성급하게 혁신을 추진하면 계획에 구체성이 부족하거나 실행 가능한지에 대한 의구심이 생길 수 있다. 이런 저항은 오히려 변화계획을 충분히 검토하고 개선할 수 있는 기회를 제공해 조직의 안정성을 유지하는 데 도움이 되기도 한다.

변화에 대한 저항을 이해하고 적절하게 대응한다면 조직변화는 보다 성공적으로 이루어질 수 있다. 변화 계획을 실행할 때는 조직성원들과의 적극적인 소통과 이해관계의 조율이 필요하며, 변화로 인한 혜택과 손실을 공정하게 고려하는 것이 중요하다.

2) 저항의 극복 방안

변화계획에 저항이 발생한다는 것은 계획에 무엇인가 개선이 필요하다는 신호일 수 있다. 따라서 관리자는 저항의 원인을 정확하게 파악하고, 이를 극복할 수 있는 적절한 조치를 취해야 한다. 코터와 슐레진저(Kotter and Schlesinger)는 변화에 대한 저항을 극복하기 위한 여섯 가지 방안을 제시하였다.

첫째, 교육과 의사소통이다. 변화에 대한 저항을 극복하는 가장 명백한 방법은 변화계획의 필요성과 목적을 미리 충분히 설명하는 것이다. 변화의 이유와 기대되는 효과를 이해하면 성원들의 불안감이 줄어들고 협조가 쉬워진다. 예를 들어, 공공기관이 전자문서 시스템으로 전환할 때, 도입 배경과 효율성 향상에 대한 설명을 미리 제공하면 성원들이 변화에 더 긍정적으로 반응할 수 있다.

둘째, 참여와 개입이다. 변화계획 수립과 실행 과정에 성원들을 참여시키는 것은 저항을 줄이는 효과적인 방법이다. 성원들이 변화 과정에 참여하면 계획에 대한 소속감과 책임감이 높아진다. 예를 들어, 기업에서 새로운 근무제도를 도입할 때, 직원들의 의견을 반영하면 수용성이 높아진다.

셋째, 지원과 촉진이다. 변화과정을 용이하게 하고 필요한 지원을 제공하면 저항을 완화할 수 있다. 교육 프로그램을 마련하거나, 변화로 인한 부담을 덜기 위해 일정 기간의 유연한 근무를 허용하는 등의 지원이 필요하다. 예를 들어, 새로운 소프트웨어 도입 시 충분한 교육과 기술 지원을 제공하면 성원들이 더 쉽게 적응할 수 있다.

넷째, 협상과 타협이다. 저항이 예상되는 이해관계자와 협상을 통해 합의점을 찾는 것이 중요하다. 예를 들어, 구조조정 계획을 실행할 때, 조기퇴직 조건으로 퇴직금이나 연금을 보장하면 노사 간의 갈등을 줄일 수 있다.

다섯째, 조작과 설득이다. 때로는 저항을 줄이기 위해 정보를 선택적으로 제공하거나, 영향력 있는 인물을 변화에 긍정적으로 만들기 위한 조치를 취할 수 있다. 예를 들어, 변화에 대한 지지세력을 확보하기 위해 조직 내 리더에게 변화계획을 먼저 설명하고 동의를 얻는 것이 도움이 된다.

여섯째, 명시적 또는 묵시적 강압이다. 최후의 수단으로 강압적인 방법을 사용할 수도 있다. 이는 변화를 반대하는 성원을 해고하거나 다른 부서로 전환 배치하는 방법이다. 그러나 이 방법은 부작용이 클 수 있으며, 이후 조직 내 신뢰 저하와 추가적인 저항을 초래할 위험이 있다.

변화에 대한 저항을 극복할 때는 한 가지 방법만을 사용하는 것보다는 상황에 맞게 여러 방법을 병행하는 것이 효과적이다. 각 상황과 성원의 특성을 고려해 가장 적절한 접근법을 선택하고 실행해야 한다.

제 3 절 　 조직개발

1 조직개발의 성격

앞서 설명한 조직변화와 접근법들은 특정한 문제를 해결하는 데 유용하지만, 조직개발(OD, Organization Development)은 단기적이고 일회성인 해결책이 아니다. 조직개발은 장기적이고 포괄적인 변화를 통해 전체 조직의 기능을 향상시키고, 조직성과와 조직구성원들의 만족도를 높이는 것을 목표로 한다. 조직개발은 때때로 구조적 변화나 기술적 변화를 포함하기도 하지만, 주로 사람과 작업관계의 질과 성격을 개선하는 데 초점을 맞춘다.

조직개발은 비교적 새로운 개념이기 때문에 그 정의에 대해 합의된 견해가 없지만, 프렌치(Wendell French)와 벨(Cecil Bell)의 정의는 조직개발의 성격을 이해하는 데 도움이 된다. 이들에 따르면 조직개발은 공식작업팀들이 조직문화에 초점을 맞추고 변화담당자의 도움을 받아 조직의 문제해결과정과 갱신과정을 개선하려는 장기적인 노력이다. 이 과정에서 조직문화에 대한 참여관리(collaborative management)와 행동연구(action research)를 포함한 응용행동과학(applied behavioral science)의 이론과 기술이 사용된다.[3]

문제해결과정(problem-solving processes)은 조직이 직면한 위협(threats)과 기회(opportunities)에 대응하는 방법을 의미한다. 예를 들어, 관리자가 조직 내 문제를 독단적으로 해결하기보다는 부하직원들을 문제해결과 의사결정 과정에 참여시킬 수 있다.

갱신과정(renewal process)은 관리자들이 조직 환경에 맞춰 문제해결 방법과 목표를 적응시키는 과정을 말한다. 조직개발의 중요한 목표 중 하나는 조직이 새로운 문제에 더 신속하게 대응할 수 있도록 자기갱신 능력을 향상시키는 것이다.

조직문화는 조직에서의 활동, 상호작용, 규범, 가치관, 태도 및 감정의 총체적 패

---

3 W. L. French and Cecil H. Bell, *Organization Development: Behavioral Science Interventions for Organization Improvement*, 2nd ed., Prentice-Hall, 1978, p. 14.

턴을 말한다. 조직문화는 공식적인 측면뿐만 아니라 비공식적인 태도와 신념, 즉 표면 아래에 숨겨진 요소들도 포함된다. 예를 들어, 공공기관에서 업무 효율성을 중시하는 공식 문화가 존재하더라도, 조직원들 사이의 협동심이나 관행은 비공식적인 요소로 작용할 수 있다.

참여관리(collaborative management)는 권위를 위계적으로 행사하는 대신, 직원들의 의견을 반영하여 함께 문제를 해결하고 의사결정을 하는 것을 의미한다. 예를 들어, 기업에서 새로운 정책을 도입할 때 직원들이 의견을 내고 계획에 참여하면 변화에 대한 저항이 줄어든다.

행동연구(action research)는 변화담당자가 조직의 개선이 필요한 부분을 연구하고, 그 개선을 위해 어떤 지원이 필요한지 파악하는 과정을 의미한다. 행동연구의 과정에는 ① 예비 진단(변화담당자가 조직 문제를 진단), ② 자료 수집(진단을 뒷받침할 수 있는 데이터 수집), ③ 자료 피드백(수집한 자료를 조직 구성원들과 공유), ④ 자료 분석(구성원들이 함께 자료 분석 및 문제점 파악), ⑤ 행동 계획 수립(개선을 위한 적절한 행동 계획 수립), ⑥ 행동 실행(계획한 행동 실행 및 평가)이 포함된다.

이러한 과정을 통해 조직개발은 문제를 해결하고 조직이 지속적으로 개선될 수 있도록 돕는다.

2 조직개발의 가정

대부분의 조직개발(OD) 전문가들은 개인, 집단, 그리고 조직 수준에서 성원들의 욕구와 열망(aspiration)에 관한 몇 가지 공통된 가정을 바탕으로 활동을 설계한다. 이러한 가정은 조직의 변화를 효과적으로 추진하기 위해 이해되어야 하는 중요한 원칙들이다.

1) 개인으로서의 성원

조직개발의 첫 번째 기본 가정은 사람들이 자신의 발전과 성장을 추구하는 타고난 욕구를 가지고 있다는 것이다. 또한 대부분의 사람들은 조직에 더 많은 기여를 할 수 있는 잠재력을 지니고 있을 뿐만 아니라, 그 기회를 적극적으로 원한다. 따라서 OD의 목표는 개인의 성장을 저해하고 조직 목표 달성에 방해가 되는 조직의 요소를 극복하는 데 있다. 예를 들어, 공공기관에서 경직된 의사결정 절차가 직원들의 창의성을 억제하는 경우, 이를 개선함으로써 직원들이 더 큰 책임감을 가지고 혁신을 도모할 수 있도록 한다.

2) 집단성원과 리더로서의 성원

OD 전문가들은 개인이 자신의 작업집단에 수용되는 것을 매우 중요하게 여긴다고 가정한다. 그러나 많은 조직에서 감정을 솔직히 표현할 수 있는 문화가 부족하다. 이런 환경에서는 조직 성원들이 자신의 감정을 숨기게 되며, 이는 조직 문제 해결에 대한 의지뿐만 아니라 직무만족과 성과에도 부정적인 영향을 미친다. 따라서 개방적이고 수용적인 분위기를 조성하는 것이 중요하다. 예를 들어, 민간기업에서 팀원들이 자유롭게 의견을 제시할 수 있는 '팀 회의'를 정기적으로 개최하면 직무만족도가 높아지고 팀의 성과가 향상될 수 있다. 물론 이런 개방적 문화는 도입이 어렵고 저항이 있을 수 있지만, 장기적으로는 조직 성과와 만족도를 높이는 데 기여한다.

3) 조직원으로서의 성원

OD 전문가들은 작업집단 간의 상호연관성이 집단의 효율성과 직결된다고 가정한다. 만약 작업집단들 간의 의사소통이 관리자에 의해 제한된다면, 각 집단의 조정과 협동은 비효율적일 수 있다. 반면, 집단 성원들 간에 자유로운 상호작용이 보장된다면 의사결정과 협업이 더 원활해진다. 예를 들어, 부서 간 협업 플랫폼을 도입하면 정보의 흐름이 개선되고 부서 간 협업이 강화된다.

두 번째 가정은 상위 관리자들의 정책과 의사결정이 하위 집단의 운영 방식에 큰 영향을 미친다는 것이다. 예를 들어, 상위 관리자가 유연한 근무제도를 도입하면, 팀원들이 더 효율적으로 일할 수 있는 환경이 조성될 수 있다.

세 번째 가정은 '승패전략(win-lose strategy)'이 조직에 장기적으로 도움이 되지 않

제 3 편 조직화

는다는 것이다. 한 집단의 성공이 다른 집단의 실패를 의미하는 방식은 조직 전체의 성과를 저해할 수 있다. 따라서 모든 관련 집단이 수용할 수 있는 '상생전략(win-win strategy)'을 추구하는 것이 바람직하다. 예를 들어, 공공조직에서 예산 배분을 할 때 서로의 요구를 조정하고 협력하는 방식을 도입하면 조직 전체의 목표를 달성하는 데 기여할 수 있다.

이와 같은 가정들은 조직개발의 접근법이 단순한 변화가 아닌, 조직 성원들이 더 적극적으로 기여하고 협력할 수 있는 환경을 만드는 데 초점을 맞추도록 한다.

3 · 조직개발 기법

변화담당자들이 변화계획을 실행할 때 사용할 수 있는 조직개발(OD) 기법은 다양하다. 여기서는 가장 널리 사용되는 감수성훈련, 팀 구축법, 조사자료 피드백법, 관리격자법 등에 대해 설명한다.

1) 감수성훈련(sensitivity training)

감수성훈련은 루윈(K. Lewin)의 집단역학 개념에서 기원한 기법으로, 조직성원들이 자신의 감정, 가치관, 지각, 태도를 인식하고, 그것이 다른 사람에게 미치는 영향을 이해하도록 유도한다. 이는 조직 성과 저하의 원인을 성원들의 정서적 문제로 보고, 이를 해결하면 성과가 개선된다고 가정한다. 따라서 지식적 학습보다는 정서적 학습과 경험을 중시하며, 학습 내용보다 학습 과정 자체를 중요하게 다룬다. 훈련의 목적은 참가자가 자기 자신을 정확히 이해하고, 다른 사람들이 자신을 어떻게 인식하는지를 깨닫게 하여 바람직한 행동을 스스로 찾도록 하는 데 있다.[4]

훈련은 일반적으로 8~12명 정도의 소집단으로 진행된다. 훈련 집단의 유형은 다음과 같다.

4　　Alfred J. Marrow, *Behind the Executive Mask* (New York: A. M. A., 1964), p. 51.

- 이방인형 실험집단(Stranger-Lab): 서로 다른 조직에서 온 참가자들로 구성된다. 이들은 서로 알지 못하는 상태에서 훈련에 참여한다.
- 사촌형 실험집단(Cousin-Lab): 같은 조직 소속이지만 서로 다른 부서에서 근무하는 사람들로 구성된다.
- 가족형 실험집단(Family-Lab): 동일 부서의 성원들로 구성된다.

훈련의 기간은 목적에 따라 달라진다. 짧게는 몇 시간에서 하루, 길게는 몇 주 동안 조직을 떠나 집중 훈련을 받기도 한다. 훈련은 변화담당자가 직접 개입하기보다는 참가자들이 자연스럽게 상호작용과 의사소통을 하도록 유도한다. 참가자들은 집단 내에서 느끼는 감정을 솔직하게 털어놓으며, 이를 통해 자신의 행동이 타인에게 어떤 영향을 미치는지 통찰하게 된다.

감수성훈련의 효과에 대해서는 논란이 많다. 포라스(J. I. Porras)와 베르그(P. O. Berg)의 연구에 따르면 감수성훈련은 다른 OD 기법에 비해 효과가 떨어지지만, 과정변수(process variable)와 성과변수(outcome variable) 모두에 긍정적인 영향을 미친다는 결과가 나타났다.[5] 반면, 하우스(R. I. House)는 문헌연구를 통해 감수성훈련의 성과가 일관되지 않으며, 특히 성격 변화에는 거의 영향을 미치지 않는다고 지적했다.[6]

이처럼 감수성훈련은 정서적 상호작용과 자기인식을 높이는 데 유용하지만, 조직의 실질적 성과 개선을 위해서는 다른 기법들과 병행하여 사용하는 것이 효과적이다.

---

5   Jerry I. Porras and P. O. Berg, "The Impact of Organization Development," *Academy of Management Review*, April 1978, pp. 259–260.

6   R. J. House, "T-Group Education and Leadership Effectiveness: A Review of Empirical Literature and Critical Evaluation," *Personnal Psychology*, Spring 1963, p. 32.

2) 팀 구축법(team-building)

팀 구축법은 조직의 기본 단위인 팀이나 작업집단의 성과와 협업을 개선하기 위한 조직개발(OD) 기법이다. 이를 통해 집단 행동을 개발하고, 팀 성원의 참여도와 성과를 높이는 것을 목표로 한다. 팀 구축법은 크게 두 가지 형태의 팀을 대상으로 한다. 첫째는 관리자와 부하들로 이루어진 기존 가족집단(family group)이며, 둘째는 구조적 변화, 합병, 또는 특정 문제 해결을 위해 새로 형성되는 특수집단(special group)이다. 이 두 집단 모두에서 효과적인 성과 달성과 팀원 간 관계 및 의사소통 개선을 위한 활동이 이루어진다.

팀 구축법은 다음과 같은 단계로 진행된다.[7]

① 팀기술 워크숍(Team Skills Workshop) 팀기술 워크숍은 팀원들이 기존의 방식에서 벗어나 새로운 변화를 수용하도록 돕는 첫 단계이다. 이를 통해 팀원들은 변화를 받아들이고 협업을 강화할 준비를 하게 된다. 워크숍은 주로 팀워크 강화와 팀 내 신뢰 형성을 목적으로 한다.

② 자료수집(Data Collection) 팀의 현재 상태를 정확히 진단하기 위해 설문조사, 인터뷰, 또는 관찰을 통해 자료를 수집한다. 주로 조직문화, 감독자의 리더십 스타일, 업무 관련 문제와 같은 요소에 대한 정보를 수집하며, 팀원들의 의견과 직무 만족도도 파악한다.

③ 자료의 검토(Data Review) 수집된 자료를 토대로 팀원들이 변화담당자와 함께 문제 영역을 논의한다. 이 과정에서 문제의 우선순위를 정하고, 해결 방안을 제안한다. 이를 통해 팀은 자신들의 상황을 객관적으로 이해하고, 개선이 필요한 구체적인 부분을 인식하게 된다.

④ 행동계획 수립(Action Plan Development) 논의된 내용을 바탕으로 실행 가능한 변화계획을 수립한다. 이 계획은 문제 해결을 위한 구체적이고 실천 가능한 행동 항목으로 구성되며, 각 팀원이 자신의 역할과 책임을 명확히 이해하도

---

7 W. R. Nielsen and John R. Kimberly, "The Impact of Organizational Development on the Quality of Organizational Output," *Academy of Management Proceedings*, 1973, pp. 528-529.

록 한다.

⑤ 팀 구축(Team-Building) 이 단계에서 팀의 성과를 저해하는 요소를 구체적으로 규명하고, 장애요소를 제거하는 방법을 개발한다. 팀원들은 상호 협력을 통해 해결 방안을 찾고, 변화에 대한 합의를 이끌어낸다. 이를 통해 팀의 결속력과 문제해결 능력이 향상된다.

⑥ 집단 간 팀 구축(Inter-Team Building) 여러 팀이 서로 협력해야 하는 상황에서 팀 간의 관계를 개선하는 단계이다. 목표와 문제가 상호 연관된 팀들이 모여 협력체계를 구축하고, 공통의 목표를 달성하기 위해 서로의 역할을 명확히 한다. 이 단계는 조직 전체의 팀워크를 강화하고 조직개발 노력을 확산하는 데 기여한다.

● 표 12-1 **팀 구축 활동**[8]

활동형태	가족집단	특수집단
문제진단	문제진단회합: 우리가 어떻게 하고 있는가?	문제진단회합: 우리는 어디로 가고 싶은가?
과업달성	문제해결·의사결정·역할명료화·목표설정 등	특수한 문제, 역할과 목표의 명확화, 자원의 이용 등
관계구축과 유지	상사·부하 및 동료 간의 관계를 포함한 효과적인 대인관계에 초점	대인갈등 및 부서 간 갈등, 그리고 자원으로서 다른 집단성원들의 이용부족에 초점
집단역학의 관리	집단역학과 집단문화 이해에 초점	의사소통, 의사결정 및 과업할당에 초점
역할분석 및 역할협상	역할명료화 및 정의에 사용되는 기법들	역할명료화 및 정의에 사용되는 기법들

---

8 Wendell L. French and Cecil H. Bell, Jr., *Organization Development Behavioral Science Interventions for Organization Improvement*, Prentice-Hall, 1978, p. 119.

제 3 편 **조직화**

팀 구축법은 팀워크를 강화하고 조직 전체의 성과를 높이는 데 유용하다. 이를 통해 다음과 같은 장점이 기대된다.[9]

- 의사소통 개선: 팀원 간의 원활한 소통이 촉진된다.
- 문제해결 능력 향상: 문제에 대한 해결책을 함께 도출함으로써 협업적 문제해결 능력이 강화된다.
- 심리적 성장: 팀원들은 자신감과 소속감을 느끼고, 개인의 심리적 성장을 경험한다.
- 대인관계 능력 향상: 상호 신뢰와 협력을 통해 팀원들의 대인관계 능력이 향상된다.

이와 같은 장점을 통해 조직은 지속적으로 성장하고, 변화에 탄력적으로 대응할 수 있는 역량을 강화할 수 있다.

3) 조사자료 피드백법(survey feedback)

조사자료 피드백법은 설문지를 이용해 조직의 문제를 진단하고 해결하는 조직개발(OD) 기법이다. 이 방법은 단순히 자료를 수집하는 데 그치지 않고, 수집된 자료를 관리자와 팀원들에게 다시 피드백하여 변화의 기초로 삼는다. 이 기법은 미시간대학교 설문조사연구센터에서 개발하여 널리 보급되었다.

변화담당자는 문제를 진단하기 위해 조직 성원들에게 설문조사를 실시하고, 집단 회의를 통해 조사 결과를 공유한다. 이를 바탕으로 팀원들은 문제점을 진단하고 해결 방안을 모색한다. 조사자료 피드백법은 일반적인 설문조사와 달리, 변화담당자의 적극적인 개입과 문제 집단의 참여가 중요한 특징이다. 또한 설문 대상이 최고 경영층이나 관리자에 한정되지 않고, 관련된 모든 조직 성원이 포함된다. 변화 전략 수립 과정에서 문제 집단의 동의를 구하는 점도 이 기법의 중요한 요소이다.

---

9   Fred Luthons, *Organizational Behavior*, 3rd ed., McGraw-Hill, 1981, p. 626.

이 기법을 통해 조직은 객관적인 자료에 기반한 문제 진단과 해결을 할 수 있으며, 조직 성원들의 적극적인 참여를 이끌어낼 수 있다. 이를 통해 조직문화와 의사소통이 개선되고, 조직 전체의 성과를 향상시킬 수 있다.

4) 관리격자법(managerial grid OD)

관리격자법은 블레이크(R. Blake)와 머튼(J. Mouton)이 개발한 조직개발(OD) 기법으로, 관리자들이 자신들의 리더십 스타일을 진단하고 이상적인 리더십 형태로 변화하도록 돕는 방법이다. 이 기법은 관리격자(managerial grid)라는 개념을 사용하여 관리자들이 목표로 삼아야 할 이상적인 관리 스타일인 9.9형(성과와 인간관계 모두에 최대한 관심을 기울이는 형태)을 지향하게 한다.

관리격자법은 보통 다음의 여섯 단계를 거쳐 진행된다.

① 훈련(Training): 관리자들에게 관리격자의 개념을 설명하고, 세미나를 통해 이를 실무에 어떻게 적용할 수 있을지 교육한다. 약 일주일 동안 진행되는 세미나에서 관리자들은 자신의 관리 스타일을 진단하고, 팀 발전, 문제 해결, 의사소통 능력 등을 개선하는 훈련을 받는다. 이후 관리자들은 관리격자 프로그램을 조직 전체에 적용하게 된다.

② 팀 개발(Team Development): 훈련을 마친 관리자들은 관리격자의 개념을 실제 업무에 도입하여 팀 내 관계를 개선한다. 이 단계에서는 관리자와 팀원 간의 협력과 의사소통을 강화하며, 팀이 9.9형 수준에서 효율적으로 운영될 수 있도록 한다.

③ 집단 간 개발(Intergroup Development): 이 단계는 팀 간의 갈등을 해결하고 협력을 촉진하는 데 초점을 맞춘다. 서로 다른 팀들이 공동의 목표를 달성하기 위해 협력하고 문제를 해결할 수 있는 절차를 마련한다.

④ 조직 목표 설정(Goal Setting): 최고 경영자들이 모여 이상적인 조직 모델을 개발하고, 이를 조직의 모든 성원이 공유할 수 있는 구체적인 목표로 설정한다. 설정된 목표는 조직 전체의 피드백과 검토를 거쳐 다듬어진다.

제 3 편 조직화

⑤ 목표 달성(Goal Achievement): 조직 성원들은 설정된 목표를 달성하기 위해 필요한 활동을 계획하고 실행한다. 각 부서는 목표 달성 과정에서 발생하는 문제를 분석하고, 필요 시 행동 계획을 수정한다.

⑥ 정착화(Stabilization): 마지막 단계에서는 변화 결과를 평가하고, 추가 개선이 필요한 부분을 확인한다. 이를 통해 긍정적인 변화를 지속적으로 유지하고, 조직 발전의 새로운 기회를 포착한다.

이러한 관리격자법은 리더십 행동의 변화를 시작으로 조직 전체의 변화를 도모하는 장기적인 기법이다. 보통 3~5년이 소요되지만, 조직의 상황이나 목표에 따라 기간이 단축될 수 있다. 블레이크와 머튼의 연구에 따르면 이 기법은 매우 효과적인 것으로 나타났으나, 포라스와 베르그의 연구에서는 일관된 효과를 보이지 않는 경우도 있다고 지적한다.

그럼에도 불구하고 관리격자법은 여전히 널리 사용되는 인기 있는 조직개발 기법 중 하나이며, 리더십 개선과 조직 성과 향상에 긍정적인 영향을 미친다는 점에서 여러 조직에서 채택하여 활용되고 있다.

조직은 내부와 외부에서 발생하는 다양한 변화 압력 요인에 의해 지속적으로 변화를 요구받는다. 이러한 변화에 대응하는 방법은 크게 두 가지로 나눌 수 있다. 첫째, 필요에 따라 즉각적으로 대응하는 즉응적 변화(reactive change)이고, 둘째, 체계적이고 의도적으로 수립된 계획적 변화(planned change)이다. 일상적인 의사결정에는 즉응적 변화가 적합하지만, 조직의 중요한 부분이나 전체를 변화시킬 필요가 있을 때는 계획적 변화가 효과적이다.

계획적 조직변화는 일반적으로 다섯 단계를 거친다. 첫 번째 단계는 조직의 문제점 진단이며, 두 번째 단계는 변화계획의 수립이다. 세 번째 단계에서는 변화계획을 실행하고, 마지막 단계에서는 실행 결과에 대한 평가 또는 사후 검토를 진행한다.

조직변화에 대한 저항은 몇 가지 이유로 발생한다. 불확실성에 대한 두려움, 기존 혜택을 잃는 것에 대한 거부감, 그리고 제시된 변화계획의 약점이 주요 원인이다. 이러한 저항은 변화를 실행할 때 구성원들의 의견을 반영하고 적극적으로 소통함으로써 극복할 수 있다.

조직변화는 크게 세 가지 요소인 구조, 기술, 성원의 측면에서 이루어진다. 구조적 접근법은 전통적인 관리원칙을 적용해 분권화나 작업흐름의 변화를 도모한다. 기술적 접근법은 직무를 재설계하거나 새로운 기술을 도입하여 변화를 이루며, 성원 접근법은 조직 구성원들의 태도, 기술, 지식을 개선함으로써 변화를 추진한다.

조직 구성원을 변화시키기 위한 다양한 기법들은 조직개발(OD) 기법이라고 한다. OD는 개인, 집단, 조직의 유효성을 증진하기 위해 행동과학 원리를 활용한다.

제 3 편 조직화

감수성훈련은 집단역학을 활용해 구성원들이 자신의 감정과 태도를 인식하고, 이것이 다른 사람에게 미치는 영향을 깨닫도록 한다. 이를 통해 조직 내 협력과 의사소통을 개선한다. 팀 구축법은 집단의 분석과 관계 개선을 통해 팀의 성과와 참여도를 향상시키는 기법이다. 이를 통해 팀 간 소통과 협업이 강화된다. 조사자료 피드백법은 설문조사를 통해 조직 성원의 태도와 의견을 수집하고, 그 결과를 다시 피드백함으로써 문제를 진단하고 해결책을 찾는다. 관리격자법은 관리자들이 이상적인 관리 스타일인 9.9형을 목표로 리더십을 개선하는 기법이다. 여섯 단계의 활동을 통해 사람과 생산에 대한 관심을 동시에 증가시켜 조직의 성과를 높인다.

지휘 및 통제

지휘(leading or directing)란 관리자와 부하 사이에서 가장 직접적으로 이루어지는 상호작용과 관련된 관리활동이다. 지휘는 조직 내에서 성원들이 계획에 따라 직무를 적극적으로 수행할 수 있도록 의욕을 고취하고, 업무를 지도 및 감독하는 관리기능을 의미한다. 다시 말해, 지휘는 집단의 모든 성원이 설정된 목표를 달성하기 위해 최선의 노력을 기울이도록 유도하는 관리자의 역할이다. 모든 관리기능 중에서 지휘는 조직 목표 달성을 위해 가장 핵심이 되는 역할이다. 지휘는 관리자의 동기부여 능력, 영향력 행사, 감독, 부하와의 원활한 의사소통, 인적 자원의 효율적 활용 등과 밀접하게 연결되어 있으며, 이러한 요소들은 관리자의 유효성을 결정짓는 중요한 요인이다. 따라서 관리자는 어떻게 하면 조직 성원들의 동기를 부여하고, 그들의 직무 만족도를 증대시켜 조직 목표를 달성할 수 있는지에 대해 끊임없이 고민해야 한다. 이러한 맥락에서 본 편에서는 동기부여, 의사소통에 대해 다룬다.

한편, 스트롱과 스미스(E. P. Strong and R. D. Smith)는 통제(control)의 중요성을 다음과 같이 설명하였다. 조직을 효과적으로 관리하는 방법에 대해 수많은 견해들이 존재하지만, 이론가와 실무자 모두가 공감하는 한 가지는, 훌륭한 관리를 위해서는 효과적인 통제가 필요하다는 점이다. 잘 계획된 목표, 강력한 조직, 유능한 지휘와 동기부여가 아무리 훌륭하더라도 적절한 통제 시스템이 없다면 성공 가능성은 현저히 낮아진다. 다시 말해, 계획, 조직화, 지휘라는 관리 기능이 아무리 효과적으로 수행되더라도, 통제 기능이 제대로 작동하지 않으면 관리자는 목표를 달성하는 데 어려움을 겪게 된다. 본 편에서는 통제의 개념과 필요성, 통제의 주요 방법과 유형에 대해 구체적으로 논의하고자 한다.

제 13 장

동기부여

관리는 조직 목표를 달성하기 위해 집단 성원들의 과업 성과를 극대화할 수 있는 환경을 조성하고 유지하는 활동이다. 따라서 관리자는 인간의 행동에 동기를 부여하는 요인이 무엇인지 이해하고, 이를 효과적으로 적용할 수 있어야 한다. 동기부여(motivation)에 대한 이해는 단순히 사람을 다루는 기술이 아니라, 성과를 극대화할 수 있는 환경을 설계하고 조성하는 중요한 과정이다.

인간 행동의 기본 요소는 육체적 활동과 정신적 활동의 결합으로 이루어진다. 그렇다면 인간은 왜 행동하는가? 이는 인간 활동이 목표 지향적이기 때문이다. 즉, 사람들은 무엇인가를 성취하기 위해 행동하고 활동한다. 예를 들어, 기업의 영업팀은 매출 목표를 달성하기 위해 고객과의 미팅을 준비하고 전략을 수립하며, 공공기관의 직원들은 정책 목표를 달성하기 위해 관련 절차를 개선하고 협력 체계를 구축한다.

이러한 목표 지향적 행동을 촉진하는 것이 관리자의 핵심 역할이다. 관리자는 조직이나 부서가 달성하고자 하는 임무나 목표에 성원들이 기여할 수 있도록 지원하고 이끌어야 한다. 따라서 관리자는 성원들이 업무를 수행할 의욕과 동기를 가질 수 있도록 도와야 한다. 이를 위해서는 동기부여의 핵심 요인과 메커니즘을 이해하고, 이를 실제 상황에 적절히 적용할 수 있는 능력이 필요하다.

조직 성원들에게 동기를 부여하기 위해서는 그들이 일할 수 있도록 격려하고, 그들이 일에 대해 의욕을 느끼게 하는 요인이 무엇인지 파악해야 한다. 예를 들어, 성과에 따른 보상 시스템, 업무에 대한 명확한 목표 설정, 공정한 평가 체계, 개인 발전 기회 제공 등이 동기부여를 강화하는 요소가 될 수 있다. 공공기관에서는 투명한 승진 체계와 사회적 가치에 기여하는 보람이 중요한 동기 요인이 될 수 있다.

결국, 관리자가 동기부여에 대한 충분한 이해를 가지고 이를 현장에 효과적으로 적용할 때, 조직 성원들은 목표를 향해 적극적으로 활동하게 된다. 이러한 과정은 조직 전체의 성과를 높이고, 성원 개개인의 만족도를 증대시키는 선순환 구조를 만들어낸다. 동기부여는 조직 목표 달성의 필수 요소이며, 관리자의 중요한 역할 중 하나로 강조되어야 한다.

제 1 절　동기부여의 개념

1 동기부여의 의의

인간 활동의 동기는 의식적이든 무의식적이든 다양한 욕구에서 출발한다. 이러한 욕구는 가장 기본적인 생리적, 물질적 욕구에서부터 자아실현과 같은 고차원적 욕구에 이르기까지 개인마다 다르게 나타난다. 이러한 욕구에 기반하여 목표를 향한 행동에 에너지를 부여하고, 행동의 변화를 일으키며, 방향을 설정하는 내적 상태가 바로 동기를 유발하는 것이다. 따라서 동기부여(motivation)란 이러한 욕구와 결핍의 개념을 모두 포함하는 포괄적인 용어라고 할 수 있다.

관리적 관점에서 동기부여는 개인이나 집단의 행동이 조직 목표 달성에 기여할 수 있도록 행동의 방향과 강도에 영향을 미치려는 관리자의 의도적인 노력으로 정의할 수 있다. 예를 들어, 기업의 관리자가 성과급 제도를 도입하거나, 공공기관의 리더가 직원들의 역량 강화를 위한 맞춤형 교육 프로그램을 마련하는 것은 성원들에게 동기를 부여하기 위한 시도이다.

인간의 행동을 유발하고, 행동의 경로를 설정하며, 행동을 지속하게 만드는 동기부여는 관리자에게 매우 중요한 문제이다. 관리자는 조직이 설정한 목표에 따라 성원들이 행동할 수 있도록 영향을 미쳐야 한다. 이를 위해서는 사람의 행동에 대한 깊은 이해가 필요하다. 그러나 동기부여는 그 요인을 직접 관찰하거나 측정하기 어려운 특성을 가지고 있다. 사람들의 행동을 통해서만 그 동기를 유추할 수 있기 때문이다.

이와 더불어 사람들을 동기부여하는 요인과 그 이유를 설명하는 다양한 이론들이 존재한다. 각 이론은 관리자에게 성과를 높이기 위해 어떤 방법을 사용할지에 대한 서로 다른 접근법과 해결책을 제시한다. 예를 들어, 매슬로우의 욕구단계 이론은 인간의 욕구가 단계적으로 충족된다고 설명하고, 허츠버그의 동기-위생 이론은 성과와 직무 만족에 영향을 미치는 동기 요인과 불만족 요인을 구분하여 관리자가 어떤 요소를 강조해야 하는지 시사한다.

물론 과업 수행에 영향을 미치는 요인은 동기부여만이 아니다. 과업 수행에 영향을 주는 또 다른 두 가지 요인은 개인의 능력과 역할 인식이다. 첫째, 개인적 능력은 업무를 성공적으로 수행할 수 있는 지식과 기술을 의미한다. 둘째, 역할 인식은 목표 달성을 위해 필요한 행동이 무엇인지에 대한 명확한 이해를 의미한다. 이러한 세 가지 요인, 즉 동기부여, 능력, 역할 인식은 서로 긴밀하게 연관되어 있다. 예를 들어, 아무리 동기부여가 높더라도 필요한 능력이 부족하거나 역할이 불분명하면 성과를 기대하기 어렵다. 반대로, 뛰어난 능력과 명확한 역할이 있어도 동기부여가 부족하면 성과는 낮아질 수 있다.

따라서 관리자는 이 세 가지 요인을 균형 있게 관리하고 지원하여 성원들이 최상의 성과를 발휘할 수 있도록 해야 한다. 이를 통해 조직의 목표를 달성하고, 성원 개개인의 직무 만족도와 성취감을 높일 수 있을 것이다.

2 동기부여에 관한 접근법

관리이론은 시대에 따라 관리자들이 수행하는 직무의 복잡성과 성격에 맞게 변화해왔다. 초기 관리자들은 비교적 단순하고 반복적인 업무를 수행하는 노동자들을 주로 관리했지만, 오늘날의 관리자들은 보다 복잡하고 창의적인 과업을 수행하는 사람들을 다룬다. 이에 따라 작업장에서의 사회적 관계와 동기부여 방식이 발전하였고, 관리사상의 변화에도 큰 영향을 미쳤다.

이러한 관리사상의 발전에 따라 관리자들은 다양한 동기부여 이론을 발전시켰다. 대표적인 동기부여 모형으로 고전모형, 인간관계모형, 그리고 인적자원모형이 있다. 관리자가 동기부여에 대해 가지는 신념은 조직 성원들을 어떻게 관리하고 이끌 것인지에 중요한 영향을 미친다.

1) 고전모형

동기부여의 고전모형(traditional model)은 프레더릭 테일러(F. W. Taylor)를 중심으로 한 과학적 관리학파에서 출발했다. 과학적 관리학파는 관리자의 주요 역할이 과업 수행자들이 가장 효율적으로 업무를 수행할 수 있도록 만드는 것이라고 보았다. 따라서 관리자는 직원들에게 직무 수행 방식을 명확하게 지시하고, 성과를 극대화하기 위해 성과급 제도와 같은 경제적 보상 체계를 활용했다.

이 모형은 '인간은 본질적으로 게으르다'라는 가정에 기반을 두고 있다. 따라서 노동자들이 더 나은 직무 성과를 내기 위해서는 경제적 보상을 통해 동기를 부여해야 한다고 보았다. 또한, 업무는 단순하고 반복적이어야 하며, 노동자가 임금의 대가로 일정한 노동력을 제공한다는 논리였다. 이러한 접근법은 당시 산업 현장에서 여러 상황에서 적용되었고, 초기에는 생산성과 효율성을 크게 향상시켰다.

예를 들어, 자동차 제조업체에서 조립 라인을 도입하고 직무를 세분화해 반복적으로 수행하게 함으로써 생산 속도가 크게 증가했다. 노동자들은 생산량에 비례해 성과급을 지급받았고, 기업은 적은 시간과 비용으로 더 많은 제품을 생산할 수 있었다.

그러나 고전모형은 시간이 지남에 따라 몇 가지 문제점을 드러냈다. 작업이 지나치게 단순하고 반복적으로 변하면서 노동자들은 직무에 대해 흥미를 잃게 되었다. 또한, 생산성이 향상되면서 조직은 적은 인원으로 더 많은 작업을 수행할 수 있게 되었고, 그로 인해 노동자들은 직업의 불안을 느끼기 시작했다. 성과에 따른 보상이 줄어들자 성과급 제도의 실효성도 떨어지게 되었다. 이러한 상황에서 노동자들은 직업의 안정성을 더 중요하게 생각하게 되었고, 종종 자신의 능력을 충분히 발휘하지 않으려는 경향도 나타났다.

이러한 문제들을 해결하기 위해 동기부여에 대한 기존의 가정을 재검토하게 되었다. 생산성을 유지하면서도 노동자들의 만족도를 높일 수 있는 새로운 접근법이 필요해졌다. 이러한 배경에서 등장한 것이 인간관계모형(human relations model)이다. 인간관계모형은 경제적 보상만이 아니라, 사회적 관계와 심리적 요인이 동기부여에 중요한 역할을 한다고 보았다.

고전모형은 산업화 초기의 대량생산 시스템에서 유용했지만, 현대 조직의 복잡한 환경과 변화하는 노동자들의 욕구를 충족하기 위해서는 한계를 지니고 있었다. 이에 따라 관리자는 단순한 보상 체계를 넘어, 직원들의 심리적 만족과 직무 안정성, 직무의 의미 등을 함께 고려해야 할 필요가 커졌다.

2) 인간관계 모형

고전모형에서 제시된 동기부여 방식의 한계가 드러나면서, 20세기 초 엘튼 메이요(E. Mayo)를 중심으로 한 학자들이 인간관계운동을 주도하기 시작했다. 이들은 단순한 경제적 보상과 반복적인 업무가 노동자의 동기부여를 저하시키는 요인이라는 사실을 발견했다. 또한, 사회적 관계와 심리적 요인이 노동자의 직무 만족과 생산성에 큰 영향을 미친다는 점을 확인했다. 이에 따라 관리자들은 조직 성원들이 자신이 유용하고 중요한 존재라는 사실을 느끼도록 하는 것이 동기부여에 중요하다는 것을 인식하게 되었다.

인간관계 모형(human relations model)에서 나타난 동기부여 방법은 다음과 같이 정리할 수 있다.

첫째, 조직 성원의 역할을 중요하게 인식시킨다. 관리자는 직원들에게 자신들의 업무가 조직의 성공에 필수적이라는 사실을 인식시켜야 한다. 예를 들어, 공공기관의 고객 서비스 담당자가 시민들의 만족도를 높이는 데 중요한 역할을 한다고 강조하면, 이들은 자신의 업무에 더 큰 책임감과 자부심을 가질 수 있다.

둘째, 수직적 의사소통 경로를 개방한다. 관리자는 부하 직원의 의견과 업무 분위기를 파악하기 위해 상향식 의사소통 경로를 활성화해야 한다. 예를 들어, 민간기업에서 정기적으로 직원 의견을 수렴하는 타운홀 미팅이나 익명 의견함을 운영하면, 직원들은 자신의 의견이 존중받는다고 느끼게 된다.

셋째, 직무 관련 의사결정 권한을 부여한다. 직원들이 일상적인 업무에서 일정

수준의 의사결정을 할 수 있도록 권한을 위임하는 것이다. 예를 들어, 소규모 팀에서 팀원이 일정 계획을 세우거나 고객 대응 방식을 선택하도록 한다면, 자율성과 책임감을 높일 수 있다.

넷째, 비공식 조직을 인정하고 활용한다. 관리자는 조직 내에서 자연스럽게 형성되는 비공식적 그룹과 그들의 규범을 인정하고 존중해야 한다. 이를 통해 집단 성과급 제도와 같은 방식을 도입하여 팀 단위로 성과를 평가하고 보상하면, 협력과 팀워크가 강화될 수 있다. 예를 들어, 마케팅 부서에서 팀 전체가 공동 목표를 달성하면 보너스를 지급하는 방식이 이에 해당한다.

이러한 인간관계 모형은 동기부여를 사회적 과정으로 인식한다. 즉, 관리자의 역할은 단순히 업무를 지시하고 감독하는 데 그치지 않고, 부하 직원들의 심리적 욕구를 이해하고 공감대를 형성하는 것까지 포함해야 한다.[1]

고전모형과 인간관계 모형의 주요 차이점은 동기부여의 방식에 있다. 고전모형에서는 효율적인 작업 방법과 성과에 따른 임금 보상을 통해 관리자 권한이 수용되기를 기대했다. 반면, 인간관계 모형에서는 직원에 대한 배려와 관심을 통해 권한이 수용되기를 기대했다. 그러나 여전히 관리자에 의해 설정된 작업 환경을 직원들이 수용해야 한다는 기본 전제는 변하지 않았다.

인간관계 모형은 직원의 심리적 만족을 중시하면서도, 근본적으로 관리자 주도의 의사결정 구조를 유지한 점에서 한계가 있다. 하지만 이 모형은 작업장의 사회적 요소를 관리에 반영한 첫 시도라는 점에서 의미가 크며, 이후 인적자원 모형과 같은 보다 발전된 동기부여 이론의 기초가 되었다.

3) 인적자원 모형

행동과학을 기반으로 동기부여에 대한 연구가 과학적으로 진행되면서, 많은 이론과 모형들이 제시되었고 그 타당성이 검토되었다. 이러한 연구들은 동기부여가

---

1   Richard M. Steers and Lyman W. Porter, *Motivation and Work Behavior*, 2nd ed. (New York: McGraw-Hill, Inc., 1979), p. 18.

단순히 경제적 보상이나 사회적 욕구의 충족만으로 이루어지지 않고, 다양하고 상호 연결된 복합적 요인에 의해 영향을 받는다는 것을 보여주었다.

인적자원 모형(human resources model)은 인간이 금전적 보상, 타인의 관심, 성취감, 의미 있는 일에 대한 욕구와 같은 여러 요인에 의해 동기부여될 수 있다고 본다. 이 모형은 조직 성원들이 각기 다른 목표를 추구하며 다양한 자질과 잠재 능력을 보유하고 있다고 가정한다. 따라서 관리자의 중요한 역할은 이러한 인적 자원을 어떻게 효과적으로 활용할 것인가를 연구하고 실행하는 것이다.

이 모형에서 가정하는 인간 본성은 다음과 같다.

첫째, 인간은 자신의 직무에서 무엇인가 기여하고 싶어한다. 조직 성원은 단순히 지시를 따르는 것이 아니라 자신의 일을 통해 의미 있는 성과를 내고자 한다. 예를 들어, 공공기관의 정책 기획자는 자신이 수립한 정책이 시민들의 삶에 긍정적인 변화를 가져오기를 원한다.

둘째, 조직 성원은 합리적인 의사결정을 할 능력을 갖추고 있으며, 의사결정 과정에 참여할 때 조직 전체에 이익이 된다. 예를 들어, 팀 프로젝트에서 팀원들이 아이디어 제안이나 문제 해결에 참여하면 더 창의적이고 실질적인 결과를 도출할 수 있다.

셋째, 자기 통제와 자율적인 방향 설정이 직무 만족을 높인다. 성원들에게 일정한 수준의 자율성을 부여하면, 그들은 더 큰 책임감과 동기를 가지고 일에 임하게 된다. 예를 들어, 마케팅 담당자가 광고 캠페인의 기획부터 실행까지 주도적으로 결정하도록 하면, 업무 몰입도가 높아진다.

이 모형에 입각한 관리자의 역할은 다음과 같이 요약할 수 있다.

첫째, 관리자는 성원들의 잠재적 역량을 적극적으로 활용해야 한다. 조직 내 인재들이 보유한 다양한 능력을 최대한 발휘할 수 있도록 기회를 제공해야 한다. 예를 들어, 전문 지식을 가진 직원에게 프로젝트 리더의 역할을 맡기는 방식이 있다.

둘째, 관리자는 모든 성원이 자신의 능력 범위 내에서 조직에 기여할 수 있는 환경을 조성해야 한다. 이를 위해 공정한 기회 제공과 지원이 필요하다. 예를 들어, 성과에 따른 공정한 보상과 역량 개발을 위한 교육 기회를 제공하는 것이 중요하다.

셋째, 관리자는 성원들이 중요한 직무 문제에 참여하고 자기 통제를 할 수 있는 기회를 확대해야 한다. 이를 통해 성원들의 직무 만족도를 높이고 성과를 개선할 수 있다. 예를 들어, 정책 변경을 논의할 때 관련 부서 직원들이 의견을 개진하고 결정에 참여하도록 하는 것이 효과적이다.

이러한 접근법을 통해 과업 수행 능률이 높아지고, 인적 자원을 최대한 활용한 결과로 직무 만족이 개선되는 효과를 기대할 수 있다.

한편, 연구에 따르면 많은 관리자들이 인간관계 모형과 인적자원 모형을 동시에 수용하는 경향이 있다. 즉, 관리자들은 부하 직원들의 사기와 만족감을 향상시켜 저항을 줄이고자 하므로 인간관계 모형에 따라 부하들을 다루는 경우가 많다. 동시에, 관리자들은 자신의 재능이 충분히 활용되지 않는다고 느끼기 때문에 상급자로부터 더 많은 책임과 자율성을 부여받기를 원하며, 이러한 이유로 인적자원 모형을 선호한다.[2]

따라서 효과적인 조직 관리를 위해서는 두 모형의 장점을 적절히 결합하여 성원들의 심리적 만족과 자율성을 모두 고려하는 것이 중요하다.

3 동기부여이론의 분류

앞에서 설명한 동기부여 모형을 기초로 하여, 다양한 동기부여이론들이 제시되었다. 이러한 이론들은 연구 관점에 따라 크게 세 가지로 분류할 수 있다. 첫째, 동기부여의 요인이 무엇(what)인지에 초점을 맞춘 내용이론(content theory), 둘째, 동기부여가 어떤 과정(how)을 통해 이루어지는지에 주목한 과정이론(process theory), 셋째, 인간의 행위가 어떻게 학습되는지를 강조하는 강화이론(reinforcement theory)이다.[3]

2　Raymond E. Miles, "Human Relations or Human Resources," *Harvard Business Review*, 43, No. 4, July-August 1965, pp.148-163.

3　John P. Compbell, Marvin D. Dunnette, Edward E. Lawler Ⅲ, and Karl E. Weick, Jr., *Managerial Behavior, Performance, and Effectiveness* (New York: McGraw-Hill, 1970).

동기부여의 내용이론은 사람들이 어떤 요인에 의해 동기부여되며, 그 요인이 어떻게 행동의 방향과 지속성을 유지하거나 중단시키는지를 설명한다. 이 이론들은 조직 구성원이 무엇에 만족을 느끼며, 이를 충족시키기 위해 어떤 행동을 취하는지에 초점을 맞춘다. 이러한 이론들은 매슬로우(A. H. Maslow), 맥그리거(D. McGregor), 허츠버그(F. Herzberg), 아지리스(C. Argyris), 매클렐런드(D. C. McClelland) 등의 학자들이 제시한 모형에 기반한다.

초기에는 테일러의 과학적 관리법이 동기부여의 주요 요인을 금전으로 보고 성과급 제도를 중요한 수단으로 제안했다. 반면, 인간관계론에서는 작업 환경, 조직원에 대한 관심, 민주적 리더십과 같은 사회적 요인을 동기부여의 핵심으로 보았다. 이러한 내용이론은 사람들이 만족을 추구하는 내적 욕구를 기반으로 동기부여되는 과정을 설명한다.

이 관점에 따르면, 개인은 자신의 욕구를 충족시키기 위해 특정 방향으로 행동한다. 이러한 개념은 <그림 13-1>에서 표현된 바와 같이 단순하게 보일 수 있으나, 실제 동기부여 과정은 다음과 같은 이유로 매우 복잡하다.

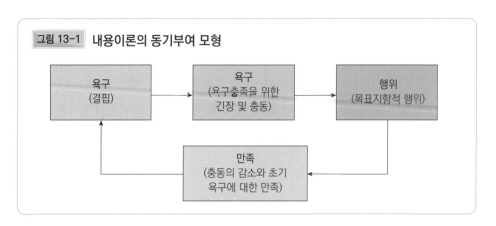

그림 13-1　내용이론의 동기부여 모형

- 욕구의 개인차와 변화: 사람마다 욕구는 다르며, 시간이 지남에 따라 변화한다. 예를 들어, 한 직원은 초기에는 금전적 보상을 중요시할 수 있지만, 시간이

지나면 자기계발 기회나 승진을 더 중요하게 생각할 수 있다. 이러한 개인차로 인해 관리자가 모든 직원의 욕구를 정확히 파악하고 대응하기는 쉽지 않다.

- 욕구와 행동의 다양성: 욕구가 행동으로 전환되는 방식은 개인마다 다르다. 예를 들어, 높은 안전 욕구를 가진 직원이 해고를 두려워해 새로운 책임을 피하려는 경우도 있지만, 같은 욕구를 가진 다른 직원은 성과 부족에 따른 해고를 피하기 위해 더 많은 책임을 맡고자 할 수 있다. 이런 차이로 인해 일률적인 동기부여 전략은 효과가 떨어질 수 있다.

- 시간에 따른 동기 변화: 사람들은 같은 욕구에 따라 지속해서 같은 행동을 하지 않는다. 한 시점에서는 금전적 보상이 중요한 동기부여 요인이 될 수 있지만, 다른 시점에서는 직무 안정이나 직장 내 인간관계가 더 큰 동기부여 요인이 될 수 있다. 따라서 관리자는 직원들의 욕구 변화를 지속적으로 모니터링해야 한다.

- 욕구 충족에 대한 반응 차이: 욕구가 충족되지 않았을 때의 반응도 개인마다 다르다. 예를 들어, 목표 달성에 실패한 직원이 좌절하고 노력을 포기할 수도 있지만, 다른 직원은 더욱 열심히 노력하려는 동기를 가질 수 있다. 이러한 반응 차이를 이해하고 적절히 대응하는 것이 중요하다.

이와 같은 관점에서, 대표적인 동기부여의 내용이론으로는 욕구단계설, ERG 이론, 2요인 이론, 성취동기 이론 등이 있다.

1 욕구단계설

1) 욕구단계설의 개념

매슬로우(A. H. Maslow)는 인간의 욕구가 계층적으로 구성되어 있으며, 낮은 수준의 욕구가 충족되면 더 높은 수준의 욕구로 이동한다고 보았다.[4] 그는 욕구를 다섯

---

4   A. H. Maslow, "A Theory of Human Motivation," *Psychological Review*, Vol. 50, 1943, pp. 370−396.

단계로 구분했으며, 각 단계의 욕구가 충족되면 더 이상 그 욕구는 동기부여 요인이 되지 않는다고 가정했다.

　이러한 욕구계층은 다음과 같이 구분된다: 제1단계는 생리적 욕구, 제2단계는 안전 욕구, 제3단계는 소속감과 애정 욕구, 제4단계는 존경 욕구, 그리고 제5단계는 자아실현 욕구이다.

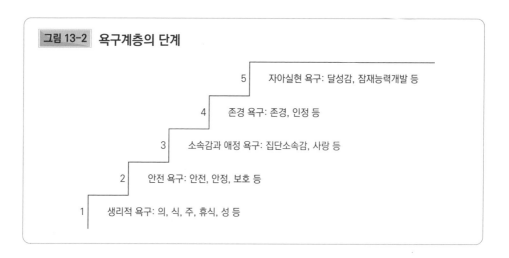

그림 13-2　욕구계층의 단계

5　자아실현 욕구: 달성감, 잠재능력개발 등
4　존경 욕구: 존경, 인정 등
3　소속감과 애정 욕구: 집단소속감, 사랑 등
2　안전 욕구: 안전, 안정, 보호 등
1　생리적 욕구: 의, 식, 주, 휴식, 성 등

(1) 생리적 욕구(Physiological Needs): 생리적 욕구는 인간이 생존하기 위해 가장 기본적으로 충족해야 하는 욕구로, 의식주, 수면, 배설, 식사, 휴식, 성(性)과 같은 본능적이고 육체적인 활동을 포함한다. 예를 들어, 공공기관의 직원이 기본적인 급여를 받지 못하면, 다른 업무 목표를 추구할 동기를 상실하게 된다. 이 단계에서 이러한 기본 욕구가 충족되지 않으면, 다른 상위 단계의 욕구는 동기부여 요인으로 작용하지 않는다.

(2) 안전 욕구(Safety Needs): 안전 욕구는 생리적 욕구가 충족된 후 나타나는 욕구로, 신체적 위협이나 위험으로부터 자신을 보호하려는 욕구를 말한다. 예를 들어, 직장에서 고용 안정성, 보험 혜택, 안전한 근무 환경은 직원들의 안전 욕구를 충족시킨다. 특히 위험한 작업을 수행하는 건설업 근로자는 안전 장비와 보호 조치가 마련될 때 비로소 안심하고 일할 수 있다.

(3) 소속감과 애정 욕구(Belongingness and Love Needs): 소속감과 애정 욕구는 사

회적 욕구로, 인간이 집단에 속하고 싶어 하는 욕구를 의미한다. 이는 생리적 욕구와 안전 욕구가 어느 정도 충족된 후에 나타난다. 직원들은 팀이나 조직에 소속되어 동료와 교류하고, 상사와 긍정적인 관계를 유지하고 싶어 한다. 예를 들어, 회사의 팀 단위 프로젝트나 친목 활동을 통해 동료와 유대감을 형성할 때 이 욕구가 충족된다.

(4) 존경 욕구(Esteem Needs): 존경 욕구는 자기 존중과 타인으로부터의 존경을 받고자 하는 욕구를 의미한다. 소속감과 애정 욕구가 충족된 후 나타나며, 자기 신뢰, 성취감, 능력 인정, 지식 습득, 자율성 등이 이에 해당한다. 예를 들어, 직원이 자신의 성과를 인정받고 상사로부터 칭찬을 받거나 승진하는 경우 존경 욕구가 충족된다. 이 욕구가 만족되면 자신감과 명예심이 생기지만, 완전히 충족되는 경우는 드물다.

(5) 자아실현 욕구(Self-Actualization Needs): 자아실현 욕구는 가장 높은 수준의 욕구로, 개인이 자신의 잠재력을 최대한 발휘하고 자기계발을 이루려는 욕구이다. 이는 존경 욕구가 충족된 후 나타난다. 예를 들어, 기업의 중간 관리자가 더 높은 수준의 전략적 기획 능력을 개발하고, 리더십 교육에 참여하며, 조직에 큰 기여를 하려는 경우 자아실현 욕구를 충족하려는 것이다. 이는 개인이 자신이 바라는 모습에 도달하고자 하는 욕구이기 때문에 지속적으로 추구된다.

매슬로우의 욕구단계설은 욕구 불충족이 인간 행동의 원동력이라는 점을 강조하며, 낮은 단계의 욕구가 충족되면 더 이상 동기부여 요인이 되지 않는다고 본다. 예를 들어, 공장에서 일하는 직원이 승진을 목표로 야간학교에 다니고 기술을 연마한 후 감독자로 승진했다면, 감독자가 된 후에는 더 높은 수준의 욕구인 존경이나 자아실현을 추구할 것이다.

또한, 장기간 욕구가 충족되지 않으면 좌절, 갈등, 스트레스를 유발할 수 있다. 관리자는 직원들의 욕구를 정확히 파악하고, 각자가 어느 단계의 욕구를 추구하고 있는지 이해해야 한다. 이를 통해 직원들에게 적절한 동기부여를 제공할 수 있으며, 조직의 목표 달성에도 효과적으로 기여할 수 있다.

2) 욕구단계설의 평가

매슬로우의 욕구단계설은 관리자로 하여금 인간의 욕구가 단순히 물질적 욕구에만 국한되지 않고, 다양한 형태로 존재할 수 있다는 점을 인식하게 한 최초의 동기부여 이론이라는 점에서 중요한 의의를 지닌다. 특히 이 이론은 물질적 보상만으로는 동기부여가 완성될 수 없음을 깨닫게 했으며, 관리이론 연구에 많은 기여를 했다. 이를 바탕으로 욕구단계설이 관리 이론에 기여한 주요 내용을 살펴보면 다음과 같다.[5]

첫째, 욕구단계설은 많은 관리자들에게 받아들여져, 조직 성원들에 대한 의사결정을 내릴 때 중요한 기준으로 적용되었다. 매슬로우가 이 이론을 발표했을 당시, 이는 관리학 분야에 큰 영향을 미쳤으며, 특히 동기부여 전략 수립에 중요한 틀을 제공하였다. 예를 들어, 현대 기업에서 직원의 성과와 만족도를 높이기 위해 기본적인 보상에서 출발해 자기개발 기회를 제공하는 것은 매슬로우의 욕구단계설에 기반한 접근이라 할 수 있다.

둘째, 욕구단계설은 관리자가 작업 환경을 어느 정도 통제할 수 있을 때, 조직 성원들의 욕구 수준을 파악하고 이를 동기부여에 적용한다면 생산성을 높이고 이직률을 감소시킬 수 있다는 점을 시사한다. 예를 들어, 공공기관에서 직원들의 안전 욕구가 충족되지 않으면 효율성이 저하될 수 있다. 따라서 안전한 근무 환경을 보장하고, 기본적인 복지를 제공하는 것이 직원의 동기부여와 직결된다는 사실을 강조한다.

셋째, 조직 내에서 성원들이 점차 높은 위치로 올라갈수록 욕구 수준이 달라지므로, 그에 맞는 동기부여 방법도 달라져야 한다는 점을 알려준다. 예를 들어, 초급 직원에게는 안정된 급여와 안전한 환경이 중요하지만, 중간 관리자에게는 직무의 자율성과 인정받는 기회가 더 중요한 동기부여 요소가 될 수 있다. 또한, 조직은 모든 욕구를 동시에 충족시킬 수 없기 때문에, 자아실현 욕구를 자극할 수 있는 방법

---

5 John B. Miner, *Theories of Organizational Behavior* (Minsdale, Ill.: The Dry-den Press, 1980), p. 27.

제 4 편 지휘 및 통제

을 모색해야 한다는 시사점을 제공한다.

그러나 이러한 기여에도 불구하고, 매슬로우의 욕구단계설은 몇 가지 비판을 받고 있다.[6]

첫째, 실증 연구 결과에 따르면, 매슬로우가 제시한 욕구계층이 반드시 존재하지 않는다는 주장이 있다.[7] 특히 생리적 욕구 이상의 단계에서는 욕구가 정확히 다섯 가지로 구분된다는 근거가 부족하다는 비판이 있다. 예를 들어, 현대 기업에서 직원의 욕구가 꼭 정해진 단계에 따라 발전하지 않는 경우가 많다.

둘째, 욕구가 반드시 단계별로 충족된다는 가정에 대한 비판이다. 개인에 따라 욕구의 발현이 다를 수 있으며, 저차원의 욕구와 고차원의 욕구가 동시에 나타날 수 있다는 것이다. 예를 들어, 한 직원은 경제적 안정을 추구하면서도 자신의 능력을 발휘할 수 있는 프로젝트를 원할 수 있다. 이처럼 욕구가 단계적으로 충족된다는 가정은 현실과 다를 수 있다.

셋째, 개인의 욕구는 상황과 시간에 따라 변화한다. 예를 들어, 자아실현 욕구를 추구하던 관리자가 경기 불황으로 인해 일자리의 불안정성을 느끼면, 다시 안전 욕구로 돌아갈 수 있다. 또한, 나이가 들면서 개인의 욕구는 변화할 수 있다. 젊은 직원은 경력 개발을 원하지만, 중년의 직원은 안정된 직장과 가정을 유지하려는 욕구가 더 클 수 있다.

이와 같이, 매슬로우의 욕구단계설은 관리자의 동기부여 전략에 유용한 통찰을 제공하지만, 조직 환경과 개인의 상황에 따라 유연하게 적용해야 한다는 한계도 존재한다. 따라서 관리자는 욕구의 다양성과 변동성을 이해하고, 이를 바탕으로 맞춤형 동기부여 방안을 마련하는 것이 중요하다.

---

6   A. H. Maslow, "A Theory of Metamotivation: The Biological Rooting of the Value Life," *Journal of Humanistic Psychology*, Vol. 7, 1967, pp. 93-127.

7   E. E. Lawler Ⅲ and J. L. Suttle, "A Causal Correlational Test of the Need Hierach Concept," *Organizational Behavior and Human Performance*, Vol. 7, 1972, pp. 265-287.

2 2요인이론

허츠버그(F. Herzberg)는 매슬로우의 욕구단계설과 연관하여 동기부여의 내용이론으로 잘 알려진 2요인이론(two-factor theory)을 발표하였다. 이 이론은 직무 만족과 불만족을 일으키는 요인이 서로 다른 별개의 차원이라는 개념에 기반을 둔다. 허츠버그와 그의 동료들은 200명의 기술자와 회계사를 대상으로 직무 태도에 관한 연구를 진행하였다.[8] 연구 참여자들은 직무 중 특별히 즐거웠거나 불쾌했던 사건을 회상하고, 그 이유가 무엇인지, 그러한 감정이 성과와 인간관계에 어떤 영향을 미쳤는지에 대해 면접을 통해 조사하였다.

이 연구 결과, 허츠버그는 만족을 유발하는 직무 요인과 불만족을 유발하는 직무 요인이 별개의 차원에 속한다는 결론에 도달했다. 그는 종래의 입장처럼 만족과 불만족을 하나의 연속선상의 양극으로 보지 않고, 독립된 차원으로 구분하였다. 이로 인해 허츠버그의 이론을 2요인이라고 하며, 여기서 2요인이란 불만족을 유발하는 위생요인(hygiene factors)과 만족을 유발하는 동기요인(motivators)을 의미한다.

1) 위생요인

위생요인은 직무에 대한 불만족과 관련된 요인이다. '위생'이라는 용어는 의학에서 쓰이는 개념으로, 불만족을 예방하는 환경적 요인이라는 의미를 담고 있다. 이러한 요인을 충족시키면 불만족을 줄일 수 있지만, 직무에 대한 만족에는 큰 영향을 미치지 않는다. 위생요인의 예로는 다음과 같은 것들이 있다.

- 조직의 방침과 관리: 조직의 경직된 절차나 불합리한 규정이 불만족을 초래할 수 있다.
- 감독: 관리자의 지나친 통제나 비효율적 감독은 불만족을 유발할 수 있다.
- 작업조건: 열악한 사무 환경이나 장비 부족이 불만족의 원인이 될 수 있다.

---

8   F. Herzberg, Bernard Mausner, and Barbara Snyderman, *The Motivation to Work* (New York: Wiley, 1959).

- 개인 상호 간의 관계: 부서 간 갈등이나 동료와의 불화가 불만족을 초래할 수 있다.
- 임금과 보수: 적절한 급여와 보상 체계가 마련되지 않으면 불만이 발생할 수 있다.
- 지위: 직위나 역할이 모호하거나 인정받지 못하면 불만족이 생길 수 있다.

위생요인의 충족은 불만족을 해소할 뿐이며, 만족을 유발하는 데는 한계가 있다.

2) 동기요인

동기요인은 직무 자체와 관련된 요인으로, 사람에게 만족과 성과를 가져오게끔 동기를 부여하는 요인이다. 이러한 요인은 충족되었을 때 만족을 유발하고 적극적인 태도를 형성한다. 동기요인의 구체적인 예로는 다음과 같은 것들이 있다.
- 성취감: 프로젝트를 성공적으로 완수했을 때의 보람.
- 인정: 상사나 동료로부터 자신의 성과에 대해 인정받는 것.
- 도전감: 새로운 기술이나 어려운 과제를 해결할 때 느끼는 성취.
- 책임감: 자율적이고 책임 있는 직무를 맡는 것.
- 성장과 발전: 개인의 능력과 역량을 키울 수 있는 교육이나 경력 개발 기회.
- 자아실현: 자신의 잠재력을 최대한 발휘하고 발전하는 과정.

동기요인이 충족되지 않아도 불만족이 발생하지는 않지만, 충족되면 직무에 대한 만족도가 높아지고, 적극적이고 창의적인 태도를 유발할 수 있다.

3) 욕구단계설과의 비교

허츠버그의 2요인이론은 매슬로우의 욕구단계설과 비교할 수 있다. 두 이론 모두 동기부여의 내용이론으로, 인간의 욕구를 기반으로 한다는 공통점이 있다. 그러나 각 이론에서 다루는 욕구의 범위와 구체적인 요인은 다르다.

위생요인은 매슬로우의 욕구단계설에서 생리적 욕구, 안전 욕구, 소속감과 애정 욕구에 해당한다. 예를 들어, 임금, 작업 조건, 직무 안전, 조직 내 인간관계 등이 여기에 속한다.

동기요인은 매슬로우의 욕구단계설에서 존경 욕구와 자아실현 욕구에 해당한다. 성취, 인정, 책임감, 성장과 같은 요소들이 이에 속한다.

2요인이론은 위생요인을 충족시킨다고 해서 직무 만족이 증가하는 것은 아니므로, 위생요인을 관리하여 불만족을 해소한 후, 동기요인을 강화함으로써 만족과 성과를 증대시켜야 한다는 시사점을 준다. 예를 들어, 공공기관에서 적정한 임금과 근무 조건을 보장한 후, 직원들이 성취감을 느낄 수 있도록 도전적인 과제를 부여하는 것이 필요하다.

4) 2요인이론에 대한 평가

허츠버그의 2요인이론은 동기부여 분야에서 상당한 관심을 끌었으며, 많은 관리자와 실무자들에게 폭넓게 수용되었다. 특히 이 이론은 직무 환경과 직무 내용에 따라 만족과 불만족을 구분한 최초의 시도라는 점에서 높이 평가받는다. 그러나 많은 학자들로부터 몇 가지 비판도 받고 있다.[9] 이러한 비판은 연구 방법론과 이론의 적용 범위, 개인차에 대한 고려 부족 등에서 비롯된다. 비판 내용을 다음과 같이 정리할 수 있다.

---

9   B. Schneider and E. Locke, "A Critique of Herzberg's Classification System and a Suggested Revision," *Organizational Behavior and Human Performance*, Vol. 6, 1971, pp. 441–458.

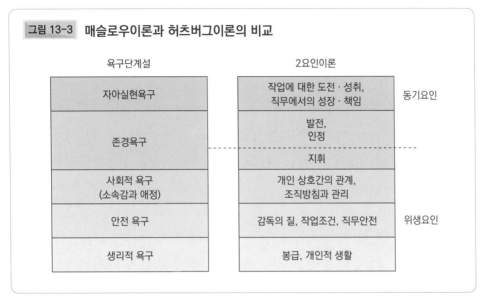

그림 13-3 매슬로우이론과 허츠버그이론의 비교

	욕구단계설		2요인이론	
	자아실현욕구		작업에 대한 도전·성취, 직무에서의 성장·책임	동기요인
	존경욕구		발전, 인정	
			지휘	
	사회적 욕구 (소속감과 애정)		개인 상호간의 관계, 조직방침과 관리	
	안전 욕구		감독의 질, 작업조건, 직무안전	위생요인
	생리적 욕구		봉급, 개인적 생활	

출처: Harold Koontz, Cyril O'Donnell, and Heinz Weihrich, *Management*, McGraw-Hill International Book Co., 1980, p. 638.

◉ 방법론적 문제

허츠버그가 사용한 연구 표본에 대한 의문이 제기된다. 그의 연구는 주로 기술자와 회계사라는 특정 직종에 국한되어 있다. 이러한 직종은 직무 특성과 근무 환경에서 다른 직종과 상당한 차이가 있기 때문에, 연구 결과를 모든 직종에 일반화하는 데 한계가 있다는 비판이 있다. 예를 들어, 서비스 업종 종사자나 공공기관의 사무직원은 기술자와 다른 직무 특성을 갖고 있기 때문에, 만족과 불만족 요인이 다를 수 있다. 따라서 더 다양한 직종을 포함한 연구가 필요하다는 지적이 있다.

◉ 동기부여와 성과의 의미 검증 부족

허츠버그의 2요인이론은 직무 만족에 초점을 맞추고 있으나, 실제 동기부여와 성과와의 관계를 충분히 검증하지 않았다는 비판이 있다.[10] 동기부여는 목표 지향적 행동과 관련된 개념인 반면, 만족은 직무 수행 결과로 나타나는 태도에 불과하

---

10 J. P. Campbell et al., *Managerial Behavior, Performance, and Effectiveness* (New York: McGraw-Hill, 1970), p. 354

다는 것이다. 예를 들어, 한 직원이 직무에서 만족을 느끼더라도 그것이 반드시 성과 향상으로 이어지지는 않을 수 있다. 따라서 직무 만족과 동기부여는 서로 다른 개념이며, 이를 구분해서 다룰 필요가 있다.

🔘 개인차에 대한 고려 부족

2요인이론은 모든 조직 성원이 비슷한 반응을 보일 것이라는 가정하에 구성되었으나, 실제로는 개인차가 크다.[11] 예를 들어, 어떤 직원은 동기요인인 성취감과 인정에 의해 동기부여되지만, 다른 직원은 위생요인인 급여나 직무 안정에 더 큰 동기부여를 느낄 수 있다. 특히, 직무의 안정성이 중요한 공공기관 종사자와 창의성이 중요한 IT 기업 직원은 서로 다른 동기부여 요인을 가질 수 있다. 따라서 2요인이론이 직무 내용상의 동기요인만으로 모든 조직 성원을 동기부여할 수 있다는 가정은 한계가 있다.

이러한 비판에도 불구하고, 허츠버그의 2요인이론은 관리 분야에서 중요한 시사점을 제공하였다. 특히, 이 이론은 관리자들이 작업 환경의 속성과 직무 내용에 주목하도록 하였고, 직무 만족을 높이기 위한 구체적 전략을 제시했다는 점에서 큰 의의를 가진다.

예를 들어, 기업에서 단순히 급여 인상을 통해 불만족을 줄이는 것뿐만 아니라, 직원에게 도전적인 과제를 부여하고 성취를 인정함으로써 만족과 성과를 높이는 방안을 고민하게 되었다. 공공기관에서도 직무 재설계를 통해 성원들이 자율성과 책임감을 경험하게 함으로써 업무 만족도를 높이려는 노력이 나타나기 시작했다.

---

11 A. D. Szilagyi, Jr. and M. J. Wallace, Jr., *Organizational Behavior and Performance*, 2nd ed. (Santa Monica, Calif. : Goodyear Publishing Co., Inc., 1980), p.113.

제 3 절 동기부여의 과정이론

동기부여의 내용이론이 인간의 행동을 유발하는 요인에 초점을 맞춘다면, 동기부여의 과정이론은 동기부여가 이루어지는 과정과 이 과정에서 발생하는 변수들의 상호관계를 연구한다. 즉, 욕구가 충족되는 과정과 그 과정에서 무엇이 어떻게 작용하는지에 대해 다루는 것이다. 이러한 관점에서 욕구는 개인이 어떤 행동을 선택하고 수행하는 데 영향을 미치는 요소 중 하나일 뿐이다. 예를 들어, 열심히 일하면 보상을 받을 가능성이 높아진다는 기대가 행동을 유발하는 하나의 동기가 된다. 동기부여의 과정이론에는 기대이론(expectancy theory)과 공정성이론(equity theory)이 대표적으로 다루어진다.

1 기대이론

1) 기대이론의 개념

기대이론은 르윈(K. Lewin)과 톨만(E. Tolman)[12] 등의 개념을 바탕으로 브룸(V. H. Vroom)이 개발한 이론으로, 수단성이론(instrumentality theory)이라고도 불린다. 브룸은 동기부여를 사람들이 여러 선택 가능한 행동들 중에서 특정 행동을 선택하게 만드는 과정[13]으로 정의하였다. 이는 동기부여를 단순한 욕구가 아닌, 행동을 선택하고 수행하는 과정으로 이해하고 있다.

브룸의 기대이론을 이해하기 위해서는 몇 가지 핵심 개념을 알아야 한다. 이 개념들은 기대값(expectancy), 유인가(valence), 성과(performance), 도구성(instrumentality), 1차 및 2차 수준결과, 노력(effort), 능력(ability), 그리고 힘(force)이다. 각 개념들의 상호관

---

12 Kurt Lewin, *The Conceptual Representation and the Measurement of Psychological Forces* (Durham, N.C.: Duke University Press, 1938); E. C. Tolman, *Purposive Behavior in Animals and Men* (New York: Appleton-Century, 1932)

13 Victor H. Vroom, *Work and Motivation* (New York: John Wiley and Sons, Inc., 1964).

계를 이해하면 동기부여 과정을 체계적으로 파악할 수 있다.

1차 수준결과(First-Level Outcome)는 일 자체와 직접적으로 관련된 성과를 의미한다. 예를 들면, 프로젝트를 성공적으로 마무리하거나 생산성을 높이는 등의 성과가 이에 해당된다.

2차 수준결과(Second-Level Outcome)는 1차 수준결과로 인해 발생하는 보상을 의미한다. 예를 들어, 프로젝트를 성공적으로 완료한 후에 받는 승진, 보너스, 인정 등이 이에 해당된다. 예를 들어 한 직장인이 프로젝트 성과를 내고 그 결과로 승진한다면, 성과는 1차 수준결과이고, 승진은 2차 수준결과이다.

기대값(Expectancy)은 특정 행동이 특정 결과를 가져올 것이라는 주관적인 확률에 대한 믿음이다. 예를 들어, 직원이 추가 근무를 하면 프로젝트를 성공적으로 마칠 수 있다는 확률을 믿는 것이 기대이다. 즉, 개인이 자신의 노력이 성과를 창출할 것이라는 믿음이다.

유인가(Valence)는 결과에 대한 개인의 선호도나 가치를 의미한다. 예를 들어, 승진이 매우 중요하게 느껴진다면 승진에 대한 유의성이 높다. 반대로, 승진에 대해 무관심하다면 유의성이 낮거나 없다. 유의성은 1차 수준결과와 2차 수준결과 모두에 적용된다.

도구성(Instrumentality)은 1차 수준결과가 2차 수준결과를 가져올 확률에 대한 주관적 믿음이다. 예를 들어, 높은 성과가 승진으로 이어질 것이라는 믿음이 수단성이다. 기대가 노력과 성과 간의 관계라면, 수단성은 성과와 보상 간의 관계이다.

성과(Performance)는 개인이 노력과 능력을 발휘하여 얻은 결과이다. 예를 들어, 마케팅 담당자가 광고 캠페인을 성공적으로 진행해 매출을 높이는 것이 성과에 해당한다.

힘(Force)은 동기부여와 동의어로 사용되며, 개인이 여러 선택 가능한 행동들 중 하나를 선택하는 방향성을 결정하는 요소이다.

능력(Ability)은 과업을 수행할 수 있는 개인의 잠재력을 의미한다. 예를 들어, 프로그래머가 새로운 소프트웨어를 개발하는 데 필요한 기술력이 능력이다.

노력(Effort)은 원하는 결과를 얻기 위해 개인이 투입하는 모든 행동을 의미한다.

예를 들어, 목표 달성을 위해 추가 업무를 수행하거나 교육을 받는 것이 노력에 해당한다.

2) 기대이론의 모형

브룸에 따르면 개인이 특정한 행동을 선택할 때는 의식적이든 무의식적이든 세가지 단계의 사고과정을 거친다. 첫째, 2차 수준결과가 얼마나 중요한가 하는 것이다(유인가). 둘째, 1차 수준결과가 2차 수준결과를 가져올 수 있을 것인가 하는 것이다(도구성). 셋째, 투입된 노력이 좋은 성과를 가져올 수 있을 것인가 하는 것이다(기대값). 이와 같은 세 단계의 사고과정을 기대이론의 모형으로 표현하면 <그림 13-4>와 같다.

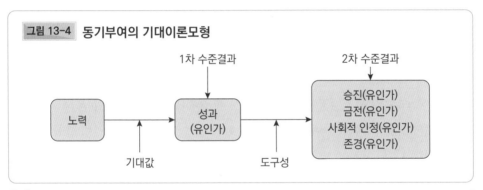

그림 13-4 **동기부여의 기대이론모형**

1차 수준결과 2차 수준결과

노력 → 성과(유인가) → 승진(유인가) 금전(유인가) 사회적 인정(유인가) 존경(유인가)

기대값 도구성

출처: J. L. Gibson, J. M. Ivancevich and J. M. Donnely, Jr., *Organizations: Behavior, Structure, and Processes* (Dallas, Taxas: Business Publications, Inc., 1976).

여기서 노력은 성과를 내기 위해 투입되는 에너지이며, 성과는 그 노력과 능력에 의해 결정된다. 성과에 대한 보상은 2차 수준결과에 해당하며, 이 보상이 개인이 기대했던 것이라면 동기부여가 일어난다.

예를 들어, 한 기업의 마케팅 담당자가 새로운 캠페인을 성공적으로 완수하면 보너스를 받을 수 있다는 믿음(기대값)을 가지고 열심히 일한다. 이 캠페인이 성공적으로 마무리되어 성과를 거두고, 그 결과로 보너스를 받는다면(2차 수준결과), 이 보상은 마케팅 담당자의 동기를 더욱 높여주는 힘이 된다.

3) 기대이론의 평가

브룸의 기대이론은 매우 체계적이지만 복잡한 모형으로, 조직에서 동기부여를 이해하는 것이 얼마나 어려운지를 보여준다. 이 이론은 관리자에게 동기부여가 기대값, 유인가, 도구성뿐만 아니라 개인의 특성과 보상 체계에 의해 영향을 받을 수 있다는 중요한 사실을 알려준다. 또한 조직 구성원의 행동 방향을 설명하고, 동기부여된 행동에 영향을 미치는 요인을 명확히 제시해 준다.

그러나 기대이론에 대한 여러 연구와 함께 몇 가지 비판도 제기되었다.

인지과정에 대한 의문: 기대이론은 사람들이 어떤 행동을 선택할 때 매우 합리적이고 계산적인 과정을 거친다고 가정한다. 즉, 결과에 대한 기대와 보상의 유의성을 복잡하게 내면화하고 계산한다는 것이다. 하지만 실제로 인간은 종종 무의식적인 동기에 따라 행동하며, 모든 결과를 논리적으로 분석하지 않는 경우가 많다.[14] 예를 들어, 직원이 직장에서 즉흥적으로 업무에 열정적으로 참여하는 경우, 이는 기대이론이 가정하는 계산된 과정에 따라 이루어지지 않을 수 있다.

구성요소의 독립성에 대한 문제: 기대이론에서 제시하는 노력과 성과의 관계(기대값), 성과와 보상의 관계(도구성), 그리고 보상의 가치(유인가)는 타당한 요소들이지만, 이 요소들이 동기부여를 독립적으로 예측하는지, 아니면 수학적으로 결합되어 나타나는지에 대한 구분이 명확하지 않다. 예를 들어, 직원이 보상을 기대하지만 그 보상에 대한 가치를 낮게 평가할 경우, 이러한 요소들이 독립적으로 작용하는지에 대한 의문이 남는다.

변수 측정의 어려움: 기대이론은 매우 복잡한 변수들로 구성되어 있기 때문에, 실제로 각 변수를 정확하게 측정하는 것이 어렵다.[15] 노력, 기대값, 도구성, 유인가 등 모든 요소를 정량적으로 평가하고 분석하기 위해서는 많은 시간과 노력이 필요하다. 예를 들어, 조직에서 각 직원의 기대 수준과 보상의 유인가를 측정하려면 매우

---

14 J. M. Feldman, H. J. Reitz and R. J. Hilterman, "Alternatives to Optimization in Expectancy Theory," *Journal of Applied Psychology*, Dec. 1976, pp. 712-720.

15 E. E. Lawler and J. L. Suttle, "Expectancy Theory and Job Behavior," *Organizational Behavior and Human Performance*, June 1973, p. 502.

정교한 조사와 분석이 필요하며, 이 과정에서 오류가 발생할 수 있다.

브룸의 기대이론은 동기부여의 과정을 체계적으로 설명하고, 조직 내에서 동기부여를 효과적으로 관리하는 데 유용한 도구를 제공한다. 그러나 인간의 행동이 항상 합리적이지 않으며, 기대와 보상에 대한 가치가 변할 수 있다는 점에서 한계가 있다. 따라서 관리자는 기대이론을 적용할 때 직원들의 개인적 특성과 상황적 요인을 고려하고, 복잡한 변수들을 단순화하여 실무에 적용할 필요가 있다. 이 이론은 보상 체계가 명확하고 공정하게 설계된 조직에서 특히 유용하며, 직원들이 자신의 노력이 성과로 이어지고, 그 성과가 보상으로 연결된다는 확신을 가질 때 동기부여의 효과가 극대화될 수 있다.

2 공정성이론

1) 공정성이론의 개념

공정성이론(equity theory)은 아담스(J. S. Adams)에 의해 체계화된 이론으로, 개인이 자신의 노력(투입)과 그에 따른 보상(산출)의 비율을 다른 사람의 투입과 보상 비율과 비교하는 과정을 설명한다. 이 이론은 개인이 자신의 투입-산출 비율이 다른 사람들의 비율과 동일하다고 느낄 때 공정성이 존재한다고 본다. 반면, 자신의 투입-산출 비율이 타인의 비율과 다르다고 느끼면 불공정성(inequity)이 존재한다고 인식한다.[16]

---

16 J. Stacy Adams, "Toward an Underst andingof Inequity," *Journal of Abnormal and Social Psychology*, November 1963, pp. 422-436.

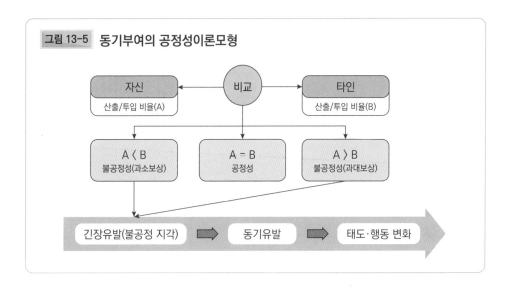

그림 13-5 동기부여의 공정성이론모형

```
        ┌──────────┐      ┌─────┐      ┌──────────┐
        │   자신   │◄─────│ 비교 │─────►│   타인   │
        │산출/투입 비율(A)│      └─────┘      │산출/투입 비율(B)│
        └──────────┘                   └──────────┘
              │            │            │
              ▼            ▼            ▼
      ┌──────────┐  ┌──────────┐  ┌──────────┐
      │  A < B   │  │  A = B   │  │  A > B   │
      │불공정성(과소보상)│  │  공정성  │  │불공정성(과대보상)│
      └──────────┘  └──────────┘  └──────────┘
            │                          │
            ▼                          ▼
    ┌─────────────────────────────────────────────────┐
    │ 긴장유발(불공정 지각) ➡ 동기유발 ➡ 태도·행동 변화      │
    └─────────────────────────────────────────────────┘
```

이 개념을 모형으로 나타내면, 개인(중심인물)의 투입 대비 산출의 비율을 A라고 하고, 비교 대상(비교인물)의 투입 대비 산출의 비율을 B라고 한다. 이 때, A = B로 인식되면 공정성을 느끼고, A ≠ B(A>B or A<B)이면 불공정성을 느끼게 된다.

타인과의 비교를 통한 불공정 지각은 개인의 행위에 영향을 미친다. 공정하다고 느낄 때는 개인의 행위에 변화가 없지만, 불공정성을 느낄 경우 개인은 갈등을 경험하며, 공정성을 회복하기 위해 다양한 방식으로 행동하게 된다. 예를 들어, 자신에게 불리한 불공정성을 느낄 경우 투입을 줄이거나 조직을 떠나는 선택을 할 수 있다. 반대로 자신에게 유리한 불공정성을 인식하면 투입을 늘리거나 타인의 보상을 높이려는 노력을 할 수 있다.

개인이 불공정성을 경험할 때 취할 수 있는 행위는 다음과 같다. 첫째, 사신의 투입이나 산출을 조정한다. 예를 들어, 업무량을 줄이거나 요구되는 보상을 높이기 위해 노력할 수 있다. 둘째, 비교 대상자의 투입이나 산출을 조정하거나 왜곡해서 자신의 상황을 합리화할 수 있다. 셋째, 비교 대상을 변경하여 새로운 기준을 설정하거나, 조직을 떠나는 극단적인 결정을 내릴 수도 있다.

공정성이 결핍되면 조직 내 사기가 저하되고 생산성에도 부정적 영향을 미친다. 따라서 관리자는 조직 구성원들에게 공정한 보상을 제공하도록 노력해야 한다.

제 4 편 지휘 및 통제

공정성을 판단할 때는 한 개인을 기준으로 삼는 것이 아니라, 조직 내외의 비슷한 직무를 수행하는 다른 구성원들과 비교하는 것이 바람직하다. 이를 위해 관리자는 보상 시스템을 투명하게 운영하고, 구성원들이 자신의 보상 수준을 납득할 수 있도록 명확하게 소통해야 한다.

예를 들어, 한 공공기관에서 동일한 업무를 수행하는 직원들에게 동일한 기준으로 성과급을 지급하고, 그 기준을 모든 직원에게 공개하면 공정성에 대한 인식을 높일 수 있다. 반면, 기준이 불명확하거나 편파적이라고 느껴지면 불만이 생기고, 동기부여가 저하될 수 있다.

따라서 관리자는 조직 구성원들이 공정성을 느낄 수 있도록 평가와 보상을 공정하고 체계적으로 관리해야 한다.

2) 공정성이론의 평가

공정성이론이 조직 관리에 미친 영향은 다음과 같이 정리할 수 있다.[17]

첫째, 공정한 보상의 중요성을 강조한다. 조직 구성원들에게 공정한 보상이 제공되지 않으면 사기와 생산성이 저하될 수 있다. 예를 들어, 민간기업에서 비슷한 성과를 내고 있음에도 일부 직원만 보너스를 지급받는다면, 다른 직원들의 불만과 의욕 저하로 이어질 수 있다. 따라서 공정한 보상체계를 마련하는 것이 중요하다.

둘째, 공정성과 불공정성에 대한 평가는 단순히 개인적 차원에서만 이루어지지 않는다. 조직 내외에서 동일하거나 유사한 직무를 수행하는 다른 사람들과 비교를 통해 평가가 이루어진다. 예를 들어, 공공기관의 연구원들이 자신과 비슷한 업무를 수행하는 다른 부서의 연구원들과 보상을 비교하면서 공정성 여부를 판단한다. 따라서 평가와 보상은 절대적 기준보다는 상대적 비교를 통해 이루어지는 것이 바람직하다.

셋째, 불공정성을 줄이기 위한 동기부여는 투입과 산출의 변화를 고려하게 된

---

17 A. D. Szilagyi, Jr. and M. J. Wallace, Jr., *op. cit.*, p. 122.

다. 투입과 산출의 조정은 불공정성의 정도와 방향에 따라 달라진다. 예를 들어, 자신이 더 많은 일을 하고 있다고 느끼는 직원은 업무량을 줄이려 할 수도 있고, 반대로 더 많은 보상을 요구할 수도 있다. 따라서 관리자는 불공정성이 최소화되도록 보상과 평가를 설계해야 한다.

이처럼 공정성이론은 관리자들에게 유용한 시사점을 제공하지만, 몇 가지 비판도 제기되고 있다.

첫째, 비교 기준의 모호성이다. 공정성을 판단할 때 누구와 비교해야 하는지가 불명확할 수 있다. 예를 들어, 한 기업의 마케팅 팀원이 자신의 보상을 다른 팀의 영업 담당자와 비교할 경우, 업무 특성의 차이로 인해 정확한 비교가 어려워질 수 있다.

둘째, 공정성이론은 보통 급여와 같은 경제적 보상에 초점을 맞추고 있다.[18] 그러나 앞서 언급했듯이 경제적 보상만이 동기부여의 유일한 요인이 아니다. 직무 만족감, 인정, 성장 기회와 같은 비경제적 보상도 중요한 동기부여 요인이다. 예를 들어, 기술 스타트업의 직원들은 급여 외에 자기계발 기회와 유연한 근무 환경에서 동기부여를 얻을 수 있다.

그럼에도 불구하고 공정성이론은 관리자들에게 실무적으로 유익한 내용을 제공한다. 많은 직원들이 자신의 보상이 불충분하다고 느끼며 다른 사람들과 비교하는 경우가 많다. 이러한 불공정성이 발생했을 때, 관리자는 이를 이해하고 해결할 수 있는 방법을 개발해야 한다. 공정한 보상 시스템과 투명한 평가 기준을 마련하면 불만을 줄이고 조직의 사기와 생산성을 높일 수 있다.

18 Paul S. Goodman and Abraham Friedman, "An Examination of Adam's Theory of Inequity," *Administrative Science Quarterly*, December 1971, pp. 271-288.

1 강화이론의 개념

강화이론(reinforcement theory)은 스키너(B. F. Skinner)의 연구와 학습이론에 기초를 두고 있으며, 흔히 시행착오적 학습이나 행위수정으로 불린다. 이 이론은 동기부여의 과정이나 동기의 개념을 다루기보다는 과거의 행위가 미래의 행위에 어떤 영향을 미치는지에 초점을 맞춘다.[19] 강화이론에 따르면, 사람들은 과거의 경험을 통해 특정 행위가 유쾌한 결과를 가져오면 그 행위를 반복하고, 불유쾌한 결과를 가져오면 그 행위를 회피하는 학습을 한다.

예를 들어, 민간기업에서 직원이 새로운 마케팅 아이디어를 성공적으로 도입하고 그에 대한 칭찬과 보너스를 받는다면, 그는 비슷한 창의적 아이디어를 지속해서 제안하려 할 것이다. 반면, 실수가 잦은 보고서를 제출한 후 상사로부터 질책을 받은 경우, 향후 보고서를 더욱 꼼꼼하게 작성하려고 할 것이다. 이는 강화이론의 핵심 원리인 보상과 처벌에 따른 학습과정이다.

강화란 특정한 행위에 대해 보상을 제공하거나 처벌을 가함으로써 개인의 행동에 영향을 미치는 것을 의미한다. 관리자는 조직 성원들의 행위를 유지하거나 수정하기 위해 보상을 활용하지만, 보상이 비효율적으로 사용되는 경우가 많다.[20] 예를 들어, 성과와 상관없이 무작위로 보상이 주어지거나, 잘못된 행동에 보상이 주어지면 강화의 효과는 저하된다.

따라서 관리자가 원하는 방향으로 조직 성원들의 행동을 이끌어가려면 강화의 결합관계, 즉 행위와 결과가 연관되는 방식을 정확히 이해하고 적절히 적용해야 한다. 이런 이해가 부족하면 보상의 효과가 미미하고, 조직 관리의 효율성도 떨어진다. 만약 관리자가 강화 원리를 제대로 활용한다면 조직의 성과를 높이는 데 큰 도움이 될 것이다.

---

19 James A. F. Stoner, *Management*, 2nd ed. (New Jersey: Prentice-Hall, Inc., 1982), p. 446.

20 A. Bandura, *Principles of Behavior Modification* (New York: Holt and Winston, 1969), pp. 229-230.

강화의 유형은 크게 네 가지로 분류되며,[21] 긍정적 강화, 부정적 강화, 소거, 벌이다. 여기서 긍정적 강화와 부정적 강화는 원하는 행위를 촉진하고 강화하며, 소거와 벌은 원하지 않는 행위를 약화시키는 방식이다.

② 긍정적 강화

긍정적 강화(positive reinforcement)란 특정한 행위를 반복하도록 유도하는 보상 자극을 의미한다.[22] 이는 개인이 바람직한 행위를 수행한 직후에 금전적 보상, 칭찬, 인정, 애정, 또는 유희와 같은 긍정적 자극을 제공함으로써 그 행위를 지속하도록 하는 방식이다. 그러나 모든 보상이 항상 긍정적 강화요인이 되는 것은 아니다. 긍정적 강화가 효과를 발휘하는 이유는 긍정적 결과를 예상하게 하는 행위는 반복되지만, 부정적 결과가 예상되는 행위는 반복되지 않기 때문이다.

조직에서 긍정적 강화가 성공적으로 적용되기 위해서는 다음과 같은 절차가 필요하다.[23]

1) 제 1 단계: 강력하고 지속적인 강화요인 선택

개인에게 의미 있는 보상을 선택해야 한다. 보상이 과업 수행자의 욕구나 바람과 연결되어야 강화요인으로 작용한다. 예를 들어, 한 직원에게는 성과 보너스가 강력한 보상일 수 있지만, 다른 직원에게는 유연근무제나 업무시간 내 자기계발 기회가 더 의미 있는 보상이 될 수 있다. 개인이 보상을 중요하게 생각하지 않는다면, 그 보상은 긍정적 강화로 작용하지 못한다.

---

21 H. Rachlin, *Modern Behavior* (New York: Freeman, 1970).

22 Skinner, *Science and Human Behavior*, p. 73.

23 W. C. Hamner and D. W. Organ, *Organizational Behavior: An Applied Psychological Approach* (Dallas Texas: Business Publications, Inc., 1978), pp. 43-44.

 제 4 편 지휘 및 통제

2) 제 2 단계: 보상과 행위의 결속관계 유지

보상과 요구되는 행위 간의 명확한 연관관계를 설정해야 한다. 이 결속관계는 두 가지 측면을 갖는다. 첫째, 보상은 반드시 원하는 행위가 나타난 직후에 주어져야 한다. 예를 들어, 프로젝트를 성공적으로 완료한 팀에게 즉시 보너스나 칭찬을 제공해야 한다. 둘째, 보상의 크기는 성과의 정도와 비례해야 한다. 성과가 크면 그에 상응하는 보상을 제공하고, 성과가 낮을 경우 과도한 보상은 피해야 한다. 이는 공정한 보상을 통해 조직 성원들이 동기부여를 유지하도록 돕는다.

3) 제 3 단계: 현실적인 보상 가능성 마련

요구되는 행위를 명확히 설정하고, 그에 따른 보상이 실제로 가능해야 한다. 요구되는 행위가 거의 일어나지 않는다면 강화의 기회도 줄어들기 때문에 효과가 떨어진다. 예를 들어, 영업팀이 월 매출 목표를 초과 달성했을 때 보상을 주기로 했으면, 이 목표가 현실적이고 달성 가능한 수준이어야 한다. 반면, 목표가 지나치게 높으면 대부분의 직원이 보상을 받을 가능성이 없다고 판단해 동기부여가 오히려 감소할 수 있다. 따라서 초기 목표를 낮게 설정하고 점진적으로 상향 조정하는 것이 효과적이다.

긍정적 강화를 활용할 때 관리자는 개인차를 고려해야 한다. 동일한 보상이라도 개인마다 강화요인으로 작용하는 정도가 다를 수 있다. 예를 들어, 금전적 보상은 일부 직원에게 동기부여가 되지만, 다른 직원에게는 업무 성과를 공개적으로 칭찬받는 것이 더 강력한 동기부여 요인이 될 수 있다. 또한 동일한 개인이라도 시간의 흐름에 따라 욕구와 보상에 대한 선호가 달라질 수 있다. 따라서 관리자는 직원들의 욕구와 보상 선호도를 주기적으로 파악하고, 보상 체계를 유연하게 운영해야 한다.

이와 같은 접근을 통해 긍정적 강화를 체계적으로 적용하면 조직 성원들의 동기부여와 성과 향상에 크게 기여할 수 있다.

③ 부정적 강화

부정적 강화(negative reinforcement)는 긍정적 강화와 마찬가지로 바람직한 행위를 강화하는 방법이지만, 보상을 제공하는 대신 불쾌한 자극을 제거함으로써 행위를 지속적으로 유도한다. 부정적 강화에는 도피학습(escape learning)과 회피학습(avoidance learning)이라는 두 가지 형태가 있다.

도피학습(escape learning)은 개인이 바람직한 성과를 달성함으로써 이미 경험하고 있는 불편한 상태나 부정적 자극을 제거하는 과정이다. 즉, 성과를 통해 부정적 상황을 해소하는 것이다. 예를 들어, 한 공공기관의 직원이 미완성된 보고서로 인해 상사의 지속적인 질책을 받고 있다면, 이 직원은 질책이라는 불편한 상황에서 벗어나기 위해 빠르게 보고서를 완성하고 제출할 것이다. 또 다른 예로, 회사에서 특정 팀원이 주어진 프로젝트 마감 기한을 넘겼을 때 불이익을 받는 경우, 이 불이익에서 벗어나기 위해 다음 프로젝트에서는 마감 기한을 철저히 지키려 할 것이다. 이처럼 도피학습은 현재 경험하고 있는 불편한 자극에서 벗어나기 위한 행위를 의미한다.

회피학습(avoidance learning)은 바람직한 행위를 통해 불쾌한 자극을 사전에 예방하는 과정이다. 과거의 경험을 바탕으로 부정적 결과를 미리 예상하고, 이를 피하기 위해 적극적으로 노력을 기울이는 것이다. 예를 들어, 한 민간기업에서 직원이 정해진 출근시간을 지키지 못하면 경고를 받는 상황이 있다면, 이 직원은 경고라는 불쾌한 상황을 피하기 위해 출근시간에 맞춰 준비를 서두르게 된다. 또 다른 예로, 프로젝트 팀장이 회의 준비가 미흡한 팀원에게 지적을 가하는 경우, 팀원은 지적을 피하기 위해 다음 회의에는 철저히 준비해 참여하게 된다. 이처럼 회피학습은 불편한 자극이 발생할 가능성을 사전에 차단하기 위해 바람직한 행위를 하는 것을 말한다.

부정적 강화는 긍정적 강화와 다소 차이가 있다. 긍정적 강화는 우수한 성과를 통해 보상과 같은 긍정적 결과를 얻기 위해 노력하게 만드는 반면, 부정적 강화는 불편한 상태나 부정적 상황을 피하거나 해소하기 위해 노력하게 만든다. 예를 들어, 긍정적 강화로는 프로젝트를 성공적으로 마무리하면 보너스를 받는 경우가 있고, 부정적 강화로는 업무 성과가 저조하면 질책을 받기 때문에 이를 피하기 위해 성과를 높이려는 노력이 있다.

부정적 강화를 적절히 활용하면 조직 성원들이 부정적 결과를 회피하려는 동기를 가질 수 있지만, 과도하게 사용하면 스트레스나 불안감을 초래할 수 있다. 따라서 관리자는 부정적 강화가 효과적으로 작동할 수 있도록 신중하게 적용해야 하며, 긍정적 강화와 적절히 병행하여 직원들이 균형 잡힌 동기부여를 경험하도록 해야 한다.

4 소거(extinction)

소거(extinction)란 특정 행위에 대해 보상이 주어지지 않는 상황이 반복되어 결국 그 행위의 빈도나 지속성이 감소하는 것을 의미한다. 즉, 어떤 행위에 대한 긍정적 결과나 보상이 사라지면, 그 행위는 점차 사라지게 된다. 이는 보상이나 벌을 통해 강화되지 않는 행위는 지속되기 어렵다는 원리를 기반으로 한다. 소거는 특정 행동을 억제하거나 없애기 위한 기법으로 사용된다.

소거와 처벌(punishment)은 구분된다. 처벌은 특정 행위를 억제하려는 의도에서 부정적 자극을 가하거나 불쾌한 결과를 제공하는 반면, 소거는 보상을 제공하지 않음으로써 그 행위를 점진적으로 소멸시키는 방법이다. 소거를 효과적으로 적용하려면 특정 행위가 발생했을 때 아무런 반응이나 결과를 제공하지 않아야 한다.

예를 들어, 한 공공기관에서 직원이 회의 시간에 자주 불필요한 발언을 해서 다른 직원들의 집중을 방해한다고 가정하자. 이 직원은 동료들이 자신의 발언에 반응하거나 관심을 보이기 때문에 반복적으로 그런 행동을 한다. 이러한 행위를 소거하고 싶다면, 동료들이 그 직원의 불필요한 발언에 아무런 반응을 보이지 않도록 할 수 있다. 시간이 지나면 그 직원은 자신의 행동이 더 이상 주목을 끌지 못한다는 것을 깨닫고, 자연스럽게 그 행위를 중단하게 될 것이다.

소거는 직접적으로 불쾌한 결과를 제공하지 않기 때문에 처벌보다는 덜 고통스러운 방법으로 여겨질 수 있다. 그러나 소거가 때로는 벌과 비슷한 수준의 심리적 고통을 줄 수 있다는 점도 고려해야 한다. 예를 들어, 회사에서 모든 직원이 성과에 따라 연봉이 인상되었는데, 특정 직원만 인상에서 제외되었다면, 이 직원은 자신이 인정받지 못했다고 느끼게 된다. 이는 명확한 벌을 받은 것이 아님에도 불구하고, 심리적으로는 감봉과 같은 부정적 경험으로 인식될 수 있다.

따라서 관리자가 소거를 적용할 때는 그로 인한 부정적 감정이나 심리적 불만이 누적되지 않도록 세심하게 주의를 기울여야 한다. 적절한 보상 시스템과 소거가 결합될 때, 조직 내에서 바람직하지 않은 행동을 효과적으로 줄일 수 있다.

5 처벌(punishment)

요구되지 않는 행위의 빈도를 줄이는 방법 중 하나인 처벌(punishment)이란, 특정한 반응에 대해 불쾌하거나 불편한 결과를 제공하는 것을 의미한다. 보상이 행위를 강화하는 것과는 반대로, 처벌은 행위를 약화시키는 효과를 가진다. 처벌과 소거(extinction)를 구분하는 것이 중요한데, 소거는 이전에 바람직하다고 여겨져 보상을 제공했던 행위에 대해 보상을 철회하는 것이고, 처벌은 전혀 보상과 관계가 없는 부적절한 행위에 대해 불쾌한 결과를 제공하는 것이다.

예를 들어, 공공기관에서 직원이 회의 시간에 불필요한 농담을 반복해서 한다고 가정하자. 초기에 동료들이 그의 농담에 웃어주거나 긍정적으로 반응했기 때문에 그 행동이 강화되었다. 하지만 시간이 지나면서 그 행동이 회의의 흐름을 방해한다고 여겨졌고, 동료들이 더 이상 웃거나 반응하지 않는다면 이는 소거에 해당한다. 반면, 상사가 직원에게 농담을 중단하라고 공식적으로 질책하거나 업무에서 제외하는 불이익을 준다면, 이는 처벌을 통해 해당 행동을 억제하는 것이다.

관리자가 처벌을 사용할 때 반드시 명심해야 할 사항은 처벌이 기대한 효과를 반드시 보장하지 않는다는 점이다. 처벌에 대한 반응은 개인의 성향과 상황에 따라 다르게 나타날 수 있기 때문이다. 예를 들어, 어떤 관리자가 직원 A에게 업무 실수에 대해 질책을 했다고 가정하자. A가 질책을 받은 후 차분하게 자신의 실수를 분석하고 개선한다면, 이 처벌은 긍정적인 효과를 거두었다고 할 수 있다. 하지만 다른 직원 B에게 동일한 방식으로 질책을 가했을 때, B가 스트레스를 받아 업무 성과가 더 나빠지고, 다른 업무에서도 산만함을 보인다면 이는 의도하지 않은 부정적 결과가 발생한 것이다.

따라서 관리자는 처벌을 사용할 때 상황과 개인차를 반드시 고려해야 한다. 처벌을 가하기 전에 해당 직원의 성향과 문제의 원인을 신중하게 파악하고, 벌이 가져올 수 있는 부작용에 대해 주의를 기울여야 한다. 처벌이 과도하거나 부적절하게 사용될 경우, 직원의 사기 저하와 조직에 대한 불만을 초래할 수 있으므로, 처벌을 사용한 후에는 반드시 결과를 관찰하고 필요에 따라 적절한 보완조치를 취하는 것이 중요하다.

동기부여는 개인의 목표와 조직의 목표를 달성하기 위해 사람들의 행동에 자극과 영향을 주는 요소로서, 관리자에게 매우 중요한 역할을 한다. 하지만 조직 구성원이 얼마나 잘 과업을 수행할 수 있는가는 동기부여뿐만 아니라 그들의 능력과 역할 인식 또한 중요한 요인이 된다.

동기부여 이론은 크게 내용이론, 과정이론, 그리고 강화이론으로 나눌 수 있다. 내용이론은 사람들의 행동에 영향을 미치는 요인이 무엇인가에 초점을 맞추며, 개인의 동기 요인으로 욕구나 충동의 중요성을 강조한다. 반면 과정이론은 동기부여가 어떻게 발생하며, 무엇 때문에 발생하는지를 설명하는 과정에 중점을 둔다. 강화이론은 과거의 행위가 어떻게 미래의 행위에 영향을 미치는지에 초점을 두고 있다.

동기부여 이론의 발전은 고전이론에서 시작되었다. 고전이론은 경제적 보상이 동기부여의 핵심이라고 보았다. 이후 인간관계론은 직무 만족과 사회적 요인을 강조하였고, 인적자원 모형은 조직의 목표와 개인의 목표가 일치할 때 높은 과업 수행이 이루어진다고 보았다.

내용이론 중 대표적인 이론으로 매슬로우의 욕구단계설이 있다. 매슬로우는 인간의 욕구를 저차원인 생리적 욕구에서부터 고차원인 자아실현 욕구에 이르는 단계로 구분하고, 각 단계가 충족될 때 다음 단계의 욕구가 동기부여 요인으로 작용한다고 보았다. 또한 허츠버그의 2요인이론은 직무 내용과 관련된 만족 요인(동기요인)과 직무 환경과 관련된 불만족 요인(위생요인)으로 나누어 설명한다.

과정이론에서는 기대이론과 공정성이론이 있다. 기대이론은 동기부여가 개인의 과업 수행에 대한 기대, 그 수행을 위해 필요한 노력, 그리고 보상의 가치나 유의성에 달려 있다고 본다. 반면 공정성이론은 개인이 자신의 노력과 보상을 다른 사람과 비교하며 공정성을 느낄 때 동기부여가 이루어진다고 설명한다.

강화이론은 보상과 처벌을 통해 동기부여가 이루어진다고 주장한다. 강화이론에 따르면 긍정적 강화, 부정적 강화, 소거, 그리고 처벌을 사용해 특정 행위를 강화하거나 약화할 수 있다. 보상이 주어지는 행위는 강화되고 반복되며, 보상이 없거나 벌이 따르는 행위는 줄어드는 경향이 있다.

연구에 따르면 긍정적 강화와 소거를 결합한 방법이 과업 수행과 만족을 가장 효과적으로 이끌어낸다. 그러나 긍정적 강화는 개인의 성향과 기호에 맞게 적용되어야 하며, 관리자는 각 조직 구성원의 특성과 욕구를 파악하여 적절하게 활용해야 한다.

제 14 장

의사소통

의사소통(communication)은 조직에서 관리기능이 효과적으로 발휘될 수 있도록 핵심적인 역할을 담당한다. 관리자가 조직 목표를 달성하기 위해 계획, 조직화, 지휘, 통제와 같은 모든 관리기능을 수행할 때, 이들 기능이 상호 연계되기 위해서는 의사소통이 필수적이다. 만약 의사소통 기능이 제대로 작동하지 않으면, 각 관리기능 간의 원활한 협력과 연결이 이루어지지 않아 조직의 목표 달성이 어렵고, 심지어 실패로 이어질 수도 있다. 특히 사람을 다루는 지휘기능에서는 상호 이해를 바탕으로 한 의사소통의 중요성이 매우 크다.

의사소통은 조직의 내부와 외부, 집단과 집단, 개인과 개인 사이의 모든 상황을 연결해주는 역할을 한다. 이러한 점에서 의사소통은 조직의 신경망과도 같으며, 조직의 정보 흐름을 촉진하고 협력과 조정을 가능하게 한다. 의사소통이 원활하지 않으면 정보 전달의 오류가 발생하고, 오해와 갈등이 증가해 조직의 성과에 부정적인 영향을 미칠 수 있다.

이 장에서는 먼저 의사소통의 개념을 살펴본 다음, 의사소통이 어떻게 이루어지는지, 어떤 방법이 있는지, 그리고 의사소통이 원활하지 않게 되는 원인은 무엇인지에 대해 체계적으로 다룰 것이다.

제 4 편 지휘 및 통제

제1절 의사소통의 개념

1 의사소통의 정의

의사소통이란 개인과 개인, 또는 집단과 집단 간에 정보를 교환하고 상호 이해를 형성하는 과정이다. 리더는 자신의 의사를 조직 구성원에게 전달하고 입장을 이해시키기 위해 의사소통을 활용한다. 또한 의사소통을 통해 구성원들의 행동에 동기를 부여하거나 필요한 영향을 미치게 된다.

조직은 개인과 집단으로 이루어져 있으며, 모든 활동은 조직 내외부의 개인 및 집단과 긴밀히 연관되어 있다. 조직의 목표를 달성하기 위해서는 이러한 요소들 간의 적절한 조정과 연결이 필수적이다. 이러한 조정 및 연결이 원활하게 이루어지는지는 조직 내 의사소통이 얼마나 잘 이루어지느냐에 달려 있다. 의사소통은 조직의 계획된 활동을 통일하고, 행동을 수정하거나 변화시키는 데에도 영향을 미친다.

바나드(C. I. Barnard)는 의사소통을 "조직의 공동 목표를 달성하기 위해 구성원들을 연결하는 수단"으로 보았다[1]. 이 정의는 여전히 의사소통의 본질적인 기능으로 간주된다. 조직 활동에서 의사소통이 없다면, 협력과 변화는 불가능하기 때문이다. 예를 들어, 한 공공기관의 리더가 정책 방향을 직원들에게 정확히 전달하지 못하면 정책 실행에 혼선이 발생할 수 있다. 마찬가지로 기업에서는 부서 간 소통이 원활하지 않으면 프로젝트 진행에 문제가 생기게 된다.

2 의사소통의 중요성

효과적인 의사소통이 관리자에게 중요한 이유는 다음 두 가지로 요약된다.

첫째, 의사소통은 관리기능인 계획, 조직화, 지휘, 통제가 이루어지는 과정이기

---

1   C. I. Barnard, *The Functions of the Executive* (Cambridge, Mass.: Harvard University Press, 1938).

때문이다. 의사소통은 관리자가 자신의 과업을 수행하는 데 필요한 정보를 전달하고 받는 핵심 수단이다. 관리자가 계획을 수립할 때 필요한 정보를 얻기 위해서는 의사소통이 필수적이다. 또한 수립된 계획을 실행하기 위해서는 이를 직원들에게 명확히 전달해야 한다. 조직화 기능에서는 직무와 책임을 배분하기 위해 구성원들과의 의사소통이 필요하다. 지휘 기능에서는 조직의 목표 달성을 위해 구성원들과 지속적으로 소통하며 업무를 조율해야 한다. 통제 기능에서는 업무 진행 상황을 점검하고 필요한 조치를 취하기 위해 문서나 대면 소통이 요구된다. 이처럼 의사소통은 모든 관리기능의 기반이 된다.

둘째, 의사소통은 관리자들이 가장 많은 시간을 할애하는 활동이기 때문이다. 대부분의 관리자들은 조직 구성원, 다른 관리자, 상사, 공급업체, 고객과의 면담이나 전화 통화에 많은 시간을 보낸다. 또한 보고서 작성, 메모, 이메일 확인 등 문서 의사소통에 상당한 시간을 소모한다. 혼자서 계획을 세우거나 문제를 고민하는 시간조차도 종종 의사소통으로 인해 방해받는다. 예를 들어, 중간관리자와 상층관리자를 대상으로 한 연구에 따르면, 관리자들은 평균적으로 이틀에 한 번 정도만 반시간 이상 의사소통과 무관하게 업무에 집중할 수 있는 것으로 나타났다.[2]

민츠버그(H. Mintzberg)는 관리자의 직무를 대인관계 역할, 정보처리 역할, 의사결정 역할의 세 가지로 구분했다. 이 세 가지 역할 모두에서 의사소통은 핵심적이다. 예를 들어, 관리자가 대인관계 역할을 수행할 때는 팀원들과의 관계를 유지하고 협력 분위기를 조성하기 위해 의사소통이 필요하다. 정보처리 역할에서는 중요한 정보를 수집하고 조직 전체에 전달해야 한다. 의사결정 역할에서는 수집된 정보를 바탕으로 합리적인 결정을 내리고 이를 구성원에게 명확히 전달해야 한다.

이처럼 의사소통은 조직의 목표 달성과 관리자 역할 수행에 필수적이며, 효과적인 의사소통 능력은 관리자의 성과와 직결된다.

---

2   Rosemary Stewart, *Managers and Their Jobs* (London: Mcmillan, 1967).

③ 의사소통과정

의사소통과정이란 의사소통이 어떻게 이루어지는지를 설명하는 체계적인 흐름을 의미한다. 가장 단순한 형태의 의사소통과정은 송신자(Sender) → 메시지(Message) → 수신자(Receiver)라는 세 가지 요소로 이루어진다. 이 세 가지 요소 중 어느 하나라도 없다면 의사소통은 성립하지 않는다. 그러나 이러한 단순한 모형은 실제 의사소통의 복잡성을 충분히 설명하지 못한다.

예를 들어, 한 팀원이 메시지를 전달하고, 그 메시지가 다른 팀원에게 반복적으로 전달될 때, 최종 수신자가 처음 송신자의 의도와 다르게 이해하는 경우가 발생할 수 있다. 이러한 현상은 의사소통과정의 복잡성을 잘 보여준다. 즉, 송신자가 전달한 메시지를 수신자가 정확히 해석하지 못할 가능성이 항상 존재한다.

보다 복잡한 의사소통과정은 여러 요소가 상호작용하는 체계로 설명할 수 있다. 의사소통의 주요 요소로는 송신자, 부호화(신호화), 메시지, 전달경로, 수신자, 해독(이해), 소음, 그리고 피드백이 있다.

송신자(Sender)는 의사소통을 시작하는 사람이다. 조직에서 송신자는 자신의 요구나 의도를 다른 사람에게 전달하고자 하는 사람을 의미한다. 예를 들어, 부서장이 프로젝트 진행 상황을 팀원에게 전달하거나, 정책을 설명하는 공공기관 관리자가 송신자가 될 수 있다. 송신자는 항상 특정한 목적이나 의도를 가지고 메시지를 전달하며, 명확한 목표가 없는 메시지는 존재하지 않는다.

부호화(Encoding)는 송신자의 생각이나 의도를 수신자가 이해할 수 있는 언어, 기호, 이미지, 몸짓 등으로 변환하는 과정이다. 예를 들어, 기업의 리더가 새로운 전략을 팀원에게 설명할 때, 이해하기 쉬운 프레젠테이션 자료를 만들어 설명하는 것이 부호화에 해당한다. 부호화가 제대로 이루어지지 않으면 메시지가 왜곡되거나 오해를 일으킬 수 있다. 송신자는 수신자와 공통으로 이해할 수 있는 기호나 언어를 사용해야 한다.

메시지(Message)는 송신자가 전달하고자 하는 내용으로, 언어, 문서, 이미지, 몸짓 등 다양한 형태로 나타날 수 있다. 예를 들어, 상사가 직원에게 이메일로 업무지시를 보내거나 회의에서 구두로 지시를 내리는 것이 메시지에 해당한다. 메시지는 구체적이고 명확해야 하며, 수신자가 이해할 수 있도록 전달되어야 한다.

전달경로(Channel)는 메시지가 송신자로부터 수신자에게 전달되는 수단이다. 전달경로는 서면, 구두, 비언어적 전달, 전화, 이메일, 영상회의 등 다양한 형태로 이루어진다. 예를 들어, 긴급한 공지가 필요한 경우에는 이메일이나 문자 메시지를 사용하고, 공식적인 보고는 문서 형태로 전달할 수 있다. 효과적인 의사소통을 위해서는 상황과 메시지의 특성에 맞는 전달경로를 선택해야 한다.

수신자(Receiver)는 송신자가 보낸 메시지를 받아들이고 해석하는 사람이다. 조직에서는 팀원, 관리자, 고객 등이 수신자가 될 수 있다. 예를 들어, 부서장이 전달한 업무 지시를 직원이 이해하고 수행하는 것이 수신자의 역할이다. 송신자와 수신자가 메시지에 대해 동일한 의미를 가지지 못하면 의사소통은 실패하게 된다.

해독(Decoding)은 수신자가 메시지를 받아들이고 그 의미를 이해하는 과정이다. 수신자는 자신의 경험, 지식, 기대, 상황 등을 바탕으로 메시지를 해석한다. 예를 들어, 고객 서비스 담당자가 고객의 불만사항을 이해하고 적절한 해결책을 제시하는 것이 해독에 해당한다. 정확한 해독을 위해서는 송신자가 의도한 바를 수신자가 정확하게 이해하는 것이 중요하다.

소음(Noise)은 의사소통 과정에서 메시지가 왜곡되거나 제대로 전달되지 못하게 하는 모든 방해 요소를 의미한다. 소음은 물리적, 심리적, 언어적, 환경적 요인에 의해 발생할 수 있다. 예를 들어, 영상회의 중에 인터넷 연결이 불안정하거나, 사무실에서 소음이 심해 직원이 메시지를 제대로 듣지 못하는 상황이 소음에 해당한다. 소음은 의사소통의 명확성을 저해하므로 이를 최소화하려는 노력이 필요하다.

피드백(Feedback)은 수신자가 메시지를 받은 후 송신자에게 반응을 전달하는 과정이다. 피드백은 의사소통이 제대로 이루어졌는지 확인하는 중요한 요소다. 예를 들어, 상사가 업무 지시를 내린 후 직원이 질문을 하거나 확인 이메일을 보내는 것이 피드백에 해당한다. 피드백을 통해 송신자는 메시지가 정확히 전달되었는지 확인하고, 필요한 경우 의사소통을 수정하거나 보완할 수 있다.

의사소통 과정에서 피드백이 원활하게 이루어지면 오해를 줄이고, 업무의 정확성과 효율성을 높일 수 있다.

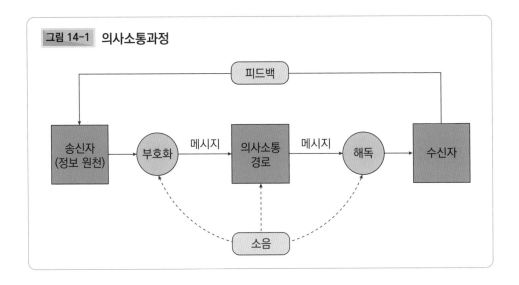

그림 14-1 의사소통과정

피드백

송신자
(정보 원천) → 부호화 → 메시지 → 의사소통
경로 → 메시지 → 해독 → 수신자

소음

제 2 절　의사소통의 유형

1 일방적 의사소통과 쌍방적 의사소통

의사소통 과정에서 나타나는 유형은 크게 일방적 의사소통과 쌍방적 의사소통으로 구분된다.[3] 각각의 의사소통은 상황과 목적에 따라 다르게 적용되며, 각각의 장단점을 이해하고 적절히 사용하는 것이 중요하다.

일방적 의사소통은 송신자가 수신자의 의견을 고려하지 않고 메시지를 전달하는 형태이다. 이 과정은 송신자 → 메시지 → 수신자로 구성되며, 피드백이 이루어지지 않는다. 예를 들어, 기업의 CEO가 전체 직원에게 발표하는 연설이나, 공공기관에서 정책 발표를 위해 배포하는 보도자료는 일방적 의사소통에 해당한다. 일방적 의사소통이 발생하는 경우는 다음과 같다.

• 송신자와 수신자가 모두 개인이 될 수 없는 경우: 예를 들어, 대규모 조직에서 최

3　Robert Albanese, *Managing : Toward Accountability for Performance* (Homewood, Ill. : Richard D. Irwin Inc., 1978), pp. 404–405.

고경영자가 전 직원에게 이메일을 통해 새로운 정책을 공지할 때는 피드백의 기회가 제한된다.

• 의사소통이 독립적으로 발생되지 않는 경우: 조직 내에서 전달되는 모든 정보가 정해진 절차에 따라 전달될 경우, 상하 관계에 의한 명령이나 지시 형태로 일방적 의사소통이 발생한다.

• 의사소통 경로가 제한된 경우: TV, 서면 공지, 대형 스피커, 전광판, 게시판 등을 통한 전달은 수신자가 즉각적으로 반응할 수 없는 경우에 해당한다.

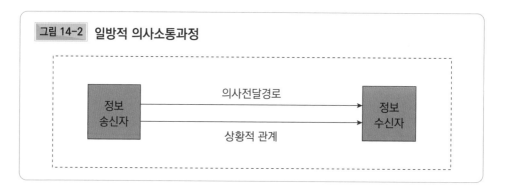

그림 14-2 일방적 의사소통과정

쌍방적 의사소통은 송신자와 수신자 간에 상호작용과 피드백이 가능한 형태이다. 송신자가 메시지를 전달하고 수신자가 이에 대해 응답함으로써 원활한 의사소통이 이루어진다. 예를 들어, 팀 회의에서 리더가 업무를 지시하고 팀원이 질문을 통해 확인하는 경우가 쌍방적 의사소통이다. 쌍방적 의사소통은 피드백을 통해 메시지의 오해를 줄이고, 더 정확한 정보전달을 가능하게 한다. 이와 같은 쌍방적 의사소통의 과정은 <그림 14-3>에서 보는 바와 같다.

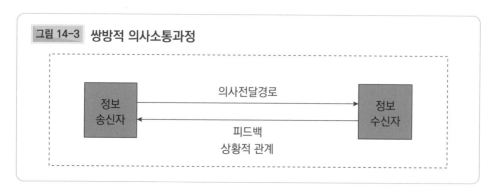

그림 14-3 쌍방적 의사소통과정

리비트와 뮐러(Harold Leavitt and Ronald Mueller)는 일방적 의사소통과 쌍방적 의사소통의 효과를 비교하는 실험을 실시했다. 그 결과를 요약하면 다음과 같다[4].

시간 효율성: 일방적 의사소통은 쌍방적 의사소통보다 소요 시간이 적다. 예를 들어, 긴급 상황에서 신속하게 명령을 전달해야 할 때 일방적 의사소통이 더 효율적이다.

정확성: 쌍방적 의사소통은 일방적 의사소통보다 더 정확하다. 수신자가 메시지를 이해했는지 확인할 수 있는 피드백이 가능하기 때문이다.

수신자의 확신: 수신자는 쌍방적 의사소통일 경우 메시지에 대한 자신의 판단과 확신이 더 크다. 예를 들어, 팀원이 상사와 의견을 교환하고 피드백을 받은 경우, 업무에 대한 확신이 증가한다.

송신자의 용이성: 쌍방적 의사소통에서는 수신자가 송신자의 애매한 표현이나 실수를 지적할 수 있어 송신자가 더 쉽게 의사소통을 수행할 수 있다.

혼란 방지: 일방적 의사소통은 정확성은 낮을 수 있지만, 쌍방적 의사소통에서 발생할 수 있는 소음이나 혼란을 방지할 수 있다. 예를 들어, 대규모 행사에서 일관된 메시지를 전달할 때 일방적 의사소통이 혼란을 줄일 수 있다.

리비트와 뮐러의 연구는 조직에서 의사소통 지침으로 적용될 수 있다[5].

신속성과 효율성: 의사소통이 빠르게 이루어져야 하고, 메시지의 정확성이 크게 중요하지 않을 경우에는 일방적 의사소통이 더 경제적이고 효율적이다. 예를 들어, 긴급 재난 경보 시스템은 일방적 의사소통이 적합하다.

질서와 일관성: 질서와 통제가 중요시되는 상황에서는 일방적 의사소통이 적절하다. 예를 들어, 군대나 대규모 조직의 명령 체계에서는 일방적 의사소통이 필요하다.

정확성과 이해: 메시지의 정확성이 중요한 경우에는 쌍방적 의사소통이 효과적이다. 예를 들어, 프로젝트 기획 회의에서는 모든 팀원이 의견을 교환하고 피드백

---

4   Harold J. Leavitt and Ronald A. H. Mueller, "Some Effects of Feedback on Communicating," *Human Relations*, 4, No. 4, November 1951, pp. 401-410.

5   Harold J. Leavitt, *Managerial Psychology*, 4th ed. (Chicago: University of Chicago Press, 1978); John T. Samaras, "Two-Way Communication Practices for Managers," *Personnal Journal*, 59, No. 8, August 1980, pp. 645-648.

을 주고받는 쌍방적 의사소통이 필수적이다.

대부분의 상황에서는 일방적 의사소통과 쌍방적 의사소통을 혼합하여 사용하는 것이 가장 바람직하다. 중요한 지시사항은 일방적 의사소통으로 전달하고, 그 후 수신자가 이해했는지 확인하는 과정에서 쌍방적 의사소통을 적용하면 효율성과 정확성을 동시에 확보할 수 있다.

2 공식적 의사소통과 비공식적 의사소통

의사소통은 그 경로에 따라 공식적 의사소통과 비공식적 의사소통으로 구분할 수 있다. 공식적 의사소통은 조직의 권한, 책임, 의무에 따라 확립된 구조에서 이루어지며, 비공식적 의사소통은 자연스럽게 형성된 인간관계와 상호작용에 기반한다.

1) 공식적 의사소통

공식적 의사소통은 조직의 계층과 절차에 따라 이루어지며, 주로 체계적이고 명확한 경로를 통해 정보가 전달된다. 공식적 의사소통은 크게 수직적 의사소통, 수평적 의사소통, 그리고 대각적 의사소통으로 나눌 수 있다. 이중 수직적 의사소통은 조직의 상급자와 하급자 간에 이루어지는 의사소통으로, 위에서 아래로 전달되는 하향적 의사소통과 아래에서 위로 전달되는 상향적 의사소통이 있다.

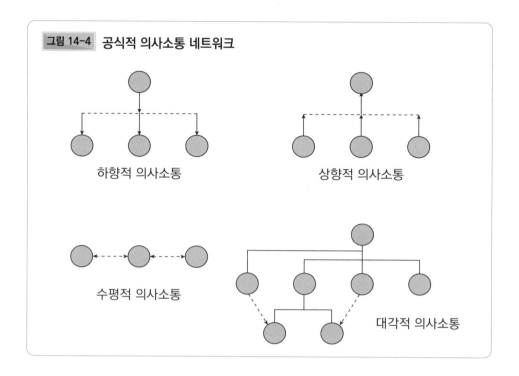

그림 14-4 공식적 의사소통 네트워크

하향적 의사소통

상향적 의사소통

수평적 의사소통

대각적 의사소통

(1) 하향적 의사소통(downward communication)

하향적 의사소통은 조직 계층에서 상급자가 하급자에게 명령, 지시, 정책 및 기타 정보를 전달하는 의사소통을 의미한다. 주로 관료적이고 수직적 구조를 가진 조직에서 흔히 볼 수 있으며, 구두 전달이나 문서 형태로 이루어지는 경우가 많다. 예를 들어, 회사의 CEO가 신제품 개발 전략을 부서장에게 전달하고, 부서장이 이를 팀원들에게 세부 지침으로 전달하는 것이 하향적 의사소통에 해당한다.

카츠와 칸(D. Katz and R. L. Kahn)은 하향적 의사소통의 주요 내용을 다음 다섯 가지로 정리하였다.[6]

① 단순하고 반복적인 직무지시: 업무를 수행하는 데 필요한 구체적인 지침과 절차를 전달한다. 예를 들어, 공공기관에서 민원 처리 담당자에게 민원 처리 절차를 안내하는 경우다.

---

6   Daniel Katz and Robert L. Kahn, *The Social Psychology of Organizations* (New York: John Wiley & Sons, Inc., 1966), pp. 239-242.

② 과업 상호간의 관계 이해를 위한 정보: 업무의 상호 연관성과 협력 관계를 설명하는 정보다. 예를 들어, 프로젝트팀에서 각 팀원의 역할과 책임을 명확히 설명하는 것이다.

③ 조직 절차 및 실무 정보: 회사 규정, 정책, 절차에 관한 안내다. 예를 들어, 인사팀이 새로운 휴가 신청 절차를 모든 직원에게 전달하는 경우다.

④ 조직 성과에 대한 피드백: 하급자에게 그들의 성과에 대한 평가와 개선 방안을 제공한다. 예를 들어, 부서장이 분기별 성과 리뷰에서 팀원들에게 업무 성과에 대한 피드백을 전달하는 것이다.

⑤ 조직 목표에 관한 정보: 회사의 비전과 목표를 전달해 구성원들이 방향성을 이해하도록 한다. 예를 들어, CEO가 연례 보고서에서 회사의 중장기 목표를 발표하는 경우다.

하향적 의사소통은 조직의 계층을 따라 정보가 내려오는 동안 소멸되거나 왜곡될 수 있다. 이러한 현상은 조직의 구조적 특성에 의해 불가피하게 발생하는 역기능으로 나타난다. 주요 문제점은 다음과 같다.[7]

- 계층 간 차이로 인한 방해: 상급자와 하급자 사이의 사회적·심리적 차이로 인해 의사소통이 원활하지 않을 수 있다. 상급자는 하급자와의 소통 기회를 제한하거나 간접적으로만 소통하는 경향이 있다. 이로 인해 하향적 의사소통이 집중되면서 하급자의 만족도가 감소할 수 있다. 예를 들어, 부서장이 팀원들과이 소통을 소홀히 하면, 팀원들은 업무 방향을 명확히 이해하지 못하고 혼란을 겪을 수 있다.

- 상급자에게 호감을 얻으려는 경향: 조직 내 계층 구조로 인해 하급자는 상급자에게 인정받으려는 경향이 강해진다. 동료 간의 협력보다 상급자의 평가를 더 중요하게 여기는 분위기가 형성되면, 진정한 협력과 정보 공유가 어려워질 수 있다. 예를 들어, 일부 직원이 상사의 눈에 들기 위해 과도하게 상사의 의

---

7   Peter M. Blau and W. Richard Scott, *Formal Organization* (San Francisco: Chandler Publishing Co., 1962), pp. 121-124.

견에 동조하는 경우다.

- 상급자의 오류 지적 회피: 하향적 의사소통에서는 상급자의 지시나 명령에 오류가 있더라도 하급자가 이를 지적하기 어려운 경향이 있다. 하급자가 지위를 의식해 상급자의 잘못을 지적하지 않으면, 오류가 수정되지 않은 채로 업무가 진행될 수 있다. 예를 들어, 팀장이 잘못된 프로젝트 목표를 설정했을 때 팀원들이 이를 지적하지 않아 프로젝트가 실패하는 경우다.

이와 같은 문제점들을 해결하기 위해서는 상급자가 열린 소통 문화를 조성하고, 하급자의 의견을 적극적으로 수용하는 자세가 필요하다. 또한, 명확하고 정확한 정보 전달을 위해 하향적 의사소통을 보완하는 피드백 메커니즘을 도입하는 것이 중요하다.

(2) 상향적 의사소통(upward communication)

상향적 의사소통은 조직 내에서 하급자가 중간 관리자를 거쳐 최고 관리자에게 정보, 의견, 보고 등을 전달하는 형태를 말한다. 이 의사소통은 하급자의 과업 수행 보고, 의견 개진, 문제점 설명, 의사결정 지원 요청 등이 주된 내용이다.[8] 예를 들어, 한 공공기관에서 실무자가 정책 실행 결과를 부서장에게 보고하고, 부서장은 이를 기반으로 기관장에게 종합 보고를 하는 경우가 이에 해당한다.

상향적 의사소통은 주로 상담, 집단회의, 면담과 같은 비지시적이고 민주적인 방법을 통해 이루어진다. 이런 방식은 조직원들이 상사의 지시를 따르는 것뿐만 아니라, 의사결정 과정에 참여하고 의견을 제시할 수 있는 기회를 제공한다.

그러나 상향적 의사소통에는 몇 가지 문제점이 있다. 첫째, 하급자가 불리한 정보를 전달하지 않으려는 심리가 작용한다. 예를 들어, 실적이 저조한 팀원이 자신의 업무 실수나 실패를 보고하기 꺼리는 경우가 있다. 둘째, 정보가 상위 계층으로 올라갈수록 여과되거나 왜곡될 수 있다. 특히 부정적이거나 불리한 정보는 중간

---

8 Kenneth N. Wexley and Gary A. Yukl, *Organizational Behavior and Personnel Psychology* (Homewood, Ill.: Irwin, 1977), pp. 58-71.

관리자 단계에서 누락되거나 축소될 가능성이 크다. 이러한 문제를 극복하기 위해서는 조직 내에 신뢰와 개방적 소통 문화를 조성하고, 하급자의 의견을 존중하는 분위기가 필요하다.

(3) 수평적 의사소통(horizontal communication)

수평적 의사소통은 조직 내 같은 계층에 속한 부서 간, 혹은 같은 직급에 있는 개인들 간에 이루어지는 의사소통이다. 예를 들어, 기업에서 마케팅 부서와 연구개발 부서가 신제품 출시를 위해 긴밀히 협의하는 것이 수평적 의사소통에 해당한다.

이 의사소통은 주로 업무의 협조와 조정을 위해 사용되며, 팀 내 성원들 간의 원활한 소통을 통해 업무 효율성을 높인다. 과거에는 수평적 의사소통이 상대적으로 소홀히 다뤄졌으나, 최근에는 조직의 분업화와 다원화로 인해 그 중요성이 커지고 있다.

조직이 세분화될수록 부서 간 이해관계가 상충하거나, 정보가 단절되는 상황이 발생할 수 있다. 수평적 의사소통은 이러한 갈등을 해소하고, 부서 간 협력을 촉진함으로써 조직 목표를 효과적으로 달성하는 데 기여한다. 예를 들어, 공공기관에서 정책을 개발하는 부서와 그 정책을 실행하는 부서 간의 긴밀한 협조가 필요한 경우, 수평적 의사소통을 통해 원활한 정책 집행이 이루어진다.

(4) 대각적 의사소통(lateral or crosswise communication)

대각적 의사소통은 조직 내 서로 다른 계층과 부서 간에 이루어지는 의사소통을 의미한다. 상하 관계에 얽매이지 않고, 필요에 따라 정보를 주고받는 형태로, 조정과 문제 해결을 위해 사용된다. 예를 들어, IT 부서의 사원이 회계 부서의 과장과 직접 소통하여 회계 시스템 오류를 해결하는 상황이 대각적 의사소통이다.

대각적 의사소통은 상사에게 보고를 거치지 않고 관련 부서나 담당자 간에 직접 정보를 주고받을 수 있기 때문에 신속하고 정확한 정보 전달이 가능하다. 이를 통해 의사소통 과정에서 발생할 수 있는 지연이나 왜곡을 줄이고 문제 해결 속도를 높일 수 있다.

대각적 의사소통이 원활하게 이루어지기 위해서는 상급자들이 이러한 소통 방식을 긍정적으로 수용해야 한다. 상급자가 대각적 의사소통을 인정하면, 직원들이 필요한 부서와 직접 소통하여 업무 부담을 줄이고 업무 효율성을 높일 수 있다.[9]

그러나 대각적 의사소통은 지휘계통을 따르지 않기 때문에 잠재적인 문제가 발생할 수 있다. 예를 들어, 부서 간 의사소통이 무분별하게 이루어지면 상급자가 통제력을 잃거나 의사소통이 혼란스러워질 수 있다. 이를 방지하기 위해 명확한 의사소통 지침과 책임 범위를 설정하는 것이 중요하다.

결론적으로, 대각적 의사소통은 복잡하고 빠르게 변화하는 현대 조직에서 필수적인 소통 방법으로, 조직의 목표 달성을 위한 조정과 협력을 촉진하는 데 효과적으로 활용될 수 있다.

2) 비공식적 의사소통

공식적 의사소통이 구조화되고 명확한 경로를 통해 이루어지는 반면, 비공식적 의사소통은 자연스럽게 형성된 인간관계를 기반으로 발생하며, 경로와 내용이 불확실하고 모호한 경우가 많다. 비공식적 의사소통은 누가 누구에게 정보를 전달하느냐에 따라 경로가 결정되며, 종종 공식적 의사소통 경로와 중복되기도 한다. 이러한 중복이 의사소통의 흐름을 원활하게 만들기도 하지만, 공식적 의사소통과 동일시될 수는 없다.

데이비스(K. Davis)의 연구에 따르면, 비공식적 의사소통은 마치 포도넝쿨처럼 연결된다는 의미에서 '그레이프바인(grapevine)'이라는 용어로 표현된다.[10] 그레이프바인은 대체로 수평적 경로를 따르지만, 경우에 따라 계층을 넘어 전달되기도 한다. 그레이프바인의 연결은 공식적 의사소통과 달리 친구 관계나 물리적 근접성에 기반해 이루어진다. 이를 데이비스는 <그림 14-5>와 같이 표현하고 있다.[11]

---

9   Richard L. Simpson, "Vertical and Horizontal Communication in Formal Organizations," *Administrative Science Quarterly*, 4, No. 2, September 1959, pp. 188-196.

10 Keith Davis, "Grapevine Communication Among Lower and Middle Managers," *Personnel Journal*, 48, No. 4, April 1969.

11 Keith Davis, "Management Communication and the Grapevine," *Harvard Business Review*, 31,

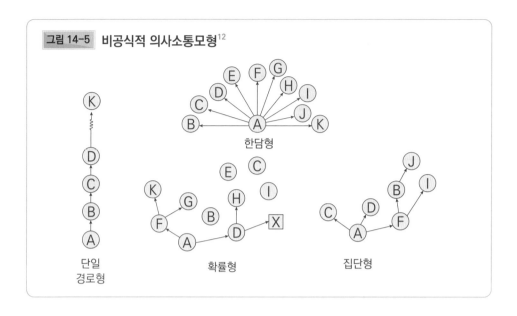

그림 14-5 비공식적 의사소통모형[12]

한담형

단일
경로형

확률형

집단형

단일경로(Single Strand)는 A가 B에게 정보를 전달하고, B가 다시 C에게 전달하는 식으로 계속 연결되는 형태이다. 이 경우 정보의 전달 과정이 단순하지만, 정보의 정확성이 낮아지는 경향이 있다. 예를 들어, 팀장이 부서원에게 전달한 메시지가 여러 단계를 거쳐 다른 부서로 전달될 경우, 최종적으로 전달된 메시지는 원래 의도와 달라질 수 있다.

한담형(Gossip)은 한 사람이 정보를 얻은 후, 그 정보를 모든 사람에게 전달하는 형태이다. 주로 업무와 관련이 없는 가십성 정보가 발생했을 때 자주 나타난다. 예를 들어, 사내에서 새로운 복지 정책이 논의된다는 소문이 퍼지면, 직원들이 서로 확인되지 않은 정보를 공유하며 확산시키는 경우가 이에 해당한다.

확률형(Probability Chain)은 정보를 가진 사람이 무작위로 선택된 사람에게 정보를 전달하는 형태이다. 이 경우 정보는 중요하지 않지만, 친근한 관계에 기반을 두고 전달된다. 예를 들어, 사무실에서 한 직원이 동료에게 새로운 프로젝트 소식을

No. 5, September–October 1953, pp. 43–49.

12 Keith Davis, "Management and the Grapevine," *Harvard Business Review*, 31, No. 5, September–October 1953, p. 45.

전하고, 이 동료가 또 다른 팀원에게 전하는 식으로 정보가 퍼질 수 있다.

집단형(Cluster Chain)은 한 사람이 몇 명에게 정보를 전달하고, 이들이 다시 다른 사람들에게 정보를 전달하는 방식이다. 조직에서 가장 흔하게 나타나는 형태로, 정보의 확산 속도가 빠르고 전달 범위가 넓다는 특징이 있다. 예를 들어, 부서장이 몇 명의 팀원에게 새로운 프로젝트 계획을 공유하면, 이들이 다른 팀원에게 내용을 전달하면서 정보가 빠르게 퍼지는 경우다.

비공식적 의사소통에 대한 연구 결과를 요약하면 다음과 같다.

1. 새로운 소식일수록 더 자주 회자된다.
2. 개인에게 영향을 미치는 정보에 관심이 많다.
3. 친분이 있는 사람들 사이에서 활발히 이루어진다.
4. 서로 가까운 위치에서 일하는 사람들 사이에 비공식적 의사소통이 잘 형성된다.
5. 업무상 접촉이 많은 사람들끼리 같은 비공식 네트워크에 속할 가능성이 높다.

조직에서 비공식적 의사소통이 긍정적인 기능을 하느냐, 아니면 부정적인 기능을 하느냐는 의사소통을 하는 사람의 목표에 달려 있다. 비공식적 의사소통은 개인의 목표와 조직의 목표가 일치하면 긍정적인 역할을 하지만, 일치하지 않으면 부정적인 영향을 미칠 수 있다. 예를 들어, 직원들이 회사의 정책 변경에 대해 정확한 정보를 신속히 공유하면 조직에 도움이 되지만, 근거 없는 소문이 퍼지면 혼란이 생길 수 있다.

비공식적 의사소통은 공식적 의사소통을 보완하는 역할을 한다. 공식 경로에서 누락된 정보가 비공식 경로를 통해 신속하게 전달될 수 있다는 점은 조직 운영에 있어 중요한 장점이다. 관리자는 비공식적 의사소통을 통제하려 하기보다는 이를 이해하고, 긍정적으로 활용할 수 있는 방안을 마련하는 것이 중요하다.

③ 의사소통 네트워크

의사소통 네트워크(communication network)란 두 명 이상의 집단 구성원 간에 이루어지는 언어적 또는 비언어적 메시지의 흐름을 의미한다. 의사소통 네트워크를 분석하면 집단 구성원들 간의 의사소통 양상을 이해할 수 있으며, 문제 해결, 직무 만족, 정보의 분배 및 조직화에 미치는 영향을 파악할 수 있다. 이러한 네트워크의 형태는 여러 요인에 의해 결정되며, 주요 요인은 다음과 같다.[13]

첫째, 과업 및 기능이다. 모든 구성원이 의사소통에 참여하는 것은 아니므로, 각자의 역할에 따라 네트워크의 양상이 달라진다. 의사소통 네트워크의 형태는 집단의 과업 내용과 각 구성원이 수행하는 기능에 따라 결정된다. 예를 들어, 프로젝트 관리자가 팀원들에게 업무를 할당하고 상황을 점검하는 네트워크와 부서 간 협업 네트워크는 서로 다른 양상을 보인다.

둘째, 관습과 규범이다. 집단이 따르는 관습과 규범은 구성원들이 무엇을 해야할지에 대한 방향을 제시한다. 따라서 구성원들은 의사소통 경로와 행동 양식을 잘 알고 있으며, 이러한 규범은 네트워크의 형태에 영향을 미친다. 예를 들어, 공식보고 체계가 엄격한 공공기관에서는 의사소통 경로가 명확하게 규정된다.

셋째, 조직 조건이다. 조직 조건에는 개인의 공간, 상호작용 거리, 좌석 배치 등이 포함된다. 친밀한 관계일수록 개인 공간이 좁아지고, 상호작용 거리도 가까워진다. 예를 들어, 팀 회의에서 원형으로 배치된 좌석은 상호작용을 촉진하지만, 직선형 배치는 지시 전달에 유리하다.

넷째, 개인의 속성이다. 개인의 시각, 동기부여, 감정 등은 의사소통과 행동에 영향을 미친다. 예를 들어, 외향적인 성향의 구성원은 적극적으로 의사소통에 참여하지만, 내향적인 성향의 구성원은 제한된 네트워크에서 활동할 수 있다.

마지막으로, 집단 과정 변수이다. 집단의 동질성, 지휘 체계, 응집성, 목표 등이 네트워크의 형태에 영향을 미친다. 예를 들어, 목표가 일치하는 팀은 의사소통이

---

13 J. C. Wofford, E. A. Gerloff and R. C. Cummins, *Organizational Communication* (New York: McGraw-Hill Co., 1977), p. 281.

원활하지만, 목표가 다르면 네트워크가 분열될 수 있다.

리비트(Harold Leavitt)는 5명으로 구성된 집단에서 의사소통이 이루어지는 방식을 시험하고, <그림 14-6>과 같이 의사소통의 네트워크 형태를 제시하였다.[14]

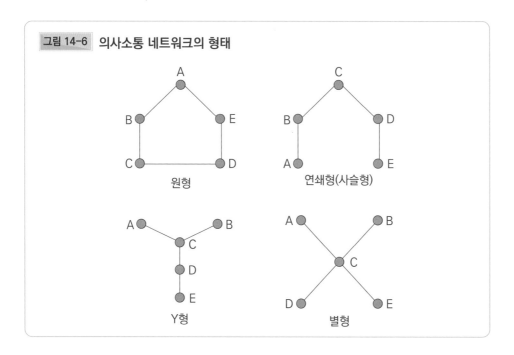

그림 14-6 의사소통 네트워크의 형태

원형

연쇄형(사슬형)

Y형

별형

① 원형(Circle Network): 구성원들이 이웃한 두 사람과만 소통할 수 있는 형태로, 집중성이 가장 약하다. 예를 들어, 같은 층에 근무하는 부서원들이 인접한 동료들과만 주로 소통하는 경우가 이에 해당한다.

② 연쇄형, 사슬형(Chain Network): 계층에 따라 순차적으로 의사소통이 전달되는 형태이다. 예를 들어, 보고서가 사원에서 대리, 과장, 부장으로 순차적으로 전달되는 조직에서 흔히 볼 수 있다.

③ Y형(Y Network): 특정 지점을 중심으로 갈림길처럼 소통이 이루어지는 형태로, 어느 정도 집중성이 있다. 예를 들어, 한 부서에서 중간 관리자가 팀장과

14 Harold J. Leavitt, "Some Effects of Certain Communication Patterns Group Performance," *Journal of Abnormal and Social Psychology*, 46, No. 1, January 1951, pp. 38-50.

두 명의 부하 직원과 소통하는 경우에 나타난다.

④ 별형(Star Network): 네트워크의 중심에 있는 한 사람이 모든 의사소통을 담당하는 형태로, 가장 집중화된 구조이다. 예를 들어, 프로젝트 팀에서 팀장이 모든 정보와 지시를 통제하며 전달하는 경우가 이에 해당한다.

리비트의 연구에 따르면, 네트워크의 형태에 따라 문제 해결 속도, 정확성, 조직화 수준, 만족도 등에 차이가 나타난다. 그 결과는 다음과 같다.

첫째, 문제 해결의 속도와 정확성은 집중화된 네트워크가 더 뛰어났다. 별형은 문제 해결이 빠르고 정확하지만, 원형은 상대적으로 느리다. 그러나 복잡하고 창의적인 과제의 경우, 집중화된 네트워크는 실수가 많고 문제 해결 속도가 느렸다.

둘째, 조직화 수준은 단순한 과제에서는 집중화된 네트워크가 유리하지만, 복잡한 과제에서는 원형 네트워크가 더 효과적으로 조직화되었다.

셋째, 개인 만족도와 리더십은 네트워크상의 위치와 관련이 있다. 별형에서 중심에 있는 사람은 주변에 있는 사람보다 만족도가 높고 활동성이 크다.

넷째, 집단의 전반적인 만족도는 원형과 같은 집중성이 약한 네트워크에서 더 높게 나타났다.

이상의 네 가지 네트워크 유형을 종합해보면, 상황에 맞게 의사소통 네트워크를 신축성 있게 설계하는 것이 중요하다. 복잡한 과제나 단순한 과제 모두에 적합하면서도 개인과 집단의 만족도를 높일 수 있는 <그림 14-7>과 같은 네트워크 형태가 가장 효율적일 것이다.

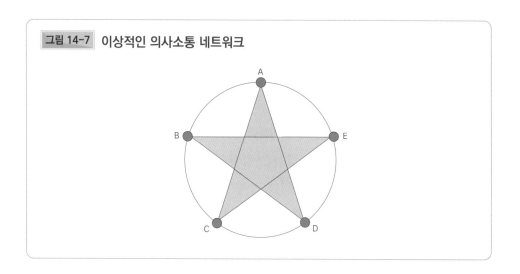

그림 14-7 이상적인 의사소통 네트워크

제 3 절   의사소통의 장애요인과 개선방안

1 의사소통 장애요인

의사소통의 장애요인은 크게 송신자, 수신자, 그리고 상황과 관련된 요인으로 구분할 수 있다. 이러한 장애요인들은 의사소통의 효율성을 저하시킬 수 있으므로 각 요소별로 파악하고 개선해야 한다.

1) 송신자와 관련된 장애요인

첫째, 의사소통 목표의 결여이다. 의사소통은 명확한 목표를 기반으로 이루어져야 한다. 명확한 목표가 없으면 메시지의 내용이 불명확해지고 수신자가 혼란을 겪게 된다. 예를 들어, 회사에서 프로젝트 진행 상황을 보고할 때, 목표와 결론이 명확하지 않으면 수신자가 핵심 내용을 파악하지 못할 수 있다.

둘째, 의사소통 기술의 부족이다. 부적절한 단어 선택, 불명확한 표현, 잘못된 전달 경로는 의사소통의 효율성을 떨어뜨린다. 예를 들어, 복잡한 기술적 정보를 전달할 때 평소 잘 사용되지 않는 전문 용어를 남발하면 수신자의 이해가 어려워진다.

셋째, 타인에 대한 감수성 결여이다. 상대방의 감정을 고려하지 않은 메시지는 부정적인 반응을 불러올 수 있다. 예를 들어, 직원에게 성과 피드백을 줄 때 감정적 배려 없이 비판만 전달하면 수신자가 방어적으로 반응할 수 있다.

넷째, 준거체계의 차이이다. 사람들은 각자의 경험과 배경을 바탕으로 메시지를 해석한다. 동일한 메시지도 각자의 준거체계에 따라 다르게 이해될 수 있다. 예를 들어, 같은 지시라도 경험이 많은 직원과 신입 직원이 다르게 해석할 수 있다.

다섯째, 송신자의 신뢰성 결핍이다. 수신자가 송신자를 신뢰하지 않으면 메시지를 의심하게 된다. 예를 들어, 상사가 과거에 일관되지 않은 지시를 반복했을 경우, 새로운 지시도 신뢰받기 어려울 수 있다.

2) 수신자와 관련된 장애요인

첫째, 수신자의 평가적 경향이다. 수신자가 메시지를 끝까지 듣기 전에 평가하거나 판단하는 경향을 의미한다. 예를 들어, 특정 팀원의 보고를 신뢰하지 않는 선입견을 가진 상사는 해당 보고의 내용을 정확하게 이해하지 못할 수 있다.

둘째, 선입견이다. 수신자가 메시지에 대해 편견을 가지면 정확한 이해와 수용이 어려워진다. 예를 들어, 특정 부서에 대해 부정적인 선입견을 가진 관리자는 그 부서의 개선 제안을 무시할 수 있다.

셋째, 선택적 경청이다. 자신의 기존 신념과 다른 정보를 거부하려는 경향이다. 예를 들어, 직원이 새로운 업무 방식에 대한 설명을 들을 때 기존 방식을 고수하려는 태도로 새로운 정보를 무시할 수 있다.

넷째, 피드백의 결핍이다. 송신자가 보낸 메시지에 대해 적절한 반응을 보이지 않으면 의사소통이 단절된다. 예를 들어, 직원이 제안한 아이디어에 상사가 아무런 반응을 보이지 않으면, 향후 소통의 가능성이 줄어든다.

3) 상황과 관련된 장애요인

첫째, 어의상의 문제(semantic distortion)이다. 같은 단어라도 상황에 따라 다르게 해석될 수 있다. 예를 들어, "빠르게 처리하라"라는 지시가 어떤 직원에게는 '오늘 내로'로 해석될 수 있고, 다른 직원에게는 '이번 주 안에'로 해석될 수 있다.

둘째, 정보의 과중이다. 수신자가 한 번에 처리할 수 있는 정보량을 초과하면 의사소통의 효과가 저하된다. 예를 들어, 하루에 너무 많은 보고서를 읽어야 하는 관리자에게 중요한 메시지가 묻혀버릴 수 있다.

셋째, 시간의 문제이다. 시간 압박은 의사소통의 정확성을 저하시킨다. 예를 들어, 마감 직전에 급하게 전달된 지시는 부정확하거나 불완전할 수 있다.

넷째, 의사소통 분위기이다. 조직의 분위기가 개방적일 때는 의사소통이 원활하게 이루어지지만, 폐쇄적이거나 신뢰가 부족한 분위기에서는 메시지가 왜곡될 수 있다. 예를 들어, 상사에 대한 불신이 높은 조직에서는 지시가 제대로 전달되지 않는다.

다섯째, 비언어적 메시지의 오용이다. 언어적 메시지와 비언어적 메시지가 일치하지 않으면 수신자는 혼란을 겪는다. 예를 들어, 상사가 긍정적인 피드백을 주면서도 무표정하거나 시계를 자주 보면, 그 메시지가 진실되지 않다고 느낄 수 있다.

이러한 장애요인들은 조직의 소통 효율성을 저해하므로, 송신자와 수신자 모두가 의사소통 과정에서 주의를 기울이고, 환경적 요인들을 개선하려는 노력이 필요하다.

2 의사소통 장애의 개선방안

조직에서는 다양한 장애요인으로 인해 의사소통에 문제가 발생한다. 이러한 장애요인을 정확히 파악하고 개선함으로써 의사소통의 질을 높일 수 있다. 의사소통의 개선은 송신자뿐만 아니라 수신자도 책임이 있기 때문에 양측의 관점에서 각각의 개선방안을 살펴볼 필요가 있다.

1) 송신자 측면의 개선방안

첫째, 의사소통 목표 설정이 필요하다. 송신자는 메시지의 정확한 해석과 이해를 위해 명확한 의사소통 목표를 설정해야 한다. 목표가 뚜렷하지 않으면 메시지가 모호해지고 수신자가 혼란에 빠질 수 있다. 예를 들어, 부서 회의에서 목표를 명확히 제시하면 팀원들이 혼란 없이 업무를 수행할 수 있다.

둘째, 적절한 언어 사용이 중요하다. 송신자는 수신자가 이해하기 쉬운 언어와 표현을 사용해야 한다. 지나치게 복잡하거나 전문적인 용어를 사용하면 수신자의 이해를 방해할 수 있다. 예를 들어, 재무 부서에서 비재무 부서에 보고서를 전달할 때는 쉽게 풀어서 설명해야 한다.

셋째, 감정이입적 의사소통을 실천해야 한다. 송신자는 수신자의 준거 틀(가정, 신념, 태도 등)을 고려해 메시지를 전달해야 한다. 수신자의 입장에서 생각하며 메시지를 전달하면 의사소통의 효과가 높아진다. 예를 들어, 변화 관리 계획을 발표할 때 직원들의 불안을 고려해 공감하는 태도를 보이는 것이 중요하다.

넷째, 신뢰성 향상이 필요하다. 송신자는 전문지식과 정직한 행동을 바탕으로 신뢰를 구축해야 한다. 송신자의 신뢰성이 높을수록 수신자는 메시지에 더 귀를 기울이게 된다. 예를 들어, 관리자가 약속한 내용을 일관되게 지키면 조직 구성원들의 신뢰가 높아진다.

다섯째, 피드백을 장려해야 한다. 송신자는 메시지가 정확히 전달되었는지 확인하기 위해 수신자에게 피드백을 요청해야 한다. 예를 들어, 프로젝트 진행 상황을 공유한 후, 수신자의 의견이나 질문을 받으면 소통의 오류를 방지할 수 있다.

여섯째, 신뢰할 수 있는 분위기 조성이 필요하다. 의사소통이 원활하게 이루어지려면 상호 신뢰가 필수적이다. 개방적이고 안전한 소통 환경을 만들면 수신자가 더 적극적으로 메시지에 반응할 수 있다. 예를 들어, 정기적인 팀 빌딩 활동을 통해 상호 신뢰를 쌓을 수 있다.

일곱째, 적합한 의사소통 매체 선택이 중요하다. 메시지의 특성에 따라 적절한 전달 수단을 선택해야 한다. 예를 들어, 간단한 공지는 이메일로 전달하고, 복잡한 문제는 대면 회의를 통해 논의하는 것이 바람직하다.

2) 조직적 제도 개선방안

의사소통 개선을 위해 조직 차원에서 상향적 의사소통을 촉진하는 제도적 장치를 마련하는 것도 중요하다. 이를 위해 다음과 같은 방안을 도입할 수 있다.

첫째, 고충처리 절차(grievance procedure) 도입이다. 조직 구성원이 상급자를 거치지 않고 불만이나 문제를 제기할 수 있는 시스템을 마련하면 하향식 의사소통의 문제를 보완할 수 있다. 예를 들어, 독립된 인사팀에 불만 사항을 익명으로 제출할 수 있는 절차를 마련할 수 있다.

둘째, 문호 개방 정책(open-door policy) 실시이다. 상급자가 하급자와 언제든지 소통할 수 있도록 문호를 열어두는 정책을 시행하면 하급자의 의견을 더 수용할 수 있다. 예를 들어, 팀장이 정해진 시간에 누구나 방문해 대화할 수 있도록 하는 것이 효과적이다.

셋째, 카운셀링 프로그램 운영이다. 직원들이 업무나 개인 문제에 대해 상담할 수 있는 기회를 제공하면 스트레스가 감소하고 소통이 원활해진다. 예를 들어, 전문 카운슬러와의 정기 상담을 제공하는 프로그램을 도입할 수 있다.

넷째, 퇴직 면접(exit interview) 도입이다. 퇴사 예정자와의 면담을 통해 조직의 문제점을 파악하고 개선할 수 있다. 퇴직자들의 솔직한 의견을 수집하여 의사소통 장애를 해결할 수 있다.

다섯째, 참여기술의 도입이다. 직원들이 의사결정에 적극적으로 참여할 수 있는 시스템을 구축하면 의사소통이 활발해진다. 예를 들어, 팀 회의에서 브레인스토밍 세션을 운영하거나 익명 설문조사를 실시하는 것이 효과적이다.

여섯째, 민원 조사원(ombuds person) 제도 운영이다. 중립적 입장에서 문제를 조사하고 해결책을 제시하는 민원 조사원은 조직 내 의사소통을 개선하는 데 중요한 역할을 한다. 예를 들어, 공공기관에서는 민원 조사원이 직원들의 불만을 접수하고 해결하는 역할을 수행한다.

3) 의사소통 원칙

의사소통의 효과를 높이기 위해 미국관리학회(American Management Association, AMA)가 제시한 의사소통 원칙은 다음과 같다.[15]

1. 의사소통 전 전달 내용을 명확히 한다.
2. 의사소통의 목적을 명확히 설정하고 확인한다.
3. 의사소통 과정에서 물리적, 인간적 환경을 고려한다.
4. 계획 과정에서 협력을 얻기 위해 다른 사람들과 상의한다.
5. 수신자에게 가치 있는 내용을 전달하도록 노력한다.
6. 일관성과 지속성을 유지한다.
7. 행동은 전달 내용과 일치해야 한다.
8. 훌륭한 청취자가 되도록 노력한다.

4) 수신자 측면의 개선방안

효과적인 의사소통을 위해 수신자 역시 노력을 기울여야 한다. 수신자는 경청하는 태도를 유지하고 송신자의 메시지를 끝까지 듣는 것이 중요하다. 메시지를 다 듣기 전에 판단하는 평가적 태도를 지양하고, 송신자의 의도를 충분히 이해하도록 노력해야 한다. 또한, 반응적 피드백을 제공하여 방어적 태도를 피하고 건설적인 대화 분위기를 조성해야 한다. 이를 통해 송신자와 수신자 간의 공통된 이해 기반을 구축하고 원활한 의사소통을 실현할 수 있다.

---

15 "Ten Commandments of Good Communication," *Management Review*, American Management Associations, Inc., October 1955.

의사소통은 사람들이 기호로 표현된 메시지를 통해 그 의미를 공유하는 과정으로 정의된다. 다시 말해, 개인과 개인, 또는 집단과 집단 사이에서 정보를 교환하는 과정이다. 의사소통 과정은 관리자가 관리 기능을 수행하는 데 필수적이며, 특히 언어적 의사소통은 관리자의 업무 시간 중 상당 부분을 차지한다.

의사소통은 여러 요소로 구성되는데, 송신자, 부호화, 메시지, 전달경로, 수신자, 해석, 소음, 피드백 등이 이에 해당한다. 부호화는 송신자가 정보를 적절한 기호나 몸짓으로 바꾸는 과정이며, 해석은 수신자가 메시지를 이해하는 과정이다. 수신자의 해석이 송신자의 신호화와 일치하면 의사소통은 효과적으로 이루어진다. 소음은 의사소통을 방해하는 요소로, 예를 들어 수신자의 부주의나 오해가 이에 해당한다. 피드백은 수신자의 반응으로, 의사소통 과정을 역으로 되풀이하여 의사소통의 정확성을 확인하게 한다.

의사소통은 일방향 의사소통과 쌍방향 의사소통으로 구분된다. 일방향 의사소통은 메시지 전달이 빠르고 송신자의 권위를 보호하지만, 쌍방향 의사소통은 피드백을 통해 보다 정확하고 확신을 줄 수 있다. 복잡한 조직 업무 수행에는 쌍방적 의사소통이 더 효과적이다.

의사소통 경로에 따라 공식적 의사소통과 비공식적 의사소통으로 나눌 수 있다. 공식적 의사소통은 수직적, 수평적, 대각적 의사소통으로 구분된다. 수직적 의사소통은 다시 하향적 의사소통과 상향적 의사소통으로 나뉜다. 수직적 의사소통은 명령 계통에 따라 이루어지며, 관리자와 구성원의 신분과 권력에 따라 영향을 받는다. 신뢰성의 결여가 수직적 의사소통의 효과를 방해하는 주요 요인이다.

수평적 의사소통은 부서 간 협력과 문제 해결, 구성원 만족도 향상에 기여한다.

비공식적 의사소통은 포도덩굴(grapevine) 형태로 이루어지며, 공식적 의사소통을 보완하고 정보의 교환이 빠르게 이루어진다는 특징이 있다.

의사소통의 효과는 조직의 공식적 의사소통 경로, 권한 구조, 직무 세분화, 정보 소유 관계에 의해 영향을 받는다. 공식적 의사소통 경로는 의사소통을 집중화하거나 비집중화할 수 있다. 실험 결과에 따르면, 단순한 과업에서는 집중화된 네트워크가 더 빠르고 정확한 의사소통을 가능하게 한다. 반면, 복잡한 과업에서는 비집중화된 네트워크가 더 빠르고 정확하며, 구성원들의 만족도도 높다.

의사소통의 장애요인은 송신자, 수신자, 상황과 관련이 있다. 이러한 장애를 극복하고 효과적인 의사소통을 이루기 위해서는 장애 요인을 정확히 파악하고 제거해야 한다. 또한, 고충처리 절차, 문호 개방 정책, 카운셀링, 퇴직 면접, 참여 기술 도입, 민원 조사원 제도와 같은 제도적 장치를 마련하여 의사소통을 촉진해야 한다.

제 15 장

통제과정

조직은 목표를 만족스럽게 달성하고, 자원을 효율적으로 사용하고 있는지 확인하기 위해 통제절차를 활용한다. 계획과정에서 설정된 목표와 그 목표에 도달하기 위한 방법들이 마련되면, 통제과정은 진행 상황을 측정하고 관리자가 적절한 시점에 계획과의 편차를 발견하여 시정 조치를 취할 수 있도록 한다. 이는 조직이 원활하게 운영되고 성과를 극대화할 수 있도록 하는 필수적인 관리 기능이다.

제 1 절   통제의 의미

관리통제란 목표 달성을 위해 실제 활동이 계획된 활동과 일치하도록 보장하는 과정이다. 통제는 관리자가 계획, 조직화, 지휘 활동이 효과적으로 이루어지고 있는지 확인하는 데 중요한 역할을 한다. 통제 과정의 핵심은 필요에 따라 시정 조치를 취하는 것이다.

모클러(R. J. Mockler)는 통제에 대해 다음과 같은 정의를 내렸다.

"관리통제란 계획된 목표와 일치하는 수행 표준을 설정하고, 정보 피드백 시스템을 설계하며, 사전에 결정된 표준과 실제 업무 성과를 비교하여 편차 여부를 판단하고, 그 중요도를 측정한 다음, 조직의 모든 자원이 목표를 효과적이고 효율적으로 달성하도록 보장하기 위해 필요한 조치를 취하는 체계적인 노력이다."[1]

---

1   Robert J. Mockler, *The Management Control Process* (Englewood Cliffs, New York: Prentice-Hall, 1972), p. 2.

1 통제과정

모클러의 정의에 따르면 통제과정은 <그림 15-1>과 같이 네 단계로 구분된다.

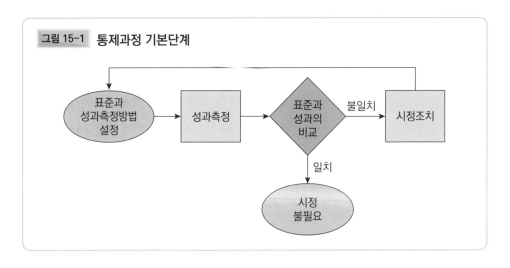

그림 15-1 통제과정 기본단계

1) 제 1 단계: 표준과 성과 측정 방법 설정

표준(standard)이란 계획 과정에서 설정된 조직 목표를 의미한다. 계획은 목표 달성을 위한 활동의 성과를 비교할 수 있는 기준을 제공하며, 이는 통제 과정의 출발점이 된다. 이 단계에서는 판매 목표, 생산 목표, 직원 출근률, 안전 기록과 같은 모든 활동에 대한 표준과 측정 방법이 설정된다.

표준이 효과적으로 설정되기 위해서는 표준이 명확하고 구체적이어야 한다. 예를 들어, "작업자의 숙련도를 향상시킨다"와 같이 모호한 표현보다는 "6개월 내에 생산성 10% 향상"과 같은 구체적이고 측정 가능한 목표가 필요하다. 명확한 표준은 성과 평가와 시정 조치를 용이하게 하며, 명확하고 측정 가능한 목표는 의사소통을 원활하게 한다. 계획 담당자와 통제 담당자가 서로 다른 기준을 적용할 수 있기 때문에 이러한 표준의 명확성은 더욱 중요하다.

제 4 편 지휘 및 통제

2) 제 2 단계: 성과 측정

이 단계에서는 실제 업무 성과를 측정한다. 관리자는 누가, 언제, 무엇을, 어떻게 측정할지 결정해야 한다. 성과 측정은 지속적이고 반복적으로 이루어져야 한다. 예를 들어, 제조 공장에서 화학 물질 누출 여부는 안전을 위해 지속적으로 모니터링해야 하지만, 장기적인 공장 확장 목표는 연간 한두 번 검토하는 것으로 충분할 수 있다.

그러나 성과 측정 주기가 너무 길면 중간에 발생하는 중요한 변화를 놓칠 수 있으므로 주의해야 한다. 현대 조직에서는 ERP 시스템이나 데이터 분석 소프트웨어를 활용하여 실시간으로 성과를 측정하고 관리하는 경우가 많다.

3) 제 3 단계: 표준과 성과의 비교

이 단계에서는 설정된 표준과 실제 성과를 비교한다. 성과 측정 결과는 관리자에게 현재 진행 상황에 대한 정보를 제공한다. 만약 실제 성과가 표준과 일치한다면, 모든 것이 계획대로 진행되고 있는 것이므로 특별한 조치가 필요하지 않다. 그러나 성과가 표준과 일치하지 않는다면, 그 원인을 분석하고 다음 단계에서 적절한 시정 조치를 취해야 한다.

4) 제 4 단계: 시정 조치

실제 성과가 표준에 미치지 못하거나 개선이 필요하다고 판단될 경우 시정 조치를 취해야 한다. 시정 조치는 업무 방식의 변경, 추가 교육, 자원 재배치 등 다양한 형태로 이루어질 수 있다. 예를 들어, 생산 목표를 달성하지 못한 경우 새로운 기술을 도입하거나 작업자의 역량을 강화하는 교육 프로그램을 실시할 수 있다. 때로는 문제의 원인이 성과 표준 자체에 있을 수도 있다. 표준이 너무 높거나 낮게 설정된 경우, 표준을 재조정해야 한다.

<그림 15-1>은 또 다른 중요한 점을 시사하고 있다. 통제는 하나의 동적인 과

정이라는 점이다. 관리자는 통제를 통해 과거의 실패를 지적하는 데 그치지 않고, 지속적으로 성과를 개선할 수 있는 창의적이고 건설적인 방법을 찾아야 한다.

2 통제의 책임과 범위

통제는 조직 전체를 대상으로 하며, 모든 관리자에게 책임이 있다. 재무적 통제는 흔히 회계 부서나 재무 관리자(controller)의 책임으로 생각되지만, 모든 관리자는 자신의 영역에서 통제를 수행해야 한다.

재무적 통제는 예산, 손익계산서, 재무제표와 같은 도구를 사용하여 자원의 사용을 관리한다. 그러나 조직에는 비재무적 통제도 중요하다. 예를 들어, 다음과 같은 요소들은 비재무적 통제를 통해 관리된다.

- 직원 출근 및 이직률: 인사 부서에서 직원들의 근태와 이직률을 모니터링하고 개선한다.
- 제품 품질 관리: 품질 관리팀이 통계적 품질 관리 기법이나 정기 검사로 제품의 품질을 유지한다.
- 공장 안전: 안전 담당 부서가 안전 지침 준수 여부를 점검하고 사고를 예방한다.
- 고객 만족도: 마케팅 부서에서 고객의 피드백을 수집하고 서비스 개선에 활용한다.

이처럼 통제는 재무적 요소와 비재무적 요소를 모두 포함하며, 이를 통해 조직의 목표 달성과 생산성을 극대화할 수 있다. 통제를 통해 조직은 자원을 효율적으로 사용하고, 문제를 조기에 발견하여 적절한 시정 조치를 취함으로써 지속적으로 성장할 수 있다.

통제는 조직이 목표를 달성하는 데 필수적이다. 통제 없는 계획은 실효성이 떨어지며, 통제가 전혀 필요하지 않은 조직은 존재하지 않는다. 여기서는 통제의 중요성을 증가시키는 요인들과 통제가 어느 정도로 이루어져야 하는지를 살펴본다.

① 통제의 필요성을 증가시키는 조직상의 요인

오늘날의 조직은 다양한 요인으로 인해 통제가 필요하다. 이러한 요인에는 조직환경의 변화, 조직의 복잡성, 조직 구성원의 오류, 그리고 권한 위임의 필요성 등이 있다. 이 요인들을 구체적으로 살펴보면 다음과 같다.

① 조직환경의 변화: 어떤 조직도 시장 변화, 신제품 출시, 새로운 기술 개발, 신소재 발견, 새로운 규제 도입과 같은 외부 환경 변화에서 자유로울 수 없다. 예를 들어, 한 기업이 전기차 시장에 진출한 경우, 기존 내연기관 차량 시장에서의 전략은 더 이상 유효하지 않을 수 있다. 관리자는 통제 기능을 통해 이러한 환경 변화를 신속하게 발견하고, 새로운 위협이나 기회에 대응할 수 있도록 조직의 제품과 서비스 전략을 조정해야 한다. 이러한 지속적인 환경 변화에 대한 대응은 조직의 지속 가능성을 높이는 데 필수적이다.

② 조직의 복잡성: 조직이 성장하고 규모가 커질수록 구조는 더욱 복잡해진다. 예를 들어, 다국적 기업은 각국에 지사를 두고 다양한 제품과 서비스를 제공한다. 이러한 복잡한 구조에서 다양한 활동을 조정하고 통합하기 위해서는 적절한 통제 시스템이 필요하다. 통제는 부서 간 업무 조정을 원활히 하고, 업무가 중복되거나 누락되지 않도록 한다. 이를 통해 조직의 효율성을 유지하고 목표 달성을 보장할 수 있다.

③ 조직 구성원의 오류: 조직 구성원은 복잡하고 예측하기 어려운 환경 속에서 직무를 수행하기 때문에 실수를 저지를 수 있다. 인간의 능력에는 한계가 있어 오판이나 잘못된 예측이 발생하기 쉽다. 예를 들어, 마케팅 부서가 신제품 수

요를 과대평가할 경우 재고가 과도하게 쌓일 수 있다. 이러한 오류를 예방하고 수정하기 위해 통제 기능이 필요하다. 통제를 통해 업무 진행 상황을 지속적으로 모니터링하고, 문제를 조기에 발견하여 시정 조치를 취할 수 있다.

④ 권한 위임의 필요성: 조직이 효율적으로 운영되기 위해서는 하급 관리자에게 의사결정권과 직무 수행에 대한 재량권을 위임하는 분권화가 필요하다. 예를 들어, 대기업에서 각 지점장이 독립적으로 영업 전략을 수립하고 실행할 수 있도록 권한을 부여할 수 있다. 이와 같은 권한 위임은 빠른 의사결정을 가능하게 하지만, 하급 관리자가 위임받은 업무를 적절하게 수행하고 있는지 확인하기 위해 통제 시스템이 필수적이다. 통제를 통해 책임과 권한이 균형 있게 운영되며, 성과가 목표에 부합하는지 검토할 수 있다.

조직에서 통제는 보편적으로 필요하지만, 통제의 중요성, 강도, 유형은 조직이 처한 상황에 따라 달라진다. 조직의 통제 시스템에 가장 큰 영향을 미치는 요인은 환경 변화와 복잡성이다. 이들 요인과 통제의 관계는 <그림 15-2>에서 볼 수 있다.

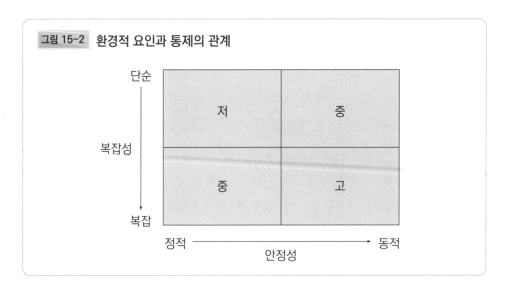

그림 15-2 환경적 요인과 통제의 관계

일반적으로 조직의 외부 환경이 안정적이고 단순할수록 통제의 필요성은 감소한다. 예를 들어, 규제가 적고 경쟁이 심하지 않은 시장에서 활동하는 중소기업은

제 4 편 지휘 및 통제

간단한 통제 시스템만으로도 충분할 수 있다. 반면, 외부 환경이 급변하고 경쟁이 치열하며 기술 혁신이 빠른 산업에서는 통제의 필요성이 더욱 커진다. 예를 들어, 금융기관이나 첨단 기술 기업은 실시간으로 성과를 모니터링하고, 즉각적인 시정 조치를 취할 수 있는 강력한 통제 시스템이 요구된다.

따라서 조직은 자신이 처한 환경적 조건과 복잡성에 맞는 적절한 통제 시스템을 구축해야 한다. 이를 통해 계획과 실행의 일관성을 유지하고, 목표 달성을 위한 자원을 효율적으로 관리할 수 있다.

2 적절한 통제정도

'통제'라는 용어는 개인의 자유와 자율을 제한한다는 부정적인 의미를 줄 수 있다. 현대 사회에서 권한에 대한 합법성에 의문이 제기되고, 개인의 독립성과 자율성, 그리고 자기실현의 중요성이 강조되고 있는 상황에서 조직의 통제 개념은 불편하게 느껴지기도 한다. 그럼에도 불구하고 통제는 조직이 목표를 달성하는 데 반드시 필요한 요소이다. 특히 오늘날의 통제 방식은 컴퓨터 자료 처리 기술의 발전 덕분에 이전보다 훨씬 더 정밀하고 정교해졌다.

관리자는 개인의 자율성과 통제 간의 잠재적 갈등을 어떻게 균형 있게 해결할 수 있을까? 이를 해결하는 방법 중 하나는 과도한 통제가 조직과 개인에게 모두 해롭다는 사실을 인식하는 것이다. 과도한 통제와 관료주의적 형식주의는 조직 구성원의 동기를 저하시키고 창의성을 억제한다. 이는 결국 조직의 업무 성과를 저해할 수 있다.

1) 통제정도의 유연성

통제의 정도가 적절한지 여부는 상황에 따라 달라질 수 있다. 예를 들어, 광고 대행사처럼 창의성이 중요한 조직은 연구 실험실과 같이 정밀한 결과가 필요한 조직보다 느슨한 통제가 요구될 수 있다. 경제 환경도 통제 수용도에 영향을 미친다.

경기 침체 시기에는 대부분의 사람들이 더 강력한 통제와 규제를 수용할 수 있다. 반대로 경제 상황이 호전될 때는 규칙과 제한이 덜 필요하다고 느끼게 될 수 있다.

부적절한 통제는 조직에 심각한 손실을 초래할 수 있다. 자원을 낭비하게 하고, 목표 달성을 어렵게 만들어 조직 전체의 효율성을 저하시킨다. 개인에게도 부적절한 통제는 부정적인 영향을 미칠 수 있다. 통제를 지나치게 줄이는 것이 반드시 개인의 자유와 자율성을 보장하는 것은 아니다. 통제가 지나치게 느슨하면 동료의 행동을 예측하거나 의존하기 어렵기 때문에 오히려 불확실성과 혼란이 발생할 수 있다. 통제가 전혀 없는 무정부 상태는 개인의 자유를 보장하기보다는 엄청난 불확실성과 불안을 초래한다.

또한 효과적인 통제 시스템이 부재할 경우, 관리자는 부하 직원들을 철저하게 감독해야 한다. 이는 직원들의 자율성을 더욱 축소시키는 결과를 초래할 수 있다.

2) 적절한 통제와 자율성의 균형

관리자가 통제 정도를 설정할 때의 핵심 과제는 조직의 통제와 개인의 자유 사이에서 적절한 균형을 찾는 것이다. 통제가 지나치면 조직은 경직되고 불만족스러운 작업장이 될 수 있으며, 통제가 부족하면 조직은 무질서하고 비효율적이게 된다. 적절한 통제는 조직이 목표를 달성하면서도 구성원들이 자유와 자율성을 느낄 수 있도록 한다.

예를 들어, 한 제조 부서가 상대적으로 비숙련된 직원들을 고용하고 있을 경우, 통제 시스템은 자주 측정과 평가를 실시하고 품질과 생산성을 엄격히 관리해야 한다. 이 경우, 정기적인 점검과 시정 조치가 필요하며 세부 사항에 대한 면밀한 통제가 요구된다. 반면, 숙련되고 업무에 흥미를 느끼는 직원들이 동일한 제품을 생산하는 경우에는 통제의 빈도를 줄이고, 직원들에게 더 많은 자율과 책임을 부여할 수 있다. 이러한 상황에서는 직원들이 스스로 성과를 관리하고 시정할 수 있는 능력을 발휘할 수 있다.

3) 지속적인 통제 시스템의 보완

조직, 사람, 환경, 기술은 끊임없이 변화한다. 따라서 효과적인 통제 시스템은 지속적인 관찰과 보완이 필요하다. 통제 시스템이 변화하는 환경에 맞게 조정되지 않으면, 조직의 성과를 유지하거나 개선하기 어려워진다. 관리자는 끊임없이 통제 시스템을 평가하고, 필요에 따라 수정하며, 조직 구성원들이 통제를 긍정적으로 받아들일 수 있도록 신뢰와 협력의 문화를 형성해야 한다.

결론적으로, 적절한 통제는 조직이 목표를 달성하고 구성원들이 자율성을 발휘할 수 있도록 하는 균형을 유지해야 한다. 관리자는 조직의 특성에 맞는 통제 방식을 선택하고, 변화에 유연하게 대응하는 통제 시스템을 구축함으로써 조직의 효율성과 구성원의 만족도를 동시에 높여야 한다.

제 3 절 　 통제의 유형

모든 효과적인 통제 시스템은 일정한 통제 과정을 따르지만, 통제 활동은 통제 방법의 적용 기준에 따라 여러 가지 유형으로 나눌 수 있다. 이러한 통제 유형은 자동화된 통제 여부에 따라 사이버네틱 통제와 넌사이버네틱 통제로 구분되며, 통제가 이루어지는 시점에 따라 사전 통제, 조종 통제, 가부 통제, 사후 통제로 구분할 수 있다.[2]

1 자동통제 여부에 따른 구분

1) 사이버네틱 통제

사이버네틱 통제(cybernetic control)는 계획된 업무 활동이나 성과 기준에서 발생

---

2   William H. Newman, *Constructive Control* (Englewood Cliffs, N.J. : PrenticeHall, 1975), pp. 6-9.

하는 편차를 자동으로 감지하고 시정 조치를 자동으로 수행하는 통제 유형이다. 이러한 시스템은 사이버네틱 통제 시스템(cybernetic control system)이라고 불리며, 자동화된 기술과 장치가 결합된 형태로 운영된다.

예를 들어, 화력 발전소에서 석탄 연료의 유입 속도를 자동으로 감지하고 조절하는 컴퓨터 시스템이 이에 해당한다. 시스템이 실시간으로 화로의 온도와 연료 소비량을 모니터링하여, 적절한 연료 공급 속도를 자동으로 조정하는 방식이다. 또한 공공기관에서 교통 신호 시스템이 교통량을 감지하고 자동으로 신호를 조절하는 것도 사이버네틱 통제의 예다.

완전히 사이버네틱 통제를 적용하는 조직은 드물지만, 컴퓨터 및 자동화 시스템의 발전으로 많은 조직들이 사이버네틱 통제 시스템에 가까운 형태를 운영하고 있다. 이러한 통제 시스템은 표준화된 절차나 반복적이고 예측 가능한 업무에 특히 유리하다. 자동화가 진행될수록 관리자의 개입이 줄어들며, 업무 효율성과 신속성이 높아진다.

2) 넌사이버네틱 통제

넌사이버네틱 통제(noncybernetic control)는 사이버네틱 통제와는 달리, 통제 활동이 작업 시스템과 독립적으로 이루어지는 통제 유형이다. 이 통제 시스템은 넌사이버네틱 통제 시스템(noncybernetic control system)으로 불린다.

예를 들어, 제조 회사에서 품질 관리를 위해 생산 작업자가 직접 품질을 확인하는 대신, 별도의 품질 보증 부서에서 제품의 품질을 검사하고 승인하는 것이 넌사이버네틱 통제의 사례다. 공공기관에서는 감사 부서가 다른 부서의 예산 집행과 업무 수행을 감시하고 검토하는 역할을 수행하는 것이 이에 해당한다.

사이버네틱 통제가 넌사이버네틱 통제보다 자동화된 이점이 많지만, 모든 상황에서 사이버네틱 통제를 적용하는 것은 현실적으로 불가능하거나 비경제적일 수 있다. 예를 들어, 복잡하고 창의적이거나 예측하기 어려운 업무에는 자동화 시스템을 적용하기 어렵다. 또한 사이버네틱 통제 시스템의 개발과 유지 보수 비용이 너

제 4 편 지휘 및 통제

무 높아 경제적으로 효율적이지 않은 경우가 많다.

넌사이버네틱 통제는 다음과 같은 상황에서 유리하다:

① 창의적 업무: 광고 기획, 디자인, 연구개발과 같이 창의력이 필요한 업무는 자
동화로 통제하기 어렵다.

② 복잡한 의사결정: 상황에 맞는 유연한 판단이 필요한 업무는 사람이 직접 관
여하는 넌사이버네틱 통제가 필요하다.

③ 윤리적 또는 규제 준수: 공공기관이나 의료기관에서 윤리적 준수 여부를 감시
하는 활동은 자동화하기 어려운 경우가 많다.

2 통제시점에 따른 구분

통제는 실제 업무가 시작되기 전, 업무가 진행 중일 때, 또는 업무가 완료된 후
에 이루어질 수 있다. 이러한 통제는 사전통제, 조종통제, 가부통제, 사후통제로 나
눌 수 있다. 각 통제 유형은 조직의 목표 달성을 위해 적절한 시점에서 통제를 수
행하는 체계를 제공한다.

1) 사전통제(precontrol)

사전통제는 생산 활동이 실제로 시작되기 전에 발생할 수 있는 문제를 예방하
기 위해 수행하는 통제이다. 이 통제는 투입 요소와 예상되는 산출 결과를 사전에
철저히 검토하는 것을 의미한다. 즉, 성과 목표가 명확하게 설정되었는지, 목표 달
성을 위해 필요한 자원과 인프라가 완벽히 준비되었는지를 확인하는 과정이다.

예를 들어, 한 제조업체가 새 제품 라인을 도입하기 전에 원자재의 품질과 작업
자의 숙련도를 점검하는 것이 사전통제에 해당한다. 공공조직에서는 대규모 사회
복지 프로그램을 실행하기 전에 예산, 인력, 절차가 준비되었는지를 점검하는 것
이 좋은 예가 된다. 이 통제를 통해 미리 문제를 방지하고 성과 목표에 더 잘 도달
할 수 있다.

2) 조종통제(steering control)

조종통제는 업무가 진행되고 있는 동안 편차를 예방하기 위해 수행하는 통제이다. 조종통제는 업무 과정에서 발생하는 문제를 실시간으로 감지하고 필요에 따라 수정 조치를 취할 수 있게 한다. 이러한 통제는 진행 중 통제(concurrent control)의 하나로, 즉각적인 반응을 통해 업무의 정확성과 효율성을 유지한다.

조종통제의 개념은 자동차 운전에서 유래되었다. 운전자가 잘못된 방향으로 가는 것을 즉시 조정해 원하는 목적지에 도달하듯이, 관리자는 업무 진행 중에 편차를 발견하고 수정한다. 예를 들어, 소프트웨어 개발 프로젝트에서 코드 오류를 발견하면 즉시 수정하는 활동이나, 대형 건설 프로젝트에서 공정 중에 품질 기준을 지속적으로 점검하는 것이 이에 해당한다.

3) 가부통제(yes/no control)

가부통제는 진행 중인 업무의 각 단계에서 다음 단계로 진행하기 전에 승인 여부를 판단하는 통제이다. 각 단계가 완료될 때마다 통제점이 설정되며, 이 통제는 스크리닝 통제(screening control)라고도 불린다. 이는 업무 수행 과정에서 중대한 실수를 방지하고, 품질과 정확성을 유지하는 데 유용하다.

예를 들어, 건설 프로젝트에서 기초 공사가 완료된 후 안전 기준과 설계 요건을 충족했는지 확인한 후에만 다음 단계로 진행하는 것이 가부통제의 사례다. 항공기 설계에서도 중요한 단계마다 승인을 받아야 다음 설계로 넘어갈 수 있다. 가부통제는 특히 안전이 중요한 작업이나 대규모 예산이 투입되는 프로젝트에서 추가 보장 장치로 활용된다.

4) 사후통제(post action control)

사후통제는 업무가 완료된 후에 수행되는 통제이다. 피드백 통제(feedback control)라고도 불리며, 실제 성과와 계획된 목표를 비교하고, 차이가 발생했을 때 원인을 분석한다. 또한, 업무 과정에서 발생한 문제점을 파악하여 향후 유사한 활동에 개선 방안을 적용한다.

예를 들어, 마케팅 캠페인이 끝난 후 목표 판매량과 실제 판매량을 비교하고, 그 차이의 원인을 분석하는 것이 사후통제의 사례다. 공공기관에서 특정 정책이 시행된 후 성과를 평가하고 개선책을 마련하는 과정도 이에 해당한다. 사후통제는 직원들의 성과를 보상하고 격려하는 데 활용되기도 한다. 예를 들어, 목표 달성에 기여한 직원에게 성과급을 지급하는 것이 대표적인 활용 사례다.

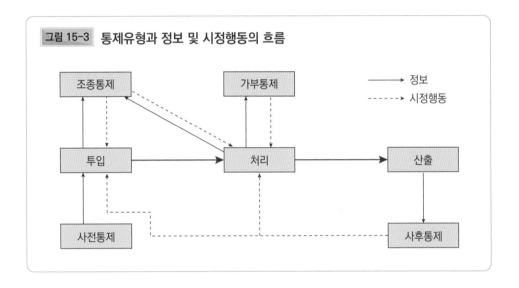

그림 15-3 통제유형과 정보 및 시정행동의 흐름

통제시점에 따른 4가지 통제 유형형에 관한 정보 및 시정행동의 흐름이 <그림 15-3>에 나타나 있다. 편차발견이 빠르면 빠를수록 시정행동이 빨리 취해질 수 있으므로 정보흐름의 속도는 결정적인 요인이 된다. 시정행동은 여러 출처로부터 확득된 정보를 기초로 하고 있기 때문에 정확성 또한 매우 중요하다.

통제 시점에 따른 통제의 네 가지 유형은 사전통제, 조종통제, 가부통제, 사후통제로 구분되며, 이들은 상호 대체 관계가 아닌 상호 보완 관계이다. 대부분의 조직은 목표 달성을 위해 이 네 가지 통제 유형을 적절히 결합하여 사용한다.

이 중 조종통제는 특히 중요하다. 야구에서 외야수가 날아오는 공을 잡기 위해 그 위치를 실시간으로 조정하는 것처럼, 관리자는 업무 결과가 최종적으로 나오기 전에 발생하는 편차를 조기에 수정해야 한다. 이를 통해 예상치 못한 문제를 해결하고, 기회를 최대한 활용할 수 있다. 관리자는 통제 과정을 통해 조직 자원을 최적의 방향으로 유도하며, 조직의 목표 달성을 지속적으로 지원해야 한다.

제 4 절 　 통제시스템의 설계

본 절에서는 통제 과정의 각 단계에 대한 심화된 설명을 통해 통제 시스템을 설계하고, 설계 시 고려해야 할 주요 사항들을 다루고자 한다. 여기에서는 특히 효과적인 조종통제의 개발에 초점을 맞추지만, 가부통제와 사후통제도 함께 다룰 것이다.

1 통제시스템

뉴만(W. H. Newman)은 통제 시스템 설계를 위한 절차에 대해 다섯 가지 기본 단계를 제시하고 있다. 이 접근 방법은 모든 유형의 통제 활동에 적용될 수 있다. 각 단계는 다음과 같이 설명할 수 있다.

1) 요구되는 결과 정의

관리자가 달성하고자 하는 목표는 구체적이고 명확하게 성의되어야 한다. 모호하거나 포괄적인 목표는 통제 시스템을 효과적으로 설계하는 데 도움이 되지 않는다. 예를 들어 "간접비 절감"이나 "주문 처리 시간 단축"과 같은 표현은 너무 추상적이다. 대신 "간접비를 12% 절감" 또는 "주문을 3일 이내에 처리 완료"와 같이 구체적으로 표현해야 한다.

이러한 구체적인 목표 설정은 관리자에게 다음과 같은 이점을 제공한다. 첫째, 필요한 절차를 평가하고 실행하는 기준을 마련한다. 둘째, 목표 달성 여부를 평가할 수 있는 명확한 기준을 제공한다. 예를 들어 온라인 소매업체의 경우, "고객 주문 처리 시간을 3일 이내로 단축"이라는 목표를 설정하면, 시스템 개선이나 직원 교육을 통해 이를 달성할 수 있는 방안을 구체적으로 마련할 수 있다.

또한 목표는 달성 책임을 맡은 개인과 명확히 연결되어야 한다. 예를 들어 출하 시간 10% 감소 목표가 설정되었다면, 주문 처리 부서의 관리자는 그 목표를 달성할 권한과 책임을 부여받아야 한다. 목표를 달성했을 때, 이에 대한 적절한 보상과 인정을 통해 동기부여를 강화할 수 있다.

2) 결과에 대한 예상치(predictor) 설정

조종통제의 목적은 일련의 활동이 완료되기 전에 발생할 수 있는 편차를 사전에 발견하고 시정 조치를 취하는 데 있다. 결과에 대한 예상치는 조종통제 과정에서 잠재적인 편차를 예측하고, 관리자에게 시정 조치의 필요성을 명확히 제시해야 한다. 따라서 통제 프로그램을 설계하는 관리자의 중요한 과업은 각각의 목표에 대해 신뢰할 만한 예상치를 설정하는 것이다.

뉴만(W. H. Newman)은 관리자들이 목표 달성 가능성을 판단하는 데 도움을 주는 몇 가지 조기 경보 예상치를 제시했다. 이 예상치들은 통제 활동의 효과성을 높이는 데 필수적이며, 구체적인 예시는 다음과 같다.

① 투입 측정: 주요 투입 요소의 변화는 계획을 수정하거나 시정 조치를 취해야 한다는 신호가 된다. 예를 들어, 제조업체의 생산 계획에서 주문량이 예상보다 증가하면 생산량을 늘려야 할 필요성이 발생한다. 또한, 원자재 비용이 급등할 경우, 이는 미래의 제품 가격에 직접적으로 영향을 미치기 때문에 가격 조정이나 대체 자원 확보가 필요할 수 있다. 경제적 여건이 악화되면 소비자 수요 감소가 예상되므로 마케팅 전략을 재검토해야 한다.

② 초기 단계의 결과: 업무 초기에 나타난 결과는 전체 성과에 대한 중요한 지표가 된다. 초기 결과가 기대치보다 높거나 낮을 경우, 이를 바탕으로 재평가를 진행하고 적절한 조치를 취할 수 있다. 예를 들어, 신제품 출시 후 첫 달의 판매량이 예상치를 초과하면 생산량을 확대하고, 홍보를 강화할 필요가 있다.

반대로 판매량이 저조하면 원인을 분석하고 마케팅 전략을 수정해야 한다.

③ 징후(Signs): 징후는 최종 결과와 관련된 예상되는 상태를 나타내며, 직접적으로 최종 결과에 영향을 주지는 않지만 중요한 통제 신호가 된다. 예를 들어, 영업 담당자가 판매 보고를 지연한다면, 이는 할당된 판매 목표를 달성하지 못하고 있을 가능성을 시사한다. 또한, 프로젝트 팀에서 중간 보고서가 기한 내 제출되지 않으면 작업 진행에 차질이 있을 수 있다는 징후로 해석할 수 있다.

④ 가정된 상황의 변화: 원래의 계획과 목표는 정상 상황이 유지된다는 가정 하에 수립된다. 그러나 예기치 않은 변화가 발생하면 계획을 재평가하고 수정해야 한다. 예를 들어, 경쟁사의 신제품 출시나 주요 원자재의 공급 부족과 같은 상황은 초기 계획을 무효화할 수 있다. 이 경우, 새로운 전략을 마련하고 목표를 조정해야 한다. 공공기관에서는 새로운 법규나 규제가 도입될 경우, 기존 정책의 효과를 재평가해야 할 필요가 있다.

관리자는 미래의 성과를 예측하는 데 과거 결과를 유용하게 활용할 수 있다. 사후통제는 이전 사이클의 성과를 분석하고, 이를 바탕으로 다음 사이클의 목표와 전략을 조정하는 데 활용된다. 예를 들어, 지난 분기의 고객 만족도 조사 결과가 낮았다면, 다음 분기에는 서비스 개선 계획을 수립하고 실행해야 한다.

3) 예상치와 결과에 대한 평가기준 설정

예상치와 최종 결과에 대한 평가기준은 통제 시스템 설계에서 매우 중요한 부분이다. 평가기준이 없다면 관리자는 사소한 편차에도 과도하게 반응하거나, 중요한 편차를 무시하는 실수를 저지를 수 있다. 따라서 평가기준은 특정 상황에 적합하게 설정되어야 한다.

예를 들어, 콜센터가 재조직(reorganization) 과정에 있다면 한 달 동안 200명의 고객 불만이 접수되는 것이 정상 운영 상태에서의 50명 불만과 동일한 심각도를 가지지는 않을 수 있다. 재조직 기간 동안에는 일시적으로 불만이 증가할 수 있으므로, 이 시기에는 평가기준을 탄력적으로 적용할 필요가 있다.

또한 평가기준은 상황 변화에 적응할 수 있도록 융통성을 가져야 한다. 예를 들어, 신입 영업사원이 탁월한 성과를 보인다면 그의 초기 판매 목표를 더 높은 기준으로 조정해야 한다. 이렇게 기준을 유연하게 설정하면, 조직의 성과 관리가 공정하고 효과적으로 이루어질 수 있다.

4) 정보소통 및 피드백 네트워크 설정

예상치에 관한 정보를 수집하고 이를 표준과 비교하기 위해서는 효과적인 정보소통 및 피드백 네트워크를 구축해야 한다. 정보 소통망은 상하좌우 모든 관련자에게 원활하게 정보를 전달할 때 가장 효과적으로 운영된다. 또한, 정보가 주요 담당자에게 정확하고 신속하게 전달되어야 적시에 시정 조치를 취할 수 있다.

관리자가 조직의 진행 상황을 지속적으로 파악할 수 있도록 통제 의사소통은 종종 예외의 원칙(principle of exception)에 기반한다. 이 원칙에 따르면 상급자는 계획이나 표준에서 중요한 편차가 발생했을 때에만 보고를 받는다. 예를 들어, 생산 공정에서 작은 오류는 현장 관리자가 즉시 해결할 수 있지만, 심각한 생산 지연이 발생했을 때만 상급자에게 보고된다. 이를 통해 상급자는 핵심 문제에 집중할 수 있으며, 비효율적인 정보 과부하를 방지할 수 있다.

효과적인 피드백 네트워크는 의사결정의 신속성과 정확성을 보장하며, 조직의 목표 달성에 필요한 통제 기능을 강화한다.

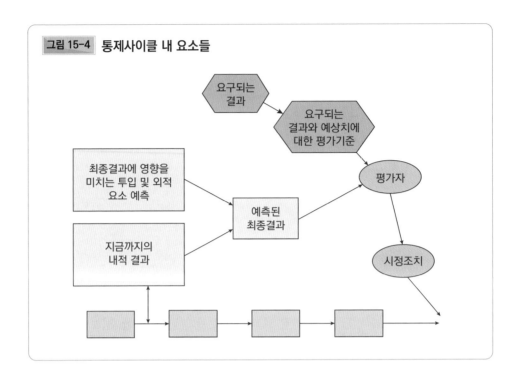

그림 15-4 통제사이클 내 요소들

5) 편차정보 평가 및 시정조치

마지막 단계는 측정된 성과를 표준과 비교하여, 필요시 적절한 시정 조치를 결정하고 실행하는 것이다. 이를 위해서는 먼저 표준에서 발생한 편차에 대한 정보를 정확히 평가해야 한다.

편차가 발생했을 때, 그 원인을 파악하는 것이 중요하다. 편차가 일시적이거나 특정 상황에 국한된 문제라면 시정 조치가 필요하지 않을 수 있다. 예를 들어, 일시적인 시스템 오류로 인해 주문 처리가 지연된 경우에는 시스템 복구 후 정상 운영이 가능하다면 추가 조치는 필요하지 않다.

그러나 편차가 지속적이거나 심각한 문제라면, 대안적 시정 조치를 개발하고 평가하여 실행해야 한다. 예를 들어, 제품 결함률이 증가한 경우 결함의 원인을 분석한 후 생산 공정을 개선하거나 품질 검사를 강화하는 조치가 필요하다.

시정 조치를 실행한 후에는 그 효과를 지속적으로 모니터링하여, 문제가 완전히 해결되었는지 확인해야 한다. 이를 통해 통제 시스템의 신뢰성을 높이고 조직의 목표 달성을 지원할 수 있다.

② 통제시스템 설계 시 주요 고려사항

쉬니(J. E. Schnee)와 페렌스(T. P. Ference)는 통제 시스템 설계를 위한 여러 중요한 고려사항을 제시하였다. 여기서는 통제 시스템 설계 시 특히 주목해야 할 6가지 주요 요소를 설명하고자 한다.

1) 측정의 유형

측정의 유형은 설정된 표준의 형태에 기초한다. 대부분의 경우, 표준은 조직의 과거 실적을 기반으로 설정된다. 예를 들어, 영업 부서의 판매 목표는 전년도 실적을 바탕으로 증가치를 기대하는 형태로 설정될 수 있다. 그러나 과거 실적이 부진했거나, 시장 환경이 변화했을 경우에는 이러한 표준이 비효율적일 수 있다.

외부 표준은 비슷한 조직이나 동일 조직 내 다른 부서의 실적을 참조해 설정된다. 다만, 외부 표준을 적용할 때는 유사한 상황이나 구조를 가진 조직을 찾아야 한다는 어려움이 있다. 따라서 사전에 결정된 계획과정에서 개발된 표준을 사용하는 것이 유리하다. 이러한 표준은 조직의 내부 환경과 외부 환경을 철저히 분석한 결과물이기 때문이다.

기계 능력에 대한 표준은 기계 제조업체가 제공하는 사양을 기준으로 설정된다. 또한, 시간 및 동작 연구(time and motion study)는 조립 라인의 생산성 측정에 유용하며, 비용과 효율성을 고려하여 시행해야 한다. 복잡한 전문 업무, 예를 들어 의료 수술 절차와 같은 경우에도 합리적인 시간 표준을 설정할 수 있다. 관리자의 판단이 필요한 업무에는 주관적 표준이 더 적합하며, 업무의 복잡성이 높아질수록 이러한 주관적 표준의 필요성은 증가한다.

2) 측정횟수

관리자는 균형 잡힌 통제 시스템을 설계해야 한다. 중요한 편차를 발견하고 시정 조치를 취하기 위해서는 성과 측정을 자주 해야 하지만, 과도한 측정은 하급자에게 불필요한 부담을 줄 수 있다. 통제 시스템이 제대로 작동하지 않을 때 관리자는 성과 측정을 더 자주 하려는 유혹에 빠지기 쉽다.

예를 들어, 특정 부서가 지속적으로 예산을 초과하거나 마감 기한을 지키지 못한다면, 더 많은 통제가 필요할 수 있다. 그러나 지나친 통제는 중요한 문제를 간과하게 만들 수 있다. 따라서 측정 횟수는 업무의 특성과 중요도에 맞게 적절히 조정되어야 한다.

3) 측정과 표준설정권한

성과 표준은 업무를 수행하는 사람들의 참여를 통해 설정되는 것이 바람직하다. 하급자가 표준 설정에 참여하면, 표준에 대한 수용도가 높아지고 적극적으로 목표 달성에 노력하게 된다. 반대로, 상급자가 일방적으로 표준을 설정하면 하급자들은 이를 비합리적이거나 비현실적이라고 느낄 수 있다.

예를 들어, 고객 서비스 부서에서 응답 시간을 단축하는 목표를 설정할 때 직원들이 표준 설정에 참여하면 실현 가능한 목표가 설정되고, 직원들의 동기부여도 높아진다.

4) 표준의 융통성

관리자는 통제 시스템의 표준이 모든 부서에 통일적으로 적용될지, 상황에 따라 다르게 적용될지를 결정해야 한다. 예를 들어, 판매 부서는 동일한 표준을 적용할 수 있지만, 각 지역의 시장 상황에 따라 다르게 적용하는 것이 더 합리적일 수 있다.

또한, 표준은 양적 측정과 질적 측정을 모두 고려해야 한다. 단순 반복 작업은 양적 측정이 적합하지만, 연구개발 업무와 같이 창의성이 요구되는 업무는 양적 측정과 질적 측정을 동시에 적용해야 한다.

5) 측정시기 및 빈도

측정의 시기와 빈도는 통제할 업무의 성격에 따라 달라진다. 예를 들어, 조립라인의 품질 검사는 매시간 점검이 필요하지만, 제품 개발 프로젝트의 진행 상황은 월 단위로 점검할 수 있다.

관리자는 자신의 편의에 따라 성과를 측정하려는 유혹을 피해야 한다. 예를 들어, 하루의 마지막에만 품질 검사를 진행하면 작업자들이 마지막 부분만 신경 쓰게 될 수 있다. 대신 무작위 검사를 실시하면 더 신뢰성 있는 결과를 얻을 수 있다.

6) 피드백의 방향

통제 시스템의 목적은 현재 계획이 원활하게 실행되고 있는지 확인하고, 미래의 계획을 개선하는 데 있다. 잘 설계된 통제 시스템은 하급자에게도 피드백을 제공해야 한다. 만약 통제 시스템이 상급자에게만 정보를 제공한다면, 하급자는 자신의 업무 개선에 필요한 정보를 얻지 못하게 되고, 통제를 처벌 도구로 인식할 수 있다.

예를 들어, 품질 관리 시스템이 생산팀에 즉각적인 피드백을 제공한다면, 팀은 실수를 바로잡고 개선할 수 있다. 이를 통해 통제 시스템은 성과 개선의 도구로 인식될 수 있다.

제 5 절　효과적인 통제시스템의 특징

효과적인 통제시스템은 공통적으로 여러 가지 특징을 가지고 있다. 이들 특징은 조직이 처한 개별적 상황에 따라 중요도가 달라질 수 있으나, 대부분의 통제시

스템은 이러한 요소들을 갖춤으로써 그 효율성과 효과성이 강화된다.[3]

1) 정보의 정확성: 업무 성과에 대한 정보는 반드시 정확해야 한다. 통제시스템에서 부정확한 정보가 제공되면 조직은 잘못된 결정을 내리거나 불필요한 시정 조치를 취하게 되어 혼란을 초래할 수 있다. 예를 들어, 제조 공장에서 불량품의 원인을 잘못 진단하면 문제를 해결하지 못하고 오히려 생산 과정의 혼란을 가중시킬 수 있다. 관리자는 수집된 정보의 정확성을 면밀히 검토하고 신뢰할 수 있는 데이터만을 기반으로 통제 활동을 수행해야 한다.

2) 정보의 적시성: 정보는 신속하게 수집, 전달, 평가되어야 한다. 시기적절한 정보가 제공되지 않으면 필요한 시정 조치를 적기에 취하지 못해 문제가 심화될 수 있다. 예를 들어, 고객 불만이 제기된 후 신속하게 대처하지 않으면 고객 신뢰를 잃을 수 있다. 따라서 실시간 데이터 분석 시스템이나 주기적인 보고 체계를 통해 적시에 정보를 제공하는 것이 중요하다.

3) 정보의 객관성과 이해성: 통제시스템에서 제공되는 정보는 사용자들이 쉽게 이해할 수 있어야 하고, 객관적이어야 한다. 주관적이거나 모호한 정보는 혼란과 실수를 초래할 수 있다. 예를 들어, 공공기관의 성과 보고서가 지나치게 복잡하거나 애매하면 담당자들이 올바른 조치를 취하기 어렵다. 따라서 정보는 명확하고 간결하며, 조직의 모든 구성원이 이해할 수 있는 형태로 전달되어야 한다.

4) 전략적 통제점에 초점: 통제시스템은 중요한 문제나 편차가 발생할 가능성이 큰 영역에 집중해야 한다. 이를 통해 문제를 사전에 발견하고 신속하게 대응할 수 있다. 예를 들어, 제조업체에서 품질 검사는 제품이 고객에게 출하되기 전에 이루어져야 한다. 조립 공정이 완료된 직후에 품질 검사를 실시하면 불량품이 출하되는 것을 방지할 수 있다. 이처럼 통제는 시정 조치가 가장 효과

---

3   William H. Schier, "Toward Better Management Control Systems," *California Management Review*, Vol. 14, No. 2, Winter 1971, pp. 33–39; Peter F. Drucker, *Management: Tasks, Practices, Responsibilities* (New York: Harper and Row, 1974), pp. 489–504; John R. Curley, "A Tool for Management Control," *Harvard Business Review*, Vol. 29, No. 2, March–April 1951, pp. 45–49; and Strong and Smith, *Management Control Models*, pp. 17–18.

적으로 이루어질 수 있는 시점과 영역에 초점을 맞춰야 한다.

5) 경제적 현실성: 통제시스템의 비용은 통제로 인해 발생하는 이익보다 적거나 최소한 동등해야 한다. 과도하게 비용이 드는 통제는 조직에 부담을 줄 수 있다. 예를 들어, 영업팀이 매일 판매 보고서를 작성하는 것은 비효율적일 수 있다. 대신 주간이나 월간 보고서로도 충분히 성과를 모니터링할 수 있다. 통제 활동은 불필요한 낭비를 최소화하고 효율성을 극대화해야 한다.

6) 융통성: 오늘날 조직은 끊임없이 변화하는 환경에 직면하고 있다. 따라서 통제시스템은 변화에 신속하게 적응할 수 있는 융통성을 가져야 한다. 예를 들어, 시장 상황이 급변할 때 판매 목표나 생산 계획을 조정할 수 있어야 한다. 융통성 있는 통제시스템은 예상치 못한 문제를 해결하고 새로운 기회를 활용하는 데 도움이 된다.

7) 조직성원의 수용: 통제시스템은 조직 구성원들이 자율성과 책임감을 느끼도록 설계되어야 한다. 자기 통제, 상호 신뢰, 활발한 의사소통, 그리고 적극적인 참여를 촉진하는 통제는 조직의 성과를 향상시킨다. 반면, 지나치게 엄격하거나 과도한 통제는 직원들의 직무 만족도와 동기 부여를 저하시킬 수 있다. 예를 들어, 직원들이 상사의 지나친 감시에 부담을 느끼면 창의성과 생산성이 저하될 수 있다. 따라서 통제시스템은 조직 구성원들이 긍정적으로 수용할 수 있는 방식으로 설계되어야 한다.

통제는 관리자가 실제 활동이 계획된 활동과 일치하는지를 확신할 수 있게 하는 매우 중요한 과정이다. 통제과정은 4개의 기본단계를 포함한다: ① 표준과 성과 측정방법 설정, ② 성과측정, ③ 표준과 성과의 비교, ④ 시정조치이다.

통제를 필요로 하는 요인으로는 조직환경의 변화, 조직의 복잡성 증가, 조직성원의 오류, 권한위임의 필요성 등이 있다.

통제는 그 성격과 시점에 따라 여러 유형으로 나눌 수 있다. 통제가 자동적으로 이루어지는지 여부에 따라 사이버네틱 통제와 넌사이버네틱 통제로 구분되며, 통제활동이 이루어지는 시점에 따라 사전통제, 조종통제, 가부통제, 사후통제로 나눌 수 있다. 이 중 조종통제는 실패를 예방하고 예상치 못한 기회를 활용할 수 있게 해주므로 특히 중요하다.

통제시스템을 설계할 때 관리자는 다음과 같은 요소들을 고려해야 한다: 측정의 유형과 횟수, 측정과 표준설정 권한, 표준의 융통성, 측정의 시기와 빈도, 피드백의 방향.

효과적인 통제시스템은 공통적으로 몇 가지 특징을 가진다. 통제시스템은 정확하고, 적시적이며, 객관적이어야 한다. 또한 전략적 통제점에 초점을 두고, 경제적 현실성을 갖추며, 융통성을 가지고, 조직성원에 의해 수용되어야 한다.

통제는 조직의 목표달성을 보장하고 자원을 최적화하는 필수 과정이므로, 모든 관리자는 적절하고 효율적인 통제시스템을 설계하고 실행할 필요가 있다.

ESG와 지속가능 경영

과거 기업은 주주의 이익 극대화라는 전통적 목표에 초점을 맞추었지만, 오늘날 기업은 환경적 지속가능성, 사회적 형평성, 그리고 투명한 지배구조를 포함하는 포괄적인 책임을 요구받고 있다. 이에 따라 이 장에서는 현대 기업 경영의 핵심 요소 중 하나로 자리 잡은 ESG(Environmental, Social, Governance)를 다루며, 기업이 환경적 지속가능성, 사회적 책임, 투명한 지배구조를 통해 장기적 경쟁력과 신뢰를 확보하는 방안을 탐구한다. 이를 위해 ESG의 개념적 기초와 역사적 발전을 바탕으로, 환경, 사회, 지배구조 요소가 조직 경영에 어떻게 통합적으로 적용될 수 있는지와 그로 인한 시너지 효과를 설명한다. 또한, ESG가 기술 발전, 국제화, 국가별 관점 차이 등 다양한 도전 과제 속에서도 지속가능 경영의 필수 전략으로 자리 잡기 위한 미래 방향성을 제시한다.

제 1 절 　 기업의 책임에 대한 새로운 관점

전통적으로 기업은 주주의 이익 극대화를 목표로 하는 경제적 행위자로 간주되었다. 그러나 오늘날 기업은 단순히 이윤을 창출하는 존재를 넘어, 사회와 환경의 지속가능성을 위해 기여해야 하는 책임 있는 주체로서의 역할을 수행할 것을 요구받고 있다. 이러한 변화는 산업화와 경제성장 과정에서 환경 문제, 사회적 불평등, 그리고 지속가능한 발전의 필요성이 부각되면서 본격화되었다.

이러한 변화에 대한 논의는 기업의 사회적 책임(Corporate Social Responsibility, CSR), 지속가능성(Sustainability), 그리고 트리플 바텀 라인(Triple Bottom Line, TBL)으로 발전하

였다. 이들은 기업의 역할과 책임을 재정의하는 틀을 제공하며, 기업이 사회와 환경에 미치는 영향을 고려하도록 요구한다.

🗖 기업의 사회적 책임

CSR은 20세기 중반부터 논의되기 시작한 개념으로, 기업이 경제적 이윤 추구 외에도 윤리적, 법적, 그리고 사회적 책임을 수행해야 한다는 내용을 담고 있다. 하워드 R. 보웬(Howard R. Bowen)의 저서 Social Responsibilities of the Businessman (1953)[1]은 CSR 개념의 기초를 마련한 중요한 저작으로 평가된다. 그는 기업이 단순한 이윤 추구를 넘어, 사회적 문제 해결에 기여해야 한다고 주장했다.

CSR은 환경 보호, 지역사회 기여, 공정 거래 등 다양한 형태로 발전하며 기업 활동에 사회적 가치를 통합하려는 시도를 보여준다. 이는 주로 기업의 자발적 활동과 윤리적 의무를 중심으로 사회적 기대에 부응하는 데 초점을 맞추고 있다.

🗗 지속가능성

지속가능성은 1987년 유엔의 브룬트란트 보고서 '우리 공동의 미래'(Brundtland Report - Our Common Future)에서 공식적으로 주목받기 시작했다. 이 개념은 현재 세대의 필요를 충족시키되, 미래 세대가 자신의 필요를 충족할 수 있는 능력을 저해하지 않는 개발을 강조한다.

지속가능성은 환경적, 경제적, 사회적 균형을 강조하며, 기업 활동이 단기적인 이윤 추구에 그치지 않고 장기적으로 사회와 환경에 긍정적인 영향을 미치도록 유도한다. 이는 기업이 환경 문제와 사회적 불평등에 대응할 수 있도록 구조적이고 통합적인 접근법을 제공한다.

---

1   Bowen, H. R. (2013). *Social responsibilities of the businessman*. University of Iowa Press.

③ 트리플 바텀 라인

트리플 바텀 라인은 1994년 존 엘킹턴(John Elkington)이 처음 제시한 개념으로, 기업의 성과를 경제적 수익만이 아니라 환경적(Environmental), 사회적(Social), 경제적(Economic) 관점에서 평가해야 한다고 주장한다.

TBL은 기업 활동의 결과를 사람(people), 지구(planet), 이익(profit)의 세 가지 차원에서 측정하도록 제안함으로써 기업이 재무제표뿐만 아니라 환경 보고서와 사회적 성과 지표를 통해 기업 활동의 전반적인 영향을 평가하도록 유도한다. 이는 CSR이나 지속가능성과 달리 구체적이고 실행 가능한 프레임워크를 제공하며, 기업의 다차원적 성과를 측정 가능한 지표로 평가하는 데 초점을 맞춘다.

이 세 가지 개념은 모두 기업이 사회와 환경에 미치는 영향을 고려해야 한다는 공통된 인식 아래에서 발전했지만, 강조점과 적용 방식에서 차이를 보인다.

먼저 CSR은 윤리적 책임과 자발적 활동에 초점을 맞추며, 주로 기업의 사회적 기대에 부응하는 데 중점을 둔다. 이에 비해 지속가능성은 환경적, 경제적, 사회적 균형을 목표로 장기적 관점에서의 통합적 접근을 제공한다. 한편, TBL은 구체적 성과 지표와 실행 프레임워크를 제시하며, 다차원적 성과 측정을 중시한다.

● 표 16-1 **기업의 사회적 책임, 지속가능성, 트리플 바텀 라인**

구분	CSR	지속가능성	TBL
최초 논의	1953년 하워드 보웬 "Social Responsibilities of the Businessman"	1987년 유엔 보고서 "우리 공동의 미래"	1994년 존 엘킹턴
주요 내용	기업이 경제적 이윤 외에도 윤리적, 사회적 책임을 수행해야 함	현재 세대와 미래 세대를 위해 환경적, 사회적, 경제적 균형을 추구	경제적, 환경적, 사회적 성과를 다차원적으로 측정하며 지속가능성을 실행 가능한 방식으로 접근
강조점	윤리적 책임과 자발적 활동에 초점	환경적 균형과 장기적 발전에 중점	다차원적 성과 측정과 평가를 위한 구체적 지표 제공

이처럼 기업의 책임에 대한 관점은 CSR, 지속가능성, TBL의 개념을 통해 단계적으로 확장되었다. 이들 개념은 기업이 단순히 경제적 행위자가 아니라, 사회적 책임을 지닌 존재로서 지속가능성을 실현해야 할 주체임을 강조한다. 이러한 논의는 ESG로 이어지는 이론적 기반을 마련하며, 현대 기업 경영의 핵심적인 패러다임 중 하나로 자리 잡고 있다.

제 2 절 ESG의 출현

1 ESG의 출현 배경

ESG(Environmental, Social, Governance)는 환경적, 사회적, 그리고 지배구조적 변화의 요구에 따라 등장했다. 이는 개별 사건들이 축적되어 글로벌 기업 경영 패러다임을 전환시키는 계기가 되었다. 이러한 배경은 환경 위기, 사회적 불평등, 그리고 투자자 및 규제의 압력이라는 세 가지 핵심 축을 중심으로 이해할 수 있다.

1) 환경적 위기와 ESG의 환경 요소(E)

1972년 스톡홀름 회의에서 처음으로 환경 문제가 국제 의제로 논의되었으며, 지속 가능한 개발의 중요성이 강조되었다. 이어 1987년 브룬트란트 보고서는 지속 가능성을 정의하며 기업이 환경적 책임을 경영 전략에 포함하도록 유도했다.

이후 1997년 교토 의정서는 온실가스 감축이라는 구체적 목표를 제시하며 기업들에게 환경적 책임을 명확히 요구했다. 이러한 국제적 합의는 2010년 BP 석유 유출 사건과 같은 대규모 환경 재해를 통해 더욱 강화되었다. 이 사건은 기업의 관리 실패가 환경과 사회에 치명적 결과를 초래할 수 있음을 보여주었고, ESG의 환경 요소가 단순한 자발적 실천이 아닌 필수적 경영 요소로 자리 잡게 되는 계기가 되었다.

마지막으로, 2015년 파리협정은 기후 변화 대응을 위한 글로벌 목표를 설정하며, 기업들로 하여금 재생 가능 에너지 채택과 탄소 중립 목표 설정을 핵심 전략으로 삼도록 압박했다. 이러한 환경적 흐름은 ESG의 환경 요소가 단기적 비용이 아니라 장기적 생존 전략임을 입증했다.

2) 사회적 불평등과 ESG의 사회 요소(S)

2013년 방글라데시 라나플라자 붕괴 사건은 글로벌 공급망에서 노동자 권리와 안전 관리가 얼마나 중요한지를 일깨웠다. 이 사건은 기업의 사회적 책임이 단순한 윤리적 선택이 아니라 글로벌 비즈니스 환경에서 생존을 위한 필수 요소임을 강조했다.

2015년 유엔의 지속가능 개발 목표(SDGs)는 빈곤 퇴치, 성평등, 그리고 양질의 교육과 같은 목표를 통해 사회적 책임을 더욱 구체화했다. 이는 기업들이 지역사회와 근로자를 위한 책임 있는 활동을 통해 장기적 신뢰를 구축하도록 요구했다.

또한, 소비자의 행동 변화도 ESG의 사회 요소를 강화하는 데 중요한 역할을 했다. 2019년 글로벌 소비자 보고서에 따르면 소비자의 66%가 지속 가능한 제품을 선호한다고 답했으며, 이는 기업들이 사회적 가치를 경영 전략에 반영하도록 유도했다. 이처럼 노동 문제와 소비자 행동의 변화는 ESG의 사회 요소를 더욱 실질적이고 구체적으로 발전시켰다.

3) 투자자와 규제의 압력으로 ESG의 지배구조 요소(G)

지배구조(Governance) 요소는 주로 기업 투명성과 책임성에 대한 요구에서 출발했다. 2006년 유엔 책임투자원칙(PRI)은 ESG를 투자 분석과 의사결정에 통합하도록 권고하며 ESG 개념의 초기 확산에 기여했다.

2008년 글로벌 금융위기는 부실한 지배구조와 비윤리적 관행이 얼마나 큰 경제적 위기를 초래할 수 있는지를 보여주었다. 이에 따라 투자자들은 기업의 지배구조 개선을 요구하며 ESG를 투자 의사결정의 주요 기준으로 삼기 시작했다.

특히 2018년 블랙록의 래리 핑크 CEO는 "기업은 사회적 목적을 가져야 한다"고 선언하며 ESG 투자의 흐름을 주도했다. 같은 해 EU 비재무보고지침(NFRD)은 기업에게 ESG 관련 정보를 투명하게 공개하도록 요구하며 ESG 데이터 보고의 신뢰성을 높이는 데 기여했다.

이처럼 ESG는 개별적으로 등장한 환경적 위기, 사회적 불평등, 그리고 투자자 및 규제의 압력이 점차 통합적으로 결합되면서 형성되었다.

2 ESG의 개념

ESG는 2004년 UN Global Compact에서 발간한 'Who Cares Wins' 보고서를 통해 처음 공식적으로 제시된 개념으로, 이는 23개 금융기관이 공동 참여해 관리하던 6조 달러 규모의 자산을 기반으로 한 논의에서 탄생했다. 이 보고서는 환경적, 사회적, 지배구조적 요소를 투자 분석과 의사결정에 통합하는 것이 더 나은 투자 결과를 가져온다는 점을 강조하며, ESG를 단순한 윤리적 고려를 넘어 기업의 장기적 가치 창출을 위한 필수 요소로 인식하는 데 중요한 역할을 했다. 이러한 주장은 ESG가 기업 경영과 투자 활동에서 핵심적인 원칙으로 자리 잡는 계기가 되었다.

2006년에는 UN 책임투자원칙(UN PRI)이 설립되어 ESG 개념의 체계화를 가속화했다. UN PRI는 투자 분석과 의사결정에 ESG 이슈를 통합하고, 적극적인 주주권 행사와 ESG 정보 공개를 촉진하며, 투자 업계 전반에서 원칙 이행을 장려하는 등 여섯 가지 핵심 원칙을 제시했다. 이 원칙은 ESG 실천의 효과를 극대화하기 위해 협력과 보고를 강조하며, 지속 가능한 투자 환경 조성을 목표로 한다.

이러한 ESG는 세 가지 축(Environmental, Social, Governance)을 통해 기업이 사회적 책임을 실천하고 지속가능성을 달성하도록 유도한다. 각각의 요소는 다음과 같은 세부 항목으로 구성된다.

1) 환경(Environmental)

환경 분야는 기업이 환경적 지속가능성을 위해 고려해야 할 요소들로, 기후 변화 대응과 자원 관리에 중점을 두며 구체적인 예는 아래와 같다.

① 탄소 배출(CO2 Emissions): 온실가스 감축 목표 및 탄소 중립 전략.

② 에너지 효율(Energy Efficiency): 재생 가능 에너지 사용 및 에너지 절약 기술 도입.

③ 자원 관리(Resource Management): 물, 에너지, 원재료의 효율적 사용과 재활용.

④ 생물다양성(Biodiversity): 생태계 보호 및 자연 서식지 복원.

⑤ 오염 관리(Pollution Control): 공기, 물, 토양 오염 방지 및 폐기물 관리.

2) 사회(Social)

사회 분야는 기업이 사회적 책임과 인간 중심의 접근을 실천하기 위해 다루어야 할 요소들로, 구체적인 예는 다음과 같다.

① 노동자 권리(Worker Rights): 공정한 임금, 안전한 근무환경, 근로자 복지.

② 다양성, 형평성, 포용(DEI): 성별, 인종, 장애 등 다양한 배경의 포용.

③ 지역사회 기여(Community Engagement): 지역사회 개발 및 기부 활동.

④ 공급망 관리(Supply Chain Management): 윤리적 공급망 구축과 공정 거래.

⑤ 소비자 보호(Consumer Protection): 소비자 데이터 보호 및 제품 안전.

3) 지배구조(Governance)

지배구조는 기업의 투명성과 책임성을 유지하기 위한 요소들로, 효과적인 경영 체계를 목표로 하며, 구체적인 예로는 다음과 같은 것들이 있다.

① 투명성(Transparency): 경영 및 재무 정보의 명확한 공개.

② 이사회 다양성(Board Diversity): 다양한 배경과 전문성을 가진 이사회 구성.

③ 윤리적 리더십(Ethical Leadership): 리더십의 윤리적 기준과 책임.

④ 내부 통제(Internal Controls): 부패 방지, 내부 감사, 리스크 관리.

⑤ 이해관계자 중심 경영(Stakeholder-Oriented Governance): 주주뿐 아니라 직원, 고객, 지역사회를 포함한 다양한 이해관계자 고려.

이러한 ESG는 환경, 사회, 지배구조라는 독립적 영역들이 아닌, 서로 상호작용하며 기업 경영의 지속가능성을 강화하는 통합적 접근법이다. 예를 들어, 재생 가능 에너지의 채택은 환경적 목표(E)를 달성하는 동시에, 지역사회의 일자리 창출(S)과 지배구조 내 장기적 투자 전략(G)을 지원할 수 있는 것이다.

UN PRI는 설립 이후 빠르게 성장하여 2022년 10월 기준으로 5,179개 이상의 서명 기관과 121.3조 달러에 달하는 운용 자산 규모를 기록하고 있다. 이는 ESG가 글로벌 경영과 투자에서 선택이 아닌 필수 요소로 자리 잡았음을 명확히 보여준다. ESG는 이제 기업의 지속 가능성과 책임 경영을 구현하는 중심축으로, 장기적인 경쟁력과 이해관계자 신뢰 확보를 위한 필수적인 경영 전략으로 자리 잡았다.

제3절 　ESG와 조직경영

ESG는 조직의 지속가능성과 책임 경영의 핵심 축으로 자리 잡고 있다. 이는 기업 경영의 전략과 운영 방식 전반에 걸쳐 환경적 책임, 사회적 기여, 그리고 투명한 지배구조를 요구하며, 각 요소가 경영에 미치는 영향을 심도 있게 이해하는 것이 중요하다.

❶ 환경 요소가 조직 경영에 미치는 영향 및 사례

환경(Environmental) 요소는 기업이 환경에 미치는 영향을 줄이고, 지속 가능성을 높이는 데 초점을 맞춘다. 기업은 탄소 배출 저감, 재생 가능 에너지 사용, 자원 효율성 증대 등의 목표를 설정하며, 이는 비용 절감과 브랜드 이미지 개선으로 이어진다.

이와 관련된 첫 번째 사례는 구글(Google)이다. 구글은 2007년부터 탄소배출권 및 재생에너지 구매 등을 통해 넷제로(탄소중립)를 달성해왔다. 구글은 여기서 한 걸음 더 나아가 2030년까지 완전한 탄소중립을 달성하겠다는 목표를 발표하며, 모든 전력을 재생 가능 에너지로 충당하고 있다. 또한 AI 기술을 활용해 에너지 효율성을 높이고, '트릴리움'과 같은 하드웨어 개발로 무탄소 에너지 사용을 확대하며 지속 가능한 기술 혁신을 이어가고 있다. 이는 환경적 목표가 기술 개발 및 기업 경쟁력 강화와도 긴밀히 연계될 수 있음을 보여준다.

두 번째 사례는 테슬라(Tesla)이다. 테슬라는 전기차 생산을 통해 화석 연료 사용 감소에 기여하고 있으며, 2023년 전기차 배터리 재활용 프로젝트를 발표하여 지속 가능성을 높이고 있다. 이를 통해 전기차 배터리 생산 과정에서 발생하는 환경적 영향을 줄이고, 자원 활용의 효율성을 극대화하고 있다.

이 두 사례는 환경적 책임이 단순히 윤리적 의무에 그치지 않고, 기업의 장기적 성장과 경쟁력을 강화하는 요소로 작용할 수 있음을 시사한다. 구글과 테슬라는 기술 혁신과 지속 가능한 경영 전략을 결합해 환경적 요소를 기업 경영의 중심에 두고 있으며, 이는 기업의 지속 가능성과 사회적 신뢰를 동시에 확보할 수 있음을 보여준다.

② 사회 요소가 조직 경영에 미치는 영향 및 사례

사회(Social) 요소는 기업이 내부 및 외부 이해관계자와의 관계를 어떻게 관리하는지에 중점을 둔다. 이는 다양성, 형평성, 포용(DEI), 근로자 복지, 윤리적 공급망 관리, 지역사회와의 협력 등을 포함한다.

첫 번째 사례는 스타벅스(Starbucks)이다. 스타벅스는 2020년 10월, 2025년까지 미국 내 기업 직원의 최소 30%, 유통 및 제조 서비스 직원의 40%를 유색인으로 채용하겠다는 인종 다양성 목표를 발표했다. 또한 임원 보상과 인종 다양성 목표 달성 여부를 연계하고, 임원들에게 인종적 편견에 반대하는 교육을 실시하며 포용성을 증진하고 있다. 이는 내부 조직 문화를 개선하고, 외부 이해관계자들과 신뢰를 구축하는 데 기여하고 있다.

두 번째 사례는 코카콜라(Coca-Cola)이다. 코카콜라는 2010년부터 '5by20' 이니셔티브를 통해 2020년까지 전 세계 500만 명의 여성 기업가를 지원하겠다는 목표를 세웠다. 이를 통해 여성들에게 비즈니스 기술 교육과 멘토링을 제공하며 경제적 자립을 돕는 데 성공했다. 결과적으로 600만 명 이상의 여성에게 기회를 제공하며 목표를 초과 달성했다.

이 사례들은 사회적 책임이 기업 내부와 외부 이해관계자 모두에게 긍정적인 영향을 미칠 수 있음을 보여준다. 다양성과 포용성을 증진하고 지역사회의 경제적 안정과 성장을 지원하는 활동은 기업의 장기적 성공과 브랜드 이미지 강화에 중요한 역할을 한다.

③ 지배구조 요소가 조직 경영에 미치는 영향 및 사례

지배구조(Governance) 요소는 기업의 의사결정 과정이 투명하고 윤리적으로 이루어지는지, 이해관계자의 이익을 고려하는지에 초점을 맞춘다. 이는 경영진의 책임성을 강화하고, 투자자와의 신뢰를 구축하며, 장기적 안정성을 확보하는 데 필수적이다.

첫 번째 사례는 마이크로소프트(Microsoft)이다. 2018년 CEO 사티아 나델라(Satya Nadella)의 리더십 아래 마이크로소프트는 AI 윤리 위원회를 설립했다. 이 위원회는 기술 개발 과정에서 발생할 수 있는 윤리적 문제를 사전에 식별하고 공정한 기술 개발을 지원한다. 이러한 노력은 마이크로소프트가 AI 기술 분야에서 신뢰받는 리더로 자리 잡는 데 기여했다.

두 번째 사례는 JP모건 체이스(JPMorgan Chase)이다. 2013년 CEO 제이미 다이먼(Jamie Dimon)은 이사회의 독립성을 강화하고, 내부 통제 시스템을 개편하여 기업 스캔들을 방지했다. 이는 2008년 글로벌 금융위기 이후 고객과 투자자들의 신뢰를 회복하고 기업 안정성을 강화하는 데 중요한 역할을 했다.

이 사례들은 투명성과 책임성이 기업의 지속 가능성과 평판에 직결되는 요소임을 보여준다. 마이크로소프트는 윤리적 책임을 통해 기술 혁신과 사회적 신뢰를 동시에 얻었으며, JP모건 체이스는 지배구조 개선으로 신뢰를 회복하며 안정적인 경영 환경을 조성했다. 이는 지배구조가 기업의 장기적 성공을 지원하는 중요한 기반임을 시사한다.

4 통합적 접근을 통한 경영전략 수립 및 예시

ESG 요소를 통합적으로 접근하는 경영전략은 기업이 환경적, 사회적, 그리고 지배구조적 목표를 동시에 고려하며 지속가능한 성장을 달성하도록 한다. 이러한 접근은 각각의 요소가 독립적으로 작동하는 것을 넘어 상호보완적으로 연결될 때 더욱 효과적이다. 아래에서는 두 가지 사례를 통해 ESG 요소가 어떻게 통합적으로 작동하는지 구체적으로 살펴본다.

첫 번째 사례는 파타고니아(Patagonia)다. 파타고니아는 환경 보호를 핵심 경영 철학으로 삼는 동시에, 사회적 책임과 지배구조를 통합적으로 관리하는 기업이다. 2011년 파타고니아는 블랙 프라이데이 시즌에 "Don't Buy This Jacket" 캠페인을 통해 불필요한 소비를 줄이고, 제품의 수명을 연장하도록 촉구했다. 이 캠페인은 환경적 요소를 강조하며 탄소 배출 감소와 자원 절약을 목표로 했다. 사회적 요소에서도 파타고니아는 연매출의 1%를 환경 보호 단체에 기부하고, 직원들에게 환경 활동에 참여할 수 있는 유급 휴가를 제공함으로써 지역사회와의 협력을 강화했다. 마지막으로, 지배구조 측면에서는 창업자인 이본 쉬나드(Yvon Chouinard)가 2022년 자신의 회사 지분 100%를 환경 보호를 위한 신탁과 비영리 단체에 기부하며, 회사의 모든 이윤이 환경 보호에 재투자되도록 설정했다. 이러한 전략은 환경적 책임, 사회적 가치 창출, 그리고 지배구조 혁신이 상호 보완적으로 작동한 사례로 평가된다.

두 번째 사례는 유니레버(Unilever)다. 유니레버는 지속가능한 발전을 목표로 ESG 요소를 기업 전략에 통합한 대표적인 사례다. 유니레버는 2030년까지 제조 과정에서 탄소 배출을 제로로 줄이고, 제품 포장에 100% 재활용 가능한 소재를 사용할 것을 목표로 환경적 지속가능성을 강조했다. 사회적 요소에서는 전 세계 2백만 명 이상의 소규모 농업 생산자와 협력하며 공정 무역을 장려하고, 여성의 경제적 자립을 지원하는 직업 훈련 프로그램을 운영했다. 또한, 지배구조 측면에서는 CEO 앨런 조프(Alan Jope) 주도로 지속가능한 발전 목표(SDGs)를 이사회 결정의 기준으로 삼고, 경영진 성과 평가에 ESG 목표 달성 여부를 포함했다. 이처럼 유니레버는 ESG 요소를 기업 전반에 내재화하여 환경적 성과와 사회적 기여를 동시에 실현하고 이를 지배구조가 지원하는 체계를 구축했다.

이 두 가지 사례는 ESG 요소가 통합적으로 작동할 때 기업의 지속가능한 성장을 효과적으로 달성할 수 있음을 보여준다. 환경적 책임은 자원 사용과 탄소 배출을 관리하며, 사회적 책임은 직원, 소비자, 지역사회와의 긍정적인 관계를 강화한다. 지배구조는 이러한 목표가 기업 전반에 체계적으로 반영되도록 지원하며, ESG 요소 간의 시너지를 극대화한다. 결과적으로 ESG의 통합적 접근은 기업이 이해관계자의 신뢰를 강화하고, 환경과 사회에 긍정적인 영향을 미치며, 지속 가능한 경영전략을 수립하는 데 중요한 역할을 한다.

제 4 절　　ESG 논의의 미래와 한계

ESG는 지속가능한 경영의 핵심 원칙으로 자리 잡았지만, 환경, 사회, 기술, 국제화와 같은 다양한 맥락에서 새로운 가능성과 도전을 동시에 맞이하고 있다. 또한 ESG 실천 과정에서 나타나는 여러 한계는 이를 더 효과적으로 활용하기 위해 해결해야 할 과제를 제기하고 있다.

1 환경 변화 측면에서 ESG 논의의 미래

기후 변화와 자원 고갈은 기업이 환경적 책임을 다해야 할 필요성을 더욱 강하게 만들고 있다. 탄소 배출 저감, 재생 가능 에너지 사용, 자원 효율성 증대와 같은 목표를 설정한 기업들은 환경 지속 가능성을 강화하고 브랜드 이미지를 개선할 기회를 얻고 있다. 예를 들어, 구글은 2030년까지 탄소중립을 달성하겠다는 목표를 선포하며, 이미 모든 전력을 재생 가능 에너지로 충당하고 있다. 이는 환경적 책임이 기업의 장기적 성장과 경쟁력을 강화하는 데 필수적인 요소임을 보여준다.

그러나 환경 규제 강화와 극단적 기후 현상은 중소기업과 개발도상국 기업에게는 큰 도전으로 작용한다. 특히, 일부 선진국은 엄격한 환경 규제를 무역 장벽으로 활용하며 자국 산업을 보호하는 전략을 취하고 있다. 이로 인해 개발도상국은 경제 성장의 부담을 감수하면서 ESG 규제를 피하려는 태도를 보이기도 한다. 이러한 상황은 ESG를 둘러싼 국제 협력과 조정의 필요성을 더욱 강조하고 있다.

2 사회 변화 측면에서 ESG 논의의 미래

사회적 기대 변화는 기업이 다양성과 형평성(DEI), 윤리적 공급망 관리, 지역사회와의 협력을 강화하도록 유도하고 있다. 예를 들어, 스타벅스는 2025년까지 전 직원 중 40%를 여성과 유색인종으로 구성하겠다는 목표를 세우며 다양성을 강화했다. 이러한 노력은 내부 조직 문화를 개선하고 외부 이해관계자들과 신뢰를 구축하며 기업 경쟁력을 높이는 데 기여한다.

한편, 사회적 책임을 이행하지 못할 경우 기업은 신뢰를 잃고 소비자 불매운동과 같은 부정적 결과를 맞을 위험이 있다. 특히, 사회적 책임에 대한 기대와 요구는 국가별로 상이하다. 예를 들어, 선진국 소비자들은 기업의 윤리적 활동을 더욱 중시하는 반면, 일부 개발도상국에서는 일자리 창출과 같은 단기적 경제적 이익에 초점이 맞춰진다. 이러한 차이는 다국적 기업이 지역 맞춤형 사회적 책임 전략을 수립해야 하는 이유를 보여준다.

3 기술 발전 측면에서 ESG 논의의 미래

4차 산업혁명의 기술은 ESG 실천 가능성을 혁신적으로 변화시키고 있다. 인공지능(AI), 빅데이터, 사물인터넷(IoT) 기술은 ESG 데이터를 실시간으로 수집하고 분석하여 기업 의사결정을 정교하게 한다. 예를 들어, AI 기반 에너지 관리 시스템은 탄소 배출 저감과 비용 절감을 동시에 달성하며, 이는 기업 경쟁력을 강화한다.

그러나 기술 발전은 새로운 윤리적 도전도 야기한다. 알고리즘 편향은 특정 집단에 불리한 결과를 초래할 수 있으며, 데이터 격차는 중소기업이나 저개발국의 디지털 접근성을 저해할 수 있다. 이러한 문제는 기술 활용에 따른 ESG 실천의 불평등을 심화시킬 위험이 있다. 이를 해결하기 위해 기술 개발과 활용 과정에서 투명성과 포괄성을 강화하는 노력이 필요하다.

4 국제화 측면에서 ESG 논의의 미래

글로벌 경제에서 ESG는 국제적 협력과 통합을 요구한다. ESG 보고 표준의 통일은 기업 간 비교 가능성을 높이고 글로벌 투자자들에게 신뢰를 제공할 수 있다. 예를 들어, 글로벌 지속가능성 보고 이니셔티브(GRI)는 ESG 보고를 위한 국제 표준을 마련하며 다국적 기업들이 운영 효율성을 높이는 데 기여하고 있다.

그러나 국가별 규제 차이와 문화적 저항은 ESG를 국제적으로 적용하는 데 어려움을 초래한다. 선진국은 ESG 규제를 통해 자국 산업을 보호하고 글로벌 시장에서 우위를 점하려는 반면, 개발도상국은 이러한 규제가 경제 성장을 저해할 수 있다는 우려로 ESG 정책을 회피하거나 낮은 우선순위로 삼는 경향이 있다. 이러한 상반된 관점은 국제 협력의 필요성을 강조하며, ESG 기준의 조화와 유연성을 요구한다.

5 ESG 논의의 한계

ESG는 실천 과정에서 몇 가지 주요 한계를 가지고 있다. 그린워싱(Greenwashing)은 기업이 환경적 책임을 다하지 않으면서도 지속가능성을 위장하여 홍보하는 행위를 뜻하며, 이는 ESG에 대한 신뢰를 저하시킬 위험이 있다. 또한 ESG 평가 기준의 불일치는 기업 간 공정한 비교와 글로벌 투자자들의 신뢰를 어렵게 만든다. 초기 투자 비용과 복잡한 성과 측정 절차는 자원이 제한된 중소기업에게 특히 큰 부담이 된다.

이와 함께, 국가별 ESG 우선순위의 차이는 국제 협력의 장벽으로 작용한다. 예를 들어, 일부 선진국은 탄소국경세와 같은 제도를 통해 ESG를 무역 장벽으로 활용하며 자국 산업을 보호하려 한다. 반면, 개발도상국은 경제적 부담을 이유로 이러한 규제에 반발하거나 ESG 실천을 지연시키는 사례가 있다.

ESG는 환경적 책임, 사회적 기여, 그리고 투명한 지배구조를 통해 기업의 지속가능성을 실현하는 중요한 원칙이다. 그러나 국가별 관점 차이와 규제의 이중성, 기술적 도전 등은 ESG의 실천과 확대를 복잡하게 만든다. ESG의 잠재력을 극대화하기 위해 기업은 글로벌 기준을 준수하면서도 지역 맞춤형 전략을 수립해야 한다. 또한 투명성과 혁신을 기반으로 ESG의 신뢰를 회복하고, 이해관계자들과 협력하여 지속가능 경영의 진정한 패러다임을 구축할 필요가 있다.

[요약]

ESG(Environmental, Social, Governance)는 기업의 지속가능성과 책임 경영을 체계화한 개념으로, 환경적 책임, 사회적 기여, 투명한 지배구조를 실천하도록 요구한다. 이는 과거의 CSR, 지속가능성, 트리플 바텀 라인 개념에서 발전한 것으로, ESG는 환경, 사회, 지배구조라는 세 가지 축을 중심으로 통합적 접근을 강조한다.

환경적 측면에서는 기후 변화와 자원 고갈의 위기에 대응하기 위해 탄소 배출 저감, 재생 가능 에너지 사용, 자원 효율성 증대 등의 목표를 설정하며, 이는 기업의 장기적 성장과 경쟁력을 강화하는 핵심 전략으로 자리 잡고 있다.

사회적 측면은 다양성, 형평성, 포용(DEI) 강화, 근로자 복지, 지역사회와의 협력 등 내부와 외부 이해관계자 모두에게 긍정적인 영향을 미치는 활동을 요구한다. 이는 사회적 신뢰 구축과 장기적인 브랜드 이미지 형성에 기여한다.

지배구조 측면은 투명한 의사결정과 윤리적 경영을 통해 이해관계자의 신뢰를 확보하고 기업의 지속 가능성을 유지한다. 이는 책임 있는 리더십과 내부 통제 시스템의 중요성을 부각하며, 장기적 안정성을 제공한다.

ESG의 통합적 접근은 세 가지 요소를 상호보완적으로 적용하여 시너지를 창출하는 데 주목한다. 예를 들어, 재생 가능 에너지의 채택(E)은 지역사회에 일자리를 창출(S)하며, 장기적 투자 전략으로 지배구조(G)를 강화하는 사례가 있다. 이는 ESG의 각 요소가 독립적으로 작동하는 것이 아니라, 상호작용을 통해 기업의 지속 가능성과 경쟁력을 동시에 실현할 수 있음을 보여준다.

미래 ESG 논의는 환경 변화, 사회 변화, 기술 발전, 국제화라는 네 가지 축을 중심으로 전개된다. 기후 변화와 강화되는 환경 규제, 사회적 기대의 증가, 기술 혁신에 따른 새로운 가능성과 도전, 그리고 글로벌 ESG 보고 표준화는 주요 쟁점이다.

그러나 국가별 관점의 차이, 선진국과 개발도상국 간의 ESG 우선순위의 불일치, 그리고 그린워싱과 같은 실천의 한계는 ESG 확산의 과제로 남아 있다.

ESG는 환경적 책임, 사회적 기여, 투명한 지배구조를 통합적으로 활용함으로써 기업 경영을 혁신하고 지속 가능성을 강화하는 중요한 원칙이다. 이를 효과적으로 실천하기 위해 기업은 ESG 각 요소 간의 연계를 강화하여 통합적 경영 전략을 수립해야 한다. 이러한 전략은 이해관계자의 신뢰를 확보하고, 기업의 장기적 경쟁력을 강화하며, 사회와 환경에 긍정적인 영향을 미치는 데 기여할 것이다.

색인

경영학원론

ㅈ

A-Z

 경영학원론

저자 약력

이규헌

英 University of London, Imperial College (경영학박사)

현 육군사관학교 경영학 명예교수

이민수

육군사관학교 졸업

미국 뉴욕주립대학교 경영학 박사

미국 플로리다주립대학교, 휴스턴대학교 방문연구원

전, 육군사관학교 심리경영학과장, 사회과학처장, 리더십센터장

현, 육군사관학교 경영학 교수 겸 육군박물관장

    대한리더십학회 부회장

    한국경영학회 이사 한국인적자원관리학회 이사 육군리더십센터 자문위원

저서: 리프레이밍 리더십(공저), 리더십의 이론과 실제, 그리고 개발(공저) 국방경영의 이해와
    사례 연구(공저), 군사학개론(공저)

역서: 군 리더십(공역), 익스트림 리더십(공역)

강원석

육군사관학교 졸업 (경제경영학)

서울대학교 경영대학교 경영대학원 석사 (재무관리)

미국 어번주립대학교 산업공학박사 (경제성 공학)

미국 센트럴플로리다주립대 방문연구원

전, 육군사관학교 산학협력단 팀장, 교수학습지원과장

현, 육군사관학교 화랑대연구소 사회과학연구실장

    미래전략기술연구소 행동심리 및 Big Data 연구실장

    육군사관학교 경영학 교수 겸 심리경영학과장

저서: 군사OR(Military Operations Research)(공저)

임현명

연세대학교 문학사 (영어영문학)

국방대학교 국방관리대학원 국방관리학석사 (리더십)

연세대학교 일반대학원 경영대학 경영학박사 (매니지먼트-인사조직)

전, 연세대학교 연세경영연구소 연구원

    수도기계화보병사단, 제30기계화보병사단, 육군인사사령부, 한미연합군사령부 등 근무

현, 육군소령 (학사 50기)

    육군사관학교 경영학 조교수

    육군사관학교 화랑대연구소 사회과학연구실 연구원

    육군사관학교 미래전략기술연구소 행동심리 및 Big Data연구실 연구원

군내 저서: 임무형 지휘 사례집(국방부)(공저) 등

김범수

인천대학교 행정학사 (도시행정학), 경제학사 (경제학)

국방대학교 국방관리대학원 국방관리학석사 (리더십)

고려대학교 기술경영전문대학원 국방기술경영학 박사과정

전, 제21보병사단, 제52보병사단, 육군정보통신학교 등 근무

현, 육군소령(진) (학군 52기)

    육군사관학교 경영학 강사

    육군사관학교 화랑대연구소 사회과학연구실 연구원

    육군사관학교 미래전략기술연구소 행동심리 및 Big Data연구실 연구원

제3판
경영학원론

초판발행	1999년 2월 10일
개정판발행	2005년 7월 10일
제3판발행	2025년 2월 21일
지은이	이규헌·이민수·강원석·임현명·김범수
펴낸이	안종만·안상준
편 집	배근하
기획/마케팅	최동인
표지디자인	BEN STORY
제 작	고철민·김원표
펴낸곳	㈜ 박영사
	서울특별시 금천구 가산디지털2로 53, 210호(가산동, 한라시그마밸리)
	등록 1959. 3. 11. 제300-1959-1호(倫)
전 화	02)733-6771
f a x	02)736-4818
e-mail	pys@pybook.co.kr
homepage	www.pybook.co.kr
ISBN	979-11-303-2220-9 93320

정 가   38,000원